U1012798

吕思勉（1884—1957）

中国史学四大家之一。15 岁入县学，16 岁自学古史典籍。早年执教于常州溪山小学堂、常州府中学堂，学生中有后来成为文史大家的钱穆、赵元任、黄永年等人。后任教于上海光华大学、华东师范大学。吕思勉读书广博，治学严谨，有《经子解题》《理学纲要》《吕著中国通史》《先秦史》《秦汉史》《两晋南北朝史》《隋唐五代史》《吕著中国近代史》《三国史话》等传世。

吕思勉讲历史

国学知识大全

吕思勉◎著

吉林大学出版社

图书在版编目（CIP）数据

国学知识大全 / 吕思勉著 . —长春：吉林大学出版社，2018. 8

（吕思勉讲历史）

ISBN 978-7-5692-2930-1

Ⅰ . ①国… Ⅱ . ①吕… Ⅲ . ①国学—基本知识 Ⅳ . ① Z126

中国版本图书馆 CIP 数据核字（2018）第 200572 号

国学知识大全

GUOXUE ZHISHI DAQUAN

作　　者：吕思勉
策划编辑：魏丹丹
责任编辑：魏丹丹
责任校对：佟桂先
开　　本：850mm × 1168mm　1/32
字　　数：320 千字
印　　张：12.5
版　　次：2018 年 8 月第 1 版
印　　次：2018 年 10 月第 1 次印刷

出版发行：吉林大学出版社
地　　址：长春市人民大街 4059 号（130021）
0431-89580028/29/21
http://www.jlup.com.cn
E-mail:jdcbs@jlu.edu.cn
印　　刷：万卷书坊印刷（天津）有限公司

ISBN 978-7-5692-2930-1　　**定价**：38.00 元

目　录

第一篇　国学概论

何谓国学

国学者，吾国已往之一种学问。包含中国学术之性质与变迁，而并非为与外国绝对不同之学问也。吾国汉代古谚曰："少所见，多所怪，见橐驼言马肿背。"吾国旧时视外人来华者，不知其学。较进，则知可学其一二端。更进，则知其自有其学术，而与吾国为截然不同。然由今之所见，则知中国之与外国，实为大同小异者也。古代各部落，有知造舟者，有知制车者，各有所能，各有所不知。今外国自工业革命以来，文明日启，距今亦为时不远。由将来观之，东西两洋之文化，犹古代各部落间文化之关系也。又常有以精神文明、物质文明等以区别东西洋之文化。实亦不然。今世之各社会，皆为文明之社会，其程度相差无几，善亦同善，恶亦同恶，固无何高下也。

中国学术之分期

1. 中国学术之渊源：（1）古代之宗教哲学；（2）政治机关经验所得，所谓王官之学。

2. 合此两者而生先秦诸子之学,诸家并立。

3. 儒家之学独盛。

4. 儒家中烦琐之考证,激起空谈原理之反动,偏重《易经》,与道家之学相合,是为魏晋玄学。

以上为中国学术自己的发展。

5. 至此而佛学输入,为中国所接受。萌芽于汉魏,盛于南北朝,而极于隋唐,其发达之次序,则从小乘至大乘,是为佛学时代,而玄学仍点缀期间。

6. 至唐而反动渐起。至宋而形成理学。理学之性质,可谓摄取佛学之长,而又去其不适宜于中国者。

此为中国学术受印度影响之时代,至明亡而衰。

7. 而欧洲学术,适于此时开始输入。近百年来,对中国学术逐渐发生影响。[前此与欧洲之接触,仅为技术上,而非学术上的,故未受若何之影响。]

先秦诸子之渊源一
——古代之宗教哲学

宗教哲学,今日为对立之物,在宗教起源之时则不然。一种宗教之初兴,必能综合当时人之宇宙及人生观,而为之谋得一合理之解决。此时之宗教,亦即其时最伟大最适宜的哲学。[凡一种大宗教,必具高深及浅显二方面之理论,以满足于高等与低等之人。]但宗教之为物,不徒重理智,而兼重意志及感情,故易于固执具体的条件,久之,遂变为落伍之物,而哲学乃与之分离。[宗教与理智方面,仅为其一种手段,使人得理智上之满足,其注重者,乃偏于意志及感情方面,使信之者得感情之安慰,秉坚强之意志以信仰其宗教。夫意志坚强之人,固不免易于固执也,故信教者,常以强烈之感情徘徊，以坚强之意志守旧，以致久而落伍。]故宗教之与哲学对立，非其本来对立，而由于宗教之陈旧。而论古代之学术，仍必溯源于宗教。

中国之宗教思想，最早盖系"拜物"，《周礼》分祭祀之对象为天神、地祇、人鬼、物魅四类。物魅盖即拜物时代之遗也。此时之思想，太觉幼稚，对于学术思想，无甚影响。

稍进，则为"天象崇拜"，其中又分为二期，前期盖在女权昌盛时代，所崇拜之大神，[神之为物，表面视为与人无关的，人外的，实则此种之神，已成为人为的神，具有人之性质。神之组织及一切，皆以人为依据，与人相类。]悉视为女性。《礼记·郊特牲》曰："郊之祭也，大报天而主日。"可见古无抽象的整个的天神。后世祭天之郊祭，只是祭日，而《楚辞》《山海经》皆以羲和为女神。整个的地神，古代更其没有，所祭的只是自己所住所种的一块土地，是为社祭。地神的被视为女性，更古今皆然。关于此问题，可参看日本田崎仁义所著《中国古代经济思想及制度》，王学文译，商务印书馆本。

女权时代之思想，存留于后世者甚少，只有一部《老子》，是表现女性优胜思想的。《礼记·礼运》，孔子曰："我欲观殷礼，是故之宋，而不足征也。吾得坤乾焉。"说者谓殷《易》先坤。这该是一种女性优胜的遗迹，但殷《易》之内容不传，今所传之《周易》，则完全表现男性优胜之思想矣。[《周易》先乾。]

大概中国学术思想，大部分是从周朝流传下来的，殷以前的成分，已经很少了，周朝宗法特别发达，可见其为男权昌盛的社会。而殷朝兄终弟及，是一个母权社会的遗迹。周在西方，殷在东方。后来齐国长女，名为巫儿，为家主祠，不出嫁(《汉书·地理志》)，而齐太公为出夫(《战国策》)。燕人宾客相遇，以妇侍宿，婚嫁之夕，男女无别，反以为荣(亦见《汉书·地理志》)。楚王妻妹(《公羊》桓公二年)。皆可见风俗与周不同。然此等文化，多已沦亡了。

古代宗教哲学之骨干，为阴阳五行，但二者似非一说。[阴阳最早见于《周易》，然不及五行之说，五行最早见于《洪范》，然不及阴阳之说。且自古至今，从未有合论二者者，后世言阴阳者众，而说五行者寡，则以阴阳能自圆其说，而五行不能也。]五行之说，见于《书》之《洪范》，后来衍其说最详者，为《白虎通义》之《五行篇》，虽煞费苦心，然究属勉强，予意水、火、木、金、土乃古代管此工事之五种官。[水，通沟渠，建桥梁。火，未知钻木取火，得火不易，设之以保存火种。木，伐木制物。金，冶金之事。土，营建之事。]本非哲学上分物质为此五类，后来哲学家就已成事实而强为之说。[物体之之然，气、液、固体。印度之哲学，言地、水、风、火四大。地，固体；水，液体；风，气体，益之以火。如此分法，尚觉可通。而五行之水、火、木、金、土，水为液体，木、金、土为固体占其三，无一气体，不必哲学家，亦知为不妥，故决非哲学家分物质为此五类。]其说本来不合论理，故虽煞费苦心，终不能自圆其说也。[五行之变化，有生胜之说，亦作生克，水生木，木生火，火生土，土生金，金生水，水克火，火克金，金克木，木克土，土克水。其中火生土、土生金、金生水、木克土、土克水等，实不甚可通。]

至于阴阳，则因人之认识，必始于两，而现象无论如何错杂，亦总可归纳之而成二组，即谋与非谋，此即正负，正负即阴阳也。故其说处处可通，而古人推论万物，必自小而推诸大，于是以天地为万物之父母。[此时以阴阳为实质，尚未合哲学之原理。]再进，知万物之原质推一，乃名此原质曰气。假想万物之变化，皆由于气之聚散，而气之所以动荡不已，则由于阴阳二力（阴静阳动）之更迭起伏焉。至此而哲学上之泛神论成立矣。[泛神论者，即谓神即宇宙间一切现象之本身。]

宗教哲学之进步，既进于泛神论，则事物变动之原因，即在事物之本身。（古代野蛮人不知自然规律，只知人律，其视万物为有知，一切皆神所为。而其所谓神，亦有实体，《墨子·天志》《明鬼》之论，所谓天、鬼者，皆有喜怒，欲恶如人，则其证也。遂泛神论既成立，至此自有神而进为无神矣）而别无一物焉，在其外而使之者，此之谓自然。[自，始也；然，成也。古书自然之“然”字，无作如此之解者。]自然之力，至为伟大，只有随顺利用，而不能抵抗。而自然界之美德，如“不息”“有秩序”“不差忒”等，均为人所宜效法，此之谓“法自然”。[法家即如是，谓政治上之赏罚，当以自然界之美德为准则也。]自然之规律，道家称之曰道。[《老子》曰：“有物混成，先天地生，寂兮寥兮，独立而不改，周行而不殆，可以为天下母，吾不知其名，字之曰道。”]自然现象，永远变动不居，而其变动也，又有一定之规律，是为“变易”，“不易”，加以永不止息，若人之任事，不觉其劳苦然，是为“简易”。所谓“易一名而兼三义”也，不易之现象，是为循环，祸福倚伏之义，由此而生。[吾国古代以农为主，注意于不易之现象，故有祸福倚伏等义。盖以为自然界之现象既如是，人事亦当如是也。]自然力既伟大，人根本绝无能为，委心任运之义，由此而生。

自然之力，固无从从时间上指其原理，亦无从从空间上指其根源。然强为之名，固可如此。[盖泛神论者，本无因果也，惟无因果之关系，则无可加以思想，故强为之名，而为是说者，亦明知其为强说而已。]此种力之原始（系人所强名的），儒家称之曰“元”。《易》曰：“大哉乾元，万物资始，乃统天。”（《乾卦·彖辞》）《春秋》家谓：“《春秋》以元之气，正天之端。”（《公羊》隐公元年何注）是也。[其他如《公羊》何注，隐公元年，曰：“天不深正其元，则不能成化。”《春秋繁露·重政》曰：“元者，万物之本，在乎天地之前。”]（古人以天为万物之原因，而元为天之原因）在男权优胜时代，最贵此种健行的美德，但女权优胜时代柔能克刚、静以制动等见解[今所存者，以《老子》为代表。]亦仍保有相当地位。

先秦诸子之渊源二
——王官之学

儒家,出于司徒之官。[《汉书·艺文志》曰:“儒家者流,盖出于古司徒之官,助人君,顺阴阳,明教化。游文于六经之中,留义于仁义之际。祖述尧舜,宪章文武。宗师孔子,以重其言,于道最为高。”徒,众也,司徒主教化。《周礼》谓惟战事付司马,狱讼付司寇,此外治民之事,皆司徒掌之也。儒家治民,最重教化,此为其出司徒之官之本色,其欲合西周以前之法,斟酌而损益之。其处己之道,最高者为中庸。待人之道,最高者为絜矩。中庸者,随时随地,审处而求其至当;絜矩者,就所接之人,我所愿于彼者,即彼之所愿于我,而当以是先施之。]

道家,出于史官。[《汉书·艺文志》曰:“道家者流,盖出于古之史官。历记成败存亡祸福古今之道,然后知秉要执本,清虚以自守,卑弱以自持。此为君人南面之术。”其宗旨:一在守柔,一在无为,所称颂者,为黄帝时之说。]

墨家,出于清庙之守。[《汉书·艺文志》曰:“墨家者流,盖出于清庙之守。茅屋采椽,是以贵俭。养三老五更,是以兼爱。选士大射,是以尚贤。宗祀严父,是以右鬼。顺四时而行,是以非命。以孝视天下,是以上同。”盖古明堂、清庙、辟雍,皆一物也。蔡邕《明堂月令章句》谓:“明堂者,天子大庙,所以祭祀、飨功、养老、选士,皆在其中。取正室之貌,则曰大庙;取其正室,则曰大室;取其堂,则曰明堂:取其四时之学,则曰大学;取其圆水,则曰辟雍;虽名别实同。”(详见《续汉书·祭祀志注》)阮元《明堂说》谓:“有古之明堂,而有后世之明堂。古者政教朴略,宫室未兴,一切典礼,皆行于天子之居,后乃礼备而地分。礼不忘本,于近郊东南,别建明堂,以存古制。”(见所著《揅经室集》)盖古之清庙,原极简陋,墨家出于清庙之守,即欲以清庙之旧法,救当时之弊。其根本义曰兼爱,即所谓夏尚忠。其所欲行,盖夏道也。由兼爱故不容剥民自奉,而节用、节葬、非乐之说出。由兼爱故不容夺人所有,而非攻之论出。]

名家,出于礼官。[《汉书·艺文志》曰:“名家者流,盖出于古之礼官。古者名位不同,礼亦异数。孔子曰:‘必也正名乎? 名不正,则言不顺;言不顺,则事不成。’”礼主差别,差别必有其由,深求其由,是为名家之学,督责之术;必求名实之相符,故与法家,关系殊密也。]

法家,出于理官。[《汉书·艺文志》曰:“法家者流,盖出于理官。信赏必罚,以辅礼制。”为切于东周时势之学。东周之要务有二:一为富国强兵,一为裁抑贵族。前者为法家言,后者为术家言,说见《韩非子·定法篇》。申不害言术,公孙鞅言法,韩非盖欲兼综二派者。法家宗旨,在“法自然”。故戒释法而任情。不主宽纵,亦不容失之严酷。]

阴阳家,出于羲和之官(古之历法之官)。[《汉书·艺文志》曰:“阴阳家者流,盖出于古羲和之官。敬顺昊天,历象日月星辰,敬授民时。”以邹衍为大师,本所已知,推所未知。其五德终始之说,亦犹儒家之有通三统之论也。亦欲合西周之法,斟酌而损益之。]

纵横家,出于行人之官。[《汉书·艺文志》曰:“纵横家者流,盖出于古行人之官。当权事制宜,受命不受辞。”又曰:“及邪人为之,则上诈谖而弃其信。”则正指苏、张之流也。]

农家,出于农稷之官。[《汉书·艺文志》曰:“农家者流,盖出于古者农稷之官,播百谷,劝农桑,以足衣食。”《孟子》所载云许行,实为农家巨子,其言有二:一君臣并耕,一则物价但论多少,不论精粗也。此盖皇古之俗。农家所愿,即在此神农以前之世也。]

杂家，出于议官。[《汉书·艺文志》曰："杂家者流，出于议官。兼儒、墨，合名、法。知国体之有此，见王治之无不贯。"盖专门之学，往往蔽于其所不知。西汉以前，学多专门，实宜有以祛其弊。故但综合诸家，即可自成一学也。所谓议官，盖即《管子》所谓"啧室"(《管子·桓公问》："黄帝立明台之议，尧有衢室之问，舜有告善之旌，禹立谏鼓于朝，汤有总街之庭，武王有灵台之复。欲立啧室之议，人有非上之过内焉")，而秦、汉之议郎(秦置，掌议论，汉特征贤良方正之士为之，秩比六百石，统于光禄勋。晋以后废)，盖即古议官之制。而齐稷下谈士，四公子之养客，皆为此类。]

小说家，出于稗官。[《汉书·艺文志》曰："小说家者流，盖出于稗官，街谈巷议，道听途说者之所造也。"疑《周官》诵训、训方氏之所采正此类。九流之学，皆出士大夫，惟此为人民所造。《汉志》所载，书已尽亡。《太平御览》卷八百六十六引《风俗通》，谓宋城门失火，汲池中水以沃之，鱼悉露见，但就取之。说出《百家》。犹可略见其面目也，他如塞翁失马、鲁酒薄而邯郸围等，亦或此类。]

以上为《汉书·艺文志》诸子十家，其中去小说家，谓之九流，见《后汉书·张衡传》注[《刘子·九流篇》同。]《汉书·艺文志》本于刘向、歆父子《七略》，[《汉书·艺文志》："成帝时，诏刘向校经传诸子诗赋，向条其篇目，撮其旨意，录而奏之。会向卒，向子歆总群书，而奏《七略》。故有《辑略》《六艺略》《诸子略》《诗赋略》《兵书略》《术数略》《方技略》。"]乃据汉时王室藏书而为之分类，故于学术流别，最为完全。古平民无学术，[王官者，大国之机关也。诸子出王官说，虽为汉人推论，然极有理，当时平民，无研究学术者。虽有学术思想，有志研究，亦无所承受，无所商讨，即有所得，亦无人承继之。而古代学术，为贵族所专有，然贵族亦非积有根柢，不能有所成就。王官专理一业，守之以世，岁月既久，经验自宏，其能有所成就，亦固其所。]近人胡适据《淮南要略》作《九流不出王官论》，[载《新青年》杂志，约当民国四、五、六年时。]以驳《汉志》，殊不知《汉志》言其由来，《淮南》言其促进之动机(所谓救时之弊)。[盖王官之学，固颇有成就，然非遭世变，乡学者不得如此其多，即其所成就，亦不得如此之大也。故《汉志》言因，《淮南》言缘也。]二者各不相妨，且互相补足也。[若谓出于王官之说非，而惟本《淮南》之说。则试观诸子之内容、文辞，多今古间杂，明非一时之物，惟其源本王官，故能多本往事以立说也。]

先秦诸子之学

讲先秦诸子之学，有应知者数题：

1. 诸子之学重在社会政治方面，不重在哲学科学方面，因诸子本身之发展及其对后来之影响皆如此(此意章炳麟曾言之)。[诸子之于哲学方面，颇与古代希腊之哲学相近，其程度亦相仿。盖吾国古代原有此等与宗教混合之哲学思想。诸子即上承此等哲学，而并非加以发展，故诸子之哲学思想，大致相同，不若社会政治之学经发展进步而分歧也。于科学方面，亦有称述，而以见于《墨子》者最多。盖亦旧时之所有，墨子承之也。惟亦不重于此，故其后迄未有何发展。]

2. 古有专门[专门者，以如今观之，实即一种学问之派别。]而无通学，[通学者，兼取各派，择善而从，至汉方有通学。]故诸子之学，就一方面论之则精，合各方面论之则空。其相互攻驳之语，多昧于他人之立场，不合论理，如墨子贵俭，所欲行者乃古凶荒札丧之变礼。而荀子驳以“不足非天下之公患”，[见《荀子·富国篇》]殊不知墨子本不谓平世亦当如是也。[古代治学者寡，而因交通不便，得书不易，学术之传播亦难。学者仅能就其近者习之，远者不知或知之不详，且人具成见，学问常以先入为主，故当时人可与一种学问接触，终身不知其他者。此专门之学之所以成也。]

3. 先秦诸子之学，非皆个人创造，大抵前有所承，新旧适不适不等，盖其时间有早晚，又地域亦有开通与僻陋之别也。鄙意先秦诸子最要者六家，其新旧之别略如下：

最早者农家，沿袭简陋(时代或地域)之农业社会之思想。次之者道家，代表简陋之游牧社会。次之者墨家，其思想与夏代政治颇有渊源。次之者儒家及阴阳家，见多识广，知若干种治法，应更迭使用。最新者法家，对外主张兼并，对内主张摧毁贵族，总而言之，是打倒封建势力(以开明专制为手段)。

农家之书尽亡，仅存者许行之说，见《孟子·滕文公》上篇。[农家之书，真系讲树艺之术者，为《吕览》之《任地》《辨上》《审时》诸篇。然此非所重。先秦诸子皆欲以其道移易天下，非以百亩为己忧者也。《汉志》论农家之学云："鄙者为之，欲使君臣并耕，悖上下之序。"可见《孟子》所载之许行，实为农家巨子。](1)谓贤君当与民"并耕而食，饔飧而治"。此犹乌丸大人，各自畜牧管产，不相徭役(见《后汉书》本传)。(2)主买卖论量不论质，此由交易不重要，物品本少使然，古盖自有此简陋之世；亦或战国尚有此等落伍之地。许行欲率天下而从之，则其事不可行矣。[且复古必有其方，许行未尝有言(如其有之，则陈相当述之，孟子当驳之，不应徒就宗旨辨难)，此则不能不令人疑其徒为高论者也。]

道家之代表为《老子》，《老子》之旨在无为。为，化也。[无为，犹言无化，古"为""化"实为同字，观"譌""訛"为同字之例可知。《论语》："子曰：张而不弛，文、武弗能(耐)也。弛而不张，文、武弗为也。"此"为"字即"化"字义，言不能使谷物变化也。]无化者，无使社会起变化。此犹今人慕效欧、美之文明，社会组织，因之改变。守旧者遂欲闭关绝市耳。当时落后之国，输入先进之国之文明者，盖(1)由其君大夫之好者，(2)由其自谓野蛮而欲驱其民以从当时所谓文明之俗，如商鞅谓秦初父子同室，吾今大筑冀阙，营如鲁、卫是也。[古人恒以是为戒,如由余对秦穆公之言是也。]《老子》最反对此等,故谓"无为而无不为",犹言勿以汝之道化民,则民无不化而之善也。此说认社会之恶化,[盖当时之效法文明,不过任其迁流所心,非有策划,改变社会之组织,以与之相应也。则物质文明日增,而社会组织随之坏矣。然道家不能改变社会组织,以与新文明相应,而徒欲阻遏文明,则何可得?]皆由君大夫措施之误。而不知社会因日日在自化,[盖人之趋利,如水就下。慕效文明,其利显而易见;社会组织变坏,其患隐而难知,且亦未必及己,人又孰肯念乱?故社会日日在自化也。]老子特未之见也。

《庄子》历代著录,皆在道家,《管子》或属道或属法,二家之论,一部分诚与《老子》同。然讲个人在社会中自全之术而归结于委心任运,此《庄子》所有,而《老子》所无。[《列子》说亦同《庄子》。盖其时代之晚,各个间互相之接触已多,世事变化无方,其祸福殊不可知,故有《齐物论》之说(论同伦,类也)。物论可齐,复何所羡?何所畏避?故主张委心任运。]不思彻底改造,而只想因势利导(如不思去民好利之心,而徒欲因其好利而利用之),亦《管子》所有,而《老子》所无,此可见其时代之晚,其社会已不可控制,犹柏拉图与亚里斯多德之异也。

陈旧于农家道家者,为墨家。《淮南要略》云:"墨子学于孔子而不悦,背周道而用夏政。"[今观《墨子》书,《修身》《亲士》《所染》纯为儒家言。他篇又多引《诗》《书》之文,则《淮南》之说是也。]《吕氏春秋·当染》云:"鲁惠公使宰让请郊庙之礼于天子,天子使史角往,惠公止之,其后在鲁,墨子学焉。"[史固辩于明堂行政之典者。故墨子之学,诚为明堂之学也。]古大庙大学,皆与明堂同物,前已言之。墨子最讲实用,而其书《经上下》《经说上下》《大取》《小取》六篇,讲哲学、伦理,兼及自然科学,极其清深者,古明堂为宗教哲学之所存也。然此非墨子宗旨所在,特师授以书,则从而传之耳。[大学虽东周后尚不能尽废。然未闻有一人合,学成而出仕者，则以所肄者为宗教家言，非实用之事也。大学所教，既为宗教家言，故为涵养德性之地。《礼记》曰："君子如欲化民成俗，其必由学乎？"又曰："能为师，然后能为长；能为长，然后能为君。师也者，所以学为君也。"又曰："君子所不臣于其臣者二，当其为尸，则弗臣也；当其为师，则弗臣也。"乞言养老之礼，执酱而馈，执爵而酳（酳，虚口），所以隆重如此者，正以其所诣师者，其初乃教中尊宿耳。又《王制》曰："出征执有罪，反释奠于学。"凯旋而释奠于学。由此二端，可想见古代大学性质，为宗教哲学之所存也。]其宗旨所在，曰兼爱，而行之则以非攻。曰贵俭，而行之则以节用、节葬、非乐。所以动人者，曰天志（其天神为人格神），曰明鬼，而辅之以非命。曰上同，使下之人听于上。[盖本夏道，而夏时较古，人之思虑较少，人与人对立程度浅，乐尽力以服从于其上也。]曰上贤，盖前代亲亲，不如周人之甚。参观孙星衍《墨子后叙》，知用夏政之不虚也。

古书多以儒墨并称，亦以儒侠并称，侠者，后世江湖豪杰之流。盖封建制度之坏，士失所养，[封建制度之诸侯、大夫，多喜养士，及其国灭家亡，或习奢侈而暇养士，而士失所养。]而不能为农工商，乃别成为一阶级。性质近乎文者为儒，[游说之士，大抵从儒中出。]近乎武者为侠。孔子、墨子，乃就此两社会而感化之，非此两个阶级，为孔、墨所造成也。墨子长于守御（其书末二十篇），盖自侠之团体中来也（《墨子》非攻，故仅取兵法中守之一部分）。

儒为封建制度崩溃时失养之士，性质近平文的阶级，前已言之（其性质见于《礼记》之《儒行》）。[儒之义为柔，若曾子之竞竞自守，言必信，行必果者，盖其本来面目。]孔子为此阶级中之闻人，惟孔子之道，不尽于儒。孔子之学颇博，多知前代之治法。此时前代治法之可考者，有夏、殷、周三代。孔子以为当更迭使用，于是有《春秋》通三统之义（谓封前二代之后以大国，使保存其治法，说见《春秋繁露》）。孔子又观治化升降，以为最古之时最美，是谓大同，时代渐降则渐劣，谓小康，说见《礼记·礼运篇》。然则更劣于小康，必为乱世矣。《春秋》张三世之义，以二百四十年，分为三世，据乱而作，（表示治乱世之法。）进于升平，（小康）更进于太平，（大同）（见于《公羊》何《注》）盖欲逆挽世运，复于郅治也。

孔子之道，具于六经，而六经之中，《易》与《春秋》为尤要。《易》言原理，《春秋》据此原理而施诸人事。故曰："《易》本隐以至显，《春秋》推见至隐。"（《史记》）其根据原理施诸人事，则恃君长为之。故《易》曰："大哉乾元，万物资始，乃统天。"（《乾卦·系辞》）而"《春秋》以元之气，正天之端，以天之端，正王之政，以王之政，正诸侯之即位，以诸侯之即位，正四竟之治。"（《公羊》隐公元年《注》）此略近希腊柏拉图推最高之哲人为君之义。惟希腊人无一统思想，故只计及一国之君。孔子则不然，故又计及诸侯之上，当有一王耳。

孔子所谓大同，盖农业共产小社会。所谓小康，则封建之初期，阶级虽已成立，旧时共产社会之规模，尚未甚坏者也。自此以后，资本势力又继封建势力而起，治化只有日趋于劣。不知铲除阶级而欲借政治之力，以谋革命之彻底完成，可谓南辕北辙。然自近代以前，学者之见解，固皆如此（革命常为政治的），不足为怪。

《易》之大义，为"变易""不易""简易"三者。"变易"谓宇宙间一切现象，无一息而不变；"不易"谓万变之现象，仍有其不易之则。（如气候时时在变，四季亘古如斯。古人只有循环之思想，无进化之思想。辩证法之变动，非其所知）"简易"，则言自然力出于自然，非如人之作事，倦而必须休息，故能永不间断差忒，犹佛家之贵无为而为贱有为也。此意义亦甚周匝（《易》一名而含之义，见易纬《乾凿度》，《周易义疏·八论》之一引）。

儒家出于司徒之官，故重教化。而其教化也，必先之以养。孔子言先富后教（《论语·子路·子适卫章》），孟子言有恒产然后有恒心，首欲浚井田制度，继之以庠序之教（《梁惠王》上、《滕文公》

上),此皆思想也。此为历代儒家之传统思想,将来当再言之。惟儒家在政治上之抱负,因社会组织已变,无由实施。其有于中国者,乃在社会方面:(1)重人与人相和亲,而不重政治力量之控制。(2)儒家最重中庸,故凡事不趋极端,制度风俗,皆不止积重难返,而中国人无顽固之病。(3)儒家重恕,“己所不欲,勿施于人”。[谓“絜矩”。]其标准极简单明了,而含义又极高深,所谓愚夫愚妇,与知与能,而圣人有所不能尽。恕成为普遍的人生哲学,无意间为社会保持公道,此儒家之大有造于中国社会者。

阴阳家之书尽亡,惟邹衍之说,略见《史记·孟荀列传》。其说看似荒诡,实则不过就空间(彼所谓中国)、时间(所谓黄帝以来)两方面,据所知者,求得其公例,而推诸未知者耳。其研究结果,盖以治国当有五种方法。更迭使用,是为五德终始,[《汉书·严安传》载安上书引邹子之言曰:“政教文质者,所以云救也。当时则用,过则舍之,有易则易之。”即五德终始之说也。](衍之五德终始,始从所不胜,即水、土、木、金、火;汉末乃改从相生之次,为木、火、土、金、水)此正犹儒家之通三统,彼所谓一德,当有其一套治法,非如后世之阴阳家专讲改正朔、易服色等空文也。(《汉志》有《邹奭子》十二篇,则已拟有实行之法,果难施与否,今不可知,要非如汉人之言五德者,徒以改正朔、易服色为尽其能事也)故与儒家可列为一阶段。[《太史公自序》述其父谈之论,谓阴阳家言,“大祥而众忌讳,使人拘而多所畏”,此乃阴阳家之流失,而非其道遂尽于是也。]

以上诸家知识,均得诸历史上,均欲效法前代,惟其所欲法者,新旧不同耳。惟法家则注重眼前的事实,[切合于东周时势。]故其立说最新。法家之“法”字,又有广狭二义,广义包法、术二者言之,狭义则与术相对,[申不害言术,公孙鞅为法,韩非盖欲兼综二派者。]法所以治民,术所以治治民之人也,见《韩子·定法篇》。法家之书,存者有三:(1)《管子》,[二十四卷,原本八十六篇,今佚十篇。](2)

《韩非子》，［二十卷，五十五篇。］(3)《商君书》［五卷，原本二十九篇，今佚三篇幅。］也。法术之论，（治民及驭臣下之术）三书多同。惟《管子》多官营大事业，干涉借贷，操纵商业之论（大体见《轻重》诸篇）。《商君书》则偏重一民于农战，（意欲遏抑商业）盖齐、秦经济发达之程度不同，故其说如此。［齐工商之业特盛，殷富殆冠海内；秦地广而腴，且有山林之利，开辟较晚，侈靡之风未甚。］［《韩非子》多言原理，兼及具体之条件。］法家之论，能训练其民而用之；术家则能摧抑贵族，故用法家者多致富强，［如韩申不害相韩昭侯十五年，内修政教，外应诸侯，终其身，无侵韩者。卫吴起为魏文侯将，拔秦五城，守西河以拒秦、韩，文侯卒，事其子武侯，遭谮奔楚，相楚悼王，南平百越，北并陈、蔡，却三晋，西伐秦，诸侯皆患楚之强。］秦且以之并天下也。［卫鞅（商鞅）入秦，说孝公变法修刑，内务耕稼，外劝战死之赏罚。孝公任之，遂大强。故秦并天下，原因虽有数端，以人事论，则能用法家之说，实为其一大端。盖惟用法家，乃能一民于农战，其兵强而且多（见《荀子·议兵》），亦惟用法家，故能进法术之士，而汰淫靡骄悍之贵族（列国皆贵族政治，独秦行官僚政治），政事乃克修举也。

秦汉时代学术之新趋势

1. 交通便利，各种学术，渐相接触，启通学之机。［前此列国互相猜忌，往来之间，非有节符不能通，而关之稽查尤严，其极，遂至借以为暴。汉有天下，此弊尽去，有“通关梁，一符传”之美谈，而交通变利矣。］2. 利用学术者，将抉择或折衷于诸学之间，而求其至当。故其结果，为不适宜于时代之学术，渐见衰息（如墨家、农家）。其适宜者亦渐与他学相混焉。［至此自先秦之新发明的时代，变为两汉之整理的时代。犹西洋史上之希腊——发明——与罗马——整理——之关系也。]

秦有天下,仍守法家之学不变,然此时法家用整齐严酷之法,以训练其民之办法,实已用不着。[法家宗旨,在"法自然",故戒释法而任情。揆其意,固不主于宽纵,亦不容失之严酷。然专欲富国强兵,终不免以人为殉。《韩非子·备内篇》云:"王良爱马,为其可以驰驱;句践爱人,乃欲用以战斗。"情见平辞矣。在列国相争,急求统一之时,可以暂用,治平一统之时而犹用之,则恋蘧庐而不舍矣。秦之速亡,亦不得谓非过用法家言之咎。]秦亡之后,众皆以其刻薄寡恩,归咎于法家(其实此系误解),[盖专以成败论事,归咎法家。]而法家之学,一时遂为众所忌讳。是时急于休养生息,故道家之说颇行。[如孝惠元年,曹参相齐,尊治黄、老言者盖公,为言"道贵清静,而民自定",参用之,相齐九年,齐国安集。及继萧何为相,举事无所变更,择谨厚长者为郡国吏,掩人细过,不事事,百姓歌之,有"载其清靖,民以定壹"之辞。孝景时,窦太后好黄、老术,皆其著者。]然道家主无为,为正常之社会言之则可;社会已不正常,而犹言无为,是有病而不治也。故其说亦不能大盛。

此时社会,(1)当改正制度,(2)当兴起教化,此为理论上当然之结果,无人能加以反对,而此二者,惟儒家为独优,故儒学之必兴者,势也。秦始皇坑儒时,曾言:"吾前收天下书不中用者尽去之,悉召文学方术之士甚众,欲以兴太平,方士欲练奇药。"[见《史记·始皇本纪》。]兴太平,即指改正朔兴起教化言,是始皇固尝有意于此矣。特未及行耳。[当时致力镇压诸侯之遗,北逐匈奴,筑长城,南略定南越,置郡,迄无闲暇。苟天假以年,或有兴太平之举,亦未可知。]汉兴,高、惠、文、景四世,海内或未大安,又皆非右文之主,[高祖贱儒,复值天下初定,陈豨、黥布之乱,迭兴干戈。惠帝时政由吕后,公卿皆武力功臣。文帝本好刑名,复专事安抚同姓诸侯。景帝不任儒,窦太后又好黄、老,而又有七国之乱,复起兵戎]故隆儒之举,必待武帝而后行,[武帝雄略,右文之主,故能从社会趋势,而儒学遂兴。]

儒学至汉代,去实用渐远,专抱遗经研究,遂渐变成所谓经学。

六经中乐无经,故只有五经。经学初无分歧,至后来乃有今古文之别。今文学最初八家:《诗》齐、鲁、韩,《书》伏生,《礼》高堂生,《易》田生,《春秋》胡毋生、董仲舒。[《史记·儒林传》曰:"今上(汉武帝)即位,赵绾、王臧之属明儒学,而上亦乡之。于是招方正贤良文学之士。自是之后,言《诗》于鲁则申培公,于齐则辕固生,于燕则韩太傅。言《尚书》,自济南伏生。言《礼》,自高堂生。言《易》,自菑川田生。言《春秋》,于齐、鲁自胡毋生,于赵自董仲舒。"]东汉立十四博士:《诗》鲁、齐、韩,《书》欧阳、大、小夏侯,[《书》分三家:欧阳生、夏侯胜、胜从兄子建。]《礼》大、小戴,[《礼》分三家:戴德、戴圣、庆普,庆氏未立学官。]《易》施、孟、梁丘、京,[《易》分四家:施雠、孟喜、梁丘贺、京房。]《春秋》严、颜。[《公羊春秋》分二家:严彭祖、颜安乐。皆见《汉书·儒林传》。]大体仍为今文(惟京氏《易》可疑)。

古文起于西汉之末,《诗》毛氏,[《汉书·儒林传》曰:毛公,赵人也。治《诗》,为河间献王博士。"《后汉书·儒林传》:"赵人毛苌传《诗》,是为《毛诗》。"《隋书·经籍志》:"汉初赵人毛苌善诗,自云子夏所传,作《诂训传》,是为《毛诗》古学。"]《书》《古文尚书》,谓鲁共王坏孔子壁,得《古文尚书》百篇,孔安国以今文读之,得多十六篇。(见《汉书·艺文志》《楚元王传》《景十三王传》《说文解字序》《论衡·佚文》《正说》。而其辗转传述,皆互相乖异)然此十六篇仍不传,《礼》云有《逸礼》,后亦不传(《礼记》中《奔丧》《投壶》,郑《注》谓皆同《逸礼》。然《逸礼》不传)。《易》有费、高二氏,[费友、高相,见《汉书·儒林传》。]《春秋》有《左氏传》,[《艺文志》《楚元王传》不言所自来,《说文解字序》谓献自张苍,《论衡·案书》谓得自孔壁。]《谷梁传》[《史记·儒林传》:"瑕邱江生为《谷梁春秋》,自公孙弘得用,尝集比其义。"]昔人以为今文,近崔适考定其亦为古文，其说盖是。见所著《春秋复始》。

浅人闻今古文之名，每以为其经之文字大有异同。其实不然，所异者多无关意义。（郑玄注《仪礼》，备详今古文异字，读之可见[如古文“位”作“立”，“义”作“谊”，“仪”作“义”之类，皆与意指无关。]）[其有关系者，如《尚书·盘庚》“今予其敷心腹肾肠”，今文作“今我其敷优贤扬历”之类，然极少。]故今古文之异，不在经文，而在经说。[经本古书，而孔子取以立教。古书本无深义，儒家所重，乃在孔子之说。说之著于竹帛者谓之传；其存于口耳者，仍谓之说：古书与经，或异或同，足资参证，且补经所不备者，则谓之记。今古文之经，本无甚异同，而说则互异，读许慎之《五经异义》可见。]今文家虽分家，然其说大体相同；[不独一经然，群经皆然，读《白虎通义》可见，此书乃今文家言之总集也。]古文则诸家之说各别。盖由今文得诸传授，其源同，其流不得大异；古文之说，由诸家自由研究，逐渐创立，故说各不同也。此两点最为紧要。

汉世今古文聚讼之端，最大者为孔壁得书一案。此说如确，则今文家经确不完；如其不然，则所谓古文者，不过民间经学，与立于博士官者不同，与后来古文家之说，出于今文家以外，并无二致矣。孔壁得书一案，似难认真实。详见拙撰《燕石札记·孔壁》条。但今古文之争论，其实与汉世学风变迁，无甚大之关系也。

汉初儒学，均讲经世致用，而是时最大之问题，为民生问题。西汉儒学，齐、鲁不同，今文为鲁学，古文为齐学。说见廖平《今古学考》，确不可易。但何以有此分派，至汉世何以分张更甚，廖氏初未能言。予意齐为大国，经济发达，鲁则不然，此为儒家分歧变化之重要原因。廖氏云：今学以《王制》（《礼记》篇名）为总汇，古学以《周礼》为大宗。《王制》者，百里之国之治法，《周礼》则千里之国之规模。节制资本之法，《周礼》中可寻得根据，今学中无之。汉世儒家，只讲平均地权，对于节制资本之义，初不了解，读《盐铁论》可见。王莽所行之政策，兼斯二者，此莽与其徒党所醉心于古学也，此为古学初得政府中人垂青之故。

王莽覆败，后汉继兴，一切政治，皆务反莽，故所立十四博士，仍皆今学，然社会上崇向古学之风，业已不可遏止矣。此则当时风气渐趋于自由研究，不甘为成说所囿故然也。

自王莽变法失败后，通经致用之风渐泯，经学乃渐流为繁碎之考据。《汉书·艺文志》言，古之学者，耕且养，三年而通一经，三十而五经立，存其大体，玩经文而已。其后则说《尧典》篇目至十余万言，但说“粤若稽古”（《书经》第一句）三万言。[皆指秦恭言之。《艺文志注》引桓谭《新论》云：“秦近君（恭字，王先谦《汉书补注·艺文志》云：“王应麟曰：《儒林传》作秦延君，注‘近’字误。”）能记《尧典》篇目二字之说至十余万言，但说曰若稽古三万言。”]幼童而守一艺，白首而后能通。[系引《艺文志》之大意，与原文略有出入。]案释经之文，汉时通为章句，观《后汉书》所载，一经之章句至数百万言者不乏。盖儒学初兴时，从事焉者，率多孤寒之士；后其学流行渐盛，富贵者多从事焉，遂渐移于有闲阶级之手。[其情形皮锡瑞《经学历史》之《经学极盛时代》一篇中详言之。]学问一入有闲阶级之手，未有不流于繁碎者。又此辈多挂名读书，实则束书不观者，乃开专以意说经之风，见《后汉书·徐防传》。此两种风气，历两晋、南北朝未改，读《南》《北史》“儒林传”可见也。其中讲考据者，徒好繁征博引，而不衷于理，后汉之马（融）、郑（玄）、许（慎）诸儒，皆有此弊。王肃专与郑玄为难，然其方法，实与郑同也。[《经学历史·经学中衰时代》：“郑学出而汉学衰，王肃出而郑学亦衰。肃善贾、马之学，而不好郑氏。贾逵、马融皆古文学，乃郑学所自出。肃善贾、马而不好郑，殆以贾、马专主古文，而郑又附益以今文乎？案王肃之学，亦兼通今古文。……故其驳郑，或以今文说驳郑之古文，或以古文说驳郑之今文。”]

两汉之世，迷信之心理尚深。儒学既行，儒学所尊崇之圣人，遂渐被附会为无所不知，无所不能，不问而知，不学而能之人物（见王充《论衡》)。简括言之,即被造成为神是也。[盖古人之史学性质少,文学性质多,易于造成与神相类的崇拜之对象。]此等心理,与谶纬之成立,大有关系。《说文》曰:"谶,先知也。"[刘熙《释名·释典艺》:"谶,谶也,其义谶微而有效验也。"]此即今所谓预言,秦世之"亡秦者胡"[《史记·秦始皇本纪》曰:"燕人卢生使入海还,以鬼神事,因奏录图书曰:亡秦者胡也。始皇乃使将军蒙恬发兵三十万人北击胡,略取河南之地。"裴骃《集解》曰:"郑玄曰:胡,胡亥,秦二世名也。秦见图书,不知此为人名,反备北胡。"]及《史记·赵世家》所载怪异事迹。更推广言之,《左传》所载卜筮言论之有验于将来者,皆谶之性质也。《春秋》家说,(今文)孔子作《春秋》,有不便明言褒贬者,弟子口受其传旨。古文初兴时,利用此说,谓孔子作六经,别有六纬,阴书于策,与之并行。(其实与经相辅而行者,古人通称谓之传,无纬之名)与经相辅行者,大略有三:传、说、记是也。传、说二者,实即一物:不过其出较先,久著竹帛者,则谓之传;其出较后,犹存口耳者,则谓之说耳。古代文字用少,书策流传,义率存于口说,其说即谓之传。凡古书,莫不有传与之相辅而行。凡说率至汉师始著竹帛(以前此未著竹帛,故至汉世仍谓之说也),汉世传注,经义皆存于是。记与经为同类之物,以补经不备者。其本义盖谓史籍。因其为物甚古,亦自有传,而《礼记》又多引旧记也。传、说、记三者之中,自以说为最可贵,盖为汉世传经,精义之所存,此汉儒所由以背师说为大戒也。详见《燕石札记·传说记》条。]而纬之名以立,利用经说造作(纬说多同今文,以其初兴时,[西汉哀、平之间,纬书出。]古文说尚未出也)。因以所造之谶夹杂其中,故称谶纬。

谶纬之作,论者皆归咎于王莽。其实光武之造谶与信谶,乃更甚于王莽。[《后汉书·光武帝纪》:"同舍生彊华,自关中奉《赤伏符》曰:刘秀发兵捕不道,四夷云集龙斗野,四七之际火为主。群臣奏曰:受命之符,人应为大;万里合信,不议同情,符瑞之应,昭然若闻，宜答天神，以塞群望。”《桓谭传》：“是时帝（光武）方信谶，多以决定嫌疑。”《东观汉记》：“光武避正殿，读谶坐庑下，浅露，中风苦咳。”］足见此为当时社会心力所支持也。终后汉之世，称纬为内学，经为外学。

迷信及琐碎激起有思想者之反动，而魏、晋之玄学以兴。

清代考据学

理学至王阳明，发达已臻极点。故此后学术之发达，方向遂转变，是为清代考证之学。

考证之学之初兴，不过厌宋学末流之空疏，务“多读书”“求是”而已。其风实起自明世。专务博学者如焦竑、陈第等是也。兼讲经世者，如顾炎武、黄宗羲、王夫之等是也。诸人不但不排斥理学，且于理学入之甚深：但在讲经学时，不肯墨守宋人之说而已。降及清代康、雍之间，尚系如此。后人称为“汉、宋兼采派”（见《四库书目》）。至乾、嘉时，学者乃专务“搜辑”“阐发”汉人之说；于宋儒之说，置之不论不议之列。至此，乃成为纯粹之汉学，为清代学术之中坚。

汉学家之功绩，在（1）通训诂、（2）勤校勘、（3）善搜辑、（4）精疏证：故使 a. 古书之误者可正，b. 佚者后复见，c. 古义之晦者复明，（5）而其实事求是，尊重客观之精神，于学者裨益尤大。惟其人无甚宗旨，内而身心，外而社会，皆非所措意。故梁任公谓为方法运动，而非主意运动也（见所著《清代学术概论》）。

考据学派之初兴，只是厌宋学末流之空疏，务多读书而已。其人并不反对宋学，且多深入宋学者，顾亭林（炎武）、黄梨洲（宗羲）、王船山（夫之）等无论矣，［顾氏所著《郡县论》等经世之学，多本诸宋学。黄氏著《明夷待访录》，人多仅称其《原君》《原臣》篇，实乃具彻底改革整个社会之精神,亦来自宋学也。诸人于汉学仅其一端,且或并非其主要者,不过因清代汉学大行,而诸人亦遂以汉学著矣。]即焦弱侯(竑)等亦然也。诸儒之立身及经世,仍以宋学为归,惟说经及考证古事,不囿于宋人之说耳。此派,后来之人,自经学之立场言之,称为汉宋兼采派。梁任公著《清代学术概论》称胡渭、阎若璩为汉学之开山人物(以胡著《易图明辨》,攻击宋人所谓《河图》《洛书》;阎著《古文尚书疏证》,就众所共尊之经,证明其为伪作之故),亦在此派中。必至其所言者,专于疏通证明,补苴缀给,而不复存一合汉宋之说而评判其是非之见,乃得称为纯正之汉学(此等人自亦非不可兼治宋学)。

汉学家人物甚多,难遍疏举。日人某分为皖、吴两派,章炳麟采其说,大致是也。皖派当以戴震为巨擘。近人多称道其《原善》及《孟子字义疏证》之说,以余观之,此说并无足取,此点俟后再论。皖派之伟绩,在长于小学。其巨子为段玉裁及王念孙。段为精治《说文》者之始(清之治《说文》者,并非专于《说文》一书;乃以《说文》为中心,而旁及其他字书),王则精治古人文法之始也。[王著《读书杂志》,曾国藩称其能含蕴语气而得正确之解释;以今日言之,则为精治文法之学也。其子王引之著《经传释词》。]俞樾之《古书疑义举例》,又为王之支流余裔。吴派当以惠栋为大宗,此派之伟绩,在长于搜辑及疏释。余萧客(《古经解钩沉》)、王鸣盛(《尚书后案》)、陈乔枞(《三家诗遗说考》)等,皆其代表人物。至于对一问题,搜罗证据,务极其周;疏释论断,务极其慎,则两派之所同也。

道、咸以后,经学又形成今文一派。此派起于常州之庄(存与)刘(申受),衍于仁和之龚(自珍)、邵阳之魏(源),而极盛于近代之廖平及康有为。考据之学,最重源流派别,经学尤甚。分析汉、宋之后,再分析汉人之派别,本无足怪。惟此派之有声光,不尽在学术方面,而兼在政论方面。故如陈乔枞之专辑今文经说,不参议论者，今学派并不重之。分析今古文之精，莫如廖平，晚亦好为怪论也。此派议论，多带有经世色采，(1)庄、刘，(2)龚、魏至(3)康有为，逐步加甚。此由(1)西汉经学，本重经世；(2)而时事日亟，亦有以诱之也。从纯学术立场言之，康有为新学伪经之说实非是。廖平分析今古学为齐、鲁学，则极可取。余为补充：齐学为治大国之规模，兼重节制资本；鲁学为治次等国之规模，但重平均地权（又极重教化）。新莽一派人，所以扶立古学者，由其所行政策，欲兼二者之故：似颇足备一解也。

清儒中，反对宋儒之理论者，著者有二派。一为戴震，说见其所著《原善》及《孟子字义疏证》。以为宋儒偏于言理而不顾人情，以改(1)视食色之欲，饥寒之患，为人情所不能免者，皆若无足轻重；而徒实一般人以旷世之高节。(2)太重名分，如君父与臣子之关系，几于不复论其是非。故主舍理而论情，情之所安，即为义之所在。案以凡民之欲为无足重轻，而不为之谋满足，宋儒并无其事，[宋儒甚注意井田、社会、水利等。]说近于诬。至于不得已之时，教民以轻生而重义，亦凡立教者皆如是。过重名分，宋儒诚有此弊，此由不知经传所言，乃就当时之社会立说，亦时君父之权固重也；至宋世，社会业已较为平等，宋儒不知此为社会之进步，而执古人之所言为天经地义，欲强后世之社会以就之，则人心觉其不平矣。然宋儒受病之原，戴氏并不知之；乃咎其偏于言理，而欲救之以情。不知情无客观标准，固有行之者以为协乎人情，而受之者以为不能堪者矣。况宋儒所言之理，并非吾人当下推度所得之理：其所谓理者，必人欲去尽而后能见；故就实际言之，亦可谓无人能见得此理；其说用诸实际，诚不免失之空洞，然非如戴氏之所诋也。

又一派为颜元[习斋]，则其所反对者，不仅限于宋学，特于宋学为尤甚耳。其说讥中国之读书人，大偏于纸上，而不习实务。于宋学之空谈心性，并书而不读者，自然反对尤烈矣。谓求之于心，久之而自觉其可信者，实系一种心理变态，逮用诸实事，则全不足侍。故主恢复古人六艺之教（礼、乐、射、御、书、数），凡事皆须实习。案谓中国读书人太疏于实务，自亦不错。但研究发明，与实际应用，分为两途，(1)由人性如有所长，(2)亦分工合作之理。若如颜氏所云，势必至降低学问之程度而后止。章炳麟讥颜氏弟子，[李添，字刚主。]言数则仅通筹算之乘除，言书则粗知今隶之讹谬：即其明验。

又有调和于汉、宋之间，而兼调和于文与学之间者，是为桐城派义理、考据、辞章，三者不可缺一之说。此说创自姚鼐（姬传），后来桐城派皆宗之。章学诚之议论，亦于此为近。曾国藩本服膺姚鼐，故亦主此说，特其晚年，又间或益之以经济（中国所谓经济，包括极广，非今经济学之义），为四门耳。此说可谓甚正。但不分别普通及专门，则欲一人兼擅三者极难。即桐城派之本身，亦偏于辞章，于汉、宋二学之间，则又侧重于宋也（如方植之著《汉学商兑》，力诋汉学，即其一极端之例）。

清代有特色之学术，尚有浙东学派之史学。浙西学派，亦推其考证之功，旁及史事；但多就事实为之补苴订正，而通观全局具有史识者甚少。[如钱大昕之《廿二史考异》，王鸣盛之《十七史商榷》，赵瓯北之《廿二史劄记》等皆是。]浙东派则与之相反[如万季野、全谢山等]。盖浙西学派，乃承王应麟、黄干等之遗绪，为朱学中之一派。而浙东学术，则仍承宋时浙学之遗绪者也（吕祖谦一派）。[此义《文史通义》首发之。]以今日眼光观之，则浙西派近于专门史家，浙东派近于通史家；惟通史乃可称史学之正宗（专门史仍可归入各种专门科学内），故必浙东派乃可称为史学之正宗也。

浙东派最重要之人物为章学诚。其重要之著作，为《文史通义》，[论文之语，固颇切当，然于文学上之价值并不高。其要乃在史学。]其大功，在发明：1. 史料与作成之史非一物；2. 储备史料，宜求其丰富，著作历史，则当求其简；3. 记注、比次，各为一事。吾国史学，有三名著：(1)刘知几之《史通》；(2)郑樵之《通志序》；

(3)章学诚之《文史通义》。(1)为始讲史法者;(2)为扩充史之内容者;(3)则确立史学与他学之界限,阐发史学真相者。必史籍稍多,乃想及讲史法;必人须之知识渐进步,乃觉史之所载为不备:必学问之内容,愈积愈丰富,乃感觉分种之必要。三先生之著作,恰代表史学进化之三阶级,亦时势使然也。

章氏对于汉、宋学及文学之意见,其结论颇近桐城派(义理、考据、辞章三者不可缺一),此无足深论。而其"六经皆史"之说,实由其对宋学之见解而来;此说能了解者颇少,致多误会,请一论之。

六经皆史者,章实斋对于宋学末流空谈心性之反动;固谓圣人不以空言立教,因之谓六经皆史。然在考证上,其说卒不能成立:盖执狭义之史(史官所载往事)为史,则六经除《书》与《春秋》之外,明明非史。若将史之义推而广之,谓一切故事之职掌,皆关涉史官;则如释学问,凡以文字记之者,何一不可目之为史;将史官之外无他职,而推原古代学术出于官守者,亦除史官而外,更无原本矣,有是理乎?章氏于六经皆史之说,引证论断,多属支离;《易》无可说,乃至牵涉历法,则更不足辨矣(所引者,皆后人以历法附会《易》之辞,非作《易》时历已发达至此程度也)。后来祖述章氏之说者,大抵不能离"学术必资记载,记载专职诸史官"一观念,非此则六经皆史之说,不能主持也。至近世之章太炎,则因受此观念之影响,专认史官所记者为史(其余即非金石证亦认为价值大减);于是骂康有为为妄人。[章氏之论谓:"……如是没丘明之劳,谓仲尼不专著录。假令生印度、波斯之墟,知己国之文化绵远,而欲考其事,文献无征;然后愤发于故书,哀思于国命矣。"(《国故论衡》△△篇)]而不知论史材、史官所记,与传说、神话及他种著述,各有其用也。其又一反动,则为胡适之、顾颉刚一派。胡氏专取《诗经》《楚辞》为史料。顾氏初亦宗之;后虽渐变其说,而仍目古史官所记者为伪造(如世系事。于此问题,章太炎辨古史官所记与神话非同物,却不错):皆不免固执一说,而未能观其会通也。

中国近代之思想家

顾炎武。发明有亡国(今所谓王朝)、有亡天下(今所谓国家、民族)之说,为民族主义之先驱。

黄宗羲。《明夷待访录》中《原君》《原臣》两篇,为民权主义之先驱。

然此大体上仍不能出宋学之范围,泛览理学家之书多者自知之。

俞正燮。亦一考据家。但深知古今社会之异,古之并不足尚。《癸巳类稿》《存稿》中,此类作品甚多。在思想方面,非他家可及。

但此亦不出汉学之范围。因汉学家中,亦时有能见到真际者,但不如俞氏之多而且透彻耳。其与近代思想关系最密切者,当首推龚自珍。(自珍与魏源并称。在学问方面,自珍远不如源之切实;以思想论,则源不如自珍之恢奇)梁启超谓近代之思想家,最初无不受自珍之影响,且多好之甚深;此事实也。大抵今文经说,多有与后世普通思想异者,故思想瑰奇者多好焉。庄(存与)、刘(逢禄)已微启其端,至龚、魏而大,至康有为而极。若王闿运、廖平,则流于荒怪,乃走入旁门,不足道矣。但廖氏分别古书源流派别之法,确系极精;其自己所立之说虽荒怪,而此方法在古史研究上,将来必能放一异彩也(现在蒙文通颇能用之)。[前人仅知以古书之整部,言其学问派别。而廖氏知古书之不尽纯,乃就其一章一节而分别之;此其所以胜于前贤也。]

康有为之学问,体段颇大。康氏之思想,自成一系统。其所用其资料者,则(1)西汉以前经学家之微言大义,(2)佛学,(3)理学,(4)又杂以西洋之科学、历史、政治制度、社会风俗等。康氏最富于六经皆我注脚之精神:其所取为资料者,不过取为资料,以佐吾说而已；或非其说之真相也。——康氏原非考据家。现在，有从考据方面，采取其说者，如顾颉刚、钱玄同；有从考据方面驳斥之者，如钱穆。于康氏价值，均不能为增损。

康有为之思想，自成一体段。彼视天下终可达于太平，而其致之必以渐；乃以《礼运》大同、小康及《春秋》三世（据乱而作，进于升平，再进于太平）之说佐之。其对于宗教感情之热烈，及其论修察克治之精严，则其精神，得诸佛学及宋学。其重视物质（有为著《物质救国论》），则其得诸近代欧化之观感者也。有为之为人也，富于理想，而于眼前之事实，认识不甚清楚。观其后来竭力反对对德宣战，且固执民主政体，必至争端，因之牵入复辟案中可知。

其弟子梁启超，世与其师并称为康、梁；实则性质与其师大异。启超之为人也，博学多通，而自己并无心得。但于各种学术，能（1）多所通晓；（2）且能观其会通；（3）又能援引学理，以批评事实。故其言论，对一般之影响甚大。

与康、梁同时者，尚有一谭嗣同，著有《仁学》一书：其思想之体段，亦颇伟大。但立说太幼稚，太杂乱，盖因早死，其思想未能成熟也。

此外近代有思想者，尚有一章炳麟（亦名绛），其人之思想，并不伟大，亦不精深，但极刻核，遇事皆能核其真相，不但就其表面立论：故不牵于感情，震于名声，如其所作《代议然否论》，是其一例。又有严复，论事亦主核实，近于炳麟。要之，近代之思想家，康有为近墨家、儒家、阴阳家。梁启超近纵横家，章炳麟、严复近法家。此外徒读故书，贩译新说，自己并无心得，皆不足称为学也。

西学输入以后中国学术曾受何等影响？此当以根本改变吾人之思想者为限。若忠实翻译，或引伸发论，则仍是他人之学术也。以吾观之，中国学术思想，受西洋之影响者，有下列数问题：（1）受科学之影响而知求真。（2）不责实用。（3）知分科之当务细密：此皆方法问题。在主义上，其初“中学为体西学为用”之说，固不足论。后来偏重政治;实则西洋政治学说,与中国并无根本异点。其最后能改变中国人之思想者,达尔文之《种源论》,马克思之《资本论》;此两书本非只讲一种学问,其影响,可使各种学问之观点,皆因之而改变者也。(凡学问,必如此,乃可谓之伟大。但此等大发明,多系时代为之,非尽个人之聪明才力也)[《种源论》盛于民国前十余年至民五六年,自强之观念,由是普遍于中国。《资本论》盛于民五六年至今日,由是而得认识社会组织(社会之组织,各有不同,皆随环境而定,并无优劣之分)。至于其他西洋有名之学说,若"四度空间"等,则以不合中国学术之个性,未能有影响于中国(四度空间为物理学上最有价值者,而于哲学上则平;中国哲学之发达,远胜于物理学;故其说亦鲜有注意者矣)。学术之事,穷极则复;苟于其穷时,有一新学术输入,而惬心贵当,则遂假而用之,不复劳自己进行新发现。故设西洋学术不于是输入,中国学术亦自将另起一新局面。此犹玄学之后,适有高深之佛教输入,而学者不复旁求矣。]

第二篇　经子解题

论读经之法

吾国旧籍，分为经、史、子、集四部，由来已久。而四者之中，集为后起。盖人类之学问，必有其研究之对象。书籍之以记载现象为主者，是为史；就现象加以研求、发明公理者，则为经、子。固无所谓集也。然古代学术，皆专门名家，各不相通。后世则渐不能然。一书也，视为记载现象之史一类固可，视为研求现象、发明公理之经、子一类，亦无不可。论其学术流别，亦往往兼搜并采，不名一家。此等书，在经、史、子三部中，无类可归；乃不得不别立一名，而称之曰"集"。此犹编新书目录者，政治可云政治，法律可云法律，至不专一学之杂志，则无类可归；编旧书目录者，经可曰经，史可曰史，至兼包四部之丛书，则不得不别立丛部云尔。

经、子本相同之物，自汉以后，特尊儒学，乃自诸子书中，提出儒家之书，而称之曰经。此等见解，在今日原不必存。然经之与子，亦自有其不同之处。孔子称"述而不作"，其书虽亦发挥已见，顾皆以旧书为蓝本。故在诸家中，儒家之六经，与前此之古书，关系最大。（古文家以六经皆周公旧典，孔子特补苴缀拾，固非；今文家之偏者，至谓六经皆孔子手著，前无所承，亦为未是。六经果皆孔子手著，何不明白晓畅，自作一书；而必伪造生民、虚张帝典乎？）

治之之法,亦遂不能不因之而殊。章太炎所谓"经多陈事实,诸子多明义理;贾、马不能理诸子,郭象、张湛不能治经"是也。(《与章行严论墨学第二书》,见《华国月刊》第四期)按此以大较言之,勿泥。又学问之光大,不徒视前人之唱导,亦视后人之发挥。儒学专行二千年,治之者多,自然日益光大。又其传书既众,疏注亦详,后学钻研,自较治诸子之书为易。天下本无截然不同之理:训诂名物,尤为百家所同。先明一家之书,其余皆可取证。然则先经后子,固研求古籍之良法矣。

欲治经,必先知历代经学变迁之大势。今按吾国经学,可大别为汉、宋二流;而细别之,则二者之中,又各可分数派。秦火之后,西汉之初,学问皆由口耳相传,其后乃用当时通行文字,著之竹帛,此后人所称为"今文学"者也。末造乃有自谓得古书为据,而訾今文家所传为阙误者,于是有"古文之学"焉。今文学之初祖,《史记·儒林传》所列,凡有八家:所谓"言《诗》,于齐则辕固生,于燕则韩太傅;言《书》,自济南伏生;言《礼》,自鲁高堂生。言《易》,自菑川田生;言《春秋》,于齐、鲁自胡毋生,于赵自董仲舒"是也。东京立十四博士:《诗》鲁、齐、韩;《书》欧阳、大小夏侯;《礼》大小戴;《易》施、孟、梁丘、京;《春秋》严、颜;皆今文学。古文之学;《诗》有毛氏,《书》有《古文尚书》,《礼》有《周礼》,《易》有费氏,《春秋》有左氏,皆未得立。然东汉末造,古文大盛,而今文之学遂微。盛极必衰,乃又有所谓伪古文者出。伪古文之案,起于王肃。肃盖欲与郑玄争名,乃伪造古书,以为证据——清儒所力攻之伪古文《尚书》一案是也。汉代今古文之学,本各守专门,不相通假。郑玄出,乃以意去取牵合,尽破其界限。王肃好攻郑,而其不守家法,亦与郑同(二人皆糅杂今古,而皆偏于古)。郑学盛行于汉末;王肃为晋武帝外祖,其学亦颇行于晋初;而两汉专门之学遂亡。此后经学乃分二派:一以当时之伪书玄学,羼入其中,如王弼之《易》,伪孔安国之《书》是。一仍笃守汉人所传,如治《礼》之宗郑氏是。其时经师传授之绪既绝，乃相率致力于笺疏。是为南北朝义疏之学。至唐代纂《五经正义》，而集其大成。（南北朝经学不同。《北史·儒林传》："其在江左：《周易》则王辅嗣，《尚书》则孔安国，《左传》则杜元凯。其在河洛：《左传》则服子慎，《尚书》《周易》则郑康成。《诗》则并主于毛公，《礼》则同遵于郑氏。"是除《诗》《礼》外，南方所行者，为魏、晋人之学；北方所守者，则东汉之古文学也。然逮南北统一，南学盛而北学微，唐人修《五经正义》，《易》取王，《书》取伪孔，《左》取杜，而服、郑之学又亡）以上所述，虽派别不同，而同导源于汉，可括之于汉学一流者也。

北宋之世，乃异军苍头特起。宋人之治经也，不墨守前人传注，而兼凭一己所主张之义理。其长处，在能廓清摧陷，一扫前人之障翳，而直凑单微；其短处，则妄以今人之意见测度古人，后世之情形议论古事，遂至不合事实。自南宋理宗以后，程、朱之学大行。元延祐科举法，诸经皆采用宋人之书。明初因之。永乐时，又命胡广等修《四书五经大全》，悉取宋、元人成著，抄袭成书。自《大全》出，士不知有汉、唐人之学，并不复读宋、元人之书；而明代士子之空疏，遂于历代为最甚。盖一种学问之末流，恒不免于流荡而忘反。宋学虽未尝教人以空疏，然率其偏重义理之习而行之，其弊必至于此也。物穷则变，而清代之汉学又起。

清儒之讲汉学也，始之以参稽博考，择善而从，尚只可称为汉、宋兼采。其后知凭臆去取，虽极矜慎，终不免于有失，不如专重客观之为当也。其理见下。于是屏宋而专宗汉，乃成纯粹之汉学。最后汉学之中，又分出宗尚今文一派，与前此崇信贾马许郑者立别。盖清儒意主复古，剥蕉抽茧之势，非至于此不止也。

经学之历史，欲详陈之，数十万言不能尽。以上所云，不过因论读经之法，先提挈其纲领而已。今请进言读经之法。

治学之法，忌偏重主观。偏重主观者，一时似惬心贵当，而终不免于差缪。能注重客观则反是。（今试设一譬：东门失火，西门闻之，甲乙丙丁，言人人殊。择其最近于情理者信之，则偏重主观之法也。不以己意定其然否，但考其人孰为亲见，孰为传闻；同传闻也，孰亲闻诸失火之家，孰但得诸道路传述；以是定其言之信否，则注重客观之法也。用前法者，说每近情，而其究多误；用后法者，说或远理，而其究多真。累试不爽）大抵时代相近，则思想相同。故前人之言，即与后人同出揣度，亦恒较后人为确。况于师友传述，或出亲闻；遗物未湮，可资目验者乎？此读书之所以重"古据"也。宋人之经学，原亦有其所长；然凭臆相争，是非难定。自此入手，不免失之汗漫。故治经当从汉人之书人。此则治学之法如是，非有所偏好恶也。

治汉学者，于今、古文家数，必须分清。汉人学问，最重师法，各守专门，丝毫不容假借。（如《公羊》宣十五年何注，述井田之制，与《汉书·食货志》略同，然《汉志》用《周官》处，《解诂》即一语不采）凡古事传至今日者，率多东鳞西爪之谈。掇拾丛残，往往苦其乱丝无绪；然苟能深知其学术派别，殆无不可整理之成两组者。夫能整理之成两组，则纷然淆乱之说，不啻皆有线索可寻。（今试举一实例。如三皇五帝，向来异说纷如，苟以此法驭之，即可分为今、古文两说。三皇之说，以为天皇十二头，地皇十一头，立各一万八千岁；人皇九头，分长九州者，河图、三五历也。以为燧人、伏羲、神农者，《尚书大传》也。以为伏羲、神农、燧人，或曰伏羲、神农、祝融者，《白虎通》也。以为伏羲、女娲、神农者，郑玄也。以为天皇、地皇、泰皇者，始皇议帝号时秦博士之说也。除纬书荒怪，别为一说外，《尚书大传》为今文说，郑玄偏重古文。伏生者，秦博士之一。《大传》云："遂人以火纪，阳尊，故托遂皇于天；伏羲以人事纪，故托羲皇于人；神农悉地力，种谷蔬，故托农皇于地。"可见儒家所谓三皇者，义实取于天、地、人。《大传》与泰博士之说，即一说也。河图、三五历之说，司马贞《补三皇本纪》，列为或说；其正说则从郑玄。《补三皇本纪》述女娲氏事云："诸侯有共工氏，与祝融氏战，不胜，而礼。乃头角虫不周之山，天柱折，地维缺。女娲乃炼五色石以补天”云云。上言祝融，下言女娲，则祝融即女娲。《白虎通》正说从今文，以古文备或说；或古文说为后人窜入也。五帝之说，《史记》《世本》《大戴礼》，并以黄帝、颛顼、帝喾、尧、舜当之；郑玄说多一少昊。今按《后汉书·贾逵传》，逵言：“五经家皆言颛顼代黄帝，而尧不得为火德。左氏以为少昊代黄帝，即图谶所谓帝宣也。如令尧不得为火德，则汉不得为赤。”则左氏家增入一少昊，以六人为五帝之情可见矣。《史记》《世本》《大戴礼》，皆今文说，左氏古文说也）且有时一说也，主张之者只一二人；又一说也，主张之者乃有多人，似乎证多而强矣。然苟能知其派别，即可知其辗转祖述，仍出一师。不过一造之说，传者较多；一造之说，传者较少耳。凡此等处，亦必能分清家数，乃不至于听荧也。

近人指示治学门径之书甚多，然多失之浩博。吾今举出经学人入简要之书如下：

皮锡瑞《经学历史》。此书可首读之，以知历代经学变迁大略。

廖平《今古文考》。廖氏晚年著书，颇涉荒怪。早年则不然。分别今古文之法，至廖氏始精确。此书必须次读之。

康有为《新学伪经考》。吾举此书，或疑吾偏信今文，其实不然也。读前人之书，固可以观其事实，而勿泥其议论。此书于重要事实，考辨颇详，皆前列原书，后抒己见；读之，不啻读一详博之两汉经学史也。此书今颇难得；如能得之者，读廖氏《今古文考》后，可续读之。

《礼记·王制注疏》、《周礼注疏》、陈立《白虎通疏证》、陈寿祺《五经异义疏证》。今古文同异重要之处，皆在制度。今文家制度，以《王制》为大宗；古文家制度，以《周礼》为总汇。读此二书，于今古文同异，大致已可明白。两种皆须连疏注细看，不可但读白文，亦不可但看注。《白虎通义》，为东京十四博士之说，今文学之结晶也。《五经异义》，为许慎所撰，列举今古文异说于前，下加按语，并有郑驳，对照尤为明了。二陈疏证，间有误处；以其时今古文之别，尚未大明也。学者既读前列各书，于今古之别，已可了然，亦但观其采摭之博可矣。

此数书日读一小时，速则三月，至迟半年，必可卒业。然后以读其余诸书，即不虑其茫无把握矣。

古代史书，传者极少。古事之传于后者，大抵在经、子之中。而古人主客观不甚分明；客观事实，往往夹杂主观为说；（甚有全出虚构者，是为寓言。）而其学问，率由口耳相传，又不能无讹误；古书之传于今者，又不能无阙佚。是以随举一事，辄异说蜂起，令人如堕五里雾中。治古史之难以此。苟知古事之茫昧，皆由主客观夹杂使然，即可按其学术流别，将各家学说，分别部居；然后除去其主观成分而观之，即古事之真相可见矣。然则前述分别今古文之法，不徒可施之儒家之今古文，并可施之诸子也。此当于论读子方法时详之。唯有一端，论读经方法时，仍不得不先述及者，则"既知古代书籍，率多治其学者东鳞西爪之谈，并无有条理系统之作，而又皆出于丛残掇拾之余；则传之与经，信否亦无大分别"是也。世之尊经过甚者，多执经为孔子手定，一字无讹；传为后学所记，不免有误。故于经传互异者，非执经以正传，即弃传而从经，几视为天经地义。殊不知尼山删订，实在晚年，焉能字字皆由亲笔。即谓其字字皆由亲笔，而孔子与其弟子，亦同时人耳，焉见孔子自执笔为之者，即一字无讹？言出于孔子之口，而弟子记之，抑或推衍师意者，即必不免有误哉。若谓经难私造，传可妄为，则二者皆汉初先师所传，经可信，传亦可信；传可伪，经亦可伪也。（若信今文之学，则经皆汉代先师所传，即有讹阙，后人亦无从知之。若信古文之学，谓今文家所传之经，以别有古经，可资核对，所异唯在文字，是以知其可信；则今文先师，既不伪经，亦必不伪传也）是以汉人引用，经、传初不立别。崔适《春秋复始》，论"汉儒引《公羊》者皆谓之《春秋》;可见当时所谓《春秋》者,实合今之《公羊传》而名之”甚详。余谓不但《春秋》如此,即他经亦如此。《太史公自序》,引《易》“失之毫厘,缪以千里”。(此二语汉人引者甚多,皆谓之《易》)今其文但见《易纬》。又如《孟子·梁惠王下篇》,载孟子对齐宣王好勇之问曰:“《诗》云:王赫斯怒,爰整其旅,以遏徂莒,以笃周祜,以对于天下。此文王之勇也。文王一怒而安天下之民。《书》曰:天降下民,作之君,作之师;唯曰其助上帝,宠之四方,有罪无罪,唯我在,天下曷敢有越厥志。一人衡行于天下,武王耻之。此武王之勇也。而武王亦一怒而安天下之民。”“此文王之勇也”,“此武王之勇也”,句法相同;自此以上,皆当为《诗》《书》之辞;然“一人衡行于天下,武王耻之”,实为后人评论之语。孟子所引,盖亦《书》《传》文也。举此两事,余可类推。近人过信经而疑传者甚多。予去岁《辨梁任公阴阳五行说之来历》一文,曾力辨之。见《东方杂志》第二十卷第二十册,可以参观。又如《北京大学月刊》一卷三号,载朱君希祖整理中国最古书籍之方法论,谓欲“判别今古文之是非,必取立敌共许之法。古书中无明文。今古文家之传说,一概捐除。唯《易》十二篇,《书》二十九篇,《诗》三百五篇,《礼》十七篇,《春秋》《论语》《孝经》七书,为今古文家所共信。因欲取为判别二家是非之准。”朱君之意,盖欲弃经说而用经文,亦与梁君同蔽。姑无论经、传信否,相去不远。即谓经可信,传不可信,而经文有不能解释处,势必仍取一家传说,是仍以此攻彼耳,何立敌共许之有?今古说之相持不决者,固各有经文为据,观许慎之《五经异义》及郑驳可见也。决嫌疑者视诸圣,久为古人之口头禅,岂有明有经文可据,而不知援以自重者哉?大抵古今人之才智,不甚相远。经学之所以聚讼,古事之所以茫昧,自各有其原因。此等疑难,原非必不可以祛除,然必非一朝所能骤决。若有如朱君所云直截了当之法,前此治经之人,岂皆愚騃,无一见及者邪?)

治经之法,凡有数种:(一)即以经为一种学问而治之者。此等见解，由昔日尊经过甚使然，今已不甚适合。又一经之中，所包甚广，人之性质，各有所宜，长于此者不必长于彼。因治一经而遍及诸学，非徒力所不及，即能勉强从事，亦必不能深造。故此法在今日不甚适用。（二）则视经为国故，加以整理者。此则各本所学，求其相关者于经，名为治经，实仍是治此科之学，而求其材料于古书耳。此法先须于所治之学，深造有得，再加以整理古书之能，乃克有济。此篇所言，大概为此发也。（三）又有因欲研究文学，而从事于读经者。其意亦殊可取。盖文学必资言语，而言语今古相承，不知古语，即不知后世言语之根源。故不知最古之书者，于后人文字，亦必不能真解。经固吾国最古之书也。但文学之为物，不重在死法，而贵能领略其美。文学之美，只可直觉；非但徒讲无益，抑亦无从讲起。今姑定一简明之目，以为初学诵习参考之资。盖凡事熟能生巧，治文学者亦不外此。后世文学，根源皆在古书。同一熟诵，诵后世书，固不如诵古书之有益。而欲精研文学，则数十百篇熟诵之文字，固亦决不能无也。

诗　此书近今言文学者必首及之，几视为第一要书。鄙意少异。韵文视无韵文，已觉专门；谈韵文而及于《诗经》，则其专门更甚。何者？四言诗自汉魏后，其道已穷；非专治此一种文学者，不易领略其音节之美，一也。诗之妙处，在能动人情感；而此书距今太远，今人读之，实不能知其意之所在，二也。（诗义之所以聚讼莫决者，其根源在此。若现在通行之歌谣，其有寓意者，固人人能知之也）故此书除专治古代韵文者外，但略事泛览，知其体例；或择所好熟诵之即可。

书　书之文学，别为一体。后世作庄严典重之文字者，多仿效之。若细分之，仍有三种：（一）最难通者，如《周诰》《殷盘》是。（二）次难通者，通常各篇皆是。（三）最易通者，如《甘誓》《牧誓》《金滕》诸篇是。第一种存古书原文盖最多；第三种则十之八九，殆皆孔子以后人所为也。此书文字虽不易解，然既为后世庄严典重之文字所从出，则亦不可不熟诵而求其真了解。《洪范》《无逸》《顾命》（兼今本《康王之诰》）、《秦誓》四篇，文字最美，如能熟诵更妙。《禹贡》一篇，为后世地志文字体例所自出，须细看。

仪礼　礼记　周礼　《仪礼》《周礼》，皆记典制之书，不必诵读；但须细看，知其体例。凡记述典制之文皆然。《礼记》一书，荟萃诸经之传及儒家诸子而成，见后。文学亦极茂美。论群经文学者，多知重左氏，而罕及小戴，此皮相之论也。左氏所叙之事，有与《檀弓》同者；二者相较，左氏恒不如《檀弓》。其余论事说理之文，又何一能如《戴记》之深纯乎？不可不择若干篇熟诵之也。今更举示篇名如下：《檀弓》为记事文之极则，风韵独绝千古，须熟读；《王制》为今文学之结晶，文字亦极茂美，可熟读。既有益于学问，又有益于文学也。《文王世子》，文最流畅；《礼运》《礼器》，文最古雅；《学记》《乐记》，文最深纯；《祭义》，文最清丽；《坊记》《表记》《缁衣》，三篇为一类，文极清雅；《儒行》，文极茂美；《冠义》《昏义》《乡饮酒义》《射义》《燕义》《聘义》六篇，为《仪礼》之传，文字亦极茂美。以上诸篇，皆可熟读。然非谓《戴记》文字之美者遂尽于此，亦非谓吾所指为最美者必能得当，更非敢强人之所好以同于我也，聊举鄙意，以供读者之参考耳。

易　此书《卦辞》《爻辞》，知其体例即可。《彖辞》《文言》《系辞传》，文学皆极美，可择所好者熟诵之；《序卦》为一种序跋文之体，可一看。

春秋　《三传》文字，自以《左氏》为最美。其文整齐研练，自成风格，于文学上关系极巨。《左氏》系编年体，其文字一线相承，无篇目，不能列举其最美者。大抵长篇词令叙事，最为紧要；但短节叙事，寥寥数语，亦有极佳者，须细看。《公羊》为《春秋》正宗，讲《春秋》者，义理必宗是书；论文学则不如《左氏》之要。读一过，知其体例可矣。（《公羊》之文字为传体，乃所以解释经文，与《仪礼》之传同。后人无所释之经，而抑或妄效其体，此大谬也。此等皆不知义例之过。故讲文学，亦必须略知学问）《谷梁》文体与《公羊》同。

论语　孟子　此两书文极平正，有极简洁处，亦有极反复排奡处，（大抵《论语》，简洁者多，然亦有反复排奡者，如“季氏将伐颛臾”章是；孟子反复排奡者多，然亦有极简洁者，如各短章皆是）于文学极有益。凡书之为大多数人所习熟者，其义理，其事实，其文法，其辞句，即不期而为大多数人所沿用，在社会即成为常识。此等书即不佳，亦不可不一读，况其为佳者乎？《论语》《孟子》，为我国极通行之书，必不可不熟诵也。

此外，《尔雅》为训诂书，当与《说文》等同类读之，与文学无关。《孝经》亦《戴记》之流。但其说理并不甚精，文字亦不甚美。一览已足，不必深求也。

六经排列之次序，今、古文不同。今文之次，为《诗》《书》《礼》《乐》《易》《春秋》；古文之次，则为《易》《书》《诗》《礼》《乐》《春秋》。盖今文家以六经为孔子别作，其排列之次序，由浅及深。《诗》《书》《礼》《乐》，乃普通教育所资；（《王制》：“乐正崇四术，立四教，顺先王《诗》《书》《礼》《乐》以造士。”《论语》：“子所雅言，诗书执礼。”盖《诗》《书》《礼》《乐》四者，本古代学校中教科，而孔子教人，亦取之也）而《易》与《春秋》，则为“性与天道”“经世之志”所寄；故其次序如此也。古文家以六经皆周公旧典，孔子特修而明之。故其排列之次序，以孔子作六经所据原书时代先后为序。愚谓今言整理国故，视凡古书悉为史材则通；谓六经皆史则非。故今从今文家之次，分论诸经源流及其读法如下。

一、诗

《诗》，今文有鲁、齐、韩三家；古文有毛。郑玄初学《韩诗》，后就《毛传》作笺，间用韩义。（《采芑》《宾之初筵》两诗皆难毛）王肃作《毛诗注》《毛诗义驳》《毛诗奏事》《毛诗问难》诸书，以申毛难郑。《齐诗》亡于曹魏;《鲁诗》不过江东;《韩诗》虽存,无传之者;于是三家与毛之争,一变而为郑、王之争。诸儒或申郑难王,或申王难郑,纷纷不定。至唐修《五经正义》,用《毛传郑笺》,而其争乃息(王肃之书,今亦已亡。然毛、郑相违处,《正义》中申毛难郑之言,实多用王说)。

读《诗》第一当辨明之事,即为《诗序》。按释《诗》之作,凡有三种:(一)释《诗》之字句者,如今之《毛氏诂训传》是也。(二)释《诗》之义者,如今之《诗序》是也。(三)推演《诗》义者,如今之《韩诗外传》是也。(三家诂训及释《诗》义之作,今皆已亡。三家诗亦有序,见《诗古微·齐鲁韩毛异同论》)魏、晋而后,《毛诗》专行者千余年。学者于《诗序》,率皆尊信。至宋欧阳修作《诗本义》,苏辙作《诗传》,始有疑辞。南渡而后,郑樵作《诗辨妄》,乃大肆攻击。朱子作《诗集传》,亦宗郑说;而《集传》与毛、郑之争又起。《小序》之义,诚有可疑;然宋儒之疑古,多凭臆为说,如暗中相搏,胜负卒无分晓,亦不足取也。清儒初宗毛、郑而攻《集传》,后渐搜采及于三家。始知毛、郑而外,说《诗》仍有古义可征;而《集传》与毛、郑之争,又渐变而为三家与毛之争。时则有为调停之说者,谓《诗》有"作义""诵义";三家与毛所以异同者,毛所传者作义,三家所传者诵义;各有所据,而亦两不相悖也。其激烈者,则径斥《小序》为杜撰,毛义为不合。二者之中,子颇左袒后说。此非偏主今文,以事理度之,固如是也。

何则?《诗》分《风》《雅》《颂》三体。《雅》《颂》或有本事可指;《风》则本民间歌谣,且无作者可名,安有本义可得?而今之《诗序》,于《风诗》亦篇篇皆能得其作义,此即其不可信之处也。《诗序》究为谁作,说极纷纭。宋以后之说,亦多凭臆测度,不足为据。其传之自古者,凡有四说:以为《大序》子夏作,《小序》子夏、毛公合作者,郑玄《诗谱》也。《正义》引沈重说。以为子夏作者,王肃《家语注》也。以为卫宏作者,《后汉书·儒林传》也。以为子夏首创，而毛公及卫宏，加以润饰增益者，《隋书·经籍志》也。肃说不足信，《隋志》亦系调停之辞：所当辨者，独《后汉书》及《诗谱》两说耳。予谓两说之中，《后汉书》之说，实较可信。今《毛传》之义，固有与《小序》不合者。如《静女》。且其序文义平近，亦不似西汉以前人手笔也（《毛传》之义，所以与《小序》无甚抵牾者，非毛先有《序》为据，乃《序》据《毛传》而作耳。《序》语多不可信，绝非真有传授。郑樵谓其采掇古书而成，最为近之）。

《诗序》有大小之别。今本《小序》分别列诸诗之前，而《大序》即接第一首《小序》之下。自"风，风也"以下，据《正义》《小序》之不足信，前已言之，《大序》亦系杂采诸书而成，故其辞颇错乱。但其中颇有与三家之义不背者。（魏源说，见《诗古微》）今姑据之，以定《风》《雅》《颂》之义。《大序》云："风，风也，教也。风以动之，教以化之。"又云："上以风化下，下以风刺上，主文而谲谏，言之者无罪，闻之者足以戒，故曰《风》。至于王道衰，礼义废，政教失，国异政，家殊俗，而变风、变雅作矣。国史明乎得失之迹，伤人伦之废，哀刑政之苛；吟咏情性，以讽其上，达于事变，而怀其旧俗者也。故变风，发乎情，止乎礼义。发乎情，民之性也；止乎礼义，先王之泽也。"此其，言《风》之义者也。又云："一国之事，系一人之本，谓之《风》。言天下之事，形四方之风，谓之《雅》。《雅》者，正也。政有小大，故有《小雅》焉、有《大雅》焉。"此其言《雅》之义者也。又云："《颂》者，美盛德之形容，以其成功，告于神明者也。"此其言《颂》之义者也（按：《诗序》言《风》与《颂》之义，皆极允惬，唯其言《大/小雅》，则似尚欠明白。《史记·司马相如传》："《大雅》言王公大人，而德逮黎庶；《小雅》讥小己之得失，其流及上。"分别大小之义，实较今《诗序》为优。盖三家义也）。

今《诗》之所谓《风》者，周南、召南、邶、鄘、卫、王、郑、齐、魏、唐、秦、陈、桧、曹、豳，凡十五国。周南、召南为《正风》；自邶以下，皆为变《风》。王亦列于《风》者，《郑谱》谓："东迁以后，王室之尊，与诸侯无异；其诗不能复《雅》，故贬之也。”（《正义》：善恶皆能正人，故幽、厉亦名《雅》。平王东迁，政遂微弱，其政才及境内，是以变为《风》焉）十五国之次，郑与毛异。据《正义》：《郑谱》先桧后郑，王在豳后；或系《韩诗》原第邪？

《雅》之篇数较多，故以十篇为一卷。其中《小雅》自《鹿鸣》起至《菁菁者莪》止为正，自此以下皆为变。又分《鹿鸣》至《鱼丽》，为文王、武王之正《小雅》；《南有嘉鱼》至《菁菁者莪》，为成王、周公之正《小雅》。《六月》至《无羊》，为宣王之变《小雅》。《节南山》至《何草不黄》，申毛者皆以为幽王之变《小雅》；郑则以《十月之交》以下四篇，为厉王之变《小雅》。《大雅》自《文王》至《卷阿》为正，《民劳》以下为变。又分《文王》至《灵台》，为文王之正《大雅》；《下武》至《文王有声》，为武王之正《大雅》；《生民》至《卷阿》，为成王、周公之正《大雅》。《民劳》至《桑柔》，为厉王之变《大雅》；《云汉》至《常武》，为宣王之变《大雅》；《瞻印》《召旻》二篇，为幽王之变《大雅》。皆见《释文》及《正义》。正《小雅》中，《南陔》《白华》《华黍》《由庚》《崇丘》《由仪》六篇，唯有《小序》。《毛诗》并数此六篇，故《诗》之总数，为三百十一篇：三家无此六篇，故《诗》之总数，为三百五篇。《小/大雅》诸诗之义，三家与毛，有同有异，不能备举。可以《三家诗遗说考》与《毛传郑笺》对勘也。

《颂》则三家与毛义大异。毛、郑之义，谓商、鲁所以列于《颂》者，以其得用天子礼乐；今文家则谓《诗》之终以三《颂》，亦《春秋》“王鲁新周故宋”之意，乃通三统之义也。又《鲁颂》，《小序》以为季孙行父作，三家以为奚斯作。《商颂》，《小序》以为戴公时正考父得之于周太师，三家即以为正考父之作。

《诗》本止《风》《雅》《颂》三体，而《小序》增出赋、比、兴，谓之六义。按此盖以附会《周礼》太师六诗之文，然实无赋、比、兴三种诗可指。故《郑志》：“张逸问何《诗》近于赋、比、兴？郑答谓孔子录《诗》，已合《风》《雅》《颂》中，难可摘别。”（《正义》引）“郑意谓《风》《雅》《颂》者，《诗》篇之异体：赋、比、兴者，《诗》文之异辞也。”《正义》说。因此故，乃又谓《七月》一诗，备有《风》《雅》《颂》三体，以牵合《周礼》龠章豳诗、豳雅、豳颂之文。按：赋者，叙事；比者，寄意于物；兴者，触物而动：（譬如实写美人为赋，辞言花而意实指美女为比，因桃花而思及人面，则为兴矣）作《诗》原有此三法。然谓此作《诗》之三法，可与《诗》之三种体制，平列而称六义，则终属勉强；一诗而兼三体，尤不可通矣。窃谓《周礼》之六诗与《诗》之《风》《雅》《颂》；其豳诗、豳雅、豳颂与《诗》之《豳风》，自系两事，不必牵合。郑君学未尝不博，立说亦自有精到处，然此等牵合今古、勉强附会处，则实不可从也。又今文家以《关雎》《鹿鸣》《文王》《清庙》为四始（见《史记·盖鲁诗说》），乃以其为《风》及《大/小雅》《颂》之首篇；而《小序》乃即以风、大小雅、颂为四始，亦殊不可解。

治《诗》之法，凡有数种：（一）以《诗》作史读者。此当横考列国之风俗，纵考当时之政治。《汉书·地理志》末卷及郑《诗谱》，最为可贵。按《汉志》此节本刘歆。歆及父向，皆治《鲁诗》。班氏世治《齐诗》。郑玄初治《韩诗》。今《汉志》与《郑谱》述列国风俗，大同小异，盖三家同有之义，至可信据也。何诗当何王时，三家与毛、郑颇有异说，亦宜博考。以《诗》证古史，自系治史一法。然《诗》本歌谣，托诸比、兴，与质言其事者有异。后儒立说，面面皆可附会，故用之须极矜慎。近人好据《诗》言古史者甚多，其弊也。于《诗》之本文，片言只字，皆深信不疑，几即视为纪事之史，不复以为文辞；而于某《诗》作于何时，系因何事，则又往往偏据毛、郑，甚者凭臆为说，其法实未尽善也。（一）以为博物之学而治之者。《论语》所谓多识于鸟、兽、草、木之名也。此当精研疏注，博考子部有关动植物诸书。（一）用以证小学者。又分训诂及音韵两端。《毛传》与《尔雅》，训诂多合，实为吾国最古之训诂书。最初言古韵者，本自《诗》人；今日言古韵，可据之书，固犹莫如《诗》也。(一)以为文学而研究之者。当先读疏注，明其字句。次考《诗》义，观《诗》人发愤之由（司马迁云：《诗》三百篇，大抵贤圣发愤之所由作），及其作《诗》之法。《诗》本文学，经学家专以义理说之，诚或不免迂腐。然《诗》之作者，距今几三千年；作《诗》之意，断非吾挤臆测可得。通其所可通，而阙其所不可通者，是为善读书。若如今人所云："月出皎兮，明明是一首情诗"之类，羌无证据，而言之断然，甚非疑事无质之义也。

《王制》述天子巡守，命太师陈《诗》，以观民风。何君言采《诗》之义曰：(《公羊》宣十五年注)"五谷毕入，民皆居宅。男女有所怨恨，相从而歌。饥者歌其食，劳者歌其事。男年六十，女年五十无子者，官衣食之，使之民间求诗。乡移于邑，邑移于国，国以闻于天子。故王者不出牖户，尽知天下所苦，不下堂而知四方。"其重之也如此。夫人生在世，孰能无幽约怨悱，不能自言之情？而社会之中，束缚重重，岂有言论自由之地？斯义也，穆勒《群己权界论》严复译。言之详矣。故往往公然表白之言，初非其人之真意；而其真意，转托诸谣咏之间。古代之重诗也以此。夫如是，《诗》安得有质言其事者？而亦安可据字句测度，即自谓能得作诗之义邪？《汉书·艺文志》曰："汉兴，鲁申公为《诗》训诂。而齐辕固生、燕韩生皆为之传。或取《春秋》，采杂说，咸非其本义。与不得已，鲁最为近之。"此乃古学家攻击三家之辞，其端已肇于班固时。其后乃采取古书，附会《诗》义，而别制今之《诗序》。谓三家皆不知《诗》之本义，而古学家独能得之也。其实《诗》无本义。太师采诗而为乐，则只有太师采之之意：孔子删《诗》而为经，则只有孔子取之之意耳。犹今北京大学，编辑歌谣，岂得谓编辑之人，即知作此歌谣者之意邪？三家于诗，间有一二，能指出其作之之人，及其本事者（如《芣苢》《柏舟》之类），此必确有所据。此外则皆付阙如。盖《诗》固只有诵义也。以只有诵义故，亦无所谓断章取义。

我以何义诵之，即为何义耳。今日以此意诵之，明日又以彼义诵之，无所不可也。以为我诵之之意，则任举何义皆通；必凿指为诗人本义，则任举何义皆窒。《诗》义之葛藤，实自凿求其本义始也。

治诗切要之书，今约举如下：

《毛诗注疏》 今所传《十三经注疏》，乃宋人所集刻。其中《易》《书》《诗》《三礼》《左》《谷》，皆唐人疏。疏《公羊》之徐彦，时代难确考，亦必在唐以前。《论语》《孝经》《尔雅》，皆宋邢昺疏，亦多以旧疏为本。唯《孟子疏》题宋孙奭，实为邵武士人伪托，见《朱子语录》。其疏极浅陋，无可取耳。唐人所修《正义》，诚不能尽满人意；然实多用旧疏，为隋以前经说之统汇，仍不可不细读也。特于此发其凡，以后论治诸经当读之书，即不再举注疏。

陈启源《毛诗稽古编》 宋人说《诗》之书甚多，读之不可遍。此书多驳宋人之说，读之可以知其大略。

马瑞辰《传笺通释》 **陈奂《诗毛氏传疏》** 以上两书为毛、郑之学。

陈乔枞《三家诗遗说考》 **魏源《诗古微》** 以上两书为三家之学。魏书驳毛、郑，有极警快处；其立说亦有不可据处。魏氏之学，通而不精也。辑三家《诗》者，始于宋之王应麟，仅得一小册。陈氏此书，乃十倍之而不止。清儒辑逸之精，诚足令前人俯首矣。

三家之中，《齐诗》牵涉纬说。如欲明之，可观迮鹤寿《齐诗翼奉学》，及陈乔枞《诗纬集证》两书。意在以《诗》作史读者，于《诗》之地理，亦须考究，可看朱右曾《诗地理征》。意在研究博物者，《毛传郑笺》而外，以吴陆玑《诗草木鸟兽虫鱼疏》为最古，与《尔雅》《毛传》，可相参证也。

二、书

《尚书》真伪，最为纷纠。他经唯经说有聚讼，经文同异，止于文字；《尚书》则经文亦有真伪之分。按伏生传《书》，二十八篇，今文家以为无阙。刘歆《移太常博士》,所谓"以《尚书》为备"也。然《汉志》称《大小夏侯经》二十九卷,《欧阳经》三十一卷(此"三十一",汲古阁本作二十二,武英殿本作三十二。按《志》下文《欧阳章句》三十一卷,则殿本三十字是,而二当作一)。陈寿祺谓今文书亦有序(《左海经辨》)。序说多与今文不合,说颇难信。王引之谓加后得《泰誓》(《经义述闻》)。说较近之(大小夏侯合为一,欧阳析为三);唯以《泰誓》为伏生所固有,则未必然耳。古文家谓《书》本有百篇,鲁共王坏孔子宅得之。孔安国以今文读之,得多十六篇,献之:遭巫蛊之事,未立于学官。《汉志》《尚书古文经》四十六卷,除二十九篇与《今文经》同外,《逸十六篇》为十六卷,又一卷盖《序》也。《后汉书·儒林传》:杜林传《古文尚书》,贾逵为之作《训》,马融作《传》,郑玄《注解》,盖即此本。然《逸十六篇》,绝无师说,马、郑亦未尝为之作注也。迨东晋时,豫章内史梅赜,乃献所谓孔安国传者。其书凡五十八篇,为四十六卷。其三十三篇与郑同,二十五篇,又多于郑。今按伏生所传者:《尧典》一(合今《舜典》,而无篇首二十八字),《皋陶谟》二(合今本《益稷》),《禹贡》三,《甘誓》四,《汤誓》五,《盘庚》六,《高宗肜日》七,《西伯勘黎》八,《微子》九,《牧誓》十,《洪范》十一,《金縢》十二,《大诰》十三,《康诰》十四,《酒诰》十五,《梓材》十六,《召诰》十七,《洛诰》十八,《多士》十九,《无逸》二十,《君奭》二十一,《多方》二十二,《立政》二十三,《顾命》二十四(合今本《康王之诰》),《费誓》二十五,《吕刑》二十六,《文侯之命》二十七,《泰誓》二十八,加后得《泰誓》则二十九。郑分《盘庚》为三,析《康王之诰》于《顾命》,又分《泰誓》为三,得多五篇,为三十四。所谓《逸十六篇》者,其目见于《正义》。郑又分其《九共》为九篇,则《舜典》一,《汨作》二,《九共》九篇十一,《大禹谟》十二,《益稷》十三,《五子之歌》十四,《胤征》十五,《汤诰》十六,《咸有一德》十七,《典宝》十八,《伊训》十九,《肆命》二十,《原命》二十一,《武成》二十二,《旅獒》二十三,

《合命》二十四，共为五十八篇。晚出《孔书》，于二十九篇内无《泰誓》，而析《尧典》之下半为《舜典》，《皋陶谟》之下半为《益稷》，《盘庚》分三篇，凡三十三。其多出之二十五篇，则《大禹谟》一，《五子之歌》二，《胤征》三，《仲虺之诰》四，《汤诰》五，《伊训》六，《太甲三篇》九，《咸有一德》十，《说命三篇》十三，《泰誓》三篇十六，《武成》十七，《旅獒》十八，《微子之命》十九，《蔡仲之命》二十，《周官》二十一，《君陈》二十二，《毕命》二十三，《君牙》二十四，《合命》二十五，合之三十三篇，共五十八。后又加《舜典》篇首二十八字，即今通行之《尚书》矣。（郑之《逸十六篇》，为此本所无）《孔书》与郑异，而《序》则同。（《正义》："马、郑之徒，百篇之《序》，总为一卷。孔以各冠其篇首；亡篇之序即随其次，居见存者之间。"）按汉时伪造《尚书》者，尚有张霸之《百两篇》。《儒林传》谓其采《左氏传》及《书叙》，则《书叙》亦张霸所有矣。予按东晋晚出之《伪书》，既已不雠；张霸《百两篇》之伪，当时即破；即博士所读后得《泰誓》，亦伪迹显然。马融疑之，极为有见；（见今《泰誓》及《左》襄三十一年疏）然则博士以二十八篇为备，说盖不诬。安有所谓百篇之《书》，更安有所谓百篇之《序》？然则《逸十六篇》，盖亦难信。郑玄、马融、王肃之徒，乃并以《书序》为孔子作，（见《正义》）岂不谬哉？然其说亦有所本。按《璇玑钤》谓"孔子求得黄帝玄孙沛魁之书，迄于秦穆公，凡三千二百四十篇。定可以为世法者百二十篇。以百二篇为《尚书》，十八篇为《中侯》"。此盖张霸之伪所由托，而亦古文家百篇之说所由防。纬说荒怪，诚难尽凭。然谓孔子删《书》，只取二十八篇，则其说可信；谓《尚书》一类之书，传于后代者，必只二十八篇，则未必然。何者？《逸书》散见古书者甚多（《尹吉》见《礼记·缁衣》，《高宗》见《坊记》；《夏训》见《左》襄四年，《伯禽》《康诰》见定四年；《相年》见《墨子·尚同》，《禹誓》见《兼爱》《明鬼》，《武观》《官刑》见《非乐》；《大战》《掩诰》见《尚书大传》；《大戊》见《史记·殷本纪》；《丰刑》见《汉书·律历志》。又《书序》所有之《九共》《帝告》《说命》《泰誓》《嘉禾》《槑命》六篇，亦见《大传》。详见《新学伪经考》)，岂能尽指为伪物？《史记》谓古者《诗》三千余篇，说者亦多疑之。然今佚《诗》散见群书者亦甚多：谓孔子删《诗》为三百五篇则可，谓《诗》止三百五篇，亦未必然也。盖孔门所传之《诗》《书》为一物，固有之《诗》《书》，又为一物。孔子所删，七十子后学奉为定本者，《诗》止三百五篇，《书》只二十八篇；原有之《诗》《书》，则固不止此。抑此三百五篇、二十八篇者，不过孔子删订时所取之数，固未必无所取义；然必谓在此外者，即与此三百五篇、二十八篇，大相悬殊，亦属决无之理。故删订时虽已刊落，讲论之际，仍未尝不诵说及之。门人弟子乃各著所闻于传，此今古籍中佚《诗》、佚《书》之所以多也。然则所谓以百二篇为《尚书》，十八篇《中候》者，得毋二十八篇之外，又有数十百篇，虽不及二十八篇之美善，而亦胜于其余之三千余篇，故孔子于删订二十八篇之后，又特表异之于其余诸篇邪？必因此谓《书》有百篇，而訾博士所传为不备，则过矣；然并谓其不足齿于传说所引之《逸书》，则亦未是。经与传之相去，本不甚远。后得《泰誓》，诚不能遽比之于经，固不妨附益于传。此其所以伪迹虽显，而博士仍附之于经以为教，非真识不如马融也。东晋晚出之《古文书》，虽属伪造，亦多有古书为据。《逸十六篇》，未知是否此类；抑或真为古之逸书，要其亡佚，则固可惜矣。

东晋晚出之伪孔《传》，唐孔颖达作《正义》，原有疑词。然此后迄无人提及。宋吴棫作《书稗传》，乃始疑之。《朱子语录》，于此书亦尝致疑。明梅鷟作《尚书考异》，乃明斥其伪；然所论证，尚不甚确。清阎若璩作《古文尚书疏证》，一一从客观方面加以证明，而此书之伪乃定；然尚未得其主名。迨丁晏作《尚书余论》，乃证明其为王肃所造焉。初学欲明此一重公案者，宜读阎、丁两家之书。(一)为用考证方法攻击伪书，言之成理最早之作。(二)则累经考究后之定论也。此书虽属伪造，亦多有古书为据，为之一一抉其出处者，则为惠栋之《古文尚书考》。

晚《书》之伪既明，考索汉儒书说之事斯起。其中搜辑旧说，为之作疏者，凡有两种：（一）江声《尚书集注音疏》；（二）孙星衍《尚书今古文注疏》是也。江书早出，搜采未全；孙书较备。其时今、古文之派别，尚未大明。误以司马迁为古文，实为巨谬。然其搜辑颇备；学者于今、古文派别，自能分明，作材料看可也。段玉裁《古文尚书撰异》，左袒古学，立说颇偏。王鸣盛《尚书后案》，则专为郑氏一家之学。然二书钩校搜采，俱颇详密，亦可参稽。其后今、古学之派别渐明，乃有分别古今，及搜考今文之事。攻击古文最力者，为魏源之《书古微》，驳诘颇为骏快，而立说亦或不根，与其《诗古微》同。搜采今文经说者，为陈乔枞《今文尚书遗说考》。

《尚书》中《禹贡》一篇，为言地理最古之书。历来注释者独多。盖不徒有关经学，抑且有关史部中之地理矣。胡渭《禹贡锥指》一书，搜考最博，初学可先读一过。因读此一书，即可见古今众说之崖略也。唯其书兼搜并蓄，初非专门之学。若求确守汉学门户者，则焦循《禹贡郑注释》、成蓉镜《禹贡班义述》最好。

《尚书》《春秋》，同为古史。所谓左史记言、右史记事，言为《尚书》、事为《春秋》是也。然既经孔子删修，则又自成其为经，而有孔门所传之经义。经义、史事，二者互有关系，而又各不相干。必能将其分析清楚，乃能明经义之旨，而亦可见史事之真；否则纠缠不清，二者皆病矣。今试举尧舜禅让之事为例。尧舜禅让之事，见于《孟子》《大传》《史记》者，皆以为廓然公天下之心。然百家之说，与此相反者，不可胜举。究何所折衷哉？予谓九流之学，其意皆在成一家言，本非修订古史；而春秋、战国时所传古事，亦实多茫昧之词。如今村夫野老之说曹操、诸葛亮、李世民、赵匡胤，但仿佛知有此人耳，其事迹则强半附会也。事实既非真相，功罪岂有定评？百家著书，乃各就己意，取为证佐。此犹后人谓“六经皆我注脚”，原不谓经意本如此也。尧舜禅让之事，百家异说，姑措勿论。

即就儒书考辨，如鼻之不得其死，(见《癸巳类稿·鼻证》)及共工、欢兜、鲧皆在四岳之列，(见宋翔凤《尚书略说》)其事亦实有可疑。然则《孟子》《大传》《史记》所传，盖非其事之真相，特孔门之经说耳。托之空言，不如见之行事。借史事以发挥己意，后人亦时有之。如苏轼以李斯狂悖，归罪荀卿，谓"其父杀人报仇，其子必且行劫"。岂真好为是深文哉？心疾夫高言异论之徒，聊借此以见意也。姚鼐驳之，谓"人臣善探其君之隐，一以委曲变化从世好者，其为人尤可畏"，意亦犹此。然则《孟子》《大传》《史记》之言，当径作经义读，不必信为史事。此所谓各不相干者也。然古代史籍，既已不传，欲知其事，固不得不就百家之说，披沙拣金，除去其主观之成分以求之。此则又所谓互有关系者矣。欲除去主观之成分，固非通知其书之义例不可。此则读书之所以贵方法也。今更就真书二十八篇，各示其概要如下：

《尧典》(包今本《舜典》，唯须除去篇首二十八字)　此篇记尧、舜之事。首记尧所行之政。次记尧举舜，命之摄政，及舜摄政后所行事。又次记尧之终，舜之践位，及舜践位后所行之政。终于舜之死。《大学》引此篇，谓之《帝典》，盖以其兼包尧、舜之事也。《逸十六篇》别立《舜典》之目已非，伪孔即割此篇下半为《舜典》，则《尧典》记尧事不终矣。此篇关涉历法、巡守、刑法，可考古代典制。

《皋陶谟》(包今本《益稷》)　此篇记禹、皋陶、伯益之事。《史记》云："禹即位，举皋陶，授之政。皋陶卒，又以政任益。"盖皋陶、伯益之于禹，犹舜之于尧、禹之于舜也。

《禹贡》　此篇记禹治水之事。先分述九州，次总叙名山大川，又次记五服贡赋之制。地志书之可信者，当以此为最古矣。近人或谓此篇必非禹作，遂目为伪。然传书者本未云《尧典》必尧时史官作，《禹贡》必禹自撰也。此等辨伪之法，几于无的放矢矣。

《甘誓》　此篇记启伐有扈战于甘之誓辞。《墨子》谓之《禹誓》。古人蒙祖父之号者甚多,不足疑也。

《汤誓》 此篇为汤伐桀时誓辞。

《盘庚》(今本分为三篇) 此篇为盘庚自河北徙河南时诰下之辞。《史记》谓在盘庚即位后,《序疏》引《郑注》,谓在盘庚相阳甲时。此篇可考古者"询国迁"之制。篇中屡以乃祖乃父,及"我高后将降不祥",恐喝其下,可见殷人之尚鬼。

《高宗肜日》 此篇记武丁祭成汤,有飞雉升鼎耳而响,祖己训王之词。

《西伯戡黎》 此篇记文王灭黎,祖伊恐,奔告于纣之事。可见灭黎一役,于商、周兴亡,关系甚大。

《微子》 此篇记纣太师、少师劝微子去纣之语。

《牧誓》 此篇为武王与纣战于牧野时之誓辞。篇中庸、蜀、羌、髳、微、泸、彭、濮人云云,可考武王所用之兵。

《洪范》 此篇记箕子告武王以天锡禹之《洪范》九畴,乃我国最古之宗教、哲学书也。说虽近乎迷信,然讲古代之哲学、宗教者,不能离术数:古代之术数,实以此篇为统汇。(此篇所陈之数,与《易》数亦相通。故宋后易学之讲图、书者,又有"演范"一派)欲考古代哲学、宗教者,不容不究心也。

《金縢》 此篇记武王有疾,周公请以身代,及雷风示变之事。按《史记》谓克殷后二年,武王病,周公请以身代。武王有瘳,后而崩。成王幼,周公摄政。二叔及武庚叛,周公东伐之,二年而毕定。初成王少时,亦尝病:周公亦请以身代,而藏其策于府。成王亲政后,人或谮周公,周公奔楚。王发府,见策,乃泣,反周公。周公卒,成王葬之不以王礼,于是有雷风之异。成王开金縢,得周公欲代武王之说,乃以王礼改葬之。今文家说皆如此,可看《今文尚书经说考》。郑玄则谓管叔流言,周公避居东国,待罪以须君之察己。成王不悟,尽执其族党。逮有雷风之异,乃感悟,迎周公归,归而摄政焉(见《诗·豳谱》,及《七月》《鸱鸮》《东山》序疏,及《礼记·明堂位疏》。按郑说殊不近情。盖此篇“秋大熟”以下，与上文非记一时之事，而郑误合之也。孙星衍之说如此）。

《大诰》 此篇为周公伐殷时诰辞。篇中之“王”，郑以为周公摄政践王位自称，伪孔以为代成王立言。于古代摄政之制，颇有关系。

《康诰》 此篇为封康叔诰辞。多涉刑法，可考古代典制。

《酒诰》 此篇亦诰康叔，可见当时沫邦酗酒之甚，及周治之刑法之严。

《梓材》 此篇诰康叔以为政之道。

《召诰》 此篇记周、召二公，卒营洛邑之事。

《洛诰》 此篇为洛邑成后，周公诰戒成王之语。

《多士》 此篇为成周既成，迁殷民，诰之之辞。

《无逸》 此篇亦周公告戒成王之语。篇中历举殷代诸王及文王享国长短。共和以前，古史年代之可考者，以此为最可据矣（《尧典》记舜之年，适足百岁，即不可信）。

《君奭》 此篇为周公摄政时告召公之语。篇中多引殷及周初贤臣，可考古代史事。

《多方》 此篇为成王灭奄后，归诰多方之语。

《立政》 此篇为周公致政后告成王之语。述当时官名甚多，亦可考古代典制。

《顾命》（合今本《康王之诰》） 此篇记成王殁、康王立之事，可考古代大丧及即位之礼。所述陈列器物，亦可考古代重器。

《费誓》 此篇为伯禽伐淮夷誓辞。

《吕刑》 此篇记穆王改定刑法之事。言古代刑法者，以此篇为最完具。

《文侯之命》 此篇《史记》以为城濮战后，周襄王命晋文公之辞。《书序》以为平王命晋文侯之辞。《书序》与今文说不合，即此可见。

《秦誓》 此篇为秦穆公胜晋后誓众之辞。秦文之可考者，当以此及《石鼓文》《诅楚文》为最古矣。石鼓文，昔人多以为周宣王作，非是。近人王国维、马衡考定为秦时物，说较可信。马作见《北京大学国学季刊》第一册。

三、附论《逸周书》

今之《逸周书》《汉志》列之书家。说者因以为孔子删《书》之余，其实非《书》之伦也。特以此说相沿已久，后人编甲部书者，亦多收之。（清《正续经解》尚然）又有入之乙部者；然古代经、子而外，实无所谓史，亦未安也。故附论之于此（就鄙见，此书入子部兵家最妥）。

此书《汉志》只称《周书》。《说文》"算"字下引之始称"逸"。所引见今本典篇。（然此语疑非许君原文）《隋志》系之汲冢。后人有信之者，有辨之者；亦有调停其说，谓此书汉后久晦，得汲冢本乃复明者。《四库提要》云："《晋书·武帝纪》及《荀勖束皙传》，载汲郡人不准所得《竹书》七十五篇，具有篇名，无所谓《周书》。杜预《春秋集解后序》，载汲冢诸书，亦不列《周书》名。"则辨之者是也。《汉志》七十一篇；师古注：存者四十五。然《史通》言"《周书》七十一章，上自文、武，下终灵、景"，不言有阙。则唐时所传，盖有两本。故《唐志》以《汲冢周书》十卷，与孔晁注《周书》八卷并列。师古所见，盖即孔晁注八卷本，不全。知几所见，则蒙汲冢名之十卷本，无阙也。今本篇目，凡得七十。陈振孙《书录解题》谓"此书凡七十篇，叙一篇，在其末。"则今本篇名，较之《汉志》，并未阙少。盖即知几所见之本。然篇名具存，而书则已阙十一篇矣。至孔晁注则今仅存四十二篇，较师古所见，又阙其三焉。

蔡邕《明堂月令论》，谓《周书》七十一篇，《月令》第五十三，篇数与《汉志》合，篇第亦同今本，似今本确为《汉志》之旧。然《汉志》自注曰："周史记。"师古引刘向曰："周时诰誓号令也。"今本非诰誓号令者，实居其半。序固举全书悉指为周史记，但观本文，则无以明之。序与书颇不合，不足信也。诸篇文体，有极类《尚书》者，（如《商誓》《祭公》两篇是）亦有全不类《尚书》，而类周秦诸子，且极平近者。（如《官人》《太子晋》两篇是）又有可决为原书已亡，而后人以他书补之者。（如《殷祝》篇是）谓其不可信，则群书所征引，今固多散见各篇之中。谓为可信，则群书所征引，为今本所无者，亦复不少。朱右曾本辑之。诿为尽在亡篇之中，似亦未安也。朱右曾曰："此书虽未必果出文、武、周公之手，要亦非秦、汉人所能伪托。何者？庄生有言：圣人之法，以参为验，以稽为决，一二三四是也。周室之初，箕子陈畴，《周官》分职，皆以数纪。大致与此书相似。"今此书亡篇中有《箕子》，安知其不与《洪范》相出入。《克殷》《度邑》两篇，为《史记·周本纪》所本。《世俘篇》记武王狩禽及征国、服国、俘馘、俘宝玉之数，迹似残虐。然与《孟子》所言"周公相武王，灭国者五十，驱虎豹犀象而远之"，隐相符合。《孟子》自述所见武、成，因亦有"血流漂杵"之语。是此书确可称为《尚书》之类也。然如《武称》《允文》《大武》《大明武》《小明武》《武顺》《武穆》《武纪》诸篇，则明明为兵家言。《文传》后半，文字极类《管子》。开塞为商君之术。又《汉书·食货志》：王莽下诏，谓"《乐语》有五均"。今《乐语》已亡，而五均之别，实见本书之《大聚》。五均者，抑并兼之政，亦《管子》轻重之伦也。吾国之兵家言，固多涉及治国。其记周事之篇特多者，著书托古，古人类然；亦或诚有所祖述。今《六韬》即如此，岂能附之书家乎？然则此书入之子部兵家，实最妥也。

此书隶之书家，虽拟不于伦，然全书中涉及哲理及论治道、治制之处，皆与他古书相类。文字除数篇外，皆朴茂渊雅，绝非汉后人所能为。所述史迹，尤多为他书所不见，实先秦旧籍中之瑰宝矣。

此书传本，讹谬甚多。卢抱经始有校本。其后陈逢衡有《逸周书补注》,朱右曾有《逸周书集训校释》。

《度训》第一　《命训》第二　《常训》第三　《文酌》第四　据序,自此至《文传》,皆文王之书。《度训》欲以弼纣,《命训》《常训》《文酌》所以化民。然序实不足信,不拘可也。此数篇之意,大约言法度原于天理,必能遵守法度,乃可以和众而聚人。一切赏罚教化之事,皆合群所必须,而亦无不当准诸天然之理者也。理极精深,文颇难解。

《籴匡》第五　此篇述成岁、俭岁、饥岁行事之异,可见古者视岁丰耗,以制国用之规。

《武称》第六　《允文》第七　《大武》第八　《大明武》第九　《小明武》第十　此五篇皆兵家言,甚精。

《大匡》第十一　此篇言荒政。

《程典》第十二　此篇记文王被囚,命三卿守国,诰以治国之道。

《程寤》第十三　《泰阴》第十四　《九政》第十五　《九开》第十六　《刘法》第十七　《文开》第十八　《保开》第十九　《八繁》第二十　此八篇亡。

《酆保》第二十一　《大开》第二十二　《小开》第二十三　《文儆》第二十四　《文传》第二十五　以上五篇,为文王受命作丰邑后事。《酆保》为命公卿百官之语。《大/小开》皆开示后人之语。《文做》《文传》则文王自知将死,诰太子发之语也。

《柔武》第二十六　《大开武》第二十七　《小开武》第二十八　《宝典》第二十九　据序,自二十六至四十六,皆武王之书。此四篇为武王即位后,与周公讲论治国之道。其以“武”名篇者,我国兵家言,固多涉及政治也。

《酆谋》第三十　《寤儆》第三十一　此两篇皆谋伐商之事。

《武顺》第三十二　《武穆》第三十三　前篇言军制,后篇言军政,亦兵家言之精者。

《和寤》第三十四　《武寤》第三十五　《克殷》第三十六　《世俘》第三十七　此四篇记武王克商之事，事迹多可与他书互证，或补其不备。《世俘》篇原第四十，朱本移前，与《克殷》相次。

《大匡》第三十八　《文政》第三十九　此两篇记武王在管之事。上篇东隅之侯，受赐于王，王诰之。下篇管、蔡以周政开殷人。

《大聚》第四十　此篇记武王克殷后，问周公以徕民之道，述治制甚详。

《箕子》第四十一　《耆德》第四十二　《耆德》，序作《考德》。此两篇亡。

《商誓》第四十三　“誓”读为“哲”。此篇记武王告商诸侯之语。先称商先哲王，次数纣之恶，终述己意，极与书类。

《度邑》第四十四　此篇记武王、周公图建洛邑之事，较《史记》为详。

《武儆》第四十五　《五权》第四十六　此两篇记武、成相继之事。《武儆》篇盖记立成王为太子，而残缺，只寥寥数语。《五权》为武王疾笃告周公之辞。

《成开》第四十七　据序，自此至五十九，为成王、周公之书。此篇为成王元年，周公开告成王之语。

《作雒》第四十八　此篇记周公克殷后，营建洛邑之事。

《皇门》第四十九　此篇记周公会群臣于皇门，诰诫之之语。

《六戒》第五十　此篇亦周公陈戒成王之辞。

《周月》第五十一　《时训》第五十二　《月令》第五十三　序云：“周公正三统之义，作《周月》。辨二十四气之应，以明天时，作《时训》。制十二月赋政之法，作《月令》。”今《月令》篇亡，《时训》记二十四气之应，与《戴记·月令》同。盖《戴记·月令》实合此书之《时训》《月令》二篇为一也。《周月》篇末，言“夏数得天，百王所同”。周虽改正以垂三统，“至于敬授民时，巡守祭享，犹自夏焉。”文体与前不类；且此为儒家学说，盖后人以儒书窜入也。《崇文总目》有《周书·月令》一卷，则《月令》在宋时有单行本。

《谥法》第五十四 此篇历记谥法，谓周公葬武王时作。按《戴记》言“古者，生无爵，死无谥”，又言“死谥为周道”，则谥确始于周时。然以为周公作，则亦未必然也。

《明堂》第五十五 与《小戴记·明堂位》篇略同。

《尝麦》第五十六 此篇记成王即政，因尝麦求助于臣。篇中多涉黄帝、少昊、五观之事，可以考史。又云：“命大正正《刑书》九篇。”按《左》文十八年，季文子言周公制周礼，作《誓令》曰：“毁则为贼，掩贼为藏。窃贿为盗，盗器为奸。主藏之名，赖奸之用，为大凶德，有常无赦，在九刑不忘。”昭六年叔向诒子产书，亦曰：“周有乱政而作九刑。”则九刑确为周时物。得毋即此《刑书》九篇邪？(《周礼》司刑疏引《郑书注》)以五刑五，加流宥、鞭、扑、赎，为九刑。

《本典》第五十七 此篇记成王问，周公对，盖与上篇相承。

《官人》第五十八 此篇记周公告成王以观人之术，文极平顺。

《王会》第五十九 此篇记八方会同之事。列举四夷之名甚多，考古之瑰宝也。

《祭公》六十 此篇记祭公谋父诲穆王之语，文体亦极似《尚书》。

《史记》第六十一 此篇记穆王命戎夫主史，朔望以闻，借以自镜。说如可信，则史官记注之事，由来已久；而人君之知读记注，亦由来已久矣。篇中历举古之亡国，多他书所不详，亦考古之资也。

《职方》第六十二 同《周官》职方。

《芮良夫》第六十三 此篇记厉王失道，芮伯陈谏之辞。

《太子晋》第六十四 此篇记晋平公使叔誉于周。太子晋时年十五，叔誉与之言，五称而叔誉五穷。叔誉惧，归告平公，反周侵邑。师旷不可。请使,与子晋言,知其不寿,其后果验。颇类小说家言。

《王佩》第六十五　此篇言王者所佩在德,故以为名。皆告戒人君之语。

《殷祝》第六十六　此篇记汤胜桀践天子位事。与周全无涉,与下篇亦绝不类。《御览》八十三引《书大传》略同。盖原书已亡,妄人意此书为《尚书》之类,遂取《大传》之涉殷事者补之也。

《周祝》第六十七　此篇盖亦陈戒之语。以哲学作成格言,极为隽永。

《武纪》第六十八　此篇亦兵家言。

《铨法》第六十九　此篇言用人之道。

《器服》第七十　此篇言明器,可考丧礼。

四、仪礼　礼记　大戴礼记　周礼

《周礼》《仪礼》《礼记》,今日合称《三礼》。按高堂生所传之《礼》,本止十七篇;即今《仪礼》,是为《礼经》。《周礼》本称《周官》,与孔门之《礼》无涉。《礼记》亦得比于传耳。然今竟以此三书并列,而《周礼》一书,且几驾《仪礼》而上之,其故何耶?

按《汉书·艺文志》谓:"《礼》自孔子时而不具。汉兴,鲁高堂生传《士礼》十七篇。讫孝宣世,后仓最明。戴德、戴圣、庆普,皆其弟子。三家立于学官。《礼古经》者,出于淹中。及孔氏学七十篇,当作十七篇。文相似;多三十九篇。及《明堂阴阳》《王史氏之记》,所见多天子、诸侯、卿大夫之制。虽不能备,犹愈仓等推士礼而致于天子之说。"刘歆讥太常博士:"国家将有大事,若立辟雍、封禅、巡守之仪,则幽冥而莫知其原。"此为古学家求礼于十七篇以外之原因,盖讥今学家所传为不备也。主今学者曰:今十七篇中,唯《冠》《昏》《丧》《相见》为士礼,余皆天子、诸侯、卿大夫之制。谓高堂生所传独有士礼,乃古学家訾睿之辞,不足为今学病也。其说良是。然谓十七篇即已备一切之礼，则固有所不能。《逸礼》三十九篇，群书时见征引，《注疏》中即甚多。信今学者悉指为刘歆伪造，似亦未足服人。然谓高堂生所传十七篇，真乃残缺不完之物，则又似不然也。此其说又何如耶？

予谓孔门所传之《礼经》为一物；当时社会固有之礼书，又为一物。孔门传经，原不能尽天下之礼；亦不必尽天下之礼。以所传之经，不能尽天下之礼，而诋博士，其说固非；然必谓博士所传以外，悉为伪物，则亦未是也。邵懿辰云："《周官·大宗伯》，举吉、凶、宾、军、嘉五礼，其目三十有六。后人以此为《周礼》之全。实仅据王朝施于邦国者言之，诸侯卿大夫所守，不及悉具，亦揭其大纲而已。古无以吉、凶、宾、军、嘉为五礼者，乃作《周官》者特创此目，以括王朝之礼；而非所语于天下之达礼也。天下之达礼，时曰丧、祭、射、乡、冠、昏、朝、聘，与《大戴礼经》，篇次悉合。见后。《礼运》亦两言之，特'乡(鄉)'皆误为'御'耳。后世所谓《礼书》者，皆王朝邦国之礼，而民间所用无多；即有之，亦不尽用。官司所掌，民有老死不知不见者，非可举以教人也。孔子所以独取此十七篇者，以此八者为天下之达礼也。"(邵说见《礼经通论》，此系约举其意)按此说最通。礼源于俗，不求变俗，随时而异，随地而殊；欲举天下所行之礼，概行制定，非唯势有不能，抑亦事可不必。故治礼所贵，全在能明其义。能明其义，则"礼之所无，可以义起"，原不必尽备其篇章。汉博士于经所无有者，悉本诸义以为推，事并不误。古学家之訾之，乃曲说也。推斯义也，必谓十七篇之外，悉皆伪物，其误亦不辨自明矣。然此不足为今学家病，何也？今学家于十七篇以外之礼，固亦未尝不参考也。

何以言之？按今之《礼记》，究为何种书籍，习熟焉则不察，细思即极可疑。孔子删订之籍，称之曰"经"；后学释经之书，谓之为"传"，此乃儒家通称。犹佛家以佛所说为"经"，菩萨所说为"论"也。其自著书而不关于经者，则可入诸儒家诸子；从未闻有称为

“记”者。故廖平、康有为，皆谓今之《礼记》，实集诸经之传及儒家诸子而成，其说是矣。然今《礼记》之前，确已有所谓“记”，丧服之记，子夏为之作传，则必在子夏以前。今《礼记》中屡称“记曰”，疏皆以为“旧记”。《公羊》僖二年传亦引“记曰：唇亡则齿寒”。则“记”盖社会故有之书，既非孔子所修之经，亦非弟子释经之传也。此项古籍，在孔门传经，固非必备，（故司马迁谓《五帝德》《帝系姓》，儒者或不传）而亦足为参考之资。何者？孔子作经，贵在明义。至于事例，则固有所不能该。此项未尽之事，或本诸义理，以为推致；或酌采旧礼，以资补苴，均无不可。由前之说，则即后仓等推士礼而至于天子之法，亦即所谓“礼之所无，可以义起”；由后之说，则《仪礼正义》所谓“凡《记》皆补《经》所不备”是也。诸经皆所重在义，义得则事可忘，《礼经》固亦如此；然礼须见诸施行，苟有旧时礼以供采取参证，事亦甚便。此礼家先师，所以视“记”独重也。然则所谓《礼记》者，其初盖礼家裒集经传以外之书之称，其后则凡诸经之传，及儒家诸子，为礼家所采者，亦遂概以附之，而举蒙“记”之名矣。然则经传以外之书，博士固未尝不搜采；刘歆讥其“因陋就寡”，实乃厚诬君子之辞矣。今《礼记》中之《奔丧》《投壶》，郑皆谓与《逸礼》同，则《逸礼》一类之书，二戴固非不见也。

至于《周礼》，则本为言国家政制之书；虽亦被“礼”之名，而实与《仪礼》之所谓“礼”者有别。故至后世，二者即判然异名。《周礼》一类之书，改名曰“典”；《仪礼》一类之书，仍称为“礼”。如《唐六典》及《开元礼》是也。《周礼》究为何人所作，说者最为纷纭。汉时今学家皆不之信，故武帝谓其“渎乱不验”，何休以为“六国阴谋之书”；唯刘歆信为“周公致太平之迹”。东汉时，贾逵、马融、郑兴、兴子众皆治之，而郑玄崇信尤笃。汉末郑学大行，此经遂跻《礼经》之上。后人议论，大抵不出三派：（一）以称其制度之详密，谓非周公不能为。（二）则訾其过于烦碎，不能实行，谓非周公之书。（三）又有谓周公定之而未尝行；或谓立法必求详尽，行之自可分先后，《周官》特有此制，不必一时尽行，以为调停者。今按此书事迹，与群经所述，多相龃龉，自非孔门所传。其制度看似精详，实则不免矛盾。（如康有为谓实行《周官》之制，则终岁从事于祭，且犹不给是也。见所著《官制议》）故汉武谓其"渎乱不验"，何休指为"六国阴谋"，说实极确。"渎乱"即杂凑之谓，正指其矛盾之处；"不验"则谓所言与群经不合也。古书中独《管子》所述制度，与《周官》最相类。《管子》实合道、法、纵横诸家之言，固所谓"阴谋之书"矣。故此书与儒家《礼经》，实属了无干涉，亦必非成周旧典。盖系战国时人，杂采前此典制成之。日本织田万曰："各国法律，最初皆唯有刑法，其后乃逐渐分析。行政法典，成立尤晚。唯中国则早有之，《周礼》是也。《周礼》固未必周公所制，然亦必有此理想者所成，则中国当战国时，已有编纂行政法典之思想矣。"（见所著《清国行政法》）此书虽属渎乱，亦必皆以旧制为据。刘歆窜造之说，大昌于康有为，而实始于方苞。苞著《周官辨》十篇，始举《汉书·王莽传》事迹为证，指为刘歆造以媚莽，说诚不为无见。然窜乱则有之；全然伪撰，固理所必无，则固足以考见古制矣。此书虽属虚拟之作，然孔子删订"六经"，垂一王之法，亦未尝身见诸施行。当两千余年前，而有如《周官》之书，其条贯固不可谓不详，规模亦不可谓不大。此书之可贵，正在于此。初不必托诸周公旧典，亦不必附和孔门《礼经》。所谓合之两伤，离之双美。必如郑玄指《周官》为经礼，《礼经》为曲礼——见《礼器》（"经礼三百，威仪三千"）注。一为周公旧典，足该括夫显庸创制之全；一则孔子纂修，特掇拾于煨烬丛残之后——则合所不必合，而其说亦必不可通矣。

《仪礼》篇次，《大/小戴》及刘向《别录》，各有不同。今本之次，系从《别录》，然实当以《大戴》为是。依《大戴》之次，则一至三为冠、昏，四至九为丧祭，十至十三为射乡，十四至十六为朝聘；十七丧服，通乎上下，且此篇实传，故附于末也。

篇名	大戴	小戴	别录
士冠礼	一	一	一
士昏礼	二	二	二
士相见礼	三	三	三
乡饮酒礼	十	四	四
乡射礼	十一	五	五
燕礼	十二	十六	十六
大射仪	十三	七	七
聘礼	十四	十五	八
公食大夫礼	十五	十六	九
觐礼	十六	十七	十
丧服经传	十七	九	十一
士丧礼	四	八	十二
既夕礼	五	十四	十三
士虞礼	六	十五	十四
特牲馈食礼	七	十三	十五
少牢馈食礼	八	十一	十六
有司彻	九	十二	十七

礼之节文,不可行于后世,而其原理则今古皆同。后世言礼之说,所以迂阔难行;必欲行之,即不免徒滋纷扰者,即以拘泥节文故。故今日治礼,当以言义理者为正宗;而其言节文者,则转视为注脚,为欲明其义,乃考其事耳。然以经作史读,则又不然。礼源于俗,故读古礼,最可考见当时社会情形。《礼经》十七篇,皆天下之达礼,尤为可贵。如冠、昏、丧、祭之礼,可考亲族关系、宗教信仰;射、乡、朝、聘之礼,可考政治制度,外交情形是也。而宫室、舟

车、衣服、饮食等，尤为切于民生日用之事。后世史家，记载亦罕，在古代则以与《礼经》相关故，钩考者众，事转易明。（说本陈澧，见《东塾读书记》）尤治史学者所宜究心矣。

至治《周礼》之法，则又与《礼经》异。此书之所以可贵，乃以其为政典故，前已言之。故治之者亦宜从此留意。《周官》六官，前五官皆体制相同；唯冬官阙，以《考工记》补之。按古代工业，大抵在官。（除极简易，及俗之所习，人人能自制者）制度与后世迥异。今可考见其情形者，以此书为最详，亦可宝也（《周礼》有《冬官》补亡一派。其说始于宋俞庭椿之《周礼复古编》。谓五官所属，在六十以外者皆羡，乃割裂之以补《冬官》。其说无据，不足信也）。

今《礼记》凡四十九篇。《正义》引《六艺论》曰："戴德传《记》八十五篇，则《大戴礼》是也；戴圣传《记》四十九篇，此《礼记》是也。"《经典释文·叙录》引刘向《别录》："《古文记》二百四篇。"又引陈邵《周礼论·序》："戴德删《古礼》二百四篇为八十五篇，谓之《大戴礼》；戴圣删《大戴礼》为四十九，是为《小戴礼》。后汉马融、卢植，考诸家同异，附戴圣篇章，去其繁重，及所叙略，而行于世，即今《礼记》是也。"《隋志》则谓："戴圣删《大戴》为四十六，马融足《月令》《明堂位》《乐记》为四十九。"今按《汉志》：礼家，《记》百三十一篇。班氏自注："七十子后学者所记也。"（按其中实有旧记，此书未尽合）见前。此为今学。又《明堂阴阳》三十三篇，《王史氏》二十一篇。此即所谓"《礼古经》出淹中，多三十九篇，及《明堂阴阳》《王史氏记》者"。见前。更加《古封禅群祀》二十二篇，凡二百七。如《隋志》说，《月令》《明堂位》《乐记》三篇，为马融、卢植后加，则正二百四也。（此外礼家之书：《曲台后仓》，乃汉师所撰。《中庸说》《明堂阴阳说》皆说，《周官经》《周官传》，别为一书，与礼无涉。《军礼司马法》，为班氏所入。《封禅议对》《汉封禅群祀》《议奏》，皆汉时物。故唯《古封禅群祀》，可以相加也。然此二百四篇中,百三十一篇,实为今学,不得概云古文记)然《乐记正义》又引刘向《别录》,谓《礼记》四十九篇。《后汉书·桥玄传》:"七世祖仁,著《礼记章句》四十九篇。"仁即班氏《儒林传》所谓小戴授梁人桥仁季卿者。《曹褒传》:"父充,治《庆氏礼》。褒又传《礼记》四十九篇。庆氏学遂行于世。"则《礼记》四十九篇,实小戴、庆氏之所共,抑又何耶?按陈邵言:马融、卢植去其繁重,而不更言其篇数,明有所增亦有所去,而篇数则仍相同。今《礼记》中,《曲礼》《檀弓》《杂记》,皆分上下,实四十六篇。四十六加八十五,正百三十一。然则此百三十一篇者,固博士相传之今学,无所谓删《古记》二百四篇而为之也。或谓今之《大戴记》《哀公问》《投壶》,皆全同《小戴》;苟去此二篇,篇数即不足八十五,安得谓小戴删取大戴乎?不知今之《大戴记》,无传授可考,前人即不之信。(《义疏》中即屡言之)虽为古书,必非大戴之书。然语其篇数,则出自旧传,固不容疑也。

《礼记》为七十子后学之书,又多存礼家旧籍。读之,既可知孔门之经义,又可考古代之典章,实为可贵。然其书编次错杂,初学读之,未免茫无头绪。今更逐篇略说其大要。

《曲礼》上第一、下第二　此篇乃杂记各种礼制,明其委曲者,故称《曲礼》。凡礼之节文,多委曲繁重。然社会情形,由此可以备睹。欲考古代风俗者,此实其好材料也。

《檀弓》上第三、下第四　此篇虽杂记诸礼,实以丧礼为多。檀弓,《疏》云六国时人;以仲梁子是六国时人,此篇有仲梁子故。然"檀弓"二字,特取于首节以名篇,非谓此篇即檀弓所记。或谓檀弓即仲弓,亦无确证也。

《王制》第五　此篇郑氏以其用"正"决狱,合于汉制;又有"古者以周尺""今以周尺"之言,谓其出于秦、汉之际。卢植谓汉文令博士诸生所作。按《史记·封禅书》:"文帝使博士诸生刺取六经作《王制》。"今此篇中固多存诸经之传,(如说制爵禄为《春秋传》,巡守为《书传》)卢说是也。孔子作六经,损益前代之法,以成一王之制，本不专取一代。故经传所说制度，与《周官》等书述一代之制者，不能尽符。必知孔子所定之制，与历代旧制，判然二物，乃可以读诸经。若如《郑注》，凡度制与《周官》不合者，即强指为夏、殷，以资调停，则愈善附会而愈不可通矣。细看此篇《注疏》，便知郑氏牵合今古文之误。此自治学之法当然，非有门户之见也。

《月令》第六　此篇与《吕览·十二纪》《淮南·时则训》大同。《逸周书》亦有《时训》《月令》二篇。今其《月令》篇亡，而《时训》所载节候，与此篇不异。盖此实合彼之两篇为一篇也。蔡邕、王肃以此篇为周公作，盖即以其出于《周书》。郑玄则以其令多不合周法；而太尉之名，九月授朔之制，实与秦合，指为出于《吕览》。然秦以十月为岁首，已在吕不韦之后，则郑说亦未可凭。要之古代自有此等政制，各家同祖述之，而又颇以时制，改易其文耳。

《曾子问》第七　此篇皆问丧礼、丧服，多可补经所不备。

《文王世子》第八　此篇凡分五节。见《疏》。可考古代学制、刑法、世子事父之礼，王族与异姓之殊。此篇多古文说。

《礼运》第九　《礼器》第十　此两篇颇错杂，然中存古制及孔门大义甚多。如《礼运》首节，述大同之治，实孔门最高理想。“夫礼之初”一节，可考古代饮食居处进化情形。下文所论治制，亦多非春秋、战国时所有，盖皆古制也。《礼器》云：“因名山以升中于天，因吉土以享帝于郊。”昊天上帝与五方帝之别，明见于经者，唯此一处而已。论礼意处，尤为纯美。

《郊特牲》第十一　此篇在《礼记》中最为错杂。大体论祭祀，而冠、昏之义，皆错出其中。

《内则》第十二　此篇皆家庭琐事，而篇首云：“后王命冢宰，降德于众兆民。”令宰相以王命行之，可见古代之政教不分。所记各节，尤可见古代卿大夫之家生活之情况也。

《玉藻》第十三　此篇多记服饰。一篇之中，前后倒错极多，可见《礼记》编次之杂。因其编次之杂，即可见其传授之久也。

《明堂位》第十四　此篇记周公摄王位，以明堂之礼朝诸侯，与《周书·明堂》篇略同。篇中盛夸鲁得用王礼。又曰："君臣未尝相弑也，礼乐刑法政俗，未尝相变也。"郑玄已讥其诬。此篇盖鲁人所传也。

《丧服小记》第十五　《大传》第十六　此两篇为记古代宗法，最有条理之作；盖因说丧服而及之。

《少仪》第十七　郑云："以记相见及荐羞之小威仪，故名。""少"、"小"二字，古通也。

《学记》第十八　此篇皆论教育之法，涉学制者甚少。篇首即云："君子如欲化民成俗，其必由学乎！"又曰："古之王者，建国君民，教学为先。"下文又云："能为师，然后能为长。能为长，然后能为君。故师也者，所以学为君也。"此篇盖皆为人君说法，然其论教育之理则极精。

《乐记》第十九　此篇凡包含十一篇见《疏》，论乐之义极精。《荀子》《吕览》诸书论乐者，多与之复，盖相传旧籍也。

《杂记》上第二十、下第二十一　此篇杂记诸侯以下至士之丧事。

《丧大记》第二十二　此篇记人君以下，始死、小殓、大殓，及殡葬之礼。

《祭法》第二十三　此篇记虞、夏、商、周四代之祀典，极有条理。

《祭义》第二十四　《祭统》第二十五　此两篇皆论祭祀。《祭义》中孔子与宰我论鬼神一段，可考古代之哲学。此外曾子论孝之语，及推论尚齿之义，皆可见古代伦理，以家族为之本。故修身、齐家、治国、平天下，义可一贯也。

《经解》第二十六　此篇论《诗》《书》《乐》《易》《礼》《春秋》之治，各有得失。六艺称经，此为最早矣。下文论礼之语，颇同《荀子》。

《哀公问》第二十七　《仲尼燕居》第二十八　《孔子闲居》第二十九　此三篇文体相类，盖一家之书也。《哀公问》篇，前问政，后问礼。《仲尼燕居》篇，记孔子为子张、子贡、子游说礼乐。《孔子闲居》篇，则为子夏说诗。皆反复推论，词旨极为详尽。

《坊记》第三十　此篇论礼以坊民，列举多事为证。

《中庸》第三十一　此篇为孔门最高哲学。读篇首云“天命之谓性，率性之谓道，修道之为教”三语可见。唯中间论舜及文、武、周公一节，暨“凡为天下国家有九经”一节，太涉粗迹，疑亦他篇简错也。

《表记》第三十二　郑云：“此篇论君子之德，见于仪表者，故名。”

《缁衣》第三十三　以上四篇，文体相类。《释文》引刘云：“《缁衣》为公孙尼子作。”《隋书·音乐志》，谓《中庸》《表记》《坊记》《缁衣》，皆取《子思子》，《乐记》取《公孙尼子》。今按《初学记》引《公孙尼子》：“乐者，审一以定和，比物以饰节。”《意林》引《公孙尼子》：“乐者，先王之所以饰喜也。”皆见今《学记》；《意林》引《子思子》十余条，一见于《表记》，再见于《缁衣》；则《隋志》之言信矣。

《奔丧》第三十四　此篇记居于他国，闻丧奔归之礼。郑云：此篇与《投壶》皆为逸礼，见《疏》。

《问丧》第三十五　《服问》第三十六　《闲传》第三十七　《三年问》第三十八　此四篇皆释丧礼之义，及丧服轻重所由，实亦《仪礼》之传也。

《深衣》第三十九　此篇记深衣之制。深衣为古者天子达于庶人之服，若能深明其制，则其余服制，皆易明矣。

《投壶》第四十　此篇记投壶之礼，为古人一种游戏。

《儒行》第四十一　此篇记孔子对哀公，列举儒者之行。与《墨子·非儒》《荀子·非十二子》等篇对看，可见当时所谓儒者之情形。

《大学》第四十二　此篇论学以治国之理。与《学记》篇合看，可见古代学与政相关。

《冠义》第四十三　《昏义》第四十四　《乡饮酒义》第四十五　《射义》第四十六　《燕义》第四十七　《聘义》第四十八　此六篇皆《仪礼》之传。但读《礼经》诸篇，殊觉其干燥无味；一读其传，则觉妙绪环生。此吾所以云今日治礼，当以言义理者为主，言节文者为注脚也。

《丧服四制》第四十九　此篇亦《丧服》之传也。

今之《大戴记》，虽未必为戴德之旧，然其中有若干篇，则确为大戴所有。如许慎《五经异义》引《盛德》记，已谓为今《戴礼》说是也。此书《隋志》作十三卷。司马贞言亡四十七篇，存者三十八篇。今存者实三十九篇：盖由《夏小正》一篇，尝摘出别行之故。《中兴书目》《郡斋读书志》谓存者四十篇，则因其时《盛德》记已析为两故也。此书《盛德》篇中论明堂之处，古书征引，皆称为《盛德》篇，不知何时析出，别标明堂之名。宋时诸本篇题，遂或重七十二，或重七十三，或重七十四，《四库》校本仍合之，篇题亦皆校正，具见《四库书目提要》。

此书《哀公问》《投壶》两篇，篇名及记文皆同《小戴》，已见前。此外尚有同《小戴》及诸书处，具见下。盖《戴德》旧本阙佚，后人取诸书足成之也。《汉志》所载《曾子》十八篇，《孔子三朝记》七篇，今多存此书中。不知为《大戴》之旧，抑后人所为。记本纂次古籍，以备参稽，患其阙，不患其杂。此书虽非《大戴》原本，然所采皆古籍，其功用亦与《礼记》无殊。史绳祖《学斋呫毕》，谓宋时尝以此书与《小戴》并列，称十四经，诚无愧色，非如以《周书》与《尚书》并列之拟不于伦也。旧注存者十四篇，王应麟《困学纪闻》谓出卢辩。事见《周书》，说盖可信。

《王言》第三十九　此书今自三十八篇以上皆亡。此篇记孔子闲居，曾子侍，孔子告以王天下之道，亦颇涉治制。此篇与《家语》大同小异。

《哀公问五义》第四十　此篇记孔子告哀公人有五等，与《荀子》《家语》略同。

《哀公问于孔子》第四十一　此篇同《小戴·哀公问》。《家语》亦袭之，而分《大昏》《问礼》两篇。

《礼三本》第四十二　此篇略同《荀子·礼论》。

《礼祭》第四十六　四十三至四十五阙。此篇同《小戴·经解》及贾谊《新书》。

《夏小正》第四十七　此篇与《周书·周月》篇大同。《小戴记。礼运》："孔子曰：吾得夏时焉。"郑注谓夏时存者有《夏小正》，则此篇确为古书也。《北史》：魏孝武释奠太学，诏中书舍人卢景宣讲《大戴礼·夏小正》；则南北朝时，此篇确在本书中。《隋志》：《夏小正》一卷，戴德撰；则隋时有别行本矣。

《保傅》第四十八　此篇与《汉书·贾谊传疏》同。《新书》分为《傅职》《保傅》《容经》《胎教》四篇。按此本古制，谊盖祖述之也。

《曾子立事》第四十九　《曾子本孝》第五十　《曾子立孝》第五十一　《曾子大孝》第五十二　《曾子事父母》第五十三　《曾子制言》上第五十四、中第五十五、下第五十六　《曾子疾病》第五十七　《曾子天圆》第五十八　《汉书·艺文志》有《曾子》十八篇。朱子曰：世称《曾子》书，取《大戴》十篇充之。晁公武《郡斋读书志》，陈振孙《书录解题》，皆云《曾子》二卷十篇，具《大戴》。盖《汉志》原书之亡久矣。《立事》《制言》《疾病》三篇，皆恐惧修省之意，与他书载曾子之言，意旨相合。《大孝》篇同《小戴·祭义》；《立孝》《事父母》，意亦相同。《天圆》篇："单居离问于曾子曰：天圆而地方者，诚有之乎？曾子曰：如诚天圆而地方，则是四角之不掩也。近人皆取之，为我国早知地圆之证。然天圆地方，本以理言，（犹言天动地静。然天动地静，亦以理言也）非以体言。古代天文家，无不言地圆者，亦不待此篇为证也。下文论万有皆成于阴阳二力，万法皆本于阴阳，颇同《淮南子·天文训》。《事父母》篇："若夫坐如尸，立如齐：弗讯不言，言必齐色，此成人之善者也，未得为人子之道也。"或谓《小戴·曲礼》上篇"若夫坐如尸，立如齐。"实与此篇文同，而下文脱去。《郑注》读"夫""如"字，乃即就脱文释之也。

《武王践阼》第五十九　此篇记师尚父以《丹书》诏武王，武王于各器物皆为铭，以自做。前半亦见《六韬》。

《卫将军文子》第六十　此篇记卫将军文子问子贡以孔子弟子孰贤。子贡历举颜渊、冉雍诸人以对。子贡见孔子，孔子又告以伯夷、叔齐诸贤人之行。略同《家语·弟子行》。

《五帝德》第六十二　《帝系》第六十三　前篇略同《史记·五帝本纪》，后篇盖同《世本》。按《五帝本纪》既谓"轩辕之时，神农氏世衰，诸侯相侵伐，弗能征"，又谓"炎帝欲侵陵诸侯"，其词未免矛盾。黄帝与炎帝战于阪泉，蚩尤战于涿鹿。据《索隐》引皇甫谧，《集解》引张晏说，二者又皆在上谷，事尤可疑。今此篇只有与炎帝战于阪泉之文，更无与蚩尤战于涿鹿之说。炎帝，姜姓；蚩尤，九黎之君（《书·吕刑》伪孔传，《释文》引马融说，《战国策·秦策》高诱注）。苗民亦九黎之君，《小戴记·缁衣》疏引《吕刑》郑注。此苗民为九黎之君之贬称，非谓人民也。三苗亦姜姓，得毋炎帝、蚩尤，实一人，阪泉、涿鹿实一役耶？此等处，古书诚只字皆至宝也。

《劝学》第六十四　此篇略同《荀子》。后半又有同《荀子·宥坐》篇处。

《子张问入官》第六十五　论官人之道，略同《家语》。

《盛德》第六十六　此篇前半论政治，后半述明堂之制。略同《家语》《五刑》《执辔》三篇。

《千乘》第六十七　此篇论治国之道，有同《王制》处。此下四篇及《小辨》《用兵》《少闲》，《困学记闻》谓即《孔子三朝记》。

《四代》第六十八　《虞戴德》第六十九　《诰志》第七十　此三篇亦论政治。

《文王官人》第七十一　此篇同《逸周书》。

《诸侯迁庙》第七十二　《诸侯衅庙》第七十三　此两篇亦《逸礼》之类，后篇在《小戴·杂记》中。

《小辨》第七十四　此篇戒"小辨破言，小言破义，小义破道"，发明"主忠信"之旨。

《用兵》第七十五　此篇言人生而有喜怒之情，兵之作，与民之有生以俱来。圣人利用而弭乱，乱人妄用以丧身。与《吕览》《淮南》之说相似，实儒家论兵宗旨所在也。

《少闲》第七十六　此篇论分民以职之道，与法家消息相通。

《朝事》第七十七　同《小戴·聘义》，《周官》《典命》《大行人》。

《投壶》第七十八　同《小戴》而少略。

《公冠》第七十九　此篇述诸侯冠礼，后附成王汉昭祝辞。《士冠礼》："公侯之有冠礼，夏之末造也。"可见公冠礼自古有之，特以非达礼故，孔子定《礼经》，不取之耳。然仍在二《戴记》中。解此，可无訾今文家所传之不备，亦不必尽斥古文家之《逸礼》为伪造也。

《本命》第八十　《易本命》第八十一　此两篇为古代哲学，推究万物原本，一切以数说之。但其中又有论及男女之义处，又有一段同《丧服四制》。盖古代伦理，亦原本哲学，故连类及之也。

礼之为物，最为烦琐。欲求易明，厥有二法：(一)宜先通其例。通其例，则有一条例为凭，可以互相钩考，不至茫无把握矣。看凌廷堪《礼经释例》最好。(二)宜明其器物之制。江永《仪礼·释宫注》、任大椿《深衣释例》二书最要。器物必参看实物，动作必目验实事，乃更易明。古物不可得，则宜看图。张皋文《仪礼图》最便。动作可以身演，阮元发其议，陈澧尝行之，可法也。若喜考究治政制度者，则《周礼》重于《仪礼》。其中牵牵大端，如沈彤之《周官禄田考》、王鸣盛之《周礼军赋说》等，皆可参阅。《考工记》关涉制造，戴震有《考工记图》，阮元又有《车制图考》（《考工记》于各种工业最重车）。

“三礼”旧疏皆好。清儒新疏，《仪礼》有胡培翚之《正义》，《周礼》有孙诒让之《正义》，唯《礼记》无之。然古书皆编次错杂，任举一事，皆散见各处，钩稽非易，通贯自难。实当以类相从，另行编次。朱子之《仪礼经传通解》，即准此例而作。江永之《礼书纲目》，沿用其例；而后起更精，多足订正《通解》之失，不可不一阅也。若宋陈祥道之礼书，则该贯古今，更为浩博。清秦慧田《五礼通考》，盖沿其流；卷帙太繁，非专门治礼者，但资翻检足矣。

《礼记》之注，以宋卫提《礼记集说》，搜采为最多。宋以前诸儒之说《礼记》者，今日犹可考见，皆赖此书之存也。清杭世骏《续礼记集说》，搜采逮于清初，亦称浩博。然卷帙太巨，且中多空论，未免泛滥无归。初学欲求简明，读清朱彬《礼记训纂》却好。此书参考博，而颇能反之于约也。《大戴记》久讹舛，清卢文弨、戴震，始厘正其文字。其后汪照有《大戴礼注补》，孔广森有《大戴礼记补注》，王聘珍有《大戴礼记解诂》。

五、易

言《易》之书，不外理、数两派。汉之今文家，言理者也：今文别派京氏，及东汉传古文诸家，言数者也。晋王弼之学，亦出汉古文家，然舍数而言理，宋邵雍、刘牧之徒，则又舍理而求诸数；唯程颐言理不言数。古今易学之大别，如此而已。

汉今文《易》立于学官者四家，施、孟、梁丘及京氏是也。《汉书·儒林传》谓“要言《易》者，本之田何”。据传所载：田何传王同、周王孙、丁宽、齐服生。王同传杨何,(即司马谈所从受《易》者;见《太史公自序》)丁宽传田王孙,田王孙传施雠、孟喜、梁丘贺。授受分明,本无异派也。然《传》又云:“丁宽至洛阳,复从周王孙受古谊。”周王孙与宽,同学于田何,安所别得古谊,而宽从受之,已不免矛盾矣。《贺传》又云:“从京房受《易》。房者,杨何弟子也。房出为齐郡太守,贺更事田王孙。”《房传》云:“受《易》梁人焦延寿。焦延寿云:尝从孟喜‘问《易》。房以为延寿《易》即孟氏学。翟牧白(生孟喜授《易者》)不肯,皆曰:非也。’”则纠纷弥甚。按《喜传》:“得《易》家《候阴阳灾变书》,诈言师田生且死时,枕喜膝独传喜。同门梁丘贺,疏通证明之,曰:田生绝于施雠手中,时喜归东海,安得此事?博士缺,众人共荐喜,上闻喜改师法,遂不用喜。”则喜盖首为异说,以变乱师法者。然《京房传》言:“成帝时刘向校书,考《易》说,以为诸家皆祖田何。杨叔、丁将军,大谊略同;唯京氏为异党。延寿独得隐士之说,托之孟氏,不相与同。”则又似孟氏之学,本无异说,而为京房所依托者。今按京氏易学,专言灾异,实出于中叶以后;丁宽当景帝时,安得有此?刘向谓为伪托,说盖可信。梁丘贺初学于京氏,丁宽更问于田王孙,盖亦造作之词也。汉古文《易》传于后者为费氏,《传》云:“《费氏易》无章句,徒以《彖》《象》《系辞》十篇、《文言》解说上下经。”则其学亦应举大谊,不杂术数。然郑玄、荀爽,皆传《费氏易》者,其学顾多言象数,实与京氏为同党。何哉?盖古文《易》又有高氏。高氏亦无章句,而传言其专言阴阳灾异,正与京氏同。盖汉初《易》家,皆仅举大谊,不但今文如此,即初出之《费氏古文》,亦尚如此。其后术数之学浸盛,乃一切附会经义;不徒今文之京氏然,即古文之高氏亦然矣。东汉传《费氏易》者,盖特用其古文之经。(《汉志》云:“刘向以中古文《易经》校施、孟、梁丘经,或脱去‘无咎’、‘悔亡’,唯费氏经与古文同。”)当时盖有费氏经优于施、孟、梁丘经之说。至其说,则久非费氏之旧。此所以王弼亦治《费氏易》,而其说顾与郑、荀诸家，判然不同也。《孟易》嫡传，厥唯虞氏。然《三国志·虞翻传》注载翻奏，谓“前人通讲，多玩章句：虽有秘说，于经疏阔”。此实虞氏叛孟氏之明证。今所传《孟氏易》说，盖亦非孟氏之旧矣。

东汉易学，至王弼而一变。弼学亦出费氏，然与郑、荀等大异，能举汉人象数之说，一扫而空之。盖还费氏以《彖》《象》《系辞》说经之旧，不可谓无廓清摧陷之功也。自是以后，郑、王之学并行，大抵河北主郑，江南行王。至唐修《五经正义》用王氏，而《郑易》亦亡。唐李鼎祚作《周易集解》，独不宗王，而取汉人象数之说，所搜辑者三十余家。后人得以考见汉《易》者，独赖此书之存而已。

至于宋代，则异说又兴，宋儒言《易》，附会图、书。其学实出陈抟，而又分二派：（一）为刘牧之《易数钩隐》，以九为《河图》，十为《洛书》。（二）为邵雍，说正相反。后邵说盛行，而刘说则宗之者颇希。程颐独指邵说为《易》外别传；所著《易传》，专于言理。朱子学出于颐，所作《易本义》，亦不涉图学，而卷首顾附以《九图》，王懋竑谓考诸《文集》《语类》，多相抵牾，疑为后人依附。然自此图附于《本义》后，图、书之学，又因之盛行者数百年。至于明末，疑之者乃渐多。至清胡渭作《易图明辨》，而图、书为道家之物，说乃大明。（疑图、书者始于元陈应润。应润著《爻变义蕴》，始指先天诸图为道家修炼之术。明、清之际，黄宗羲著《易学象数论》，宗羲弟宗炎著《图书辨惑》，毛奇龄著《图书原舛编》，而要以胡氏书为最详核。以此书与惠栋之《明堂大道录》并读，颇可考见古今术数之学之大略也）自此以后，汉《易》大兴，合宋人之象数，而言汉人之象数矣。

从来治《易》之家，言理者则诋言数者为诬罔，言数者则诋言理者为落空。平心论之，皆非也。汉儒《易》说，其初盖实止传大义：阴阳灾异之说，不论今古文，皆为后起；已述如前。宋人之图，实出道家；在儒家并无授受；经清儒考证，亦已明白。然谓汉初本无象数之说，图、书亦无授受之征，则可；谓其说皆与《易》不合，则不可。西谚云："算账只怕数目字。"汉、宋象数之说，果皆与《易》无关，何以能推之而皆合乎？盖古代哲学，导源宗教，与数、术本属一家。其后孔门言《易》，庸或止取大义。然为三代卜筮之书之《易》，则因未尝不通于数术。吾侪今日，原不必执言但考孔门之《易》，而不考三代卜筮之旧《易》，且亦不能断言孔门之《易》，决不杂象数之谈；即谓孔门之《易》不杂象数，而数显易征、理藏难见，今者《易》义既隐，亦或因数而易明也。然则象数之说，在易学虽非正传，固亦足资参证矣。唯此为专门之学，非深研古代哲学者，可以不必深究。

《易》为谁作，及其分篇若何，颇有异说。《汉志》："《易经》十二篇，施、孟、梁丘三家。"师古曰："《上下经》及《十翼》，故十二篇。"《十翼》者：《易正义》云："《上下彖》《上下象》《上下系》《文言》《说卦》《序卦》《杂卦》"是也。然《法言·问神》，谓"《易》损其一"；《论衡·正说》，谓孝宣时河内女子得《逸易》一篇；《隋志》亦述其事，而又云得三篇。按今《系辞》中屡有"系辞"字，皆指《卦辞》《爻辞》言之。《太史公自序》引今《系辞》之文，谓之《易大传》，据《释文》、王肃本《系辞》实有"传"字。今《系辞》中多有"子曰"字，明系后学所为，王肃本是也。《说卦》《序卦》《杂卦》，盖亦非汉初所有，故《隋志》以为三篇后得。然则今本以卦、爻辞及彖、象合为上下二篇，盖实汉师相传旧本。《汉志》谓施。孟、梁丘经即十二篇，其说盖误。志载各家《易传》皆二篇，（唯丁氏八篇，亦与十二篇不合）施、孟、梁丘《章句》，亦皆二篇，亦其一证也。然自东汉以后，皆以分十二篇者为古本。（《三国志·高贵乡公纪》：博士淳于俊谓郑氏合彖、象于经）宋吕祖谦如其说，重定之。朱子作《本义》，即用其本。明时修《五经大全》，以《本义》析入《程传》。后士子厌《程传》之繁，就其本刊去《程传》，遂失《本义》原次。清修《周易折中》，用宋成淳吴革刻本，仍分为十二篇焉。

伏羲"画卦"，见于《系辞》，故无异说。至"重卦"，则说者纷纷。王弼以为伏羲自重，郑玄以为神农，孙盛以为夏禹，史迁以为文王：《卦辞》《爻辞》，郑学之徒，以为文王作；马融、陆绩之徒，以《卦辞》为文王、《爻辞》为周公作。至《十翼》则并以为孔子作，无异论。并见《正义八论》。今按《系辞》为传，《说卦》等三篇后得，已见前。既云后得，则必不出孔子。《史记·孔子世家》云："孔子晚而喜《易》，序《彖》《系象》《说卦》《文言》。""序"之云者，"次序"之谓，犹上文所谓"序书传"，初不以为自作。《汉志》乃云："孔氏为之《彖》《象》《系辞》《文言》《序卦》之属十篇。"与以《卦辞》《爻辞》为文王、周公作者，同一无确据而已。要之《易》本卜筮之书，其辞必沿之自古，纵经孔子删订，亦不必出于自为；疑事无质，不必凿言撰造之人可也。《周礼》："大卜三易：一曰《连山》，二曰《归藏》，三曰《周易》。"杜子春以《连山》为伏羲，《归藏》为黄帝。郑玄则谓："夏曰《连山》，殷曰《归藏》，周曰《周易》。"然郑以卦、爻辞并为文王作，则不以《连山》《归藏》为有辞也。

读《易》之法，可分精、粗二者言之。若求略通《易》义，可但观《王注》《程传》，以《易》本文与周秦诸子，互相钩考。（可用惠氏《易微言》之法）若求深造，则象数之说，亦不可不通。说已见前。唯仍须与哲学之义不背，不可坠入魔障耳。清儒治汉《易》者，以元和惠氏为开山，武进张氏为后劲；江都焦氏，则为异军苍头。初学读《易》者，即从此三家入手可也。汉儒《易》学，自唐修《五经正义》后久微。惠氏乃以李鼎祚《集解》为主，参以他种古书，一一辑出。其书有《周易述》二十一卷，《易汉学》八卷，《易例》二卷。《九经古义》中，涉《易》者亦不少。《明堂大道录》一书，实亦为《易》而作；《书目答问》，入之礼家，非也。（惠氏书多未成，《周易述》一种，其弟子江藩有《补》四卷）汉儒《易》学，各有家法。惠氏搜辑虽勤，于此初未能分别。至张氏乃更有进。张氏之书，有《周易虞氏义》九卷，《虞氏消息》二卷，《易礼》二卷，《易事》二卷，《易言》二卷，《易候》一卷，又有《周易郑氏义》二卷，《荀氏九家义》一卷,《易义别录》十四卷;始分别诸家,明其条贯,而于虞氏尤详;亦以《集解》存诸家说,本有详略之不同也。焦氏书曰《周易章句》十二卷,《易通释》十二卷,《易图略》八卷。焦氏不墨守汉人成说,且于汉儒说之误者,能加以驳正;《通释》一书,自求条例于《易》,立说亦极精密,诚精心之作也。予谓三家书中,惠氏之《明堂大道录》,及其《周易述》中所附之《易微言》,及焦氏之《易通释》三种,尤须先读。《明堂大道录》,举凡古代哲学,与术数有关之事,悉集为一编;可作古代宗教哲学史读,读一过,则于此学与古代社会,究有何等关系,已可了然。《易微言》将《易经》中哲学名词,一一逐条抄出,更附以他种古书,深得属辞比事之法。《易通释》则统合全书,求其条例,皆治学最善之法也。学者循其门径,不第可以读《易》,并可读古代一切哲学书矣。

六、春秋

《春秋》一书,凡有“三传”。昔以《公羊》《谷梁》为今文,《左氏》为古文。自崔适《春秋复始》出,乃考定《谷梁》亦为古文。

《春秋》之记事,固以《左氏》为详;然论大义,则必须取诸《公羊》。此非偏主今学之言也。孟子曰:“其事则齐桓、晋文,其文则史,其义则丘窃取之矣。”若如后儒之言,《春秋》仅以记事,则《孟子》所谓义者,安在哉?大史公曰:“《春秋》文成数万,其指数千。”今《春秋》全经,仅万七千字,安得云数万?且若皆作记事之书读,则其文相同者,其义亦相同。读毛奇龄之《春秋属辞比事表》,已尽《春秋》之能事矣,安得数千之指乎?《春秋》盖史记旧名。(韩起适鲁,见《易象》与《鲁春秋》,见左昭二年。孟子曰:“晋之《乘》,楚之《梼杌》,鲁之《春秋》,一也。”而《晋语》:司马侯谓羊舌肸习于《春秋》,《楚语》:申叔论传太子,曰:教以春秋。盖《乘》与《梼杌》为列国异名,而《春秋》则此类书之通名也。《墨子》载《周春秋》记杜伯事,《宋春秋》记观辜事,《燕春秋》记庄子仪事,亦皆谓之《春秋》）孔子修之，则实借以示义。《鲁春秋》之文，明见《礼记·坊记》。孔子修之，有改其旧文者，如庄七年“星陨如雨”一条是也；有仍而不改者，如昭十二年“纳北燕伯于阳”一条是也。故子女子曰：“以《春秋》为《春秋》。”闵元年。《传》曰：“定、哀多微辞。主人习其读而问其传，则未知己之有罪焉尔。”定元年。封建之时，文网尚密，私家讲学，尤为不经见之事；况于非议朝政、讥评人物乎？圣人“义不讪上，知不危身”，托鲁史之旧文，传微言于后学，盖实有所不得已也，曷足怪哉！

《易》与《春秋》，相为表里。盖孔门治天下之道，其原理在《易》，其办法则在《春秋》也。今试就“元年春王正月”一条，举示其义。按传曰：“元年者何？君之始年也。春者何？岁之始也。王者孰谓？谓文王也。曷为先言王而后言正月？王正月也。何言乎王正月？大一统也。公何以不言即位？成公，意也。”何君《解诂》曰：“《春秋》变一为元。元者，气也，无形以起，有形以分，造起天地，天地之始也。故上无所系，而使春系之也。不言公言君者，所以通其义于王者。《春秋》托新王受命于鲁，故因以录即位。明王者当继天奉元，养成万物；春者，天地开关之端，养生之首，法象所出，四时本名也。文王，周始受命之王，天之所命，故上系天端。方陈受命，制正月，故假以为王法。不言谥者，法其生，不法其死，与后王共之，人道之始也。统者，总系之辞。王者始受命，改制，布政施教于天下，莫不一一系于正月，故云政教之始。即位者，一国之始。政莫大于正始，故《春秋》以元之气，正天之端：以天之端，正王之政；以王之政，正诸侯之即位；以诸侯之即位，正境内之治。诸侯不上奉王之政，则不得即位，故先言正月而后言即位；政不由王出则不得为政，故先言王而后言正月也。王者不承天以制号令则无法，故先言春而后言王；天不深正其元，则不能成其化，故先言元而后言春。五者同日并见，相须成体；乃天人之大本，万物之所系，不可不察也。”按中国古代哲学，最尊崇自然力。此项自然力，道家名之曰“道”,儒家谓之曰“元”。《春秋》“元年春王正月”之“元”,即《易》“大哉乾元,万物资始,乃统天”之“元”。为宇宙自然之理,莫知其然而然,只有随顺,更无反抗。人类一切举措,能悉与之符,期为今人所谓“合理”;人类一切举措而悉能合理,则更无余事可言,而天下太平矣。然空言一切举措当合理甚易,实指何种举措为合理则难;从现在不合理之世界,蕲至于合理之世界,其间一切举措,一一为之拟定条例,则更难。《春秋》一书,盖即因此而作。故有据乱、升平、太平三世之义。二百四十年之中,儒家盖以为自乱世至太平世之治法,皆已毕具,故曰:“《春秋》易为终乎哀十四年?曰备矣。”曰:“拨乱世,反之正,莫近于《春秋》。”曰:“万物之散聚,皆在《春秋》”也。(“物”“事”古通训)《春秋》之为书如此。其所说之义,究竟合与不合,姑措勿论。而欲考见孔子之哲学,必不能无取乎是,则正极平易之理,非怪迂之谈矣。

《公羊》一书,自有古学后,乃抑之与《左》《谷》同列,并称“三传”。其实前此所谓《春秋》者,皆合今之《经》与《公羊传》而言之,崔适《春秋复始》,考证甚详;(其实诸经皆然,今之《仪礼》中即有传,《易》之《系辞传》,亦与经并列)今之所谓《春秋》经者,乃从《公羊》中摘出者耳。汉儒言《春秋》者于齐、鲁,自胡母生;于赵,自董仲舒。今仲舒书存者有《春秋繁露》;何氏《公羊解诂》,系依胡母生条例。今学家之书传于后者,当以此为最完矣。(伏生《书传》,阙佚更甚于《繁露》。《韩诗》仅存《外传》。此外今学家经说,更无完全之书)清儒之治今学,其始必自《春秋》人,盖有由也。《繁露》凌曙有注;康有为《春秋董氏学》,条理极明,可合看。清儒疏《公羊》者,有孔广森之《通义》,及陈立之《义疏》。陈书校胜于孔,以孔于今古文家法,实未明白也。

董子曰:“《诗》无达诂,《易》无达占,《春秋》无达例。”盖文字古疏今密,著书之体例亦然。孔子作《春秋》,为欲借以示义,原不能无义例。然欲如后人之详密,则必不能。若必一一磨勘,则“三传”之例，皆有可疑；过泥于例，而背自古相传之义，非所宜也。然初学治《春秋》，必先略明其例，乃觉自有把握，不至茫无头绪，特不当过泥耳。欲明《公羊》条例者，宜读刘逢禄《公羊何氏释例》、崔适《春秋复始》两书。

《谷梁》虽亦古学，然其体例，实与《公羊》为近。《公羊》先师有子沈子，《谷梁》亦有之。其大义虽不如《公羊》之精，然今《公羊》之义，实亦阙而不完；凡有经无传者皆是。《谷梁》既有先师之说，亦足以资参证也。范宁《集解自序》，于“三传”皆加诋谋，谓“当弃所滞，择善而从。若择善靡从，即并舍以求宗，据理以通经”。此自晋人治经新法，已开啖、赵“三传”束阁之先声矣。（《范注》屡有驳《传》之处，如隐九年、庄元年、僖八年、十四年、哀二年皆是。《杨疏》亦屡有驳《注》之处，见僖四年及文二年。僖元年“护莒拏”一事，《注》既驳《传》，《疏》又驳《注》）杨士勋《疏》称宁别有《略例》百余条，今皆不见。盖已散入《疏》中？清儒治此经者，柳兴宗《谷梁大义述》、许桂林《谷梁释例》两书最好。

至《左氏》一书，则与《公羊》大异。孔子之修《春秋》，必取其义，说已见前。今《左氏》一书，则释《春秋》之义者甚少。或有经而无传，或有传而无经。庄二十六年之传全不释经。夫传以解经，既不解经，何谓之传？故汉博士谓“《左氏》不传《春秋》”。杜预谓其“或先经以起事，或后经以终义，或依经以辨理，或错经以合异”，乃曲说也。《汉书·刘歆传》：“初《左氏传》多古字古言，学者传训诂而已。及歆治《左氏》，引传文以解经，转相发明，由是章句义理备焉。”此语实最可疑。传本释经，何待歆引；曰“歆引以解”，则传之本不释经明矣。故信今学者，以此经为刘歆伪造。谓大史公《报任安书》“左丘失明，厥有《国语》”，云“左丘”不云“左丘明”，（下文左丘明无目，“明”字乃后人所加。《论语》“左丘明耻之”一章，出古论，齐、鲁论皆无之，见崔适《论语足征记》）云《国语》不云《左氏传》，则本有《国语》而无《左氏传》，有左丘而无左丘明。今之《左传》，盖刘歆据《国语》所编；今之《国语》，则刘歆编《左传》之余也。"其说信否难定。要之《左氏》为史，《春秋》为经；《春秋》之义，不存于《左氏》；《左氏》之事，足以考《春秋》，则持平之论矣（《左氏》《国语》为一家言，人人知之。其书与《晏子春秋》，亦极相似：所记之事，既多重复；且《左氏》时有"君子曰"，《晏子春秋》亦有之，盖皆当时史记旧文也。《史记·十二诸侯年表》："孔子西观周室，论史记旧闻，兴于鲁，而次《春秋》。七十子之徒，口受其传说。为有所刺讥褒讳贬损之文辞，不可以书见也。鲁君子左丘明，惧弟子人人异端，各安其意，失其真，故因孔子史记，具论其语，成《左氏春秋》。"说甚游移。具论其语，为论孔子传指，抑论史记旧闻。云成《左氏春秋》，则此书果为左氏一家言？抑孔子所修《春秋》之传乎？《汉志》曰："仲尼思存前圣之业，以鲁周公之国，礼文备物，史官有法，故与左丘明观其史记，据行事，仍人道，因兴以立功，败以成罚，假日月以定历数，借朝聘以正礼乐。有所褒讳贬损，不可书见，口授弟子。弟子退而异言。丘明恐弟子各安其意以失其真，故论本事而作传。明夫子不以空言说经也。"说较明白。然褒讳贬损，果失其真，论其本事何益？今《公羊》固非全不及事，特本为解经，故其述事但取足以说明经意而止耳。然则弟子固非不知本事，安有所谓空言说经者，而有待于左丘明之论乎？故"左氏不传春秋"，说实至确。唯《公》《谷》述事，既仅取足以解经，语焉不详。生当今日，而欲知《春秋》之本事，则《左氏》诚胜于二传。此则不徒以经作史读者，不可不究心；即欲求《春秋》之义者，本事亦不可昧，《左氏》固仍必读之书也）。

传必释经，儒家通义，故汉儒治此者，郑众、贾逵、服虔、许惠卿等，皆引《公》《谷》之例以释之。至杜预，乃自立体例，谓"专修丘明之传，以释经。经之条贯，必出于《传》；《传》之义例，总归于凡"。于是《左氏》一书，始离《公》《谷》而独立矣。今学说六经，皆以为孔子之制作，古学家乃推诸周公。杜预以"凡五十为周公垂法，史书旧章，仲尼从而明之。其书、不书、先书、故书、不言、不称、书目之类，乃为孔子变例”。而六经出周公之说，益完密矣。杜预亦古学之功臣也。释例一书，已散入疏中，仍别有单行之本。此可考见杜氏一家之学耳。不独非《春秋》义，即汉儒治《左氏》者，亦不如此也。欲考杜以前《左氏》注，可看洪亮吉《春秋左传诂》、李贻德《贾服注辑述》两书。《左氏》之专用杜义，亦唐定《正义》后始然。前此主贾、服诸家者，与杜相攻颇甚；刘炫规过，尤为有名。今之《孔疏》，往往袭刘炫规过之词，转以申杜。刘文淇《旧疏考证》，将今疏中袭用旧疏者，一一考出，颇足考见《孔疏》以前之旧疏也。

《左氏》一书，本只可作史读。故杜氏治此，即于史事极详。《释例》而外，又有《世族谱盟会图》《长历》，以考年月事迹世系。后儒治此，亦多注重史事，其中最便考索者，当推马骕《左传事纬》、顾栋高《春秋大事表》两书。《事纬》系纪事本末体，读《左氏》时参检之，可助贯串。《大事表》一书，将全书事迹分门别类，悉列为表，若网在纲，有条不紊，尤必须一读。不独有裨于《左》，兼可取其法以读他书耳。唯以《左氏》作史读，亦有不可不知者两端：(一)则《左氏》记事，多不可信。前人论者已多，无待赘述。(二)则《左氏》记事，亦有须参证《公》《谷》，乃能明白者。《公》《谷》述事，本为解经，故其所述，但取足说明经义而止，前已言之。《左氏》则不然，故其记事之详，十倍《公》《谷》，且皆较为可信。如邲之战：据《公羊》，楚庄王几于堂堂之阵，正正之旗；而据《左氏》，则先以和诳晋，继乃乘夜袭之，实不免于谲诈。《公羊》之说，盖杂以解经者之主观矣。然《左氏》云：“晋人或以广队，不能进，楚人惎之脱扃少进，马旋，又惎之拔旆投衡，乃出。顾曰：吾不如大国之数奔也。”当交战之时，而教敌人以遁逃，以致反为所笑，殊不近情。故有训“惎”为“毒”，以“惎之”断句者。然如此，则晋人“顾曰”之语，不可解矣。必知《公羊》“还师以佚晋寇”之说，乃知庄王此役，虽蓄谋以败晋军，而初不主于杀戮；故其下得教敌人以遁逃。然则

"晋之余师不能军,宵济亦终夜有声"之语,盖亦见庄王之宽大。杜注谓讥晋师多而其将师不能用,殆非也。此则非兼考《公羊》,不能明史事之真,并不能明《左氏》者矣。举此一事,余可类推。世之不信《公羊》者,每谓其不近情理;其实言《春秋》而不知《公羊》之条例,其事乃真不近情理。即如《春秋》所记,诸侯盟会,前半皆寥寥数国,愈后而其国愈多。若拨弃《公羊》之义,即作为史事读,岂《春秋》诸国,其初皆不相往来者乎?

宋人之治《春秋》,别为一派。其端实启于唐之啖助、赵匡。二人始于"三传"皆不置信,而自以意求之经文。啖、赵皆未尝著书。其弟子陆淳,著《春秋集传纂例》《春秋微旨》,皆祖述啖、赵之说。宋儒之不守"三传",亦与啖、赵同;而其用意则又各异。宋儒所著之书,以孙复之《春秋尊王发微》、胡安国之《春秋传》为最著。孙书专主尊攘,盖亦北宋时势始然。《胡传》本经筵进讲之书,时值南宋高宗,故尤发挥大复仇之义,欲激其君以进取;意有所主,不专于说经也。明初颁诸经于儒学,皆取宋人之注;以胡氏学出程氏,遂取其书。学者乃并"三传"而称为"四传"焉。宋人讲《春秋》者,多近空谈;既未必得经之意,于史事亦鲜所裨益。非研究宋学者,可以不必措意。

七、论语　孟子　孝经　尔雅

《诗》《书》《礼》《易》《春秋》,乃汉人所谓《五经》。《论语》《孝经》,汉人皆以为传。(《孝经》虽蒙经名,亦在传列)《孟子》在儒家诸子中,《尔雅》则汉人所辑之训诂书也。自宋代以此诸书,与"五经""三传"及《小戴礼记》合刻,乃有"十三经"之名;朱子取《礼记》中之《大学》《中庸》,以配《论语》《孟子》,乃又有"四书"之名。经与传之别,自西汉专门之学亡后,实已不能深知;今日研究,传且更要于经,说见前。亦不必更严其别也。今就此诸书,略论其读法如下。

《四书》之名，定自朱子；悬为令申，则始元延祐。然《汉志》《礼记》之外，有《中庸说》二篇，《隋志》有戴颙《中庸说》二卷，梁武帝有《中庸讲疏》一卷；则《礼记》外有别行之本，由来已久。《大学》，唐以前无别行本，而《书录解题》有司马光《大学中庸广义》各一卷：亦在二程之前。王安石最尊《孟子》，司马光、晁公武却非议之，未免意气用事。宋《礼郑韵略》所附条式，元祐中即以《论》《孟》试士，则尊《孟》亦不始朱子矣。又朱子所定《四书》，以《大学》《论语》《孟子》《中庸》为次。后人移《中庸》于《大学》之后，则专以卷帙多少论耳。

朱子于四书皆有注，乃一生精力所萃。其于义理，诚有胜过汉儒处，不可不细读也。欲窥宋学之藩者，读此四书之注亦甚好。朱子注四书，《大学》分经传，颠倒原次；《中庸》虽无颠倒，分章亦不从郑氏，故皆谓之“章句”。《论》《孟》则聚众说，为之注解，故称“集注”。朱子注此四书之意，别著《或问》以发明之；然其后于《集注》又有改定，而《或问》于《大学》外未及重编。故《或问》与《四书注》，颇多抵牾；《文集》《语类》中，有言及注四书之意者，亦不能尽合，不得据《或问》以疑四书之注也。

《论语》有《鲁论》《齐论》及《古论》之别。《鲁论》篇次与今本同。《齐论》别有《问王》《知道》二篇。二十篇中，章句亦颇多于《鲁论》。《古论》云出孔壁，分《尧曰》后半“子张问”以下，别为一篇，故有两《子张》；篇次亦不与《齐论》《鲁论》同。张禹受《鲁论》于夏侯建，又从庸生王吉受《齐论》；择善而从，号曰《张侯论》，已乱《齐》《鲁》之别；郑玄就《鲁论》篇章，考之《齐》《古》为之注，则并《齐》《鲁》《古》三者之别而泯之矣。魏何晏集诸家之说，并下己意为《集解》，盛行于世；即今《十三经注疏》所采之本也。梁时，皇侃为之作疏。宋邢昺疏，即系据《皇疏》删其支蔓，附以义理者。《梁疏》后亡佚，迄清代乃得之日本焉。《古论》云有孔安国注，今见《集解》所引，盖亦王肃所伪，其后此注亦亡；清时，歙县鲍氏，云得其书于日本，重刻之，则又六朝以来伪物也。《论语》一书，皆记孔子及孔门弟子言行，说颇平易可信。书系杂记，无条理。《正义》篇篇皆言其总旨及章次，殊属不必也。清儒作新疏者，有刘宝楠《论语正义》。

《孟子》一书，存儒家大义实多。他姑勿论，民贵君轻之义，非《孟子》即几于泯殁不传。此外道性善、明仁义，亦皆孔门大义，至可宝贵。康有为谓《孟子》传孔门大同之义，荀卿只传小康；合否今姑勿论，要其为书，则远出荀卿之上，非他儒书所得比并，真孔门之马鸣龙树矣。又《孟子》书中，存古经说甚多。其言《春秋》处，今人已多知之；言《尚书》处，则知者较鲜。予按《万章上》篇，言尧舜禅让事，无一不与《书大传》合者；盖今文书说，亦民贵君轻之大义也。若无此义，则《尧典》一篇，诚乃极无谓之物矣。古有赵岐注，颇无味。阮氏《校勘记》指其注“摩顶放踵”处，与《文选注》所引不合，疑亦有窜乱也。疏题宋孙奭，实邵武士人所伪，已见前。清儒作新疏者，有焦循《正义》，博而精。

《孝经》一书，无甚精义。姚际恒《古今伪书考》以为伪书。然其书在汉时，实有传授，且《吕览》即已引之，则姚说未当。此书于甚精义，而汉儒顾颇重之者，汉时社会宗法尚严，视孝甚重。此书文简义浅，人人可通，故用以教不能深造之人。如后汉令期门、羽林之士通《孝经》章句是也。（纬书云：“志在《春秋》，行在《孝经》。”《六艺论》云：“孔子以六艺题目不同，指意殊别，恐道离散，后世莫知根原，故作《孝经》以总会之。”可见汉人重此之心理）此书亦有今、古两本。今文注出郑玄，传自晋荀昶；古文出于刘炫，多《闺门章》四百余字。唐《开元御注》用今文，元行冲为之作疏。宋邢昺《疏》，即以《元疏》为蓝本。清儒治此者，有皮锡瑞《孝经郑注疏》。此书无甚深义，一览可也（孔门言孝之义，长于《孝经》者甚多）。

《尔雅》乃训诂书，后人亦附之于经。其实非也。张楫《上广雅表》谓"周公著《尔雅》一篇。释文以为释诂。今俗所传二篇，或言仲尼所增，或言子夏所益，或云叔孙通所补，或云沛郡梁文所考"，要之皆无确据。予按古人字书，共有三种：(一)四言或三七言韵语，自《史籀篇》以下皆然。王国维说。乃古人识字之书，与今私塾教学童读《三字经》《千字文》同法。(此事盖沿之自古，予别有论)(二)以字形分部，如今之字典，始于许慎之《说文解字》。(三)《尔雅》，今之词典也。此本抄撮以备查检，后人相传，亦必有增改，无所谓谁作。今此书训诂，几全同《毛传》，《释乐》同《周官·大司乐》，九州异《禹贡》而同《周官》，则古学既出后之物。《释兽》中狻麑即狮子，出西域；鵽鸠出北方沙漠，翠生郁林，鳛鳑出乐浪、潘国，魵虾出秽邪头国；皆非战国前所有，明为后人增益。正如《神农本草经》有汉郡县名耳。此书专治小学者，宜熟读之；否但粗加涉猎，随时查检即可。清儒新疏，有郝懿行《义疏》、邵晋涵《正义》两种。

论读子之法

"吾国书籍，分为经、史、子、集四部；而集为后起之物，古代只有经、史、子三者。经、子为发表见解之书，史为记载事物之书。"已见前。逮于后世，则子亡而集代兴。集与子之区别，集为一人之著述，其学术初不专于一家；子为一家之学术，其著述亦不由于一人。勉强设譬，则子如今之科学书，一书专讲一种学问；集如今之杂志，一书之中，讲各种学问之作皆有也。

子书之精者，讫于西汉。东汉后人作者，即觉浅薄。然西汉子书之精者，仍多祖述先秦之说；则虽谓子书之作，讫于先秦，可也。然远求诸西周以前，则又无所谓子。然则子者，春秋、战国一时代之物也。其故何邪？予谓专家之学兴而子书起，专家之学亡而子书讫。春秋战国,专家之学兴起之时也。前乎此,则浑而未分;后乎此,则又裂而将合。故前此无专家之学,后此亦无专家之学也。请略言之。

诸子之学之起源,旧说有二:(一)出《汉志》,谓其源皆出于王官。(二)出《淮南·要略》,谓皆以救时之弊。予谓二说皆是也。何则?天下无无根之物;使诸子之学,前无所承,周秦之际,时势虽亟,何能发生如此高深之学术?且何解于诸子之学,各明一义,而其根本仍复相同邪?天下亦无无缘之事,使非周秦间之时势有以促成之,则古代浑而未分之哲学,何由推衍之于各方面,而成今诸子之学乎?此犹今人好言社会主义,谓其原出于欧洲之马克思等可;谓由机械发明生财之法大变,国民生计受外国之侵削,而国内劳动资本阶级亦有划分之势,因而奋起研究者多,亦无不可也。由前则《汉志》之说,由后则《淮南》之说也。各举一端,本不相背。胡适之撰《诸子不出于王官论》,极诋《汉志》之诬,未免一偏矣。

人群浅演之时,宗教哲学,必浑而不分;其后智识日进,哲学乃自宗教中蜕化而来。吾国古代,亦由是也。故古代未分家之哲学,则诸子之学所同本;而未成哲学前之宗教,则又古代不分家之哲学之根源也。必明乎此,然后于诸子之学,能知其源;而后读诸子书,乃有入处。

宇果有际乎?宙果有初乎?此在今日,人人知非人智所逮,哲学家已置诸不论不议之列。然此非古人所知也。今人竞言"宇宙观""人生观",其实二者本是一事。何则?我者,宇宙间之一物;以明乎宇宙之真理,然后我之所以自处者,乃皆得其道矣。故古人之所研究,全在哲学家所谓宇宙论上也。

吾国古代之宇宙论,果如何乎?曰:古之人本诸身以为推。见夫人之生,必由男女之合也,则以为物亦如此;而仰观、俯察,适又有苍苍者天,与抟抟者地相对;有日月之代明,有寒暑之迭更——在足以坚其阴阳二元之思想。于是以为天地之生物,亦如是而已

矣。故曰："物本乎天，人本乎祖。"(《礼记·郊特牲》)

然哲学所求之原因，必为"最后"，为"唯一"。求万物之原因，而得阴阳二元，固犹非"一"；非"一"，则非其"最后"者也。然则阴阳之源，又何物耶？夫谓万物厘然各别，彼此不能相通者，乃至浅之见；不必证以科学，而亦能知其非是者也。人日食菽饮水而后生，又或豕承为酒以为食。方其未饮食时，菽自菽，水自水，豕自豕，酒自酒，人自人也；及其既饮食之后，则泯然不复见其迹焉。人三日不食则惫，七日不食则死。然则人与动植矿物，异乎？不异乎？且也，"众生必死，死必归土。骨肉毙于下，荫为野土；其气发扬于上为昭明，焄蒿凄怆。"(《礼记·祭义》)然则人与天地，是一乎？是二乎？(古以天为积气所成)故谓万物厘然各别，彼此不能相假者，至浅之见；稍深思之，而即知其非是者也。此固不待证之以科学也；古之人亦知此也，乃推求万物之本原，乃以为天地万物皆同一原质所成，乃名此原质曰"气"。

《易大传》曰："精气为物，游魂为变。""精"者，凝集紧密之谓。《公羊》庄十年："确者曰侵，精者曰伐"，注"粗桷，粗也。精，犹密也"是也。魂者，人气。盖同一气也，古人又以为有阴阳之分。阳者性动，轻清而上升；阴者性静，重浊而下降。(《左》昭七年疏引《孝经说》曰："魂，芸也。""芸"芸动也。《广雅·释天》："三气相接，剖判分离；轻清者上为天，重浊者下为地。")其在于人，则阳气成神，是曰魂：阴气成形，是曰魄。故魂亦气也。上言气，下言魂，变词耳。"游"者，游散。《韩注》。构成万有之原质，循一定之律，而凝集紧密焉，则成人所知觉之物，是曰"精气为物"；循一定之律而分离游散焉，则更变化而成他物，是曰"游魂为变"而已矣。此其在人，则为生死。然非独人也，一切物之成毁莫不如是，即天地亦然。故古人论天地开辟，亦以气之聚散言之。《易正义八论》引《乾凿度》：有太易，有太初，有太始，有太素。太易者，未见气；太初者，气之始；太始者，形之始；太素者，质之始"是也。职是故，古人乃以万物之原质即气。凝集之疏密，分物质为五类，是为“五行”。五行之序，以微著为渐。《尚书·洪范》疏所谓“水最微为一，火渐著为二，木形实为三，金体固为四，土质大为五”也。（益以（一）有形无形；（二）有质无质；（三）同是有质也，而刚柔大小不同，为分类之准。犹今物理学分物为气体、液体、固体也）然则宇宙间一切现象，无所谓有无，亦无所谓生死，只是一气之变化而已。气之变化，无从知其所以然，只可归之于一种动力。然则此种动力，乃宇宙之根源也。故曰“易不可见，乾坤或几乎息”也（《易·系辞》）。

故此种动力，古人视为伟大无伦。《易》曰：“大哉乾元，万物资始，乃统天。”《公羊》何注曰：“春秋以元之气，正天之端。天不深正其元，则不能成其化。”《老子》曰：“有物混成，先天地生；寂兮寥兮，独立而不改，周行而不殆：可以为天下母。吾不知其名，字之曰道。”皆指此种动力言之。夫如是，则天地亦遵循自然之律而动作而已；非能贵于我也，更非能宰制我也。大而至于天地，小而至于蚊虻，其为一种自然之质，循自然之律而变化，皆与我同也。故曰：“天地与我并生，万物与我为一。”（《庄子》）然则中国古代之哲学，殆近于机械论者也。

此等动力，固无乎不在，是之谓“神”。《易·系辞》曰：“神无方而易无体。”（盈天地之间皆是，则不能偏指一物为神，故无体）又曰：“阴阳不测之谓神。”（盈天地之间皆是，自然无论男女、雌雄、牝牡皆具之；男女、雄雌、牝牡皆具之，则无复阴阳之可言矣）又曰：“唯神也，故不疾而速，不行而至。”又曰：“无思也，无为也，寂然不动，感而遂通天下之故：非天下之至神，其孰能与于此？”（言其充塞乎宇宙之间，故无从更识其动相）亦指此等动力言之也。此等动力，既无乎不在，则虽谓万物皆有神可也，虽谓物即神可也。故曰：“鬼神之为德，其盛矣乎。体物而不可遗。”（《礼记·中庸》）神即物，物即神，则孰能相为役使？故曰“吹万不同，使其自己；咸其自取,怒者其谁”也。(《庄子·齐物论》)然则中国古代之哲学,又可谓之无神论,谓之泛神论也。

此等哲学思想,为百家所同具。至东周以后,乃推衍之于各方面,而成诸子之学焉。盖其时世变日亟,一切现象,皆有留心研究之人。而前此一种哲学,入于人人之心者既深,自不免本之以为推。其源既同,则其流虽异,而仍必有不离其宗者在。此周秦诸子之学,所以相反而相成也。今试略举数端以明之。

古代哲学,最尊崇自然力。既尊崇自然力,则只有随顺,不能抵抗。故道家最贵“无为”。所谓“无为”者,非无所事事之谓,谓因任自然、不参私意云耳。然则道家之所谓“无为”,即儒家“为高必因丘陵,为下必因川泽”之意;亦即法家“绝圣弃智”、专任度数之意也。自然之力,无时或息。其在儒家,则因此而得“自强不息”之义焉;其在道家之庄列一派,则谓“万物相刃相劘,其行如驰”,“一受其成形,不亡以待尽”,因此而得委心任运之义焉。自然力之运行,古人以为如环无端,周而复始。其在道家,则因此而得“祸福倚伏”之义,故贵“知白守黑,知雄守雌”;其在儒家,则因此而得穷变通久之义,故致谨于治制之因革损益:其在法家,则因此而得“古今异俗,新故异备”之义,而商君等以之主张变法焉。万物虽殊,然既为同一原质所成,则其本自一。夫若干原质凝集而成物,必有其所以然,是之谓“命”;自物言之则曰“性”。(“性”与“生”本一字,故告子曰“生之谓性”,而孟子驳之以“白之为白”也)“性命”者,物所受诸自然者也。自然力之运行,古人以为本有秩序,不相冲突。(《礼记·礼运》曰:“事大积焉而不苑,并行而不缪谬,细行而不失;深而通,茂而有间;连而不相及也,动而不相害也。”《中庸》曰:“万物并育而不相害,道并行而不相悖。”皆极言天然之有秩序,所谓“顺”也)人能常守此定律,则天下可以大治;故言治贵“反诸性命之情”,故有“反本”“正本”之义。儒家言尽性可以尽物,道家言善义生者可以托天下,理实由此。抑《春秋》之义,正次王，王次春：言“王者欲有所为，宜求其端于天”。而法家言形名度数，皆原于道，亦由此也。万物既出于一，则形色虽殊，原理不异。故老贵“抱一”，孔贵“中庸”。抑宇宙现象，既变动不居，则所谓真理，只有“变”之一字耳。执一端以为中，将不转瞬而已失其中矣。故贵“抱一”而戒“执一”，贵“得中”而戒“执中”。“抱一”“守中”，又即“贵虚”“贵无”之旨也。（“抱一”者，抱无一可抱之一。“得中”者，得无中可得之中）然则一切现象正唯相反，然后相成。故无是非善恶之可言，而“物伦”可齐也。夫道家主因任自然，而法家主整齐画一，似相反矣。然所谓整齐画一者，正欲使天下皆遵守自然之律，而绝去私意；则法家之旨，与道家不相背也。儒家贵仁，而法家贱之。然其言曰：“法之为道，前苦而长利；仁之为道，偷乐而后穷。”则其所攻者，乃姑息之爱，非儒家之所谓仁也。儒家重文学，而法家列之五蠹。然其言曰：“糟糠不饱者，不务粱肉；短褐不完者，不待文绣。”则亦取救一时之急尔。秦有天下，遂行商君之政而不改，非法家本意也。则法家之与儒家，又不相背也。举此数端，余可类推。要之古代哲学之根本大义，仍贯通乎诸子之中。有时其言似相反者，则以其所论之事不同，史谈所谓“所从言之者异”耳。故《汉志》谓其“譬诸水火，相灭亦相生”也。必明乎此，然后能知诸子学术之源；而亦能知诸子以前，古代哲学之真也。

诸子中唯墨家之学为特异。诸家之言，皆似无神论、泛神论，而墨家之言“天志”“明鬼”，则所谓“天”、所谓“鬼”者，皆有喜怒欲恶如人。故诸家之说，皆近机械论，而墨子乃独非命。予按墨子之志，盖以救世，而其道则出于禹。《淮南·要略》云：“墨子学儒者之业，受孔子之术。以为其礼烦扰而不悦，厚葬靡财而贫民，服伤生而害事；（“服”上盖夺“久”字）故背周道而用夏政。”孙星衍《墨子后叙》，因此推论墨学皆源于禹，其说甚辩。予按古者生计程度甚低，通国之内，止有房屋一所，命曰明堂，（说本阮氏元，见

《璧经室集·明堂论》)为一切政令所自出。(读惠氏栋《明堂大道录》可见)《汉志》云:“墨家者流,盖出于清庙之守,茅屋采椽,是以贵俭;养三老五更,是以兼爱;选士大射,是以尚贤:宗祀严父,是以右鬼;顺四时而行,是以非命;以孝视天下,是以尚同。”茅屋采椽,明堂之制也。养三老五更,学校与明堂合也。选士大射,后世行于泽宫;然选士本以助祭,其即在明堂宜也。宗祀严父,清庙、明堂合一之制也。顺四时而行,盖《礼记·月令》《吕览·十二纪》《淮南·时则训》所述之制,所谓一切政令,皆出明堂也。明堂既与清庙合,以孝视天下,说自易明。《论语》:“子曰:禹,吾无间然矣。菲饮食,而致孝乎鬼神;恶衣服,而致美乎黻冕;卑宫室,而尽力乎沟洫。”“致孝乎鬼神”,“致美乎黻冕”,则宗祀严父之说也;卑宫室,则茅屋采椽之谓也。《礼记·礼运》:“孔子曰:我欲观夏道,是故之杞;而不足征也,吾得《夏时》焉。”所谓《夏时》者,《郑注》以《夏小正》之属当之,而亦不能质言。窃以《月令》诸书所载,实其遗制。夏早于周千余岁,生计程度尚低,政治制度亦简,一切政令,皆出明堂,正是其时。周之明堂,即唐虞之五府,夏之世室,殷之重屋,乃祀五帝之所。(《史记·五帝本纪》索隐引《尚书·帝命验》)五帝者:东方青帝灵威仰,主春生;南方赤帝赤熛怒,主夏长;西方白帝白招拒,主秋成:北方黑帝汁光纪,主冬藏;而中央黄帝含枢纽,则寄王四时。以四时化育,亦须土也。盖以天地万物,同为自然之力所成,乃进化以后之说。其初则诚谓有一天神焉,“申出万物”,“阴骘下民”;继又本“卑者亲视事”之义,造为所谓五帝,以主四时化育;而昊天上帝耀魄宝,则“居其所而众星拱之”而已。君德之贵无为,其远源盖尚在此。夫学说之变迁,必较制度为速。以孔子之睿智,岂尚不知五行灾变之不足凭?然其删订六经,仍过而存之者,则以其沿袭既久,未可骤废故也。然则夏之遗制,犹存于周之明堂,正不足怪。墨子所取之说,虽与诸家异,又是考见未进化时之哲学矣(墨子救世之志,诚可佩仰;然其学不久即绝,亦未始不由于此。以是时哲学业已大进，而墨子顾欲逆行未进化时之说故也）。

诸子派别，《史记·太史公自序》述其父谈之论，分为阴阳、儒、墨、名、法、道德六家。《汉志·诸子略》，益以纵横家、杂家、农家、小说家，为十家；其中去小说家，为九流。此外兵家、数术、方技，《汉志》各自为略，而后世亦入子部。按兵家及方技，其为一家之学，与诸子十家同；数术与阴阳家，尤相为表里。《汉志》所以析之诸子之外者，以本刘歆《七略》；《七略》所以别之者，以校书者异其人。《七略》固书目，非论学术派别之作也。十家之中，阴阳家为专门之学，不易晓。小说家无关宏旨。（九流之学，皆出王官，唯小说家则似起民间。《汉志》所谓“街谈巷议，道听途说者之所造，闾里小知者之所及”也。《庄子·外物篇》：“饰小说以干县令，其于大达亦远矣。”《荀子·正名篇》：“故知者论道而已矣，小家珍说之所愿皆衰矣。”所谓“饰小说”及“小家珍说”，似即《汉志》之小说家。盖九流之学，源远流长，而小说则民间有思想、习世故者之所为。当时平民，不讲学术，故虽偶有一得，初不能相与讲明，逐渐改正，以蕲进于高深；亦不能同条共贯，有始有卒，以自成一统系。故其说蒙“小”之名，而其书乃特多；《汉志》小说家之《虞初周说》，至九百四十三篇，《百家》至百三十九卷是也。其说固未尝不为诸家所采，如《御览》八百六十八引《风俗通》，谓“城门失火，殃及池鱼”，本出《百家》书是。然徒能为小说家言者，则不能如苏秦之遍说六国，孟子之传食诸侯；但能饰辞以干县令，如后世求仕于郡县者之所为而已。墨家上说之外，更重下教。今《汉志》小说家有《宋子》十八篇，实治墨学者宋钘所为；盖采小说家言特多也。古之所谓小说家者如此；后世寄情荒怪之作，已非其伦；近世乃以平话尸小说之名，则益违其本矣）农家亦专门之学，可暂缓。纵横家《鬼谷子》系伪书。其真者《战国策》，今已归入史部。所最要者，则儒、墨、名、法、道及杂家六家而已。儒家之书，最要者为《孟子》,又《礼记》中存儒家诸子实最多,今皆已入经部。存于子部者,唯一《荀子》。此书真伪,予颇疑之。然其议论,固有精者;且颇能通儒法之邮,固仍为极要之书也。墨家除《墨子》外,更无传书。(《晏子春秋》,虽略有墨家言,而无甚精义)名家《经》及《经说》见《墨子》;其余绪论,散见《庄子》《荀子》及法家书中。法家《商君书》精义亦少;间有之,实不出《管》《韩》二子之外。道家又分二派:(一)明"欲取姑与""知雄守雌"之术,《老子》为之宗,而法家之《管》《韩》承其流。(二)阐"万物一体""乘化待尽"之旨,其说具于《庄子》。《列子》书晚出,较《庄子》明白易解;然其精深,实不逮《庄子》也。而杂家之《吕览》《淮南》,兼综九流,实为子部瑰宝。《淮南王书》,虽出西汉,然所纂皆先秦成说,精卓不让先秦诸子也。兵家精义,略具《荀子·议兵》《吕览·孟秋/仲秋二纪》《淮南·兵略》,及《管子》中言兵法诸篇。医经、经方,亦专门之学,非急务。然则儒家之《荀》,墨家之《墨》,法家之《管》《韩》,道家之《老》《庄》,杂家之《吕览》《淮南》,实诸子书中最精要者;苟能先熟此八书,则其余子部之书,皆可迎刃而解:而判别其是非真伪,亦昭昭然白黑分矣(读此八书之法,宜先《老》,次《庄》,次《管》《韩》,次《墨》,次《荀》,殿以《吕览》《淮南》。先《老》《庄》者,以道家专言原理,为诸家之学所自出也;次《管》、《韩》者,以法家直承道家之流也;次《墨》,以见哲学中之别派也;《荀子》虽隶儒家,然其书晚出,于诸家之学皆有论难,实兼具杂家之用,以之与《吕览》《淮南》,相次并读,可以综览众家,考见其异同得失也)。

读诸子书者,宜留意求其大义。昔时治子者,多注意于名物训诂、典章制度,而于大义顾罕研求。此由当时偏重治经,取以与经相证;此仍治经,非治子也。诸家固亦有知子之大义足贵,从事表章者。然读古书,固宜先明名物制度:名物制度既通,而义乃可求。自汉以后,儒学专行,诸子之书,治之者少;非特鲜疏注可凭,抑且乏善本足据。校勘训释,为力已疲:故于大义,遂罕探讨。善夫章太炎之言曰："治经治子，校勘训诂，特最初门径然。大略言之：经多陈事实，诸子多明义理。校勘训诂而后，不得不各有所主。故贾、马不能理诸子，而郭象、张湛不能治经。"(《与章行严论墨学第二书》，见《华国月刊》第四期)胡适之亦谓"治古书之法有三：(一)校勘，(二)训诂，(三)贯通。清儒精于校勘训诂，于贯通工夫，尚有未逮"，(见所著《中国哲学史大纲》上卷第一篇)诚知言之选也。今诸子之要者，经清儒校勘训释之后，近人又多有集解之本，初学披览，已可粗通。若求训释更精，及以其所述制度，互相比较，并与群经所述制度相比较，制度以儒家为详，故以诸子所述制度与经比较尤要。则非初学所能。故当先求其大义。诸家大义，有彼此相同者，亦有相异者。相同者无论矣，即相异者，亦仍相反而相成，宜深思而求其会通：然后读诸子书，可谓能得其要。至于校勘疏解，偶有所得，亦宜随时札记，以备他日之精研。读书尚未终卷，即已下笔千言，诋排先儒，创立异说，此乃时人习气，殊背大器晚成之道，深愿学者勿效之也(凡人著书，有可速成者，有宜晚出者。创立新义，发前人所未发，造端宏大，欲求详密，断非一人之力所能；只可姑引其端，而疏通证明，则望诸异人，或俟诸后日。此可早出者也。此等新义之发明，恒历数百千年而后一见；乃时会为之，非可强求，亦决非人人可得。至于校勘考证之学，正由精详，乃能得阐，必宜随时改订，以求完密；苟为未定之说，不可轻出误人。今人好言著书，而其所谈者，皆校勘考证之事，此则私心期期以为不可者也)。

读古书固宜严别真伪，诸子尤甚。(秦汉以后之书，伪者较少，辨别亦较易，古书则不然。古书中之经，治者较多，真伪已大略可睹，子又不然也)然近人辨诸子真伪之术，吾实有不甚敢信者。近人所持之术，大要有二：(一)据书中事实立论，事有非本人所能言者，即断为伪。如胡适之摘《管子·小称篇》记管仲之死，又言及毛嫱、西施，《立政篇》辟寝兵兼爱之言，为难墨家之论是也。(二)

则就文字立论，如梁任公以《老子》中有偏将军、上将军之名，谓为战国人语；（见《学术讲演集》评胡适之《中国哲学史大纲》）又或以文字体制之古近，而辨其书之真伪是。予谓二法皆有可采，而亦皆不可专恃。何则？子为一家之学，与集为一人之书者不同，前已言之。故读子者，不能以其忽作春秋时人语，忽为战国人之言，而疑其书之出于伪造：犹之读集者，不能以其忽祖儒家之言，忽述墨家之论，而疑其文非出于一人。先秦诸子，大抵不自著书。今其书之存者，大抵治其学者所为；而其纂辑，则更出于后之人。书之亡佚既多，辑其书者，又未必通其学；（即谓好治此学，然既无师授，即无从知其书之由来，亦无从正其书之真伪；即有可疑者，亦不得不过而存之矣）不过见讲此类学术之书共有若干，即合而编之，而取此种学派中最有名之人，题之曰“某子云”耳。然则某子之标题，本不过表明学派之词，不谓书即其人所著；与集部书之标题为某某集者，大不相同。集中记及其人身后之事，及其文词之古近错出，固不足怪。至于诸子书所记事实，多有讹误，此似诚有可疑。然古人学术，多由口耳相传，无有书籍，本易讹误：而其传之也，又重其义而轻其事。如胡适之所摘庄子见鲁哀公，自为必无之事。然古人传此，则但取其足以明义，往见者果为庄子与否，所见者果为鲁哀公与否，皆在所不问；岂唯不问，盖有因往见及所见之人，不如庄子及鲁哀公之著名，而易为庄子与鲁哀公者矣。然此尚实有其事，至如孔子往见盗跖等，则可断并其事而无之。不过作者胸中有此一段议论，乃托之孔子、盗跖耳；此则所谓“寓言”也。此等处若据之以谈史实，自易谬误；然在当时，固人人知为“寓言”。故诸子书中所记事实，乖谬者十有七八；而后人于其书，仍皆信而传之。胡适之概断为当时之人，为求利而伪造：又讥购求者之不能别白，亦未必然也。（误之少且小者，后人或不能辨；今诸子书皆罅漏百出，谬误显然，岂有概不能辨之理）设事如此，行文亦然。今所传《五千言》，设使果出老子，则其书中偏将军、上将军，或本作春秋以前官名，而传者乃以战国时之名易之。此则如今译书者，于书中外国名物，易之以中国名物耳。虽不免失真，固与伪造有别也。又古人之传一书，有但传其意者，有兼传其词者。兼传其词者，则其学本有口诀可诵，师以是传之徒，徒又以是传之其徒；如今瞽人业算命者，以命理之书口授其徒然。此等可传之千百年，词句仍无大变。但传其意者，则如今教师之讲授，听者但求明其意即止；造其传之其徒，则出以自己之言。如是三四传后，其说虽古，其词则新矣。故文字、气体之古近，亦不能以别其书之古近也，而况于判其真伪乎？今各家学术，据其自言，皆有所本；说诚未必可信，《淮南子·修务训》已言之。然亦不能绝无关系。如管夷吾究但长于政事，抑兼长于学问，已杂质言。即谓长于学问，亦终不似著书之人。然今《管子·戒篇》载流连荒亡之说，实与孟子引晏子之言同，(《梁惠王》下篇)《晏子春秋》亦载之；则此派学术，固出于齐：既出于齐，固不能断其与管仲无关也。(《中小匡篇》所述治制，即或为管仲之遗。其他自谓其学出于神农、黄帝者视此。《孟子》"有为神农之言者许行"，梁任公谓其足为诸子托古之铁证。其意谓许行造作言语，托之神农也。然此语恐非如此解法。《礼记·曲礼》下篇："医不三世，不服其药。"《疏》引又说云："三世者：一曰黄帝针灸；二曰神农本草；三曰素女脉诀，又云夫子脉诀。"然则"神农本草"四字，乃一学科之名。今世所传《神农本草经》，非谓神农氏所作之《本草经》；乃谓神农本草学之经，犹今言药物学书耳。世多以其有后世郡县名，而訾其书非神农氏之旧，误矣。《月令》：季夏之月，"毋发令以妨神农之事"。此"神农"二字，决不能作神农氏解。然则诸书所引神农之教，如"一男不耕，或受之饥；一女不织，或受之寒"云云，亦非谓神农氏之教，乃谓神农学之说矣。"有为神农之言者"，为当训治，与《汉书·武帝纪》"丞相绾奏：所举贤良，或治申、商、韩非、苏秦、张仪之言"句法相同。《汉志》论农家者流曰："鄙者为之，以为无所事圣王，欲使君臣并耕"，正许行之说；初非谓其造作言语,托之神农也)夫神农、黄帝、管仲,诚未必如托之者之言;然其为此曹所托,亦必自有其故;此亦考古者所宜究心矣。要之古书不可轻信,亦不可抹杀。昔人之弊,在信古过甚,不敢轻疑;今人之弊,则又在一概吐弃,而不求其故。楚固失之,齐亦未为得也。

明乎此,则知诸子之年代事迹,虽可知其大略,而亦不容凿求。若更据诸子中之记事以谈古史,则尤易致误矣。盖古书之存于今,而今人据为史料者,约有数种:(一)史家所记,又可分为四种:《尚书》,一也。《春秋》,二也。《国语》,三也。(孔子所修之《春秋》,虽为明义而作,然其原本则为记事之书。《左氏》真伪未定,即真,亦与《国语》同类也)世系,四也。此最可信。(二)私家纪事之作。其较翔实者,如孔门之《论语》;其务恢侈者,则如《管子·大/中/小匡》三篇是也。前者犹可置信,后者则全不足凭矣。(古代史家所记之事,诚亦未必尽信。然较诸私家传说,则其谨严荒诞,相去不啻天渊。试取《大/中/小匡》三篇一读便见。此三篇中,《大匡》前半篇及《小匡》中"宰孔赐祚"一段,盖后人别据《左氏》一类之书补入,余则皆治法学者传述之辞也)(三)则诸子中之记事。十之七八为寓言。即或实有其事,人名、地名及年代等,亦不可据;彼其意,固亦当作寓言用也。据此以考事实,苟非用之十分谨慎,必将治丝益棼。夫诸子记事之不可尽信如此,而今人考诸子年代事迹,顾多即以诸子所记之事为据;既据此假定诸子年代事迹,乃又持以判别诸子之书之信否焉,其可信乎?一言蔽之,总由不知子与集之异,太重视用作标题之人,致有此误也。

吾谓整治诸子之书,仍当着重于其学术。今诸子书亟待整治者有二:(一)后人伪造之品,窜入其中者。(二)异家之言,误合为一书者。盖诸子既不自著书,而其后学之著书者,又未尝自立条例,成一首尾完具之作,而其书亡佚又多;故其学术之真相,甚难窥见。学术之真相难见,则伪品之窜入自易,异家之误会亦多。夫真伪混淆,则学说湮晦;异家错处,则流别不明。此诚足为治诸子学之累，故皆急宜拣剔。拣剔之法，仍宜就其学术求之，既观其同，复观其异；即其同异，更求其说之所自来，而求其所以分合之由。如是，则诸子之学可明；而诸子之学之根源，及其后此之兴替，亦可见矣。此法今人必讥其偏于主观；然考校书中事实及文体之法，既皆不足恃，则仍不能不出于此也。

旧时学者，于吾国古书往往过于尊信，谓西方学术，精者不出吾书；又或曲加附会，谓今世学术，皆昔时所已有。今之人则适相反，熹新者固视国故若土苴；即笃旧者，亦谓此中未必真有可取，不过以为旧有之物，不得不从事整治而已。此皆一偏之见。平心论之，社会科学之理，古人皆已引其端；其言之或不如后世之详明，而精简则远过之。截长补短，二者适足相偿也。且古代思想，恒为后世学术风俗之源；昧乎其源，则于其流终难深晓。诸子为吾国最古之学，虽其传久晦，而其义则已于无形中蒸为习尚，深入于人人之心。不知此者，其论世事，纵或持之有故，终不免隔河观火之谈。且真理古今不异，苟能融会贯通，心知其意，古书固未必不周今用，正可以今古相证而益明也。唯自然科学，中国素不重视；即有发明，较诸今日，亦浅薄已甚。稍加疏证，不过知古代此学情形如何，当作史材看耳。若曲加附会，侈然自大，即不免夜郎之消矣。

读诸子者，固不为研习文辞。然诸子之文，各有其面貌性情，彼此不能相假，亦实为中国文学，立极于前。留心文学者，于此加以钻研，固胜徒读集部之书者甚远。（中国文学，根底皆在经、史、子中。近人言文学者，多徒知读集，实为舍本而求末，故用力多而成功少。予别有论）即非专治文学者，循览讽诵，亦足以祛除鄙俗，涵养性灵。文学者，美术之一。爱美之心，人所同具；即不能谓文学之美，必专门家乃能知之，普通人不能领略也。诸子之文，既非出于一手，并非成于一时。必如世俗论文者之言，谓某子之文如何，固近于凿；然其大较亦有可言者。大约儒家之文，最为中和纯粹。今《荀子》虽称为儒，其学实与法家近；其文亦近法家。欲求儒家诸子之文，莫如于《小戴记》中求之；前已论及。道家黄老一派，文最古质。以其学多传之自古，其书亦非东周时人所撰也见后。《庄子》文最诙诡，以当时言语程度尚低，而其说理颇深，欲达之也难，不得不反覆曲譬也。法家文最严肃。名家之文，长于剖析；而法家论事刻核处，亦实能辨别毫芒。以名、法二家，学本相近也。《墨子》文最冗蔓；以其上说下教，多为愚俗人说法，故其文亦随之而浅近也。（大约《墨子》之文，最近当时口语）纵横家文最警快，而明于利害；《战国策》中，此等文字最多。诸子中亦时有之；说术亦诸家所共习也。杂家兼名、法，合儒、墨，其学本最疏通，故其文亦如之；《吕览》《淮南》实其巨擘。而《吕览》文较质实，《淮南》尤纵横驰骋，意无不尽，则时代之先后为之也。要之，言为心声，诸子之学，各有专门，故其文亦随之而异，固非有意为之。然其五光十色，各有独至之处，则后人虽竭力模仿，终不能逮其十一矣。以今语言之，则诸子之文，可谓“个性”最显著者；欲治文学者，诚不可不加之意也。

一、老子

道家之书，后世为神仙家所依托，固已全失其本真；即反诸魏、晋之初，谈玄者率以《老》《庄》并称，实亦已非其朔。若循其本，则《汉志》所谓道家者流，其学实当分二派：一切委心任运，乘化以待尽，此一派也。现存之书，《庄》《列》为其代表。秉要执本，清虚以自守，卑弱以自持，此一派也。现存之书，以《老子》为最古。此二派，其崇尚自然之力同，然一因自然力之伟大，以为人事皆无可为，遂一切放下：一则欲因任之以致治，善用之以求胜，其宗旨固自不同。夷考汉人之言，多以黄、老连称，罕以老、庄并举。按今《列子》书第一篇《天瑞》，引《黄帝书》二条，黄帝之言一条。第二篇为《黄帝篇》，引老聃之言一条。第六篇《力命》引老聃谓关尹之言一条，《黄帝书》一条。而《天瑞篇》所引《黄帝书》，有一条与今《老子》书同。（“谷神不死，是谓玄牝；玄牝之门，是谓天地根。绵绵若存，用之不勤。”）《列子》原未必可信，然十之七八，当系采古书纂辑而成，必非晋人杜撰。然则“黄老”者，乃古代学派之名；其学远托诸黄帝，而首传其说者，则老子也。今观《老子》书，文体甚古。（全书多作三四言韵语，乃未有散文前之韵文。间有长句及散句，盖后来所加）又全书之义，女权皆优于男权（按今《周易》首乾，而《殷易》先坤，见《礼记·礼运》：“吾得坤乾焉。”《郑注》：此亦吾国男女权递嬗之遗迹。然殷时女权，实已不盛。吾别有考。《老子》全书，皆称颂女权；可见其学必始于殷以前。托诸黄帝，固未必可信。然据《礼记·祭法》，严父配天，实始于禹，则夏时男权已盛；老子之学，必始五帝时矣。盖旧有此说，口耳相传，至老子乃诵出其文也）。书中无男女字，但称牝牡；亦可征其时代之早。近人如梁任公，以其书中有偏将军、上将军之名；又谓“师之所处，荆棘生焉，大兵之后，必有凶年”等语，似系见过长平等大战者，遂疑为战国时书。胡适之摘其“民之饥，以其上食税之多”，“天之道，损有余而补不足。人之道则不然，损不足以奉有余”等语，谓为反对东周后之横征暴敛，引《硕鼠》等诗为证，皆非也（偏将军、上将军等语，不足为《老子》书出战国后之证，前已辨之。“师之所处，荆棘生焉，大兵之后，必有凶年”，凡战事皆然，何必长平等大战？《老子》一书，皆发挥玄理之语，非对一时政治立言；又观其文体之古，即知其书非出周代，亦不得引风诗为证也）。

《老子》全书之旨，可以两言括之：（一）曰治国主于无为，（二）曰求胜敌当以卑弱自处而已。吾国古代哲学，近于机械论，前已言之。既近机械论，则视一切社会现象，皆有自然之律，运行乎其间，毫厘不得差忒，与研究自然科学者之视自然现象同。彼其视自然之力，至大而不可抗也，故只有随顺，断无可违逆之，使如吾意之理。欲违逆之使如吾意，即所谓“有为”；一切随顺天然之律，而不参以私意，则即所谓“无为”也。凡治事者，最贵发见自然之律而遵守之。而不然者，姑无论其事不能成；即使幸成焉，其反动之力，亦必愈大。此老子所以主张治国以无为为尚也。至其求胜敌之术，所以主于卑弱者，则因其以自然力之运行为循环之故。（所谓“道之动曰反”也）自然力之运行，既为循环，则盛之后必继以衰，强之后必流于弱，乃无可逃之公例。故莫如先以卑弱自处。此皆老子应事之术也。至其空谈原理之语，宗旨亦相一贯；盖所谓治国当主无为，胜敌必居卑弱者，不外遵守天然之律而已。古代哲学之宇宙论，以为万物同出一源，前文亦已言及；万物同出一源，则现象虽殊，原理自一。此形形色色之现象，老子喻之以“器”；而未成万物前之原质，则老子喻之以“朴”。其曰“朴散而为器”者，犹曰原质分而为万物耳。夫同一原质，断未有不循同一定律者；至其散而为万物，则有难言者矣。《老子》一书，反复推阐，不外谓朴散为器之后，仍当遵守最初之原理。其曰“见素”，欲见此也；其曰“抱朴”，欲抱此也；其曰“守中”，以此为中也；其曰“抱一”，以此为一也。又其言曰：“有无相生，难易相成，长短相较，高下相倾。”又曰：“天下皆知美之为美，斯恶矣；皆知善之为善，斯不善矣。”欲举天下对待之境，一扫而空之。亦以此等相对之名，皆“朴散为器”而始有；返诸其初，则只浑然之一境也。此其“绝圣弃智”，“圣人不死，大盗不止”之说所由来，而亦庄周“齐物”之理所由立。百家之学，其流异，其源固无不同；然其流既异，即不得因其源之同，而泯其派别也。

《老子》全书之宗旨如此；由前总论所述，已可见之。然《老子》书解者最多，而其附会曲说亦最甚；故不惮词费，更申言之。要之古书中语，具体者多，抽象者少。此自言语巧拙，今古不同使然。读书固贵以意逆志，不可以词害意。世之误解《老子》者，多由泥其字面，误取譬之词，为敷陈之论，有以致之也（又古书中“自然”字，“然”字当作“成”字解，不当作“如此”解。如《老子》：“功成事遂，万物皆谓我自然”；《淮南子·原道训》：“万物固以自然，圣人又何事焉”是也)。

《老子》书注者极多,最通行者,为《河上公注》《王弼注》《吴澄注》三种。《河上公注》为伪物,前人已言之。《王弼注》刻本虽晚出,然陆德明《经典释文》,为作音训;又《列子》引“黄帝书”一条,与《老子》同者,张湛即引《弼注》注之,皆与今本相符,可证其非伪物。《吴澄注》多以释理与道家言相证,虽非本旨,亦尚无金丹黄白,如涂涂附之谈。予谓《老子》书并不难解,读者苟具哲学常识,(凡研究中国古哲学及佛书者,必须先有现在哲学常识。此层最为紧要。否则研究中国哲学者,易致貌似玄妙,而实无标准;研究佛学者,更易流于迷信)即不看注,义亦可通;而一看注,则有时反至茫昧。初学读此书,可但涵咏本文,求其义理;诸家之注,一览已足,不必深求也。

欲求《老子》之义于本文,姚鼐《老子章义》,却可一览。《老子》原书,本无道经、德经之分,分章更系诸家随意所为;读者但当涵咏本文,自求条理,若一拘泥前人章句,则又滋纠纷矣。姚氏此书,即以前人分章为不然,以意重定;虽不必执其所定者为准,然其法自可用也。

古书“经传”恒相辅而行,大抵文少而整齐有韵者为“经”,议论纵横者为“传”。盖经为历世相传、简要精当之语,“寡其辞,协其音”,所以便诵读;而传则习其学者发挥经意之书也。《老子》书理精词简,一望而可知为经;其学之传授既古,后学之发挥其义者自多。据《汉志》,道家有《老子邻氏经传》四篇,《老子傅氏经说》三十七篇,《老子徐氏经说》六篇,刘向《说老子》四篇,盖皆《老子》之传。惜其书皆不传。然解释《老子》之词,散见于诸子中者仍不少。近人长沙杨树达,尝汇辑之而成《老子古义》一书,(中华书局出版)极可看。焦竑《老子翼》三卷,辑韩非以下解《老子》者六十四家,采摭可谓极博,然亦宋以后说为多,初学可暂缓。

二、庄子

《庄子》与《老子》，同属道家，而学术宗旨实异，前已言之。《庄子》之旨，主于委心任运，颇近颓废自甘；然其说理实极精深。中国哲学，偏重应用，而轻纯理；固以此免欧洲、印度哲学不周人用之诮，而亦以此乏究极玄眇之观。先秦诸子中，善言名理，有今纯理哲学之意者，则莫《庄子》若矣。(《列子》宗旨与《庄子》大同。然其书似出后人纂辑，不免羼杂；精义亦不逮《庄子》之多。又据《庄子》末篇，则惠施之学，颇与庄子相近。然惠施学说，除此以外，无可考见；他书引惠子事，多无关哲理，如今《庄子》之有《说剑篇》耳)章太炎于先秦诸子中，最服膺《庄子》，良有由也。

今《庄子》书，分内篇、外篇及杂篇。昔人多重内篇，然外篇实亦精绝，唯杂篇中有数篇无谓耳。分见后。

《庄子注》以郭象为最古，《世说新语》谓其窃诸向秀，据后人所考校，诚然。此注与《列子张湛注》，皆善言名理；(似尚胜王弼之《易注》及《老子注》)兼可考见魏、晋人之哲学，实可宝也。《四库》所著录者，有来褚伯秀《南华真经义海纂微》一百六卷。纂郭象、吕惠卿、林疑独、陈祥道、陈景元、王云、刘概、吴俦、赵以夫、林希逸、李士表、王旦、范元应十三家之说。《提要》谓宋以前解《庄子》者，梗概略具于是。又焦竑《庄子翼》八卷，体例与其《老子翼》同；虽《提要》议其不如彼书之精，然亦多存旧说也。近人注释，有郭庆藩《庄子集释》、王先谦《庄子集解》。郭氏书兼载郭象注及唐成玄英疏，更集众说，加以疏释，颇为详备；王氏书较郭氏为略，盖其书成于郭氏之后，不取重复，故但说明大意而止也。

《逍遥游》第一　此篇借物之大小不同，以明当境各足之义。盖世间之境，贫富贵贱，智愚勇怯，一若两端相对者然；语其苦乐，实亦相同。然世多以彼羡此，故借大小一端，以明各当其分；大者不必有余，小者不必不足《郭注》所谓"以绝羡欲之累"也。"列子御风而行”一段，为《庄子》所谓逍遥者，其义主于“无待”。夫世间之物，无不两端相对待者，欲求无待，非超乎此世界之外不可，则其说更进矣。此篇文极诙诡，然须知诸子皆非有意为文。其所以看似诙诡者，以当时言语程度尚低，抽象之词已少；专供哲学用之语，更几于绝无；欲说高深之理，必须取譬于实事实物；而眼前事物，欲以说明高深之理极难，故不得不如是也。此等处宜探其意而弗泥其辞；苟能心知其意，自觉其言虽诙诡，而其所说之理，实与普通哲学家所说者无殊矣。至于世俗评文之家，竟谓诸子有意于文字求奇，其说更不足论。此凡读古书皆然；然《庄子》书为后人穿凿附会最甚，故于此发其凡（此篇引《齐谐》之言。所谓《齐谐》者，盖诚古志怪之书，而作此篇者引之。不然，初不必既撰寓言，又伪造一书名，而以其寓言托之也。然则此篇中诙诡之语，尚未必撰此篇者所自造；有意于文字求奇之说，不攻自破矣）。

《齐物论》第二　“论”与“伦”古字相通。伦者类也，物必各有不同，然后可分为若干类，故“伦”字有“不同”之义。（犹今人各种东西之“种”字耳）此篇极言世界上物，虽形形色色，各有不同，然其实仍系一物。盖“彼出于是，是亦因彼”，去彼则此之名不存，去此则彼之名亦不立。又宇宙之间，变化不已，此物可化为彼，彼物亦可变为此。此足见分别彼此，多立名目者，乃愚俗人之见矣。此篇宗旨，在“天地与我并生，万物与我为一”十二字。惠施“泛爱天地，万物一体”之说，见《天下篇》。亦由此理而出。实仍本于古代哲学，宇宙万物皆同一原质所成之观念也；亦可见先秦诸子之学，同出一源矣。

《养生主》第三　此篇言做事必顺天理，以庖丁解牛为喻。天者自然，理者条理；随顺天理，即随顺自然之条理也。人能知此理，则能安时处顺，使哀乐不入，而可以养生。

《人间世》第四　此篇言处世之道，贵于虚己。所谓“虚己”者，即无我之谓也；人而能无我，则物莫能害矣（物兼人为之事，及自然之力言）。

《德充符》第五 此篇举兀者等事，见无我者之为人所悦，是为德充之符。

《大宗师》第六 郭注云："虽天地之大，万物之富，其所宗而师者无心也。"此篇盖发挥哲学中之机械论，夫举全宇宙而为一大机械，则人处其间，只有委心任运而已。故曰："天地大炉，造化大冶，唯所陶铸，无乎不可"也。

《应帝王》第七 以上内篇。此篇言应世之术，贵乎无所容心。其言曰："至人之用心若镜，不将不迎，应而不藏"，乃全篇之宗旨也。盖言无我则能因物付物，是为应世之术。

《骈拇》第八 此篇言仁义非人性。伯夷、盗跖，虽善恶不同，而其为失本性则均，齐是非之论也。

《马蹄》第九 此篇言伯乐失马之性，圣人毁道德以为仁义，与上篇宗旨意同。

《胠箧》第十 此篇言善恶不唯其名唯其实，因欲止世之为恶者，而分别善恶，为恶者即能并善之名而窃之；夫善之名而为为恶者所窃，则世俗之所谓善者，不足为善，恶者不足为恶审矣。乃极彻底之论也。

《在宥》第十一 此篇言以无为为治，而后物各得其性命之情。戒干涉、主放任之论也。

《天地》第十二 此篇为古代哲学中之宇宙论，极要。

《天道》第十三 此篇由哲学中之宇宙论，而推论治天下之道，见道德名法，皆相一贯，而归本于无为。

《天运》第十四 此篇言仁义等之不足尚。

《刻意》第十五 此篇言虚无无为之贵。

《缮性》第十六 此篇言心之所欲，多非本真，故戒去"性"而从心，当反情性而复其初。

《秋水》第十七 此篇首设河伯、海若问答，亦齐物之旨。"夔怜炫”一节，言人当任天而动。“孔子畏于匡”一节，言穷通由于时命，非人所能为。“庄子与惠子游濠梁”一节，言名学之理颇深。唯“庄子钓于濮水”，“惠子相梁”两节粗浅。

《至乐》第十八　此篇言“无为为至乐，至乐者无乐”，因极言生死之同。“种有几”一段亦此义。（郭注：有变化而无死生也）近人以牵合生物学，似非也。

《达生》第十九　此篇言生之来不能却，其去不可止；能遗世则为善养生。亦委心任运之论。

《山木》第二十　此篇言人之处世，材不材皆足婴患，唯乘道德而游者不然。所谓乘道德者，虚己之谓也，虚己则无计较利害之心；无计较利害之心，则物莫之能累矣。亦《人间世》《德充符》两篇之旨也。

《田子方》第二十一　此篇记孔子告颜回语，亦齐物之旨。老聃告孔子语，推论生物之源，由于阴阳二力，亦古代哲学中之宇宙论也。

《知北游》第二十二　以上外篇。此篇言“道”，亦古代哲学中宇宙论也。其言“无无”之义，已颇涉认识论矣。

《庚桑楚》第二十三　此篇文颇艰深。其大意谓一切祸福，皆心所造；故心无利害之念，则物自莫之能侵。所谓“寇莫大于阴阳，犹今言自然力。无所逃于天地之间，非阴阳贼之，心自使之”；“身若槁木，心若死灰，祸亦不至，福亦不来”也。其云“万物出乎无有。有不能以有为有，必出乎无有；而无有一无有。圣人藏于是”，阐无有之理尤精。（此言一切万物，彼不能为此之原因，此亦不能为彼之原因）乃道家虚无无为之旨所从出也。

《徐无鬼》第二十四　此篇亦言为仁义，则必流于不仁义；道家所以贵道德而贱仁义者由此。末段亦涉及古代哲学中之宇宙论，文颇难解。

《则阳》第二十五　此篇亦言为仁义则必流于不仁不义，兼涉及宇宙论，与上篇同。篇末“莫为”“或使”之辩，即哲学中“有神”“无神”之争也。其论犯罪者非其罪一节，尤有合于社会主义。

《外物》第二十六 此篇为杂论。

《寓言》第二十七 此篇亦杂论，有与他篇重复处。

《让王》第二十八 此篇杂记让国之事，言唯轻天下重一身者，乃足以治天下。词意似浅。然道家所谓“养生”，其意实谓必如此之人，乃足以治天下，而非徒宝爱其身，欲求全其性命。即此可见此义道家屡及之，如《吕览·贵生》《淮南·精神训/诠言训》是。神仙家之窃取附会，而自托于道家者，其失不待辩而自明矣。

《盗跖》第二十九 此篇言君子小人，名异实同，莫如恣唯而求目前之乐。与《列子·杨朱篇》同义。其言富者之苦乐一节，颇可考见古代社会生计情形。

《说剑》第三十 此篇记庄子说止赵文王好剑之事，意义浅薄，与《庄子》全书，了无关涉。且此事散见他书者甚多，所属之人亦各异。凡古代传说之事，固多如此。盖此事相传，一说以属庄子，故编《庄子》书者，遂以之辑入为一篇也。

《渔父》第三十一 此篇亦浅薄。

《列御寇》第三十二 此篇亦浅薄，而间有精论。

《天下》第三十三 此篇盖《庄子》之自叙，前总论，后分列诸家，可考见古代学术源流。论古代学术源流者，以《庄子》此篇、《淮南·要略》《太史公自序》《汉书·艺文志》四篇为最有条理，而四篇又各有胜处。《汉志》推论诸家之学所自出，可见其各有所本；《庄子》此篇，则言道术始合而后分，可见诸家之学，虽各有所本，而仍同出一源，（同出一源，谓其同根据于古代之哲学；各有所本，则言其以一种哲学，而推衍之于各方面）其义相反而相成；《淮南》论诸子之学，皆起于救时之弊，有某种弊即有某种学，如方药然，各有主治即各有用处；而《太史公自序》，则言诸家之学，各有所长，亦各有所短，其义亦相反而相成也。

三、列子

此书前列《张湛序》，述得书源流，殊不可信。而云“所明往往与《佛经》相参，大同归于老、庄”；“属辞引类，特与《庄子》相似；庄子、慎到、韩非、尸子、淮南子，玄示指归，多称其言”，则不啻自写供招。《佛经》初入中国时，原有以其言与老、庄相参者；一以为同，一以为异，两派颇有争论。湛盖亦以佛与老、庄之道为可通，乃伪造此书，以通两者之邮也。其云庄子、慎到等多称其言，盖即湛造此书时所取材。汪继培谓“后人依采诸子而稍附益之”，最得其实。然此固不独《列子》。凡先秦诸子，大都不自著书；其书皆后人采缀而成；采缀时，岂能略无附益，特其书出有早晚耳。故此书中除思想与《佛经》相同，非中国所固有者外，仍可认为古书也（篇首刘向校语，更不可信。凡古书刘向序，大都伪物。姚姬传唯信《战国策》序为真，予则并此而疑之）。

注《庄子》书者甚多，《列子》则唯张湛一注，孤行于世。唐殷敬顺就《张湛注》作释文，本各为书；元、明以来刻本，皆以《释文》入《注》，二有遂混淆不辨。谓汪继培得影宋抄本，又录《释文》单行本于《道藏》，据以参校，二者始各还其旧；此外参校之本尚多，实此书最善之本也。又有唐卢重元注，《唐书·艺文志》以下，皆不著录，郑樵《通志》始及之。书有陈景元序，谓得之徐灵府。清秦恩复得之金陵道院，重刻之。然今所传《文子缵义》，亦出徐灵府，其书殊不可信，则此书恐亦非唐时物也。

此书大旨与《庄子》相类。精义不逮《庄子》之多，而其文较《庄子》易解，殊足与《庄子》相参证。（读《庄子》不能解者，先读此书最好）其陈义有视前人为有进者，如《汤问篇》：“汤问于夏革，曰：古初有物乎？夏革曰：古初无物，今恶得物？后之人将谓今无物，可乎？汤问曰：然则物无先后乎？夏革曰：物之终始，初无极已。始或为终，终或为始，恶知其纪？自物之外，自事之先，朕所不知也。”按古人论宇宙原始者，率以为有气而后有形，有形而后有质，皆宇宙论中语。此则明人能知有，不能知无——时间之起讫，空间之际限，实非人所能知；人之所知，实以认识所及为限——已深入认识论之堂奥矣。盖佛学输入后始有之义也。

《天瑞》第一　此书为《列子》之宇宙论，与他古书所述大同，而文最明白易晓。

《黄帝》第二　此篇言气无彼我，彼我之分由形；任气而不牵于形，则与物为一；与物为一，则物莫能害。盖承上篇，言人所以自处之道也。

《周穆王》第三　此篇言造物与人之为“幻”无异，梦与觉无异，盖言真幻不别也；似亦已杂佛学之理矣。(《庄子》物化之说，虽亦已起其端，然言之不如此篇之透彻)西极化人，即西域眩人，乃汉时事。《穆天子传》及《山海经》中涉及西域者，后人以其地理多合，信为古书；不知其正西域地理既明后，伪造之作也。观此篇所取材，而知其为魏、晋间物矣。

《仲尼》第四　此篇总旨，在“忘情任理”四字。“中山公子牟”一节，述公孙龙之学，颇有条理。其说必有所本，注文亦极明了，可宝也(今《公孙龙子》殊不易读)。

《汤问》第五　此篇言空时间皆不可知。又言人所不知之事甚多，不可据其所知，以疑其所不知；乃极精之认识论也。

《力命》第六　此篇言力不胜命，今哲学中所谓定命论；又言凡事皆出于不得不然，今哲学中所谓机械论也。

《杨朱》第七　此篇为厌世之义。杨朱之学，除《孟子》称其“为我”外，他无可考；此书何从独有之？可知其伪。

《说符》第八　此篇言因果有必至之符，亦机械论。又言有术者或不能行，行之者不必有术；视学问事功，判然二物。又言人与物徒以智力相制，迭相食，见无所谓福善祸淫等天理，其理亦皆与机械论相通也。

四、荀子

儒家孟、荀并称，然《荀子》书予极疑之。予疑《荀子》书，自读其“非象刑”之论始。盖儒家论刑，止有二义：（一）曰五刑，是为肉刑，见《书·吕刑篇》；（二）曰象刑，见《尧典》。（今本分为《舜典》。象刑之说，见《书大传》，谓不残贼人之肢体，徒僇辱之而已。汉文《废肉刑诏》：“盖闻有虞氏之时，画衣冠异章服以为戮而民弗犯。”）即今文《书》说也。皆《书》说也。“非象刑”之论，与儒家之尚德化，根本不相容。及读《汉书·刑法志》，《荀子》之论具在，乃恍然有悟。盖汉时地方豪族，以及游侠之士，（汉时去封建近，此等乃前此贵族及武士之遗也）势力极大，上捍国法，下凌小民，狱犴不平。职是之故，仁人君子，蒿目时艰，乃欲以峻法严刑，裁抑一切。此自救时之论，有激而云，而实行之者则王莽也。夫莽固事事托之于古者也，然则非象刑之论，盖亦不知何人所造，而托之荀子者矣。本此以推，则见其“性恶”之论，“法后王”之言，亦皆与儒家之义，不能并立。其论礼也，谓“人生不能无群，群而无分则争，争则乱，乱则离，离则弱，弱则不能胜物”，（见《王制篇》）亦法家论法之语也。夫如后世之论，则诸经皆出荀卿。（汪中《荀卿子通论》。按此篇所引诸经传源流，多不可信。董仲舒作书美荀卿，说出今所传《荀子》刘向叙；他无征验。此序之伪，亦显而易见也）今姑不必深求。但使战国之末，儒家大师荀卿，其议论果如今《荀子》书所云，则在儒家中实为异军苍头；安得历先汉二百年，迄无祖述之书，亦无反驳之论哉？今《荀子》书同《韩诗外传》《二戴记》《说苑》《新序》处最多，亦有同《书大传》《春秋繁露》《公羊》《谷梁》《左氏》《国语》《楚辞》《礼纬》《诗毛氏传》《孔子家语》者；又有同《管》《韩》《庄》《列》诸子，《晏子春秋》《淮南王书》者。夫其同《说苑》《新序》，诚可诿为刘向校书中秘，已见是书。《大戴记》晚出，无传授，昔人即不之信；《小戴记》亦今古文杂；《谷梁》《左氏》《毛诗》皆晚出，姑勿论。其同《韩诗外传》《书大传》《公羊》《繁露》，何说之辞？谓诸儒袭《荀子》，则诸儒早见《荀子》书矣，何待刘向？谓其各不相袭，所本者同，又无解于《荀子》书中，与儒家持义根本不相容之处，他家皆无此论也。然则《荀子》者，乃较早出之《孔子家语》耳。其与诸书同处，正足证其书由抄袭而成；而较《荀子》晚出之书，则又转袭《荀子》者也。予之意见如此，当否诚不敢自信。至于《荀子》之书当读，则初不因其真伪而异；因其书有甚精处，要必为先秦之传，固不必问其集自何人，题为何子也。

《荀子》书多精论，然颇凌杂无条理，今为料拣之。按《荀子》书宗旨，荦荦大者，凡有八端：曰"法后王"，见《不苟》《非相》《儒效》《王制》诸篇；曰主人治，见《王制》《君道》《致士》诸篇；曰"群必有分"，见《王制》《富国》诸篇；曰阶级不能无，见《荣辱》《富国》诸篇；曰"性恶"，见《荣辱》《性恶》诸篇；曰"法自然"，见《天论》《解蔽》诸篇；曰正名，见《正名》篇。此外攻击儒、墨、名、法，与权谋诸家之语，散见《非十二子》《儒效》《王霸》《君道》《议兵》《强国》《正论》《乐论》诸篇。要之《荀子》书于诸家皆有诘难；语其宗旨，实与法家最近，而又蒙儒家之面目者也。全书中最精者，为《天论》《正论》《解蔽》《正名》四篇。

《荀子》书，《汉志》三十二篇。（今《汉志》作三十三，乃误字）隋、唐《志》皆十二卷。唐杨惊为之注，分为二十卷，于篇第颇有升降。今世通行者，为嘉善谢氏刻本，其校勘实出卢文弨。又有宋台州刻本，黎庶昌得之日本，刻入《古逸丛书》中。王先谦更取王念孙、俞樾诸家校释，又以台州本及卢氏取之未尽之虞、王合校本，与谢本相校，成《荀子集解》一书，采摭颇备，甚便观览。

《劝学》第一　《修身》第二　《不苟》第三　以上三篇，皆儒家通常之论。《不苟篇》"君子养心莫善于诚"一节，义与《礼记·中庸》篇通。又“君子位尊而志恭”一节，论“法后王”之义。

《荣辱》第四　此篇义亦主于修为，与前数篇同。“凡人有所一同”一节，谓人之行为，为生理所限，而生理受制于自然律，实性恶之说所本也。

《非相》第五　此篇只首节非相，盖以首节之义名篇也。与《论衡·看相》等篇参看，可见古者对于相人之术，迷信颇甚。

《非十二子》第六　此篇亦见《韩诗外传》，而止十子，无子思、孟轲。《荀子书》吾颇疑其为西汉末人所集。然其所取资，固不能尽伪。（凡古伪书皆然）墨子学于孔子，说似不诬。（见后）今其书《非儒》《公孟》《耕柱》诸篇，攻击儒家最烈。其中固有由宗旨不同处，然讥儒者贪于饮食，惰于作务，徒古其服及言而实无可取；颇与此篇所攻子张氏、子夏氏之贱儒合。此不得谓非儒者之病。盖儒者固自有其真，然徒党既多，不能无徒窃其名而无其实者。《礼记·儒行》记孔子之言曰：“今众人之命儒也妄常，以儒相诟病。”篇末又记哀公闻孔子之言，“终没吾世，不敢以儒为戏”。则当时耳儒之名而不知其义；以儒相诟病、以儒为戏者甚多；皆“贪于饮食，饰其衣冠”之贱儒，有以自取之也。颇疑此篇中攻子思、孟轲之语，为后人所造；（详见鄙著《辨梁任公阴阳五行说之来历》，见《东方杂志》第二十卷第二十号）而其非子张、子夏氏之贱儒之语则真（但为先秦旧说耳，不必定出荀卿其人，且不必定出儒家。此义亦前已及之矣）。

《仲尼》第七　此篇言“仲尼之门，五尺之竖子，羞称五霸”，与《春秋繁露·封胶西王篇》合。（《汉书·董仲舒传》亦同）是今文家义也。夫董子者，“正其义，不谋其利，明其道，不计其功”者也；而此篇下文论擅宠于万乘之国，而无后患之术，几于鄙夫之谈，亦可见《荀子》书之杂矣。

《儒效》第八　此篇中有辟名家之论，亦及法后王之义。

《王制》第九　此篇中有述制度处，颇足与群经相考证。此外有论人治之语，有言法后王之义，又其言有群乃能胜物而群不可无分，则为法家重度数之意。

《富国》第十　此篇言群不可无分，有分为富国之道，辟墨子之徒以不足为患，陈义颇精。

《王霸》第十一　此篇斥权谋。“礼之所以正国也”一节，与《礼记·经解》篇同。(《礼论篇》“取绳墨诚陈”云云亦然)此数语法家论法，亦恒用之；亦可见《荀子》与法家相近也(《礼记》亦汉人集诸经之传及儒家诸子而成。)。

《君道》第十二　此篇言人治，辟权谋。此篇《杨注》亡。

《臣道》第十三　此篇为儒家通常之义。

《致士》第十四　此篇论人治数语，与《王制》篇复。“得众动天”十六字，文体及意义，并与上下文不相蒙；下文论刑赏及师术，亦与致士无涉。盖多他篇错简，或本篇本杂凑而成，而取其一端以名篇也。

《议兵》第十五　此篇论用兵之理极精。《韩诗外传》《新序》《史记·礼书》《汉书·刑法志》皆载之。

《强国》第十六　此篇亦通常之论。

《天论》第十七　此篇言“吉凶由人不由天”，“事非人力所能为者，不以措意”，“人当利用自然”，“怪异不足畏”，“合众事乃能求得公例，徒据一偏则不能得”，乃《荀子》书中最精之论也。此篇驳老子、慎到、墨翟、宋钘。

《正论》第十八　此篇皆诘难当时诸家之论。第一节即驳法家。然第二节论汤、武非篡，义不如《孟子》之精，而持论实与法家相近。第三节驳象刑，则弥与儒家反矣。要之此书虽驳法家，然其思想实与法家近也。篇末驳子宋子，颇可借考宋钘学说。

《礼论》第十九　此篇有精语。然大体与《大戴礼·礼三本》

《史记·礼书》同(又有同《谷梁》及《礼记·经解》三年问处)。

《乐论》第二十　此篇同《礼记·乐记》,而多增人辟墨子语,(《史记·礼书》亦同。按《史记》八书皆亡,盖后又取他书补之)可见《荀子》书中辟他家之语,有后来增入者。亦足为《非十二子》中辟子思、孟轲之语,为后人增人之一证也。(又一段同《礼记·乡饮酒》义)此篇注亦亡。

《解蔽》第二十一　此亦《荀子》书极精者,足与《天论篇》媲美。《伪古文尚书》“人心唯危,道心唯微,唯精唯一,允执厥中”十六字,原出此篇。

《正名》第二十二　此篇论名学哲学极精。

《性恶》第二十三　按荀子“性恶”之论,为后人所訾。然此篇首句曰:“人之性恶,其善者伪也。”《杨注》曰:“伪,为也,矫也,矫其本性也。凡非天性而人作为之者,皆谓之伪。故为字人旁为,亦会意字也。”则伪非伪饰,其义皦然。《礼论篇》:“故曰:性者,本始材朴也:伪者,文礼隆盛也。无性则伪之无所加,无伪则性不能自美。”《正名篇》:“心虑而能为之动,谓之伪;虑积焉、能习焉而后成,谓之伪。”尤不啻自下界说。以为真伪之伪,而妄肆诋諆,真不必复辩矣。(“为”之本义为母猴。盖动物之举动,有出于有意者,有不待加意者。其不待加意者,则今心理学家所谓“本能”也;其必待加意者,则《荀子》书所谓“心虑而能为之动,虑积焉、能习焉而后成”,《杨注》所谓“非天性而人作为之”者也。动物举动,多出本能。唯猿猴知识最高,出乎本能以外之行动最多,故名母猴曰“为”。其后遂以为人之非本能之动作之称。故“为”字之本义,本指有意之行动言之,既不该本能之动作,亦不涵伪饰之意也。古用字但主声,为、伪初无区别。其后名母猴曰“为”之语亡,“为”为母猴之义亦隐,乃以“为”为“作为”之为,“伪”为“伪饰”之伪。此自用字后起之分别,及字义之迁变尔。若拘六书之例言之,则既有伪字之后，非为伪饰，皆当作伪，其作为者，乃传形成声耳）然性恶之论，究与法家相近，而非儒家尚德化之义，则亦不容曲辨也。此篇本二十六，杨升。

《君子》第二十四 此篇言人君之事，无甚精义。本第三十一，杨升。

《成相》第二十五 此篇大体多以三七言成文。俞樾谓“相”即《礼记·曲礼》“邻有丧舂不相”之相，为古人乐曲之名，盖是也。《汉志》赋分四家，《成相杂辞》十一篇，与《隐书》并附于杂赋之末。此篇盖即所谓成相。而下《赋篇》，每先云“爰有大物”“有物于此”，极陈其物，然后举其名，盖即所谓隐书矣。或谓后世弹词文体，实出《成相》。此篇本第二十八，杨降。

《赋篇》第二十六 此篇之体，颇类《汉志》所谓隐书，已见前。然《汉志》亦有《孙卿赋》，不知其究谁指也。“天下不治，请陈佹诗”一节，文体与前不同。然末节文体与此同，《战国策·楚策》载之，亦谓之赋。盖“不歌而诵”，则皆谓之赋也。此篇本第二十二，杨降。

《大略》第二十七 此篇杂，杨云“弟子杂录荀卿之语”。按以下诸篇，多与他传记诸子同。

《宥坐》第二十八 《子道》第二十九 《法行》第三十 《哀公》第三十一 《尧问》第三十二 杨云：“此以下皆荀卿及弟子所引记传杂事，故总推之于末。”《尧问篇》末一段，为他人论荀子之语，杨云：“荀卿弟子之辞。”

五、晏子春秋

此书《汉志》八篇。《史记正义》引《七略》及隋、唐《志》皆七卷，盖后人以篇为卷，又合杂上下为一篇。《崇文总目》作十四卷，则每卷又析为二也。其书与经子文辞互异，足资参订处极多；历来传注,亦多称引,绝非伪书。《玉海》因《崇文总目》卷帙之增,谓后人采婴行事为书,故卷帙颇多于前,实为妄说,孙星衍已辨之矣。前代著录,皆入儒家。柳宗元始谓墨氏之徒为之,晁公武《读书志》《文献通考·经籍考》,遂皆入之墨家。今观全书,称引孔子之言甚多;(卷一景公衣狐白裘章,卷二景公冬起大台之役章、景公嬖妾死章,卷五晋欲攻齐,使人往观章,晏子居丧逊答家老章,皆引孔子之言,以为平论。卷三景公问欲善齐国之政、章,则晏子对辞,称闻诸仲尼。卷五晏子使鲁,仲尼以为知礼,卷七仲尼称晏子行补三君而不有,亦皆称美晏子之言。又卷四曾子问不谏上不顾民以成行义者章,卷五曾予将行,晏子送之以言章,皆引曾子之事。晏子居丧逊答家老章,亦称曾子以闻孔子。又卷四叔向问齐德衰子若何章,卷五崔庆劫将军大夫盟章,晏子饮景公酒章,卷七景公饮酒章,皆引《诗》)引墨子之言者仅两条;(卷三景公问圣王其行若何章,卷五景公恶故人章)诋毁孔子者,唯外篇不合经术者一至四四章耳。陈义亦多同儒家,而与墨异,以入墨家者非也。

全书皆记晏子行事,其文与《左氏》复者颇多。《左氏》之"君子曰",究为何人之言,旧多异说。今观此书,引君子之言亦颇多,(卷三庄公问威当世服天下章,卷五齐饥,晏子因路寝之役以振民章、景公夜从晏子饮章、晏子之晋睹齐累越石父章,卷六景公欲更晏子宅章,下皆有"君子曰"。卷五景公使晏子予鲁地章,则曰:"君子于鲁,而后知行廉辞地之可为重名也。")则系当时史家记事体例如此。《左氏》与此书,所本相同,所谓"各往往捃摭春秋之文以著书"也。(《史记·十二诸侯年表》)然则《左氏》之"君子曰",与经义无涉,概可见矣。

此书以孙星衍校本为最便。吴鼒覆刻元本,前有都凡,每篇有章次题目,外篇每章有定著之故;足以考见旧式,亦可贵也。

六、墨子

墨家宗旨，曰尚贤，曰尚同，曰兼爱，曰天志，曰非攻，曰节用，曰节葬，曰明鬼，曰非乐，曰非命。今其书除各本篇外，《法仪》则论天志；《七患》《辞过》，为节用之说；《三辨》亦论非乐；《公输》阐非攻之旨；《耕柱》《贵义》《鲁问》三篇，皆杂记墨子之言。此外《经》上下、《经说》上下、《大/小取》六篇为名家言，今所谓论理学也。《备城门》以下诸篇，为古兵家言。墨翟非攻而主守，此其守御之术也。《非儒》《公孟》两篇，专诘难儒家，而《修身》《亲士》《所染》三篇，实为儒家言。（《修身》《亲士》二篇，与《大戴礼·曾子立事》相表里，当决与《吕氏春秋·所染》篇同。《吕氏春秋》亦多儒家言）因有疑其非《墨子》书者。予按《淮南·要略》谓："墨子学儒者之业，受孔子之术，以为其礼烦扰而不悦，厚葬靡财而贫民，服伤而害事，故背周道而用夏政。"其说实为可据。（见《辨梁任公阴阳五行说之来历》。又按《墨子书·七患篇》引《周书》之解，实当作《夏箴》，见孙氏《间诂》，又《公孟篇》墨子距公孟之辞曰："子法周而未法夏也。"并墨子用夏道之证）今《墨子书》引《诗》《书》之辞最多。（予昔尝辑之，然但及其引《诗》《书》之文，及其本文确为佚诗、佚书者，其与今文家经说同处，未能编辑，故尚未能写定）百家中唯儒家最重法古，故孔子之作《六经》，虽义取创制，而仍以古书为据。《墨子》多引《诗》《书》，既为他家所无：而其所引，又皆与儒家之说不背，即可知其学之本出于儒。或谓墨之非儒，谓其学"累世莫殚，穷年莫究"，安得躬道之而躬自蹈之。殊不知墨之非儒，仅以与其宗旨相背者为限。此外则未尝不同。且理固有必不能异者。《公孟篇》："子墨子与程子辩，称于孔子。程子曰：'非儒，何故称于孔子也？'子墨子曰：'是亦当而不可易者也。今鸟闻热旱之忧则高，鱼闻热旱之忧则下。当此，虽禹、汤为之谋，必不能易矣。翟曾无称于孔子乎?'"又《贵义篇》:"子墨子南游使卫,载书甚多。弦唐子见而怪之,曰:'夫子教公尚过,曰:"揣世直而已";今夫子载书甚多,何也?'子墨子曰:'翟闻之,同归之物,信有误者,是以书多也。今若过之心者数逆于精微,同归之物,既已知其要矣,是以不教以书也。'"然则墨子之非读书,亦非夫读之而不知其要;又谓已知其要者,不必更读耳,非谓凡人皆不当读书也。其"三表"之说,即谓上本之古圣王之事,而安得不读书。其称引《诗》《书》,又何怪焉?然则墨子之学,初出于儒,后虽立异,而有其异仍有其同者存,此三篇亦未必非《墨子书》矣。

墨家之书,《汉志》著录者,除《墨子》外,又有《尹佚》二篇,《田俅子》三篇,《我子》一篇,《随巢子》六篇,《胡非子》三篇。隋、唐《志》仅存《墨子》《随巢子》《胡非子》。(《旧唐志》无《随巢子》)《宋志》则仅存《墨子》矣。《通志·艺文略》,《墨子》有《乐台注》,《晋书·隐逸传》载鲁胜《星辩注叙》,今其书皆不传。墨子上说下教,文最浅俗,说本易通。徒以传授久绝,治其书者亦鲜;书中既多古言古字,又包名家、兵家、专门之言,遂至几不可读。清毕沅,始为之校注:其后治《墨子》者,亦有数家;孙诒让乃集其成,而成《墨子间诂》,而其书始焕然大明。然名家言,在中国久成绝学;孙氏创通其说,阙憾犹多。近人得欧洲名学,以相印证,而其说又有进。梁启超《墨经校释》,胡适《中国哲学史大纲》上卷中涉墨学者,皆可读也。予所知又有张之锐《新考正墨经注》,刻于河南,惜未得读。《学衡杂志》载永嘉李氏笠《定本墨子间诂校补序》,则似仅写定而未刊行也。

《亲士》第一　《修身》第二　《所染》第三　此三篇皆儒家言,已见前。《所染篇》上半与《吕氏春秋·当染篇》同,而下半绝异。或以其所引事多出墨子之后,疑其非《墨子书》;然某子之标题,本只以表明学派,非谓书即其人所著,则此等处正不足疑矣。

《法仪》第四　此篇为天志之说。

《七患》第五　此篇论节用之义,兼及守御。

《辞过》第六　孙云:“此篇与《节用篇》文意略同。《群书治要》引并入《七患篇》,此疑后人妄分,非古也。”

《三辩》第七　此篇为非乐之说。篇中载程繁之问,与墨子之答,辞不相涉。今案此篇本有阙文,墨子答程繁之辞,盖亦有阙也。

《尚贤上》第八　《尚贤中》第九　《尚贤下》第十　凡《尚贤》《尚同》等篇,文字皆极累重。盖墨子上说下教,强聒不舍,故其辞质而不文也。

《尚同上》第十一　《尚同中》第十二　《尚同下》第十三　三篇相复缍,中最详,上最略。以中、上二篇相校,显见上篇有阙。尚同以天为极则,说与《天志》相通。尚同之义,或有訾其近于专制者。然铲灭异论,固不可,而是非太无标准亦有害。战国时正值群言淆乱之际,所患者不在异论之不申,而在是非太无标准,令人无所适从;时势不同,未可以今人之见,议古人也。且彼固主选贤以为长矣,是尚同亦即同于贤者也,而又何訾焉。

《兼爱上》第十四　《兼爱中》第十五　《兼爱下》第十六　亦三篇相复缍,而上篇最略。兼爱为墨家之根本义,读《墨子书》,当一切以是贯通之。

《非攻上》第十七　《非攻中》第十八　《非攻下》第十九　亦首篇最略,但言其不义;中下篇则兼言其不利,且多引古事。

《节用上》第二十　《节用中》第二十一　《节用下》第二十二　上篇校略,中篇校详。兼有及节葬之语。下篇亡。篇中欲限民婚嫁之年以求庶:以人力为生财之本,因节用而兼及之也。

《节葬上》第二十三　《节葬中》第二十四　《节葬下》第二十五　上中皆阙。节葬之说,亦见《节用中篇》及《非儒》,宜参看。此篇言墨子所制葬法与禹同,亦墨子用夏道之证。

《天志上》第二十六　《天志中》第二十七　《天志下》第二十八　亦三篇相复缅。以兼爱为天志而非攻;又云:“无从下之政上,必从上之政下,夫为政于天子。”则其义又与上同通也。

《明鬼上》第二十九　《明鬼中》第三十　《明鬼下》第三十一　上、中皆阙。论理并无足取,但引古事及夏、商、周之书以实之。按《论语》言“禹致孝乎鬼神”;据《礼记·祭法》,则严父配天,实始于禹;《汉志》谓墨家“宗祀严父,是以右鬼”,鬼者人鬼,明鬼盖亦夏教也。

《非乐上》第三十二　《非乐中》第三十三　《非乐下》第三十四　中、下皆阙。非乐之旨,太偏于实利;而其道大觳,使人不堪;故多为诸家所难。

《非命上》第三十五　《非命中》第三十六　《非命下》第三十七　此篇谓言有三表。三表者,上本之古圣王之事,下察之百姓耳目之实,发为刑政,中百姓人民之利。今上篇之论,大致本之古圣王,中篇大致考之耳目之实,下篇则言为政也。然则其余分为三篇者,亦必有一区别:特今或偏亡,或编次混乱,遂不可见耳。

《非儒上》第三十八　《非儒下》第三十九　上篇亡。下篇所言:非其丧服及丧礼,以其违节葬之旨也;非其娶妻亲迎,以其尊妻侔于父,违尚同之义也:非其执有命,以神非命之说也;非其贪饮食、惰作务,以明贵俭之义也,非其循而不作,以与背周用夏之旨不合也;非其胜不逐奔,掩函弗射,以其不如非攻之论之彻底也;非其徒古其服及言;非其君子若钟,击之则鸣,弗击不鸣;以其无强聒不舍之风,背于贵义之旨也。盖墨之非儒如此,皆以与其宗旨不同者为限,原无害于其说之本出于儒矣。此外诋訾孔子之词,多涉诬妄,则诸子书述古事者类然;因其说出于传述,不能无误也。此诚不必皆墨子之言,亦不必遂非墨子之说。当时传其家之学者,或推衍师意而自立说;或祖述师言,存其意而易其辞,固不能一一分别。

毕氏必辨为非墨子之言，殊可不必矣。非儒之论，亦见《耕柱》《公孟》二篇，宜参看。

《经上》第四十　《经下》第四十一　《经说上》第四十二　《经说下》第四十三　《大取》第四十四　《小取》第四十五　以上六篇，皆名家言。《经说》即释《经》者。鲁胜注《墨辩》叙谓《墨辩》有上下经，经各有说，凡四篇，盖即指此。《大/小取》之“取”，孙诒让谓即“取譬”之取，盖是。六篇唯《小取》篇较易解，余皆极难解，宜参看近人著述，已见前。

《耕柱》第四十六　《贵义》第四十七　此两篇皆杂记墨子之言，论明鬼、贵义、非攻、兼爱等事。又有难公孟子非儒之言，疑《公孟》篇简错也。

《公孟》第四十八　此篇多非儒之论，皆墨子与公孟子，旗鼓相当，多与《非儒》复者。间有杂记墨子之言，与非儒无涉者。

《鲁问》第四十九　此篇多非攻之论，亦及劝学、贵义、明鬼。

《公输》第五十　此篇亦言非攻。

《□□篇》第五十一　亡。

《备城门》第五十二　《备高临》第五十三　《□□》第五十四　《□□》第五十五　《备梯》第五十六　《□□》第五十七　《备水》第五十八　《□□》第五十九　《□□》第六十　《备突》第六十一　《备穴》第六十二　《备蛾傅》第六十三　《□□》第六十四　《□□》第六十五　《□□》第六十六　《□□》第六十七　《迎敌祠》第六十八　《旗帜》第六十九　《号令》第七十　《杂守》第七十一　自《备城门》至此，凡二十一篇。今亡五十一、五十四、五十五、五十七、五十九、六十、六十四、六十五、六十六、六十七，共十篇。诸篇皆专门家言，不易晓。读一过，就其可考者考之可也。(凡读古书，遇不能解者，亦仍须读一过，不得跳过；以单词只义，亦有用处。且绝学复明，往往自一二语悟入也)今《墨子目录》，为毕氏所定。孙氏据明吴宽抄本,当养篇目,以《备城门》为五十四,《备高临》为五十五,册末《吴氏手跋》云:“本书七十一篇,其五十一之五十三、五十七、五十九之六十、六十四之六十七,篇目并阙”云云,是吴所据本,实如此也。

七、公孙龙子

正名之学,浅言之,本为人人所共知,亦为百家所同韪。盖欲善其事,必求名实相符;名实不符,事未有能善者。此固至浅之理,而亦不诤之论也。然深求之,则正有难言者。何者?名实之宜正为一事;吾之所谓名实者,果否真确,又为一事。前说固夫人所共喻,后说或皓首所难穷,使执正名之术以为治,而吾之所谓名实者,先自舛误,则南辕而北其辙矣。职是故,正名之学,遂分为二派:(一)但言正名之可以为治,而其所谓名实者,则不越乎常识之所知。此可称应用派,儒、法诸家是也。(二)则深求乎名实之源,以求吾之所谓名实者之不误,是为纯理一派,则名家之学是也。天下事语其浅者,恒为人人所共知;语其深者,则又为人人所共骇;此亦无可如何之事,故正名之理,虽为名家所共韪;而名家之学,又为诸家所共非。孔穿谓“言减两耳甚易而实是,言减三耳甚难而实非”,司马谈谓名家“专决于名而失人情”,皆以常识难学人也。夫学术至高深处,诚若不能直接应用;然真理必自此而明;真理既明,而一切措施,乃无谬误;此固不容以常人之浅见相难矣。今名家之书,传者极少。《墨经》及《经说》,皆极简质,又经错乱,难读。此外,唯见《庄子·天下》《列子·仲尼》两篇,亦东鳞西爪之谈。此书虽亦难通,然既非若《墨经》之简奥,又非如《庄》《列》之零碎,实可宝也。《汉志》十四篇,《唐志》三卷,今仅存六篇,盖已非完帙;《通志》载陈嗣古、贾士隐两注,皆不传。今所传者,为宋谢希深注;全系门外语,绝无足观。读者如欲深求,当先于论理学求深造:

然后参以名家之说散见他书者,熟读而深思之也。

《迹府》第一　此篇先总叙公孙龙之学术,次叙龙与孔穿辩难,与《孔丛子》略同。俞樾曰:"《楚辞·惜诵》注:'所履为迹,迹与跻同。'"下诸篇皆其言,独此篇是实学一事,故谓之迹。府者,聚也,言其事迹具此也。"见《俞楼杂纂》。

《白马论》第二　此篇言白马非马,他书称引者最多。

《指物论》第三　此篇言"物莫非指,而指非指"。"指也者,天下之所无也;物也者,天下之所有也。"按《庄子》"指穷于为。薪,火传也,不知其尽也。"历来注家,皆不得确解。今按《淮南·齐俗训》:"至是之是无非,至非之非无是,此真是非也。若夫是于此而非于彼,非于此而是于彼者,此之谓一是一非也。此一是非,隅曲也;夫一是非,宇宙也";(言限于一时一地而言之,则是非如此;通于异时异地而言之,则又不然)《泛论训》:"今世之为武者则非文也,为文者则非武也;文武更相非,而不知时世之用也。此见隅曲之一指,而不知八极之广大也。故东向而望,不见西墙;南面而视,不睹北方;唯无所向者,则无所不通。"以"隅曲"诂"指",与"宇宙"及"八极"对言;则"隅曲"当作一地方,"指"字当作一方向解。庄子"指穷于为"四字当断句,言方向迷于变化耳。此篇之"指"字,亦当如此解。言人之认识空间,乃凭借实物:天下只有实物,更无所谓空间;破常人实物自实物,空间自空间之谬想耳。

《通变论》第四　此篇言"二无一","羊合牛非马,牛合羊非鸡"。"青以白非黄,白以青非碧",("以"同"与")盖言统类之名,均非实有。

《坚白论》第五　此篇谓"视得白无坚,拊得坚非白",盖辨观念与感觉不同。

《名实论》第六　此篇述正名之旨,乃名学之用也。其言曰:"天地与其所产,物也;物以物其所物而不过焉,实也;实以实其所实而不旷焉,位也;位其所位焉,正也。以其所正,正其所不正”云云,其说甚精。浅言之,则法家“综核名实”之治,儒家“名不正则言不顺,言不顺则事不成”之说;深言之,则“天地位,万物育”之理,亦寓乎其中已。故知诋名家为诡辩之学者,实诬词也。

八、管子

《管子》一书,最为难解,而亦最错杂。此书《汉志》列道家,《隋志》列法家。今通观全书,自以道、法家言为最多;然亦多兵家、纵横家之言,又杂儒家及阴阳家之语;此外又有农家言。(《轻重》诸篇论生计学理,大率重农抑商,盖亦农家者流也)全书凡八十六篇,与《汉志》合,而亡其十。《四库提要》云:“李善注陆机《猛虎行》曰:《江邃释》引《管子》云:‘夫士怀耿介之心,不荫恶木之枝。恶木尚能耻之,况与恶人同处。’今检《管子》,近亡数篇,恐是亡篇之内,而邃见之,则唐初已非完本矣。”又曰:“今考其文,大抵后人附会,多于仲之本书;其他姑无论。即仲卒于桓公之前,而篇中处处称桓公,其不出仲手,已无疑义矣。书中称《经言》者九篇,称《外言》者八篇,称《内言》者九篇,称《短语》者十九篇,称《区言》者五篇,称《杂篇》者十一篇,称《管子解》者五篇,称《管子轻重》者十九篇。意其中孰为手撰,孰为记其绪言,如语录之类;孰为述其逸事,如家传之类;孰为推其义旨,如笺疏之类,当时必有分别。观其五篇明题《管子解》者,可以类推。必由后人混而一之,致滋疑窦耳。”予按某子之标题,本只取表明其为某派学术,非谓书即其人所著。(见前)《管子》之非出仲手,可以勿论。古书存者,大抵出于丛残缀辑之余,原有分别,为后人所混,亦理所可有。然古代学术,多由口耳相传。一家之学,本未必有首尾完具之书。而此书错杂特甚,与其隶之道、法,毋宁称为杂家;则谓其必本有条理,亦尚未必然也。今此书《戒篇》有流连荒亡之语,与孟子述晏子之言同。又其书述制度多与《周官》合;制度非可虚造;即或著书者意存改革,不尽与故事相符,亦必有所原本。此书所述制度,固不能断为《管子》之旧,亦不能决其非原本《管子》。然则此书盖齐地学者之言,后人汇辑成书者耳。《法法篇》有“臣度之先王”云云,盖治此学者奏议,而后人直录之。(《尹注》以“臣”为管子自称,恐非)亦可见其杂也。此书多古字古言;又其述制度处颇多,不能以空言解释,故极难治。旧传《房玄龄注》,晁公武以为尹知章所记。《四库提要》云:“《唐书·艺文志》,玄龄注《管子》不著录,而所载有尹知章注《管子》三十卷。则知章本未记名,殆后人以知章入微、玄龄名重,改题之以炫俗耳。”其注极浅陋,(甚至并本书亦不相参校,以致误其句读,即随误文为释)前人已多议之。明刘绩有《补注》。今通行赵用贤校本,亦已择要列入。清人校释,除王念孙《读书杂志》、俞樾《诸子评议》外,又有洪颐煊《管子义证》、戴望《管子校正》、章炳麟《管子余义》三书,然不可通者尚多也。

《牧民》第一　《形势》第二　此两篇皆道、法家言,(此书以道、法家言为主。凡属道、法家言者,以后即不复出)理精深而文简古,《形势》篇有解。

《权修》第三　此篇言用其民以致富强之术(此术谓之权)。

《立政》第四　此篇凡八目,多关涉制度之言。其中《九败》有解。《九败》辟兼爱寝兵之说,可知为战国时物。

《乘马》第五　此篇为《管子书》中言制度者。篇中备述度地建国、设官分职及赋民以业之法;可见古者立国之规模。而仍归其旨于无为,则道、法家言也。此篇难解。

《七法》第六　此篇为兵家言。“七法”及“四伤百匿”二目,言法为兵之本。“为兵之数”,言治兵之术。“沥陈”言用兵之术也。此篇但言胜一服百,而无兼并之谈,盖尚非战国时语。此篇亦难解。

《版法》第七　此篇言赏罚之道，亦难解。此篇有解。

《幼官》第八　《幼官图》第九　（以上《经言》）此两篇为阴阳家言。盖本只有图，后又写为书，故二篇相复。两篇皆难解。

《五辅》第十　此篇言王霸在人，得人莫如利之，利之莫如政。文明白易解，然仍简质。

《宙合》第十一　此篇先列举若干句，下乃具释之。按《管子》书中如此者多，盖经传别行之体；今其解释有在本篇之内者，有仍别行者。其仍别行者，如有解诸篇是也；即在本篇之内者，如此篇是也。此篇篇首诸语，盖一气相承，而以末句名其篇。注分为十三曰，非也。此篇极精深而难解。其言"宙合有橐天地其义不传"云云，可见古哲学中之宇宙论。

《枢言》第十二　理精而文简质难解。

《八观》第十三　此篇言觇国之法。文极质朴，却不难解。

《法禁》第十四　此篇言法禁。其论法制不议，与李斯主张焚书之理颇同。种种防制大臣之术，亦必三家分晋、田氏篡齐之后，乃有是言，殆战国时物也。以下三篇，文皆朴茂，却不难解。

《重令》第十五　此篇言安国在尊君，尊君在行令，行令在严罚，说极武健严酷。按古言法术有别。言法者主商君，言术者宗申子。（见《韩非子·定法篇》）今《商君书》颇乏精义。法术家言之精者，皆在管、韩二家书中。如此篇等者，盖皆主商君之法家言也。

《法法》第十六　此篇颇杂。其言"斗士食于功，小人食于力"。即一民于农战之意。又云"令未布而民为之，不可赏罚"云云，则意与上篇同。又云："民未尝可与虑始，而可与乐成功"，则商君变法之意。盖亦主商君之法家言也。篇中两云："故春秋之记，有臣弑其君，子弑其父者。"又云："政者，正也；正也者，所以正定万物之命也。是故圣人精德立中以生正，明正以治国。"又云："巧者能生规矩，不能废规矩而正方圆。虽圣人能生法，不能废法而必治国。”又云：“凡民从上也，不从口之所言，从情之所好，上之所好，民必甚焉。”又云：“贤人之行其身也，忘其有名也；王主之行其道也，忘其成功也。”皆与儒家言相近。论废兵数语，与上下皆不贯，疑下篇错简。篇中有“臣度之先王者”云云，疑直最后人奏议。此篇盖杂凑而成也。

《兵法》第十七 （以上《外言》）此篇为兵家言，文极简质。

《大匡》第十八 《中匡》第十九 《小匡》第二十 此三篇皆记管子之事。其中《大匡》上半篇及《小匡》“宰孔赐胙”一段，与《左氏》大同，余皆战国人语，述史事多颇谬。盖传达管子之事者之辞。自《大匡》后半篇以下，其事大略一贯。大中小盖犹言上中下；因篇幅繁重，分为三篇耳。《注》释《大匡》曰“谓以大事匡君”，盖谬。此三篇述史事不甚可据；而《中/小匡》中关涉制度之处颇多，足资考证。

《王言》第二十一 亡。

《霸形》第二十二 此篇记管仲、隰朋说桓公之事，多与他篇复。其文则战国时之文也。《霸言篇》说理颇精，而此篇无甚精义；疑原文已亡，而后人以杂说补之也。

《霸言》第二十三 此篇多纵横家及兵家言，其文亦战国时之文。

《问》第二十四 此篇列举有国者所当考问之事，可见古者政治之精密。文亦简质。

《谋失》第二十五 亡。

《戒》第二十六 （以上《内言》）此篇与儒家言相似处最多。其文亦战国时之文也。

《地图》第二十七 《参患》第二十八 《制分》第二十九 此三篇皆兵家言。其文则战国时之文也（《参患篇》与晁错《言兵事书》多同，盖古兵家言而错引之）。

《君臣上》第三十　《君臣下》第三十一　此两篇言君臣之道，道、法家言为多，间有似儒家言处。其文亦战国时人之文。

《小称》第三十二　此篇论敬畏民碞之理，文颇古质。末记管仲戒桓公勿用易牙、竖刁等事，与《戒篇》大同小异，与上文全不贯，盖亦他篇错简。

《四称》第三十三　此篇记桓公问有道无道之君及臣而管子对，文颇古质。

《正言》第三十四　亡。

《侈靡》第三十五　此篇极难解。且与侈靡有关之语少，而篇幅极长。盖亦杂凑而成也。末段章氏《管子余义》以为谶。

《心术上》第三十六　《心术下》第三十七　两篇皆言哲学，文颇简质。

《白心》第三十八　此篇亦言哲学，文简质难解。

《水地》第三十九　此篇文尚易解，语多荒怪；然颇有生物学家言，亦言古哲学者可宝之材料也。

《四时》第四十　《五行》第四十一　此两篇为阴阳家言。

《势》第四十二　此篇为道家言，文极简质。

《正》第四十三　此篇言道德法政刑相一贯之理。道家之精义也。

《九变》第四十四　（以上《短语》）此篇为兵家言，文尚易解。

《任法》第四十五　《明法》第四十六　《正世》第四十七　此三篇皆法家言，文皆明白易解。《明法》有解。

《治国》第四十八　此篇言重农贵粟之理，明白易解。

《内业》第四十九　（以上《区言》）此篇盖言治心之法，故曰内业，多道家言，偶有与儒家言类处，又似有杂神仙家言处。文简质难解。

《封禅》第五十　注云："元篇亡，今以司马迁《封禅书》所载管子言补之。”

《小问》第五十一　此篇首节言兵，次节言牧民，此外皆记杂事：无甚精义，而颇涉怪迂。

《七臣七主》第五十二　《禁藏》第五十三　此两篇亦法家言，而甚杂。两篇各有一节为阴阳家言，与《幼官》《四时》《五行》相出入，盖亦他篇简错也。

《入国》第五十四　此篇言九惠之政，文甚明白。

《九守》第五十五　此篇言君人所当守。文简质，然易解。

《桓公问》第五十六　此篇言啧室之议，颇合重视舆论之意。文亦明白。

《度地》第五十七　此篇言建国之法，于治水最详。“冬作土功，夏多暴雨”云云，亦阴阳家言。先秦学术，虽不尚迷信；然哲学源出宗教，故各种学术，多与阴阳家言相杂也。

《地员》第五十八　此篇言地质及所宜之物，农家言也。专门之学，殊不易解。

《弟子职》第五十九　此篇记弟子事先生之礼，皆四言韵语。盖《曲礼》《少仪》之类，与《管子》书全无涉；亦可见《管子》书之杂也。此篇庄述祖有《集解》，别为单行本一卷。

《言昭》第六十　《修身》第六十一　《问霸》第六十二　（以上《杂篇》）

《牧民解》第六十三　以上四篇皆亡。

《形势解》第六十四　《立政九败解》第六十五　《版法解》第六十六　《明法解》第六十七（以上《管子解》）　以上四篇为解与原文别行者，文皆明白易晓。《尹注》疑为韩非《解老》之类，吾谓《解老》亦未必韩非所作，盖《老子书》本有此传耳。

《臣乘马》第六十八　《乘马数》第六十九　《问乘马》第七十　《事语》第七十一　《海王》第七十二　《国蓄》第七十三　《山

国轨》第七十四　《山权数》第七十五　《山至数》第七十六　《地数》第七十七　《揆度》第七十八　《国准》第七十九　《轻重甲》第八十　《轻重乙》第八十一　《轻重丙》第八十二　《轻重丁》第八十三　《轻重戊》第八十四　以上皆《管子》中所谓《轻重》之篇。其中亡第七十及八十二两篇。诸篇文字，大致明白，而亦间有难解处。所言皆生计学理，大致可分为三端：（一）畜藏敛散，（二）盐铁山泽；（三）制民之产。盖法者正也，正之义必有取于平；而致民之不平，莫大贫富之悬隔。故法家欲以予夺贫富之权，操之于上。其言最与近世之所谓国家社会主义者近。（此义未必可行于今，然不得以此议古人。盖今日之中国为大国，而古者则分为小邦；自汉以后，政治久取放任，而古代则习于干涉，国家之权力较大也。此盖东周以后，井田之制大坏，私人所营工商之业勃兴，而后有之。吾国古代小国小部落并主，皆行共产之制。其后虽互相吞并，此制犹有存者。故有横征厚敛之暴君污吏，而无豪夺巧取之富人大贾。至春秋以后，其制乃大变。其说甚长，一时难遍疏举。欲知其略，可看《史记·货殖列传》及《汉书·食货志》）观其所引之事，及于越、梁二国，即知其为战国时物矣。

《轻重己》第八十五（以上《管子·轻重》）　此篇以《轻重》名，而皆阴阳家言，盖误入"轻重"也。

九、韩非子

刑名法术，世每连称，不加分别，其实非也。刑名之"刑"，本当作"形"。形者，谓事物之实状，名则就事物之实状，加以称谓之谓也。凡言理者，名实相应则是，名实不相应则非；言治者名实相应则治，不相应则乱。就通常之言论，察其名实是否相应，以求知识之精确，是为名家之学。操是术以用诸政治，以综核名实，则法家之学也。故"形名"二字，实为名法家所共审；而"名法"二字，亦可连称。“法术”二字，自广义言之，法盖可以该术，故治是学者，但称法家。若分别言之，则仍各有其义：法者，所以治民；术者，所以治治民之人。言法者宗商君，言术者祖申子。（见本书《定法篇》）法家之学，世多以刻薄訾之。其实当东周之世，竞争激烈，求存其国，固不得不以严肃之法，整齐其民。且后世政治，放任既久，君主之威权，不能逮下，民俗亦日益浇漓。故往往法令滋章，则奸诈益甚；国家愈多所兴作，官吏亦愈可借以虐民。在古代国小民寡、风气淳朴之时，固不如是。天下无政治则已，既有政治，即不能无治人者与治于人者之分。然同是人也，治于人者固须治，岂得谓治人者，即皆自善而无待于治？今世界各国，莫不以治人者别成一阶级为患。其所谓利，上不与国合，下不与民同。行政官吏然，民选立法之议会，亦未尝不然。世界之纷扰，由于治于人者之蠢愚者，固不能免；出于治人者之狡诈昏愚、嗜利无耻者，殆有甚焉。术家之言，固犹不可不深长思也。《韩非》谓言法者宗商君，言术者祖申子。今《申子书》已不传。世所传《商君书》，虽未必伪，然偏激太甚，而精义顾少，远不逮《管》《韩》二书。道、法二家，关系最切。原本道德之论，《管子》最精；发挥法术之义，《韩非》尤切。二书实名法家之大宗也。

《韩非书》，《汉志》五十五篇，隋《新旧唐书》《宋史·志》二十卷，皆与今本符。《唐志》有尹知章《注》，今亡。今所传注之何犿，谓出李瓒，《太平御览》《事类赋》《初学记》诸书已引之，则其人当在宋前；然其注颇不备，且有舛误。何犿本刻于元至元三年，明赵用贤以宋本校之，知有缺脱。用贤刻本，与明周孔教大字本同。《四库》据周本著录，而校以赵本；然赵本实多误改。清吴鼒得朱乾道刻本，为赵本所自出；顾广圻为校，而鼒刻之。（顾氏《识误》三卷，刻原书之后）顾氏而外，卢文弨、王念孙、俞樾，于是书亦有校识。长沙王先谦，合诸家校释，而成《韩非子集解》一书，实最便观览也。

《初见秦》第一 此篇见《战国策》，为张仪说秦惠王之词，盖编《韩子》者误入之。司马光以此讥非欲覆宋国，非也。

《存韩》第二 此篇载非说秦毋攻韩。次以李斯驳议，请身使韩，秦人许之；斯遂使韩，未得见，因上书韩王。盖编《韩子》者，存其事以备考也。

《难言》第三 此篇即《说难》之意。

《爱臣》第四 此篇言人君防制其臣之术，术家言也。

《主道》第五 此篇言人君当虚静元为，以事任人；可见法家言之源出于道。

《有度》第六 此篇言君当任法以御下，多同《管子·明法篇》。

《二柄》第七 此篇言刑、德为制臣之二柄，不可失。又言人君不可以情借臣，当去好恶而任法。

《扬权》第八 此篇言无为之旨，君操其名，而使臣效其形；去智巧，勿授人以柄。可见刑名法术，皆源于道。此篇十之九为四言韵语，盖法家相传诵习之词也。

《八奸》第九 此篇言人臣所以成奸者有八术，亦术家言。

《十过》第十 此篇无甚精义。

《孤愤》第十一 此篇言智能法术之士，与权奸不两立；智能法术之士恒难进，然权奸之利，实与人主相反，术家之精言也。

《说难》第十二 此篇先陈说之难，继言说之术，极精。

《和氏》第十三 此篇言法术为人臣士民所同恶，可见"法"之与"术"，虽名异而理实相通。

《奸劫弑臣》第十四 此篇言君以同是非说其臣，于是臣以是欺其主，而下不得尽忠，故必参验名实。次节言学者不知治乱之情，但言仁义惠爱，世主不察，故法术之士无由进。皆言用人之术，亦术家言也。末节“厉磷王”,《国策》《荀子》,皆作荀子答春申君书。

《亡征》第十五　此篇列举可亡之事,而曰:“亡征者,非曰必亡,言其可亡也。”乃自下“亡征”二字之界说也。

《三守》第十六　(一)戒漏言,(二)戒假威,(三)戒不自治事而假手于人,亦术家言。

《备内》第十七　此篇言人臣之于君,非有骨肉之亲,故窥觇其君无已时;而后妃、太子,亦利君之死,故有因后妃、太子以成其奸者。看似刻核,然于后世权奸宫闱之祸,若烛照而数计;其见理明,故其说事切也。大抵人类恶浊之性,恒人不甚乐道出,而法术家务揭举之,故常为世所訾;然其说理则甚精,而于事亦多验,固不可不措意矣。又言王良爱马,为其可以驰驱;勾践爱人,乃欲用以战斗,则法家刻酷之论矣。建国原以为民;欲保国者,有时原不能曲顾人民;然若全忘人民之利益,视若专供国家之用者然,则流连而忘本矣。此则法家之失也。

《南面》第十八　此篇言人君当任法以御臣,不可任甲以备乙,亦术家言也。末节言变法之理甚精。

《饰邪》第十九　此篇主明法以为治,戒信龟策、恃外援,可考见战国时迷信及外交情形。

《解老》第二十　此篇皆释《老子》之言,义甚精,然非必《老子》本意。盖治学问者,原贵推广其意,以应百事。韩婴之作《诗外传》即如此;凡古书之有传者,实皆如此也。

《喻老》第二十一　上篇释《老子》之意,此篇则举事以明之。

《说林上》第二十二　《说林下》第二十三　此篇列举众事,借以明义。《史记索隐》谓其“多若林”,故曰《说林》也。此可见古人“多识前言往行以畜其德”之义。

《观行》第二十四　《安危》第二十五　《守道》第二十六

《用人》第二十七 《功名》第二十八 《大体》第二十九 以上六篇，皆法术家言。《大体篇》亦及因任自然之旨，与道家言通。篇幅皆短。

《内储说上七术》第三十 《内储说下六微》第三十一 《外储说左上》第三十二 《外储说左下》第三十三 《外储说右上》第三十四 《外储说右下》第三十五 《内/外储说》皆言人主御下之术，乃法术家言之有条理者。其文皆先经后说，可见古者经传别行之体。

《难一》第三十六 《难二》第三十七 《难三》第三十八 《难四》第三十九 一至三皆述古事而难之；四则既难之后，更有难难者之语。剖析精微，可见法术家综核名实之道。

《难势》第四十 难任势为治之论。

《问辩》第四十一 非民以学议法，李斯焚书之理如此。

《问田》第四十二 此篇言法家不惮危身以婴暗主之祸。案战国之时，大臣跋扈，率多世禄之家。游说之士虽盛，然多出自疏远，能执国之柄者盖少。故韩非发愤屡言之，术家言之所由兴也。

《定法》第四十三 此篇言法与术之别。

《说疑》第四十四 此篇亦言人主御臣之术，多引古事以明之。

《诡使》第四十五 此篇言利与或与名，所以为治，然真能用之者少。

《六反》第四十六 此篇举奸伪无益之民六，谓其皆足以毁耕战有益之民。又辟轻刑。《商君书》之精义，已具于此及《五蠹》《饬令》《制分》三篇矣。

《八说》第四十七 此篇举匹夫之私誉，而为人主之大败者八事。又言法令必人人所能。古者人寡而物多，故轻利而易让；后世生计穷蹙，则不能。然天下无有利无害之事，但在权其大小。治国者不可恃爱。皆法术家之精论。

《八经》第四十八 （一）凡治天下，必因人情。人情有好恶，故赏罚可用。（二）力不敌众，智不尽物，与其用一人，不如用一国。故君当用人之智，而不自任其力。（三）言臣主异利。（四）言参伍之道。（五）言明主务周密。（六）言参听及言必责实之道。（七）言宠必在爵，利必在禄。（八）言功名必出于官法，不贵法外难能之行。亦法术家极精之论。

《五蠹》第四十九 此篇言圣王不期修古，不法常可；论世之事，因为之备。即商君变法之旨。又言文学非急务，取譬于糟糠不饱者不务粱肉，短褐不完者不待文绣。可见法术家言，虽刻核而重实利；然自为救时之论，非谓平世亦当如此也。篇末辟纵横之士，谓其徒务自利。此外大旨与上篇同。

《显学》第五十 此篇辟儒、墨，亦精。

《忠孝》第五十一 此篇非尚贤。

《人主》第五十二 此篇戒大臣太贵，左右太威，亦术家言。

《饬令》第五十三 此篇言人君任人当以功，而不可听其言。又主重刑厚赏，利出一孔。与《商君书·靳令篇》同（《商君书》亦有作“饬令”者）。

《心度》第五十四 此篇言圣人之治民，不从其欲，期于利之而已。其说甚精，可见法家之治，虽若严酷，而其意实主于利民，而尤足为民治时代之药石。盖求利是一事，真知利之所在，又是一事；人民自主张其利益者，往往不知利之所在，欲求利而适得害。故先觉之言，不可不察也。

《制分》第五十五 此篇言相坐之法，亦商君所以治秦也。

十、商君书

《汉志》：法家，《商君书》二十九篇。隋《新旧唐志》皆五卷。

《通志》谓二十九篇亡其三。《直斋书录解题》谓二十八篇亡其一。严万里得元刻本,凡二十六篇,而中亡其二,实二十四篇。《史记·商君列传》:"太史公曰:余读商君《开塞耕战》书,与其人行事相类。"《索隐》"按《商君书》:'开'谓刑严峻则政化开,'塞'谓布恩惠则政化塞,其意本于严刑少恩。又为田开阡陌,及言斩敌首赐爵,是耕战书也。"所释"开塞"之义,与今书《开塞篇》不合。晁公武谓司马贞未尝见其书,妄为之说。今案开塞、耕战,盖总括全书之旨。(或太史公时《商君书》有此名)非专指一两篇,《索隐》意亦如此,晁氏自误解也。《尉缭子·兵教下》:"开塞,谓分地以限,各死其职而坚守。"此"开塞"二字古义。《索隐》庸或误释,然谓其未见《商君书》固非。或又以与《索隐》不合而疑今书为伪,亦非也。今《商君书》精义虽不逮《管》《韩》之多,然要为古书,非伪撰;全书宗旨,尽于"一民农战"一语。其中可考古制,及古代社会情形处颇多,亦可贵也。此书有朱师辙《解诂》,最便观览。

《更法》第一 此篇记孝公平画,公孙鞅、甘龙、杜挚三大夫御于君。鞅主变法,甘龙、杜挚难之,孝公从鞅。与《史记·商君列传》大同。

《垦令》第二 此篇主抑商废学以重农,说多偏激。

《农战》第三 此篇言官爵者,人主所以劝民;而国以农战兴,当使民求官爵以农战。又论绝学及去商贾技艺。

《去强》第四 此篇主峻刑法。金粟互生死一节,亦涉及生计。

《说民》第五 此篇亦主严刑重农战之论。其云:"家断有余,官断不足,君断则乱。"则言人臣当各举其职,人君不可下侵臣事,法家多重"乡治"由此。

《算地》第六 此篇言任地之法,亦及重刑赏以一民于农战之意。

《开塞》第七　此篇首为原君之论。其言以乱而求立君，颇合欧西民权论中之一派。下为主严刑之论。

《壹言》第八　此篇言尚农战，下辩说、技艺，绝游学，杜私门。又言不法古，不修今，因势而治，皆与他篇互见。

《错法》第九　此篇论赏罚。

《战法》第十　《立本》第十一　《兵守》第十二　三篇皆论兵事。多阙误，难读。

《靳令》第十三　此篇言任人当以功，不当以言。又言重刑轻赏，利出一孔。《去强篇》曰："虱官者六：曰岁，曰食，曰美，曰好，曰志，曰行。"此篇又曰："六虱：曰礼乐，曰诗书，曰修善，曰孝弟，曰诚信，曰贞廉，曰仁义，曰非兵，曰羞战。国有十二者，上无使农战，必贫至削。十二者成群，此谓君之治不胜其臣；官之治不胜其民，此谓六虱胜其政也。"其词错乱，未知其说。此篇同《韩非子·饬令篇》（本书标题，亦有作"饬令"者）。

《修权》第十四　此篇言国所以治者三：（一）曰法，（二）曰信，（三）曰权。法与信，君臣所共；权，君之所独。又曰："尧、舜之位天下也，非私天下之利也，为天下位天下也；三王五霸，非私天下之利也，为天下治天下。今则不然。公私之交，存亡之本也。"亦廓然大公之论。

《徕民》第十五　此篇言秦患土满，三晋反之；当利其田宅，复其身，以徕三晋之民。颇有精论。

《刑约》第十六　亡。

《赏刑》第十七　此篇言圣人之为国也，壹赏，壹刑，壹教。壹赏谓利禄官爵，专出于兵；壹刑谓刑无等级；壹教谓富贵之门专于战。

《画策》第十八　此篇言胜敌必先自胜，亦主壹民于战。

《境内》第十九　此篇言户籍及军爵。

《弱民》第二十　此篇言民强则国弱，民弱则国强，乃以人民为国家机械之论。

《□□》第二十一　亡。

《外内》第二十二　此篇言重农战之理。

《君臣》第二十三　此篇言君不可释法，亦及重农战之论。

《禁使》第二十四　此篇主势治。

《慎法》第二十五　此篇言人主御下之术。“使吏非法无以守，则虽巧不得为奸；使民非战无以效其能，则虽险不得为诈”二语，乃一篇主旨也。

《定分》第二十六　此篇言立法、行法及司法之官吏，可以考见古制。

十一、尹文子

此书言名法之义颇精，然文甚平近，疑经后人改窜矣。按《汉志》，《尹文子》一篇。《隋志》二卷。《四库提要》云：“前有魏黄初末山阳仲长氏《序》，称条次撰定，为上下篇。《文献通考》著录作二卷。此本亦题《大道》《上篇》《下篇》，与《序》文相符，而通为一卷：盖后人所合并也。《序》中所称熙伯，盖缪袭之字。其山阳仲长氏，不知为谁。李淑《邯郸书目》以为仲长统。然统卒于建安之末，与所云黄初末者不合。晁公武因此而疑史误，未免附会矣。”按《四库》著录之本，与今通行本同。此《序》恐系伪物。《群书治要》引此书，上篇题《大道》，下篇题《圣人》，与今本不合，则今本尚定于唐以后也。今本两篇，精要之论，多在上篇中。然上篇实包含若干短章，因排列失次，其义遂不易通；盖条次撰定者，于此学实未深造。此篇盖《汉志》之旧，其文字平近处，则后人所改。下篇由杂集而成，盖后人所附益，非汉时所有。故《汉志》一篇，《隋志》顾二卷也。今略料拣上篇大意于下。学者依此意分节读之，便可见此书之意矣。

此书之旨，盖尊崇道德，故谓道贵于儒墨名法，非法术权势之治，所得比伦。夫所贵于道者，为其能无为而治也；无为而治，非不事事之谓，乃天下本无事可为之谓；天下所以无事可为者，以其治也；天下之所以治，以物各当其分也。盖天下之物，固各有其分；物而各当其分，则天下固已大治矣。然此非可安坐而致，故必借法以致之。所谓“道不足以治则用法，法不足以治则用术，术不足以治则用权，权不足以治则用势；势用则反权，权用则反术，术用则反法，法用则反道”也。夫权与术、与势，皆所以行法；法则所以蕲致于道也。法之蕲致于道奈何？曰：使天下之物，各当其分而已。然非能举天下之物，为之强定其分，而使之守之也；能使之各当其固有之分而已。所谓“圆者之转，非能转而转，不得不转；方者之止，非能止而止，不得不止。故因贤者之有用，使不得不用；因愚者之无用，使不得用”也。夫如是，则“形以定名，名以定事”之术，不可不讲矣。天下万事，不可备能；责其备能于一人，贤者其犹病诸。今也，人君以一身任天下之责，而其所操者，不过“形以定名，名以定事”之一事，不亦简而易操乎？故曰“以简治烦惑，以易御险难；万事皆归于一，百度皆准于法；归一者简之至，准法者易之极”也。夫任法之治，固尚未能合道。所谓“法行于世，则贫贱者不敢怨富贵，富贵者不敢凌贫贱；愚弱者不敢冀智勇，智勇者不敢鄙愚弱。道行于世，则贫贱者不怨，富贵者不骄；愚弱者不慑，智勇者不凌”是也。然必先合于法，而后可以蕲致于道；欲蕲致于道者，必先行法，则断然矣。而欲定法则必先审形名；此形名之术，所以为致治之要也。上篇之大旨如此。此篇虽经后人重定，失其次序；亦或有阙佚；其文字疑亦有改易。然诸书言形名之理，未有如此篇之明切者，学者宜细观之（“形名”二字，本谓因形以定名；后世多误为“刑名”，失之。释“形名”二字之义者，亦唯此书最显）。

又此书上篇，陈义虽精，然亦有后人窜入之语。如“见侮不辱，见推不矜：禁暴寝兵，救世之斗”，乃《庄子》论《尹文》语；此篇袭用之，而与上下文意义，全不相涉，即其窜附之证。盖古人之从事辑佚者，不肯如后人之逐条分列，必以己意为之联贯。识力不及者，遂至首尾衡决，亦非必有意作伪也。下篇则决有伪窜处。如“贫则怨人，贱则怨时”一节，断非周秦人语，亦全非名家之义也。

十二、慎子

此书亦法家者流，而阙佚殊甚。《汉志》法家，“《慎子》四十二篇。名到。先申、韩，申、韩称之”。《史记·孟荀列传》：“慎到，赵人。田骈、接子，齐人。环渊，楚人。皆学黄老道德之术，因发明序其指意。故慎到著《十二论》，环渊著《上下篇》，而田骈、接子，皆有所论焉。”《集解》：“徐广曰：今《慎子》刘向所定，有四十一篇。”（“一”系误字，《汉志》法家都数可证）《正义》：“《慎子》十卷，在法家，则战国时处士。”按《荀子》谓“慎子蔽于法而不知贤”；又谓“慎子有见于先，无见于后”。（谓其物来顺应，更无他虑，即庄子“不师知虑，不知前后”之意，非谓其知进而不知退也）《庄子》以慎到与彭蒙、田骈并称，谓其“弃知去己，而缘不得已。笑天下之尚贤，非天下之大圣。不师智虑，不知前后；推而后行，曳而后往。曰：至于若无知之物而已。豪杰相与笑之。曰：慎到非生人之行，而死人之理也。”观荀、庄二子之论，其学实合道、法为一家。故《史记》谓其学黄老道德之术，《汉志》以其书隶法家也。（《韩子·难势篇》，《吕览·慎势篇》，引慎到语，皆法家之言）其书《唐志》十卷，与《史记·正义》合。《崇文总目》三十七篇，校《汉志》已损其五。王应麟谓唯有《威德》《因循》《民杂》《德立》《君人》五篇，与今本合。然今本每篇皆寥寥数行，《四库》谓又出后人捃摭，非振孙所见之旧已。

然如《威德》篇谓"古者立天子而贵之,非以利一人也。曰:天下无一贵,则理无由通;通理以为天下也。故立天子以为天下,非立天下以为天子也"。可见法家虽尊君权,实欲借以求治,非教之以天下自私。又如《因循篇》谓:"因则大,化则细。因也者,因人之情也;人莫不自为也,化而使之为我,则莫可得而用。"此"化"字实为《老子》"化而欲作"之"化"字之确诂。虽阙佚,亦可宝也。

十三、邓析子

此书《汉志》二篇,在名家。《隋志》一卷。《四库提要》云:"今本仍分《无厚》《转辞》二篇,然其文节次不相属,似亦掇拾之本也。"又云:"'圣人不死,大盗不止'一条,其文与《庄子》同,或篇章浅缺,后人摭《庄子》以足之欤?"愚按此书有采掇先秦古书处,又有后人们己意窜入处。核其词意,似系南北朝人所为。如"在己为哀,在他为悲"。"患生于宦成,病始于少瘳,祸生于懈慢,孝衰于妻子"等,皆绝非周、秦人语也。伪窜处固已浅薄;采掇古书处,亦无精论;无甚可观。

十四、吕氏春秋

《吕氏春秋》,为杂家之始。毕沅所谓"书不成于一人,不能名一家者,实始于不韦,而《淮南》内外篇次之"是也。《史记·吕不韦传》,谓不韦使其客人人著所闻,集论以为《八览》《六论》《十二纪》,号曰《吕氏春秋》;而《自序》及《汉书·迁传》载迁《报任安书》,又云:"不韦迁蜀,世传《吕览》。"按《序》意云:"维秦八年,岁在涒滩",是时不韦未徙,故有议史公之误者。然史公本谓世传《吕览》,不谓不韦迁蜀而作《吕览》也。据《本传》"号曰《吕氏春秋》"之语,则四字当为全书之名,故《汉志》亦称《吕氏春秋》。然编次则当如梁玉绳初说,先《览》后《论》,而终之以《纪》。"世称

《吕览》”，盖举其居首者言之；《序》意在《十二纪》之后，尤其明证。毕氏泥《礼运》注疏，谓以《十二纪》居首，为《春秋》之所由名；（说本王应麟，见《玉海》）《四库提要》谓唐刘知几作《史通》，《自序》在《内篇》之末、《外篇》之前，因疑《纪》为内篇，《览》与《论》为外篇、杂篇，皆非也。《礼运》郑注，本无吕氏以《春秋》名书，由首《十二纪》之意。古人著书，以《春秋》名者甚多，岂皆有《十二纪》以为之首邪？古书自序，例在篇末；《吕览》本无内、外、杂篇之名，何得援唐人著述，凿空立说乎？

此书合《八览》《六论》《十二纪》，凡二十六篇。自《汉志》以下皆同。庾仲容《子抄》，陈振孙《书录解题》，《史记索隐》作三十六，“三”盖误字；《文献通考》作二十，则又脱“六”字也。《玉海》引王应麟，谓“《书目》，是书凡百六十篇”，与今本篇数同。卢文弨曰：“《序意》旧不入数，则尚少一篇。此书分篇，极为整齐，《十二纪》纪各五篇，《六论》论各六篇，《八览》当各八篇。今第一览止七篇，正少一。考《序意》本明《十二纪》之义，乃末忽载豫让一事，与《序意》不类。且旧校云一作廉孝，与此篇更无涉，即豫让亦难专有其名。因疑《序意》之后半篇俄空焉，别有所谓《廉孝》者，其前半篇亦简脱；后人遂相附和，并《序意》为一篇，以补总数之阙。然《序意》篇首无“六曰”二字，后人于目中专辄加之，以求合其数，而不知其迹有难掩也。”按卢说是也。予谓此书篇数，实止廿六。今诸《览》《论》《纪》又各分为若干篇，亦后人所为，非不韦书本然也。此书诸《览》《论》《纪》，义皆一线相承，说见后。固无取别加标题。《四库提要》谓“唯夏令多言乐，秋令多言兵，似乎有义，其余绝不可晓”，谬矣。

此书虽称杂家，然其中儒家言实最多。（今人指为道家言者，实多儒、道二家之公言。）《四库提要》谓其“大抵皆儒家言”，实为卓识。按《书大传》：“古者诸侯始受封，则有采地。其后子孙虽有罪黜，其采地不黜，使其子孙贤者守之，世世以祠其始受封之人。此之谓‘兴灭国，继绝世’。”《史记·秦本纪》：庄襄王元年，“东周君与诸侯谋秦，秦使相国吕不韦诛之，尽入其国。秦不绝其祀，以阳人地赐周君，奉其祭祀”。即“兴灭国、继绝世”之义也。史又称是年“大赦罪人；修先王功臣；施德，厚骨肉，而布惠于民”，亦必不韦所为。不韦其能行儒家之义矣！

不韦进身，诚不由正，然自非孔、孟，孰能皆合礼义？伊尹负鼎，百里自鬻，王霸之佐，皆有之矣。高似孙曰：“始皇不好士，不韦则徕英茂，聚俊豪，簪履充庭，至以千计。始皇甚恶书也，不韦乃极简册，攻笔墨，采精录异，成一家言。《春秋》之言曰：十里之间，耳不能闻；帷墙之外，目不能见；三亩之间，心不能知。而欲东至开晤，南抚多鹦，西服寿靡，北怀儋耳，何以得哉？此所以讥始皇也。”方孝孺亦称其书“诋訾时君为俗主，至数秦先王之过无所惮”。夫不韦著书，意在“备天地万物古今之事”，《史记》本传语。原不为讥切一时。然其书立论甚纯，而不韦又能行之；使秦终相不韦，或能行德布化以永其年，不至二世而亡，使天下苍生亦蒙其荼毒，未可知也。今此书除儒家言外，亦存道、墨、名、法、兵、农诸家之言。诸家之书，或多不传，传者或非其真；欲考其义，或转赖此书之存焉，亦可谓艺林瑰宝矣。要之不韦之为人，固善恶不相掩，而其书则卓然可传；讥其失而忘其善，已不免一曲之见；因其人而废其书，则更耳食之流矣。

此书注者，唯有高诱；其注误处甚多。《史记》谓不韦书成，“布咸阳市门，县（悬）千金其上，延诸侯游士宾客，有能增损一字者予千金”。《高注》多摘其书误处，谓扬子云恨不及其时，车载其金。（见《慎人》《适威》二篇注）殊不知古人著书，重在明义；所谓误不误者，但就论道术之辞言之，非斤斤计较于称引故实之间也。高引扬雄语以诋吕氏，毕沅即摘《高注》误处，转以是语相讥，宜矣。近人孙德谦云，注此书已成，然未刊布。今通行者，仍为毕沅校本。

《孟春纪》 《十二纪》皆与《礼记·月令》大同。按此所述，为古明堂行政之典。《淮南·时则训》《管子·幼官图》，皆是物也。此盖同祖述古典。参看论《墨子》处自明。或以《吕览》载之，疑为秦法，误矣。

《孟春纪》下标目凡四：曰《本生》，言养生之理。曰《重己》，言人当顺性之情，使之不顺者为欲，故必节之。曰《贵公》，曰《去私》，义如其题。盖天下之本在身，春为生长之始，故《孟春》《仲春》《季春》三纪之下，皆论立身行己之道，而《孟春纪》先上本之于性命之精焉（诸《览》《论》《纪》下之分目，虽后人所为，亦便识别，故今皆仍之；而又说明其一线相承之义，以见此书编次之整齐焉）。

《仲春纪》 纪下亦标四目：曰《贵生》，义与《庄子·让王篇》同。又云："全生为上，亏生次之，死次之，迫生为下。"此言生活贵有意义，尊生者非苟全其生命之谓，其说极精。后世神仙家言之自托于道家者，乃徒欲修炼服饵，以求长生，其说不攻而自破矣。曰《情欲》，言欲有情、情有节，圣人修节以止欲，故不过行其情。此"情"字当作"诚"字解，今所谓真理也。不主绝欲而务有节，实儒家精义。曰《当染》，前坐与《黑子·所染篇》同，而后文议论处异。又云："古之善为君者，劳于任人，而佚于官事。"盖因私人交友之道，而及人君用人之方也。曰《功名》，言立功名必以其道，不可强为。

《季春纪》 下标四目：曰《尽数》，言自然之力，莫不为利，莫不为害，贵能察其宜以便生，则年寿得长。又云："长也者，非短而续之也，毕其数也。"此可见求长生之谬矣。曰《先己》，亦言贵生之理。反其道而身善，治其身而天下治，是为无为。可见所谓无为者，乃因任自然，而不以私意妄为之谓，非谓无所事事也。曰《论》

人，前半言无为之理，后半言观人之法。曰《圜道》，言天道圜，地道方，各有分职；主执圜，臣处方，贵各当其职。《仲春》《季春》二纪，因修己之道，旁及观人、用人之术，而极之于君臣分职之理。

《孟夏纪》 下标四目：曰《劝学》，曰《尊师》，义如其题。（《尊师篇》可考古者弟子事师之礼）曰《诬徒》，言教学当反诸人情，（即人性之本然）极精。曰《用众》，言取人之长，以补己之短。其曰："吾未知亡国之主，不可以为贤主也。其所生长者不可耳。"即今教育当重环境之说也。孟夏为长大之始；人之于学，亦所以广大其身，（《礼记·文王世子》："况于其君以善其身乎？"《郑注》："于读为迂。迂犹广也，大也。"）故论为学之事。

《仲夏纪》 下标四目：曰《大乐》，言乐之所由生，并驳非乐，论颇精。曰《侈乐》，言乐贵合度，不贵侈大，侈则失乐之情。（此篇有同《礼记·乐记》处）曰《适音》，言大小清浊之节，盖即所谓度量也。曰《古乐》，述乐之史。

《季夏纪》 下标四目：一曰《音律》，言十二律相生及十二月行政。曰《音初》，言东西南北之音所自始。（末节同《乐记》）曰《制乐》，言治厚则乐厚，治薄则乐薄。下引汤、文、宋景公之事，无甚深义。曰《明礼》，言乱国之主不知乐，多侈陈灾祥之言。"乐盈而进"，故于夏长之时论之。《仲夏纪》论乐之原理颇精；《季夏纪》所论，或为专门之言，或杂怪迂浅薄之论。

《孟秋纪》 下标四目：曰《荡兵》，推论兵之原理。谓有义兵而无偃兵，极精。曰《振乱》，曰《禁塞》，皆辟非攻之论，亦精。曰《怀宠》，此篇论所谓义兵者，即儒家所谓仁义之师。按儒家崇尚德化，而不言去兵。儒家经世之道，备于《春秋》；而《孟子》曰"《春秋》无义战"，则"义战"二字，乃儒家用兵标准也。《吕览》多儒家言，此篇所述，盖亦儒义（予别有论）。

《仲秋纪》 下标四目：曰《论威》，言立威之道。其言曰："死生荣辱之道一，则三军之士，可使一心；三军一心，则令无敌。士民未合，而威已谕，敌已服，此之谓至威。”又曰：“兵欲急疾捷先，并气专精，心无有虑，一诸武而已。”皆兵家极精之论。曰《简选》，言简选不可专恃，然因此遂谓市人可胜教卒则非。曰《决胜》，言“民无常勇，亦无常怯。有气则实，实则勇；无气则虚，虚则怯”，“兵有本干，必义，必智，必勇”，“兵贵因，因敌之险，以为己用；因敌之谋，以为己事”，“兵贵不可胜，不可胜在己，可胜在彼；必在己，不必在彼”者，亦兵家极精之论也。曰《爱士》，言行德爱人，则民亲其上；民亲其上，则乐为君死。

《季秋纪》 下标四目：曰《顺民》，曰《知士》，义如其题。曰《审已》，言凡物之然也必有故；不知其故，虽当，与不知同，其卒必困。（此言做事当通其原理，不可恃偶合）曰《精通》，言精神相通之理。圣人所以行德乎己，而四荒咸饬其仁。秋主则杀，故论用兵之事。《顺民》《知士》，乃用兵之本；《审已》则慎战之理：《精通》亦不战屈人之意也。

《孟冬纪》 下标四目：曰《节丧》，曰《安死》，皆言厚葬之祸，可考古代厚葬及发墓者情形。曰《异宝》，言古人非无宝也，所宝者异耳，以破世俗之惑。曰《异用》，言人之所以用物者不同，为治乱、存亡、死生所由判。意承上篇。（盖人之愚，皆由为物所惑；不为物所惑，而且能用物，则所为皆成矣）此亦哲学家极精之论。

《仲冬纪》 下标四目：曰《至忠》，言忠言逆耳，非明主莫能听。曰《忠廉》，言忠廉之士难得。曰《当务》，言辩而不当论，（同伦）信而不当理，勇而不当义，法而不当务；大乱天下，必此四者。即《孟子》“非礼之礼，非义之义，大人弗为”之说，亦所以恶“执中而无权”也。曰《长见》，言知愚之异，在所见之短长。审今可以知古，审古亦可以知后。故为后人所非之事不当做，因知而推之于行也。

《季冬纪》 下标四目:曰《士节》,言定天下国家,必由节士,不可不务求。曰《介立》,言贵富有人易,贫贱有人难。晋文公贫贱时能有介之推,而贵富时不能有,所以不王。曰《诚廉》,言诚廉之士,视诚廉重乎其身,出乎本性。曰《不侵》,言尊富贵大,不足以来士,必知之然后可。冬主闭藏,故言丧葬之理。(墨家固主节葬,儒家、道家亦戒厚葬。然此特道术之士然,至于习俗,盖皆主厚葬;秦始皇等,特其尤甚者耳。故戒厚葬之谈,实其时当务之急也)人能多所蓄藏则必智,而智莫大于知人。故诸篇多论求智之事,及知人之方焉。

《序意》 此篇为全书自序。《十二纪》本列《六览》《八论》之后;此书在《十二纪》之后,亦即在全书之末;今本升《纪》于《览》《论》之前,故序亦在《纪》与《览》《论》之间也。《序语》似专指《十二纪》者,以其已非完篇也。见前。

《有始览》 首节言天地开辟。中与《淮南·地形训》同。末言"天地万物,大同众异"。与《庄子·天下篇》引惠施之说同。可见此为古代哲学家之公言,非庄、列、惠施等二三人之私论也。下标七目:曰《应同》,言祯祥感应之理。曰《去尤》,言心有尤则听必悖,故必去之,然后能听言。曰《听言》,言听言者必先习其心于学问。曰《谨听》,戒人自以为智。曰《务本》,言人臣当反身自省,不可徒取禄。曰《谕大》,言小之安必恃大,大之安必恃小,小大贵贱交相恃;然意偏于务大,则因人之蔽于小而不知大者多,故以是戒之也。古人论政,原诸天道:而一国之政,君若臣实共司之。此篇因论天地开辟之宇宙论,而及于君若臣所以自处之道,及其所当务也(此篇从天地开辟说起,亦可见《八览》当列全书之首)。

《孝行览》 言为天下国家必务本,本莫贵于孝,多同《孝经》及《礼记·祭义》。下标七目:曰《本味》,言功名之本在得贤。曰《首时》,言成功在于得时。曰《义赏》,言一事之成,皆有其外缘使之。赏罚之柄，上之所以使下也。赏罚所使然，久则成习，而安之若性；故赏罚之所加，不可不慎也。曰《长攻》，言治乱存亡，安危强弱，亦有外缘。汤、武非遇桀、纣不王，桀、纣非遇汤、武不亡。曰《慎人》，承上篇，言功名之成，虽由于天，然因是而不慎人事则不可。亦及不得时则不可强为之义。曰《遇合》，言外缘之相值，由于适然。曰《必己》，承上篇，言外物不可必，故君子必其在己，不必其在人者；多同《庄子·山木》。其言修德不必获报，无论如何，无必免患之法，可破修德获报之说。此览承上览，言治国之本，及总论成败之道。

《慎大览》 言强大当慎、居安思危之义。下标七目：曰《下贤》，言人主当下贤。曰《报更》，举报恩之事，言人主当博求士。曰《顺说》，言说术。曰《不广》，言智者之举事必因时。曰《贵因》，言创者难为功，因者易为力之理。曰《察今》，言先王之法不足法，当法其所以为法；因言察己可以知人，察今可以知古；法随时变之理。极精。此览亦承上览。《孝行览》论成功之术，盖就国家开创时立言；此览则就国家既成立后言之，皆守成之道也。

《先识览》 言国之兴亡，有道者必先知之。故有道者之言，不可不重。下标七目：曰《观世》，言有道之士少，不可不求。曰《知接》，言知者所接远，愚者所接近。所接近者，告之以远亦不喻。戒人不可自以为智。曰《悔过》，此篇承上篇，上篇言耳目有所不接，此篇言心智亦有所不至。因引秦穆公事，遂以悔过题篇，实非本意也。（此可见各纪、各览、各论中之分篇，多后人所为）曰《乐成》，言民可与乐成，难与虑始；汹汹之论，不可不察。曰《察微》，言治乱存亡，始于至微；能察之，则大事不过。曰《去宥》，“宥”同“囿”。曰《正名》，言名实之间，不可不察。此览亦承前言之。《孝行》《慎大》二览，皆就行事立言；此览则就知识立言也。

《审分览》 言君臣异职，人主不可下同群臣之事。下标七目:曰《君守》,言人君所处之分,以无为为尚。曰《任数》,言御下之术,当修其数;耳目智巧不足恃。曰《勿躬》,言人君不可躬亲事务。曰《知度》,言治要存乎除奸;除奸之要,存乎治官;治官之要,存乎治道;治道之要,存乎知性命。可见政治学与哲学一贯之旨。曰《慎势》,言以大畜小,以重使轻,此势不可失。曰《不二》,戒听众议以治国。此篇有脱文。曰《执一》,言天下之本在国,国之本在家,家之本在身:闻为身,不闻为国。亦道家养生之旨也。此览言臣主之分,而仍归本于性命之情,可见形名度数,皆源于道。

《审应览》 言人主应物,不可不审。其道在因人之言,以责其实,而不为先。下标七目:曰《重言》,言人主之言不可不慎。曰《精喻》,言慎密之道。曰《离谓》,言名实不副,为乱国之道。曰《淫辞》,言名实不副者,上不可无以察之。曰《不屈》,言察士应物,其辞难穷:然不必为福。曰《应言》,盖即举察士应物之辞。曰《具备》,言立功名者自有其具;说与治之务莫若诚。此览言人君听说之道,多难名、法家之言,以其能变乱是非也;而归结于臣主之务,莫若以诚,可谓得为治之要矣。

《离俗览》 言世以高行为贵,然以理义论,则神农、黄帝,犹有可非,微独舜、禹。盖极言理论与实际,不能相合,戒作极端之论也。下标七目:曰《高义》,言君子之所谓穷通与俗异,故不苟受赏逃罪;人之度量,相越甚远,不可不熟论。言以求众人之道驭非常之人,则必失也。曰《上德》,言用人者不可徒恃罚;曰《用民》,言用民者亦不可徒恃威。其理甚精,足箴法家过任威刑之失。曰《适威》,言立法必为民所能行。《管子》所谓"下令于流水之原"也。曰《为欲》,言民之可用,因其有欲;治乱强弱,由其使民之术不同。甚精。曰《贵信》,言信立则虚言可以赏,六合之内,皆为己府,而不患赏之不继矣。甚精。曰《举难》,戒求全。此篇承前览,前览言听言之术,此览则言用人之术也。

《恃君览》 言人之生恃乎群；群之所以不涣，恃乎群中之人，皆以群为有利；群之能利其群之人，以君道立也。此等原君之论，法家常主张之。然又曰："君道以利立，故废其不然而立其行道者。德衰世乱，然后天子利大下。"则又儒家"汤、武革命，应天顺人"之说矣。固知九流之学，流异源同也。下标七目：曰《长利》，言天下之士，必虑长利。利倍于今，而不便于后，弗为也；安虽长久，以私其子孙，弗为也。又谓贤者不欲其子孙恃险久存，以行无道，亦廓然大公之论。曰《知分》，言达乎生死之分，则利害存亡弗能惑。理颇近庄、列。曰《召类》，言祸福自来，众人不知，则以为命，其实皆有以召之。按上篇言理，偏重自然；故以此篇继之，以见事虽有非人力所能为者，然人事仍不可失也。曰《达郁》，言人身精气郁则病；一国亦然，郁则万恶并起。理极精。曰《行论》。言人主之行与布衣异，势不便，时不利，则当事仇以求存。何者？执民之命，不得以快志为事也。可破宋以后气矜之隆，不论利害之失。曰《骄恣》，言亡国之主之失。曰《观表》，言人心难测，圣人过人以先知。先知必审征表。众人以为神，以为幸，而不知其为数之所不得不然也。此览推论国家、社会所以成立之原，由于众以为利，因博论利害之理，及人所以知利害之术；并及立君所以利民，戒人主不可以国自私，真廓然大公之论。

《开春论》 言贤主不必苦心焦思，在能任贤。下标五目：曰《察贤》，义如其题。曰《期贤》，言世主多暗；人君有明德，则士必归之。曰《审为》，言身重于天下；今人多趋利而忘其身。盖因下篇言爱类，故先及此也。曰《爱类》，言仁者必爱其类。贤人往来王公之朝，非求自利，欲以利民。故人主能务民，则天下归之。曰《贵卒》，言智者之异于人，以其能应变于仓促之间。此论承前论：前论言人主利民之道，此论言贤人皆以利民为务，因及人君用人之方。

《慎行论》 言计利者未必利，唯虑义则利。下标五目：曰《无义》，极言义之利。曰《疑似》，言知必求其审；故疑似之务，不可不察。曰《壹行》，言人之行义，当昭然与天下以共见，使人信之。如陵上巨木，人以为期，易知故也。乘船者为其能浮而不能沉；贤士君子，为其能行义而不能行邪僻也。曰《求人》，上篇言壹行在己，故言求人以该其义也。曰《察传》，言得言不可不察。数传而白为黑，黑为白矣。故闻言必熟论，必验之以理。如"夔一足""穿井得一人"等，皆可以理决其无者也。此论实为破除迷信之根。此论承前二论：前二论皆言利，恐人误见小利，故此论极言以义为利之旨；利之为利易见，义之为利难知，故极言知之贵审：既知义则必行之，故又极言行之贵壹也。

《贵直论》 言直臣之可贵。下标五目：曰《直谏》，言非贤人不肯犯危谏诤，故人主当容察之。曰《知化》，言恶直言者，至其后闻之则已晚。曰《过理》，言亡国之主，皆由所乐之不当。曰《壅塞》，言亡国之主，不可与直言。曰《原乱》，举祸乱因壅塞而生者以为戒。前论言知贵审而行贵壹，知及行必借人以自辅，故此论承之，极言直臣之可贵也。

《不苟论》 言贤主必好贤。下标五目：曰《赞能》，言进贤之功。曰《自知》。言人主欲自知，则必得直士。曰《当赏》，言赏罚爵禄，人臣之所以知主；所加当，则人为之用。曰《博志》，言有所务，必去其害之者；贤者之无功，不肖者害之也。曰《贵当》，言治国之本在身，治身之本，在得其性。所谓性者，则自然之道也。此论亦承前论，前论言直臣之可贵，此论则言人主当用贤去不肖。人主之于贤臣，固不徒贵知之，必贵能用之也。而以用人之本，归结君心，则《孟子》所谓"唯大人为能格君心之非""一正君而国定"者也。

《似顺论》 言事有貌相似而实相反者，因言循环之道。下标五目：曰《别类》，言剖析疑似之事，因推论智识有限，故圣人不恃智而因任自然。极精。曰《有度》，言必通乎性命之情，则执一而万物治。所谓性命之情者，即今所谓真理也。曰《分职》，言君当守无为之道，使众为之。曰《处分》，言物各异能，合众异正所以为同，故贵因材授任；然立法则必为人之所共能。曰《慎小》，义如其题。此篇承前，前论以知人、用人归束于君，故此篇又总论君道也。

《士容论》 言诚则人应之，无待于言，言亦不足谕人。下标五目：曰《务大》，言务大则小自该。戒人臣欲贵其身，而不知贵其主于天下。与《谕大》篇有重复处。曰《上农》，言导民莫先于农。农则朴，朴则易用；农则重，重则少私义；少私义则公法立，可以战守。（义与《商君书》同。下言男女分职之理，义颇合于《孟子》；言制民之产之法，又与儒家言大同。亦可见九流之学之本无不合也）曰《任地》，曰《辨土》，曰《审时》，皆农家专门之言，不易解。（与《亢仓子》同。《亢仓子》伪书盖取诸此）此论亦承前。前五论皆言人君之道，此论则言臣民之务也。

十五、尸子

此书虽阙佚特甚，然确为先秦古籍，殊为可宝。按《汉志》：杂家，"尸子二十篇。名佼，鲁人。秦相商君师之。鞅死，佼逃入蜀。"《史记·孟荀列传》："楚有尸子。"《集解》："刘向《别录》曰：楚有尸子，疑谓其在蜀。今按《尸子书》，晋人也，名佼。秦相卫鞅客也。商君被刑，佼恐并诛，乃逃亡入蜀。自为造此二十篇书，凡六万余言。"《索隐》谓："尸子名佼，晋人，事具《别录》。"按裴骃、司马贞及见《别录》及《尸子全书》，所知较详，说当不误。"晋""鲁"形近，今《汉志》作鲁人，盖伪字也。其书二十篇，《隋/唐志》皆同。宋时遂残缺。王应麟《汉志考证》，李淑《邯郸书目》存四卷。馆阁书目只存二篇，合为一卷，其本又不传于后。清时所行，凡有三本:(一)为震泽任氏本,(一)为元和惠氏本,(一)为阳湖孙氏本。汪继培以三本参校,以《群书治要》所载为上卷,诸书称引与之同者,分注于下;其不载《治要》、散见诸书者为下卷;引用违错及各本误收者,别为存疑附于后。实最善之本也。今所传刘向校上《荀子》语,谓尸子著书,"非先王之法,不循孔氏之术";刘勰谓其"兼总杂术,术通而文钝"。据今所辑存者,十之七八皆儒家言,刘向《校序》本伪物,不足信。此书盖亦如《吕览》,兼总各家而偏于儒。其文极朴茂,非刘勰所解耳。今虽阙佚已甚,然单词碎义,足以取证经子者,实属指不胜屈。今姑举其最要者数条。如《分篇》:"天地生万物,圣人裁之。裁物以制分,便事以立官。""君臣,父子,上下,长幼,贵贱,亲疏,皆得其分曰治。爱得分曰仁,施得分曰义,虑得分曰智,动得分曰适,言得分曰信;皆得其分,而后为成人。""明王之治民也,事少而功立,身逸而国治,言寡而令行。事少而功多,守要也:身逸而国治,用贤也;言寡而令行,正名也。""君民者苟能正名,愚智尽情。执一以静,令名自正,令事自定。赏罚随名,民莫不敬。"《发蒙篇》:"天下之可治,分成也;是非之可辨,名定也。过其实,罪也;弗及,愚也。是故情尽而不伪,质素而无巧。""故陈绳则木之枉者有罪,措准则地之险者有罪,审名分则群臣之不审者有罪。""是故曰:审一之经,百事乃成;审一之纪,百事乃理。名实判为两,合为一。是非随名实,赏罚随是非。是则有赏,非则有罚。人君之所独断也。""明君之立也正,其貌庄,其心虚,其视不躁,其听不淫,审分应辞,以立于廷,则隐匿疏远,虽有非焉,必不多矣。""明君不用长耳目,不行间谍,不强闻见;形至而观,声至而听,事至而应。近者不过,则远者治矣;明者不失,则微者敬矣。"实足以通儒、道、名、法四家之邮。又如《分篇》:"夫弩机损若黍则不钩,益若口则不发。言者百事之机也,圣王正言于朝,而四方治矣。"实《易·系辞传》"言行者君子之枢机"一节绝好注脚。又如《仁义篇》："治水潦者禹也，播五种者后稷也，听狱折衷者皋陶；舜无为也，而天下以为父母，爱天下莫甚焉。"亦足与《论语》"无为而治者，其舜也欤"相补足。此外典制故实，足资考证者尚多，不及备举也。

十六、鹖冠子

此书历代著录，篇数颇有异同。《汉志》：道家，"《鹖冠子》一篇。楚人，居深山，以鹖为冠。"《隋/唐志》皆三卷。《四库》所著录，为宋《陆佃注本》，卷数同。《提要》云："此本凡十九篇。《佃序》谓韩愈读此称十六篇，未睹其全。佃北宋人，其时《韩文》初出，当得其真。今本《韩文》乃亦作十九篇，殆后来反据此书，以改《韩集》。此注则当日已不甚显，唯陈振孙《书录解题》载其名。晁公武《读书志》则但称有八卷一本，前三卷全同《墨子》，后两卷多引汉以后事；公武削去前后五卷，得十九篇。殆由未见《佃注》，故不知所注之本，先为十九篇欤。"按《汉志》只一篇，韩愈时增至十六，陆佃注时，又增至十九；则后人时有增加，已绝非《汉志》之旧。然今所传十九篇，皆词古义茂，绝非汉以后人所能为；盖虽非《汉志》之旧，又确为古书也。第七、第八、第九、第十四、第十五诸篇，皆称庞子问于鹖冠子，第十六篇称赵卓（悼之借字）襄王问于庞暖，第十九篇称赵武灵王问于庞暖；则庞子即庞暖，鹖冠子者，庞暖之师也。全书宗旨，原本道德，以为一切治法，皆当随顺自然。所言多明堂阴阳之遗。儒道名法之书，皆资参证，实为子部瑰宝。

《博选》第一　此篇言君道以得人为本，得人以博选为本。

《著希》第二　此篇言贤者处乱世必自隐，戒人君不可不察。

《夜行》第三　此篇言天文地理等，皆有可验。"有所以然者：然，成也。随而不见其后，迎而不见其首；成功遂事，莫知其状。故圣人贵夜行。"夜者，暗昧之意。第十九篇"《阴经》之法，夜行之道”,同义。《管子·幼官篇》,“若因夜虚守静”之夜,亦当如此解。

《天则》第四　此篇言“天之不违,以不离一;天若离一,反还为物”。“人有分于处,处有分于地,地有分于天,天有分于时,时有分于数,数有分于度,度有分于一。”“列地而守之,分民而部之;寒者得衣,饥者得食,冤者得理,劳者得息;圣人之所期也。”“同而后可以见天,异而后可以见人,变而后可以见时,化而后可以见道。”盖言天地万物,同出一源;然既为万物,则各有其所当处之分;各当其分,斯为至治。物所当处之分,出于自然;能知其所当处之分,而使之各当其分,斯为圣人。合天然与人治为一贯,乃哲学中最古之义也。

《环流》第五　此篇言“有一而有气,有气而有意,有意而有图,有图而有名,有名而有形。”“物无非类,动静无非气。”“物极则反,命曰环流。”盖古哲学中宇宙论。又云:“一之法立,而万物皆来属”,“言者,万物之宗也:是者,法之所与亲也:非者,法之所与离也。是与法亲,故强;非与法离,故亡。”亦人事当遵循自然之意。又云:“命者自然者也;命无所不在,无所不施,无所不及”,“命之所立,贤不必得,不肖不必失”,则定命机械之论也。

《道端》第六　此篇原本自然,述治世之法,与第八篇皆多明堂阴阳之言。

《近迭》第七　此篇言当恃人事,不当恃天然之福,而人道则以兵为先。颇合生存竞争之义。然云:“兵者,礼义忠信也。行枉则禁,反正则舍。是故不杀降人,王道所高;得地失信,圣王弗贵。”则仍仁义之师,异夫专以杀戮为威者矣。

《度量》第八　此篇言度量法令,皆源于道。

《王铁》第九　“王铁”二字,义见首篇;此篇中亦自释之。此篇先述治道,亦法自然之意。后述治法,与《管子》大同。

《泰鸿》第十　此篇言“天地人事,三者复一”。多明堂阴阳家言。

《泰录》第十一　此篇亦言宇宙自然之道。又曰:“神圣之人,后天地生,然知天地之始;先天地亡,然知天地之终。”“知先灵、王百神者,上德,执大道;凡此者,物之长也。及至乎祖籍之世,代继之君,身虽不贤,然南面称寡,犹不果亡者,其能受教乎有道之士者也。不然,而能守宗庙、存国家者,未之有也。”按《学记》一篇,多言人君之学。《汉志》以道家为君人南面之术,观乎此篇,则可以知古代为人君者之学矣。

《世兵》第十二　此篇大致论用兵之事。

《备知》第十三　此篇先言浑朴之可尚,有意为之则已薄,与《老子》颇相近。继言功名之成,出于时命,非人力所可强为。因言“费仲、恶来,知心而不知事;比干、子胥,知事而不知心。圣人者,必两备而后能究一世。”盖其所谓备知者也。

《兵政》第十四　此篇言兵必合于道,而后能胜。

《学问》第十五　此篇载庞子问“圣人学问服师也,亦有终始乎?抑其拾诵记辞,阖棺而止乎?”鹖冠子答以“始于初问,终于九道”。盖学问必全体通贯,而后可谓之有成。此即《大学》“物有本末,事有终始”,《论语》“一以贯之”,“有始有卒,其唯圣人”之义也。

《世贤》第十六　此篇借医为喻,言治于未乱之旨。

《天权》第十七　此篇先论自然之道,而推之于用兵。亦多阴阳家言。

《能天》第十八　此篇言安危存亡,皆有自然之理。又曰:“道者通物者也,圣者序物者也。”又曰:“圣人取之于势,而弗索于察。势者,其专而在己;察者,其散而之物者也。”与第四篇义同。

《武灵王》第十九　此篇亦论兵事。

十七、淮南子

《汉志》:杂家,“《淮南》内二十一篇,外三十三篇”。《淮南王传》:“招致宾客方术之士数千人,作为内书二十一篇,外书甚众。又有《中篇》八卷,言神仙黄白之术,亦二十余万言。”今所传《淮南王书》,凡二十一篇。其为内篇,似无疑义。然《高诱序》谓:“与苏飞、李尚、左吴、田由、雷被、毛被、伍被、晋昌等八人,及诸儒大山、小山之徒,共讲论道德,总统仁义,而著此书。其旨近《老子》,淡泊无为,蹈虚守静,出入经道。言其大也,则燾天载地;说其细也,则沦于无垠。及古今治乱存亡祸福,世间诡异瑰奇之事,其义也著,其文也富。物事之类,无所不载;然其大较,归之于道。号曰《鸿烈》,鸿,大也;烈,明也;以为大明道之言也。故夫学者不论《淮南》,则不知大道之深也。是以先贤通儒,述作之士,莫不援采,以验经传。刘向校定撰具,名之《淮南》。又有十九篇,谓之外篇。”述外篇篇数,与《汉志》不合。《汉志·天文》有《淮南杂子星》十九卷,卷数与诱所述外篇篇数却符。然舍《汉志》外三十三篇不言,顾以其为《杂子星》者当外篇,于理终有可疑。按《汉志》,《易》家有《淮南王道训》二篇。《注》曰:“淮南王安,聘明《易》者九人,号九师法。”今《淮南·要略》,为全书自序。其言曰:“言道而不言事,则无以与世浮沉;言事而不言道,则无以与化游息。”又曰:“今专言道,则无不在焉。然而能得本知末者,其唯圣人也。今学者无圣人之才,而不为详说,则终身颠顿乎混溟之中,而不知觉寤乎昭明之术矣。”可见淮南此书,实以道与事相对举。今《要略》两称“著二十篇”云云,盖以本篇为全书自叙,故不数之;若更去其首篇道训,则所余者适十九篇矣。《高注》久非故物,此序词意错乱,必为后人窜改无疑。颇疑《高序》实以十九篇与《原道训》分论。“言其大也,则燾天载地;说其细也,则沦于无垠”等,为论《原道训》之语。"及古今治乱存亡祸福，世间诡异瑰奇之事，其义也著，其文也富，物事之类，无所不载"等，为论其余十九篇之语。本无《外篇》之名，后人既混其论两者之语而一之，乃妄臆"其余十九篇"不在本书之内，遂又加入"谓之外篇"四字也。《汉志》言安聘明《易》者九人，《高序》所举大山、小山，或亦如《书》之大、小夏侯，《诗》之大、小毛公，一家之学，可作一人论：则合诸苏飞、李尚等，适得九人矣。得毋今书首篇之《原道训》，即《汉志》所谓《道训》者，《汉志》虽采此篇入《易》家，而于杂家仍未省；又或《汉志》本作二十篇，而为后人所改邪？书阙有间，更无坚证，诚未敢自信。然窃有冀焉者：九流之学，同本于古代之哲学；而古代之哲学，又本于古代之宗教。故其流虽异，其源则同。前已言之。儒家哲学，盖备于《易》，《易》亦以古代哲学为本。其杂有术数之谈，固无足怪。然遂以此为《易》义则非也。今所谓《汉易》者，大抵术数之谈耳。西汉今文之学，长于大义；东汉古文之学，则详于训诂名物之间。今施、孟、梁丘之《易》皆亡，今文家所传《易》之大义，已不可见。《淮南王书》引《易》之处最多，（见《缪称》《齐俗》《泛论》《人间》《泰族》诸篇）皆包举大义，无杂术数之谈者。得毋今文《易》义转有存于此书中者邪？《淮南》虽号杂家，然道家言实最多；其意亦主于道，故有谓此书实可称道家言者。予则谓儒、道二家哲学之说，本无大异同。自《易》之大义亡，而儒家之哲学，不可得见。魏晋以后，神仙家又窃儒、道二家公有之说，而自附于道。于是儒家哲学之说，与道家相类者，儒家遂不敢自有，悉举而归诸道家；稍一援引，即指为援儒入道矣。其实九流之学，流异源同。凡今所指为道家言者，十九固儒家所有之义也。魏晋间人谈玄者率以《易》《老》并称，即其一证。其时言《易》者皆弃数而言理，果使汉人言《易》，悉皆数术之谈，当时之人，岂《易》创通其理，与《老》相比。其时今文《易》说未亡，（施、孟、梁丘之《易》，皆亡于东、西晋间）其理固与《老子》相通也。河洛《图》《书》之存于道家，亦其一证。宋人好以《图》《书》言《易》，清儒极攻之。然所能言者，《图》《书》在儒家无授受之迹耳；如何与《易》说不合，不能言也。（方东澍说。方氏攻汉学，多过当误会之语，然此说则平情也）西谚云："算账只怕数目字。"《图》《书》皆言数之物，果其与《易》无涉，何以能推之而皆合，且又可以之演范乎？然则此物亦儒家所固有，而后为神仙家所窃者耳。明乎此，则知古代儒、道二家之哲学，存于神仙家（即后世之所谓道家）书中者必甚多。果能就后世所谓道家之书，广为搜罗，精加别择，或能辑出今文《易》说，使千载湮沉之学，涣然复明；（即道家之说，亦必有为今日所不知者）而古代哲学，亦因之而益彰者也。意见所及，辄引其端，愿承学之士共详之。

此书今所传者，凡二十一篇。《汉书》所谓外篇及中篇者，盖久亡佚矣。《汉志》于内外篇皆仅称《淮南》；今题作《淮南子》，"子"字盖后人加之。（今所谓某某子，"子"字为后人所加者甚多）《隋书》及《新/旧唐志》皆作二十一卷，许慎、高诱两注并列。《旧唐志》又有《淮南鸿烈音》二卷，何诱撰；《新唐志》亦题高诱。《宋志》于《许注》仍云二十一卷，《高注》则云十三卷。晁公武《读书志》据《崇文总目》，云亡三篇。李淑《邯郸图志》，则云亡二篇。而洪迈《容斋随笔》，称所存者二十一卷，与今本同。盖其书自宋以后，有佚脱之本，而仍有完本。高似孙《子略》云二十篇者，以《要略》为淮南自叙，除去计之；《四库》亦以为非完本，非也。（《提要》又云："白居易《六帖》引乌鹊填河事，云出《淮南子》。今文无之，则尚有脱文。"按此必不出内篇，《四库》此言亦误也）《音》二卷，实出何诱；《新唐志》并题高诱者误。今本篇数仍完，而注则许、高二家，删合为一矣。（以上并据庄逵吉《叙》）向所行者为庄逵吉校本。原出钱坫所校《道藏本》。近人刘文典，撰《淮南鸿烈集解》，用力至勤，法亦严密，读胡适《序》可见。实佳者也。

《原道训》 此篇言道之体用,皆世所谓道家言也。极精。(《淮南书》中,世所谓道家言,予疑其实多与儒家言合)今从众所称名,仍称为道家言。廿一篇唯《要略》下无"训"字,姚范云:疑"训"字乃高诱自名其注解,非《淮南》篇名所有。

《俶真训》 此篇为古代哲学中之宇宙论,因推论及于事物变化无极,生死无异,极精。

《天文训》 言天文、律历、度量衡等事。亦推论及于哲学。

《地形训》 此篇颇似荒怪。然古实有此说,特今尚未能大通耳。凡古书言地理之荒怪,有可信,有不可信者。为后人窜造最多者,为《山海经》《穆天子传》等书。如此篇及《楚辞》等,则其较可信者也。

《时则训》 前述十二月行令,与《月令》同。下多五位六合,篇末明言为明堂之制,可见以《月令》为秦制者非矣。

《览冥训》 此篇大旨言物类之相感应,非人所能知,故得失亦无从定。圣人之所以不恃智而贵无为者以此,亦哲学中之精论。

《精神训》 此篇大旨言我本自然之物,故当随顺自然:所以不能随顺自然者,以嗜欲害之也,故当去嗜欲。又言天下之不足欲,死生之无异,以见嗜欲之不足慕。极精。末节辟儒家之言礼乐,不能使人无欲,而徒事强制,亦有精义。

《本经训》 此篇言仁义礼乐之不足行,世所谓道家言也。

《主术训》 此言人主所执之术。首言无为,道家言也。次言任人、任法、势治、名实,法家言也。末言制民之产,同《王制》,又有同《公羊》《礼记》《孟子》处,则儒家言也。

《缪称训》 此篇首言道灭而德用,德衰而仁义生,世所谓道家言也。下言治贵立诚,则世所谓儒家言也。

《齐俗训》 此篇言礼俗皆非本性,不得执成法以非俗,亦不得以高行为俗。颇精。

《道应训》 此篇解故事而以老子之言结之，颇似韩非之《喻老》。又引《庄子》《管子》《慎子》各一条。

《泛论训》 此篇论变法，与商君之言同，盖法家言也。其论因迷信而设教一节，极有见。又言圣人处刚柔之间，贵权寡欲，则世所谓道家言。

《诠言训》 此篇言无欲则无缪举，故治天下之本在身，身之本在心，爱身者可以托天下。又言无为之旨。又言合道术者，但能无害，不必能求利。亦养生之论也。

《兵略训》 此篇先论兵之原理。次及用兵之利，用兵之术。兵家极精之言。

《说山训》《说林训》 此两篇以极简之言，说明一理，与他篇之议论纵横者，文体颇异，而味弥永。

《人间训》 此篇极言祸福倚伏之义，多引故事以明之。

《修务训》 此篇首言无为非不事事，下皆劝学之语。又针砭学者眩于名而不知真是非。论亦切至。

第三篇　理学纲要

序

理学行世几千年，与国人之思想关系甚深；然其书率多零碎乏条理，又质而不文，读者倦焉。虽有学案之作，人犹病其繁重，卒不能得其要领也。是书举理学家重要学说，及其与前此学术思想之关联、后此社会风俗之影响，一一挈其大要，卷帙虽少，纲领略具，读此一编，于理学之为如何学问，可以知其大概矣。故名之曰《理学纲要》。

自宋迄今，以理学名家者无虑千人；然其确有见地、不与众同者，不过十余家耳。兹编即以是为主（其大同小异者即附其人之后，如慈湖附象山后是也），其无甚特见者，总为一篇，叙其名氏传授，以见斯学之源流派别而已。诸贤事迹，限于篇幅，未及详叙；如欲尚论其世，固有史传及诸家学案在也。

理学与古代哲学及佛学皆有关系，近人类能言之，然所见者似皆非真也。兹故别为一篇论之，虽似旁文，实为斯学来历，了此则理学中重要之说，皆迎刃而解矣，不可不细读也。

数术非中国哲学正宗，然亦自成一派，且与社会思想关系颇深，世多目为索隐行怪，甚或斥为迷信，非也。数术家之所言，虽未必确，以为迷信，则实不然。真知数术家之所言，乃知迷信之流自附于数术者，悉非其实耳。兹总为一篇叙之。邵子虽以数术名，实于哲理发明为多，数术非所重也，故别为篇。

理学特色在于躬行实践，非如寻常所谓哲学者，但厌好奇之心，驰玄远之想而已。诸家之说，各有不同，非好为异也。补偏救弊，立言固各以其时；殊途同归，辙迹原无须强合。又有前人见其浅、后人见其深者，此则思想演进，次第当然；当知其易地皆然，不必存入主出奴之见也。兹编于诸家相承相矫，及其同时分争合一之故，并详析言之，以见学术演进之迹。至于各人受用，则或因其性之所近，或矫其习之所偏，有难范以一律者，非兹编之所能言也。

民国十七年(1928)三月二十三日武进吕思勉识

绪　论

今之人有恒言曰“宇宙观”，又曰“人生观”，其实二者本系一事。何则？人者宇宙间之一物，明乎宇宙之理，则人之所以自处者，自得其道矣。

哲学非绝人之事也。凡人所为，亦皆有其所以然之故，即哲学之端也。虽然，此特随事应付耳。若深思之，则我之所以处此，与此事之究须措置与否，乃皆有可疑。（如饥而食，特应付事物耳。见在之饮食，是否相宜？食而生，不食而死，孰为真是？凡饮食者，未有能言之者也。一一穷究之，即成哲学矣）恒人为眼前事物所困，随事应付且不暇，更何暇游心于高远？然一社会中，必有处境宽闲，能游心于远者；又必有因性之所近，遇事辄喜思索者。乃取恒人所不暇深思，及其困于智力、不能深思之端，而一一深思之，而哲学于是乎起矣。

然则哲学非随事应付之谓也。随事应付，恒人本自能之。所有待于哲学者，则穷究宇宙之理，以定目前应付之法耳（以非穷究到底，则目前应付之法，无从证为真是也）。然则哲学者，穷究宇宙之理，以明立身处世之法者也。故真可称为哲学家者，其宇宙观及人生观，必有以异于恒人；而不然者，则不足称为哲学家。有一种新哲学兴，必能改变旧哲学之宇宙观及人生观；而不然者，则不足称为新哲学。

吾国哲学，有三大变：邃古之世，本有一种幽深玄远之哲学，与神教相混，为后来诸子百家所同本。诸子之学，非不高深；然特将古代之哲学，推衍之于各方面，其宇宙观及人生观，初未有所改变也。西汉、魏、晋诸儒，不过发挥先秦诸子之学，更无论矣。此一时期也。佛教东来，其宇宙观及人生观，实有与吾国异者。吾国人受其感化，而其宇宙观、人生观，亦为之一变。此又一时期也。佛学既敝，理学以兴。虽亦兼采佛学之长，然其大体，固欲恢复吾国古代之哲学，以拯佛学末流之弊。宋学之中，朱、陆不同。有明之学，阳明、甘泉诸家，亦复互异。然此仅其修为之法，小有乖违；以言乎其宇宙观、人生观，则固大致相同也。此又一时期也。此等大概之迁变，今之人类能言之。然其所以然之故，及其同异之真，则能详悉言之者甚鲜。兹编略述宋明哲学，即所谓理学者之真相，及其与他时代之不同，并其所以然之故。千金敝帚，虽或实燕石而不自知；然大辂椎轮，先河后海，郢书燕说，世固有其物不足贵，而其功不必薄者矣。

理学之源

理学者，佛学之反动，而亦兼采佛学之长，以调和中国之旧哲学与佛学者也。一种学术，必有其独至之处，亦必有其流弊。流弊不可无以矫之，独至之处，亦不容埋没。故新兴之学术，必能祛旧学术之流弊，而保其所长；谓为代兴之新学术可，谓为改良之旧学术亦无不可也。凡百学术，新旧递嬗之际皆然。佛学与理学，亦何独不然。

又天下无突然而生之事物，新者之兴，必有所资于旧。天下亦无真刍狗可弃之事物，一种学术，一时为人所厌弃，往往隔若干年而又盛行焉。理学之于中国旧哲学则如是。中国旧有之哲学，盖自神教时代，递演递进，至周、秦之际而极盛。两汉、魏、晋，虽间有新思想，然其大体，固不越古代哲学之范围。佛教兴而中国哲学一时退处于无权，然其中固不乏独至之处。宋学兴，乃即以是为凭借，以与佛学相抗焉。故不知佛学之大要，不可以言宋学；不知中国古代哲学之大要，亦不可以言宋学也。

哲学有其质，亦有其缘。论其质，则世界哲学，无不从同；以人之所疑者同也。论其缘，则各民族所处之境，不能无异；所处之境异，斯其所以释其疑者，亦自异矣。此世界各国之哲学，所以毕同毕异也。明乎此，乃可据见在哲学之条理，以求中国古代之哲学。

哲学之根本云何？曰：宇宙观、人生观是已。人生而莫不求知；求知，则凡可知之物，莫不欲尽明其底蕴。人生而莫不求善；求善，则我之所执以为我者，必求措诸至当之地而始安。夫宇宙者，万物之总括也；明乎宇宙，则于事物无不明。我者，宇宙中之一物也；明乎宇宙之蕴，则我之所以自处者，不蕲得其道，而自无不得其道矣。此宇宙观与人生观，所以二而实一，而各国哲学，莫不始于宇宙论也。

宇果有际乎？宙果有初乎？此非人之所能知也。顾古之人，不知其不可知也。不知其不可知，而其事又卒不可知，古之人果何以释此疑哉？曰：不知彼者视诸此。由近以推远，即小以见大，此人类求知之恒蹊。哲学之初，亦若是则已矣。

物必有其所由来，欲明其物者，必先知其所由来，此不易之理也。芸芸万物，果孰从而知其所由来哉？古之人则本诸身以为推。

见夫生物之生，必由牝牡之合也，则以为一切物亦若是而已矣。所谓“物本乎天，人本乎祖”也（《礼记·郊特牲》）。于是阴阳为万有之本之义立焉。是为哲学之第一步（古代哲学，殆无不自男女构精，推想而出者。易之⚊⚋二画，疑即象男女阴。《老子》曰：“大国者下流，天下之交，天下之牝。牝常以静胜，牡以静为下。故大国以下小国，则取小国；小国以下大国，则取大国。故或下以取，或下而取。大国不过欲兼畜人，小国不过欲入事人。夫两者各得所欲，大者宜为下。”尤皆以男女之事为喻也。哲学之初，杂以男女生殖之说，不独中国为然。实由古人所欲推求，首在万物之所由来也）。

顾既求所谓原因，则必得其惟一者。求万物之所由来，而得阴阳二元，非人智之所能甘也，则必进而求之。进而求之，而惟一之境，实非人所能知，则不得不出以假设，以为阴阳之前，实有一为阴阳之所自出者，是为两仪所从生之大极。是为哲学之第二步。

哲学者，所以解释一切现象者也。不能解释一切现象，不足以为哲学。既有哲学，则必对一切现象，力求有以解释之。故哲学以解释事物而兴，亦以解释事物而生变迁。有阴阳二者，足以释天地之相对矣，足以释日月之代明矣；然时则有四，何以释之？于是分阴阳为大少，而有所谓四象。人之前后左右，其方向亦为四，以四象配之足矣。加以身之所处则为五，更加首之所戴则为六，四正加以四隅则为八，八加中央为九，九之周围为十二，又何以说之？于是有以四时分配四方，更加中央为五帝，加昊天上帝为六帝；五帝分主四时化育，而昊天上帝，则无所事事之说出焉。有上帝周行八方，而还息乎中央，所谓大一行九宫之说出焉。九宫之周围为十二，恰与一年十二月之数相当；于是天子之治天下，十二月各有其当行之政，谓其本乎天意也。（五帝六天，说出纬候。谓“东方青帝灵威仰，主春生；南方赤帝亦熛怒，主夏长；西方白帝白招拒，主秋成；北方黑帝汁光纪，主冬藏；中央黄帝含枢纽，则寄王四时”。以四时化育，亦须土也。更加昊天上帝耀魄宝，则为六帝。昊天上帝为最尊之天神，余五帝则分主化育之功者也。大一行九宫，说出《乾凿度》。《郑注》曰："大一者，北辰神名。下行八卦之宫，每四乃还于中央。中央者，北辰之所居，故谓之九宫。天数大分，以阳出，以阴入。阳起于子，阴起于午。是以大一下行九宫，从坎宫始。自此而从于坤宫。自此而从于震宫。自此而从于巽宫、所行半矣，还息于中央之宫。既又自此而从于乾宫。又自此而从于兑宫。又自此而从于艮宫。又自此而从于离宫。行则周矣，上游息于大一之星，而反紫宫。行起从坎宫始，终于离宫也。"案此所谓大一者，即昊天上帝耀魄宝也。古说天有九野，故地有九州。明堂亦有九室，王者居之，以出政令，盖象昊天上帝也。五官之设，则所以象五方帝也。昊天上帝，无所事事，故古代君德，亦贵无为。无为非无所事事，乃复起之义，其初盖正谓无所事事耳。古代神教，最尊天象，故举四时八方等说，一一以此贯之也。天有九野，见《淮南子·天文训》）凡此者，皆举错杂之现象，一一以哲学释之，且穿贯诸说为一说者也。此为哲学之第三步。

自物质言之，则因天有四时，而万物皆生于土，乃分物质为五行。五行之生，以微著为次，此所以说万物之生成。（《尚书·洪范正义》："万物成形，以微著为渐。五行先后，亦以微著为次。水最微为一，火渐著为二，木形实为三，金体固为四，土质大为五也"）又有相生相胜之说，则所以说万物之迭成迭毁者也（萧吉《五行大义》："木生火者，木性温暖，伏其中，钻灼而出。火生土者，火热，故能焚木。木焚而成灰，灰即土也。金居石，依山津润而生；联土成山必生石，故生金。金生水者，少阴之气，温润流泽；销金亦为水。水生木者，水润而能生。"《白虎通·五行篇》："天地之性：众胜寡，故水胜火也。精胜坚，故火胜金。刚胜柔，故金胜木。专胜散，故木胜土。实胜虚，故土胜水也。"案此篇于万物之成毁，无不以五行生胜释之。其说虽不足信，然在当时，实能遍释一切现象，且颇有条理统系也）。

万物之迭成迭毁，自浅者视之，则以为成者自无而出有，毁者自有而之无而已。稍深思之，则知宇宙间物，只有所谓变化，更无所谓有无。质力不灭之理，固不必待科学为证，即据理推测，亦未尝不可得之也。既知宇宙间只有变化，更无有无，则不得不以万物之原质为一。万物之原质，古人名之曰气。“臭腐化为神奇，神奇化为臭腐”，皆此气之变化也。（《庄子·知北游》：“人之生，气之聚也。聚则为生，生则死。臭腐复化为神奇，神奇复化为臭腐，通天下一气耳。”）于是万物之原因，乃不在其何以有，而在其何以变。（此时已知有无之不可知矣。《列子·汤问》：“殷汤问于夏革曰：‘古初有物乎？夏革曰：古初无物，今安得物？后之人将谓今之无物，可乎？’汤曰：‘然则物无先后乎？’夏革曰：‘物之终始，初无极已，始或为终，终或为始，恶知其纪？然自物之外，自事之先，朕所不知也。’”言此义最明）世界质力之变化，非人之所能知也。即其变而名之，则曰动而已矣。于是时界之真原因，乃成为一种动力。《易·大传》曰：“易不可见，则乾坤或几乎息。”（《易与《春秋》皆首元。元即动力也。《易》曰：“大哉乾元！万物资始，乃统天。”《春秋繁露·重政篇》曰：“元犹原也。元者，万物之本，在乎天地之间。”《乾凿度》曰：“有太易，有太初，有太始，有太素。太易者，未见气也；太初者，气之始也；太始者，形之始也；太素者，质之始也。气形质具而未相离，谓之混沌。混沌者，言万物相混沌而未相离也。”皆以一种动力，为宇宙之源也）《老子》曰：“有物混成，先天地生。寂兮寥兮，独立而不改，周行而不殆，可以为天下母。”又曰：“谷神不死，是谓玄牝；玄牝之门，是谓天地根。绵绵若存，用之不勤。”皆指此而言之也。（谷者，空虚之义。神者，动力之谓。不死，言其不息。玄者，深远之义。牝者，物之所由生。玄牝之门，是谓天地根，言天地由此而生也。绵绵若存言其力之不可见。用之不勤，仍言其不息也）是为哲学之第四步。

宇宙之间，既无所谓有无，则寻常所谓有无之见破。寻常所谓有无之见破，则所谓无者，其实皆有。其实皆有，而又明见为无，则所谓有无者，非真有无，乃人能认识与不能认识之别耳。同一气也，何以或为人所能认识？或为人所不能认识？以其气有疏密故也。密则为人所能识，疏则非人所能识矣。故曰："精气为物，游魂为变。"（精者，物质凝集紧密之谓。《公羊》庄十年："觕者曰侵，精者曰伐。"《注》："觕，粗也；精，犹密也。"《老子》："窈兮冥兮，其中有精，其精甚真。"真阗同训。《管子·内业》："凡物之精，此则为生，下为河岳，上为列星。"即"精气为物"之说。又曰："流于天地之间，谓之鬼神。"则"游魂为变"之说也。游训游散，见韩康伯《注》）古人说死生之故，恒以是言之（人所识谓之明，所不识谓之幽，有幽明而无死生也。后来言此理者，张横渠最明）。

既以宇宙万物，为一气所成，阴阳二元之说，其自此遂废乎？曰：不然。阴阳之说，与一气之说，相成而不相破者也。自其本质言之曰一气，自其鼓荡言之曰阴阳。盖变动之象，为人所能识者，不外乎相迎相距。一迎一距，以理言，固可谓为同体而异用；以象论，夫固见其判然而不同。既已判然不同，即可立阴阳二名以命之矣。职是故，古人即所谓一气者，而判之为轻清重浊二端。"轻清者上为天，重浊者下为地。"（见《列子·天瑞篇》）物之轻浮而上升者，皆天类也。其重浊而下降者，皆地类也。（《易·文言》曰："本乎天者亲上，本乎地者亲下，则各从其类也"）天地之气，初非各不相涉，而且彼此相求。春融和，夏炎暑，则曰"天气下降，地气上腾。"秋肃杀，冬闭塞，则曰"天地不通"。（《月令》）自男女雌雄牝牡之相求，以至于日月之运行，寒暑之迭代，无不可以是释之。阴阳二元之说，与宇宙原质为一气之说，不惟不相背，且相得益彰、相待而成矣。是为哲学之第五步。

宇宙一切现象，既莫非气之所成；而其所由然，又皆一气之自为鼓荡，而非有物焉以为之主，（《庄子》所谓"吹万不同，使其自己，咸其自取，怒者其谁"也）则其说，已成今所谓泛神论。泛神论者，世界之本体即神。于其浩无边际，而见其伟大焉；于其更无起讫，而见其不息焉：于其变化无方，而仍有其不易之则，而见其不测与有秩序焉。泛神论之所谓神，较之一神论、多神论之所谓神，固觉其确实而可信；亦正因其确实可信，而弥觉其大也。故中国古籍，于神之一字，皆极其叹美。（《易·大传》曰："神无方而易无体。"又曰："阴阳不测之谓神。"言弥沦乎宇宙之间者，惟有一神，更不能偏指一物以当之也。故曰："鬼神之为德，其盛矣乎！视之而不见，听之而不闻，体物而不可遗。"张横渠说鬼神，亦深得古人之旨）而如"至诚无息"等之所谓至诚，亦皆所以状世界之本体者也。

通宇宙之间，既除一气之外，更无余物，则人亦自为此气之所成，而为宇宙之一体。宇宙之一体，何以成为人？自宇宙言之谓之命，自人言之谓之性（《大戴礼记·本命篇》）。宇宙间一切，各有其不易之则。人为宇宙之一体，自亦有其当循之道，故人贵尽性。抑人既为宇宙之一体，非尽明乎宇宙之理，固无从知自处之方；苟真明乎自处之方，则于宇宙之理，已无不贯矣。故曰："尽其心者，知其性也；知其性，则知天矣。"（《孟子·尽心》）又曰："穷理尽性，以至于命。"（《本命篇》）我者，宇宙之一体；万物亦宇宙之一体。万物与我，既同为宇宙之一体，则明乎处我之道者，亦必明乎处物之道。故曰："能尽其性，则能尽人之性；能尽人之性，则能尽物之性；能尽物之性，则可以赞天地之化育；可以赞天地之化育，则可以与天地参。"（《中庸》。《荀子·天论》："天有其时，地有其财，人有其治，夫是之谓能参。"亦此义。所谓治，乃尽性后之办法也）此所谓天人合一。至此，则人与自然，冥合无间，而推论之能事极，而力行之意蕴，亦尽于此矣。此为哲学之第六步。

中国古代之道德伦理，无一不本于法自然者。以全宇宙皆一气所成也，故我与天地万物，可以为一体。（惠施之说，见《庄子·天下篇》。一体，即融合无间之谓；与上文所用一体字异义。上文所用一体，乃《孟子》“子夏、子游、子张，皆有圣人之一体”之一体也）以全宇宙之动荡不已也，故有自强不息之义。夫合全宇宙而为一动，则虽谓其动即其静可也，故动静交相资。以其变化不居，而仍有其一定之则也，故有变易、不易、易简三义，乃尽《易》之蕴。（《周易正义·八论》引《乾凿度》曰：“《易》一名而含三义：所谓易也、变易也、不易也。易者其德也：光明四通，简易立节，天以烂明，日月星辰，布设张列，通精无门，藏神无穴，不烦不扰，澹泊不失。变易者其气也：天地不变，不能通义。易者其位也：天在上，地在下。”郑玄依此作《易赞》及《易论》曰：“《易》一名而含三义：易简，一也。变易，二也。不易，三也。”案此《易》之大义也。自然现象从差别中见其平等，亦从平等中见其差别。从平等中见其差别，则所谓易也；从差别中见其平等，则所谓不易也。所谓易简者，谓极错杂之现象，统驭于极简单之原理；莫之为而为，莫之致而至：亘古如斯，从不差忒也）以时时变动不居也，故贱执一而贵中庸。（以几何学之理譬之，世界犹体，至当不易之道为点。至当不易之道，必有一点，而亦仅有一点，此即《中庸》之所谓中庸也。使世界静止，则此点恒常，择而执之，初非难事。惟世界变易无一息之停，故此点所在，亦无一息而不变动。择而执之，斯为难矣。孔子所以叹“中庸不可能”也）以万物之动，各有其轨道而不相乱也，故各当其位，为治之至。（《易》之道，莫贵乎当位。《礼运》曰：“物大积焉而不蕴，并行而不缪，细行而不失，深而通，茂而有间，连而不相及也，动而不相害也，此顺之至也。”即所谓各当其位也。大学之道，极于平天下。平天下之义，《荀子·荣辱篇》说之，曰：“农以力尽田，贾以察尽财，工以巧尽械器，士大夫以上，至于公侯，莫不以仁厚知能尽官职。夫是之谓至平。”亦不过各当其位而已。法家之明分职，义亦如此）以自古迄今，一线相承也，故有正本、慎始、谨小、慎微之义；而“正其义不谋其利，明其道不计其功”，言道德者最重动机焉。以世界本为一体，彼之于此，无一息不相干也，故成己可以成物，正人必先正己；而反求诸己，则一心又为一身之本焉。（宋儒治心之学，古人有先发之者。《庄子·天道篇》曰："万物无足以挠其心者，故静。心静，天地之鉴也，万物之镜也。夫虚静恬淡、寂寞无为者，天地之平，而道德之至，故帝王圣人休焉。休则虚，虚则实，实者伦矣。虚则静，静则动，动则得矣。"《荀子·天论》曰："形具而神生，好恶喜怒哀乐臧焉，夫是之谓天性。耳目鼻口形能，各有接而不相能也，夫是之谓天官。心居中虚，以治五官，夫是之谓天君。"《解蔽》曰："治之要，在于知道。人何以知道？曰心。心何以知道？曰虚一而静。"皆与宋儒所言，无以异也）以天尊地卑，各有定位，故有君贵臣贱、重男轻女之义。以孤阳不生，独阴不长，故虽重男抑女，而阴阳仍有平等之义焉。以春夏秋冬，周而复始，认一切现象，皆为循环，故有祸福倚伏、持盈保泰之义，又有"天不变，道亦不变"之说焉。抑且万事万物，皆出阴阳二元，故有彼必有此，既贵仁又贵义，既重体亦重乐，一切承认异己者之并立，而不趋极端焉。此等要义，悉数难终。盖国人今日之思想，溯其源，无不与古代哲学相贯通者。哲学思想之初起，虽由一二哲人；而其昌大，则扩为全社会之思想。（亦可云，此种思想，在此环境中，最为适宜，故全社会人胥具之；而哲人，则其研究之尤透彻者也）虽屡与异族接触，而其根底曾未摇动。甚矣，国性之入人深也。

以上所述，为古代普通思想。又有所谓数术家者，则其思想，颇近于唯物派。案《汉志·诸子略》之阴阳家，出于羲、和之官。数术六家，亦云出于明堂羲、和史卜之职。二者盖同出一源，而一陈其事，一言其义也。数术六家，天文、历谱、五行、蓍龟、杂占，皆近迷信。（天文、历谱，本无所谓迷信；然古人于此，恒杂以占验之术。《汉志》谓"天文者，序二十八宿，步五星日月，以纪吉凶之象"；历谱以"探知五星日月之会，凶厄之患，吉隆之喜"是也。天文家有《图书秘记》十七篇，盖即谶之所本也）惟形法一家，《汉志》述其学曰："大举九州之执，以立城郭、室舍。形人及六畜骨法之度数,器物之形容,以求其声气、贵贱、吉凶。犹律有长短,而各征其声,非有鬼神,数自然也。"其思想最于惟物派为近。(此等思想,后世亦非无之,特不盛耳。如王仲任即其一也,细读《论衡》自见。中国各种迷信之术,惟相法较为通人所信。《荀子》已有《非相篇》。其后《论衡》《潜夫论》《申鉴》,于相学皆不全然排斥。亦以相法根据人之形体,究有所依据也。此亦据骨法之度数,以求贵贱吉凶之理)形法家之所谓数者,盖物质自然必至之符。形法家以为万物之变化,皆可求诸此;而不认有官体所不能感觉之原因。故曰:"非有鬼神"。(古人以万有之原质为气,而气又分轻清、重浊二者。轻清者上为天,重浊者下为地。人则兼备此二气,所谓"冲和气者为人"也。物亦然,所谓"万物负阴而抱阳,冲气以为和"也。人之死也,轻清之气归于天,重浊之气归于地。所谓"体魄则降,和气在上":所谓"骨肉归复于土,魂气则无不之";所谓"骨肉毙于下,阴为野土,其气发扬于上为昭明,焄蒿凄怆"也。此为普通思想。形法家之所持,为无鬼论)《汉志》则不以其说为然,故驳之曰:"形与气相首尾。亦有有其形而无其气,有其气而无其形者。"《汉志》之所谓形,盖即《易·大传》"精气为物"之物;其所谓气,盖即"游魂为变"之魂,而亦即形法家所谓"鬼神"。《汉志》盖亦如普通之见,以万物之原质(气),时而有形可见,时而无形可见。(精气变为游魂,游魂复为精气,所谓"相首尾"也)故于形法家之说,加以诘难也。形法家之思想,而实如此,在诸学派中,实最与今所谓科学者相近;而顾与天文、历谱、五行、蓍龟、杂占等迷信之术,同列一略,其故何哉?岂校雠者之无识与?非也。天文、历谱、五行、蓍龟、杂占,并非必迷信之术。非必迷信之术,而其后卒入于迷信者,盖时势为之也。何也?夫"理事不违",欲明一理者,不得不遍究万事,其说然矣。然事物之纷纭,卒非人所能尽究。于是不得不即已经研究之事,姑定为一理,而执之以推其余。(宇宙之广大悠久,实非人之所能知。乃有欲即其已知,以推其未知者。《史记》

述邹衍之学谓其“先验小物，推而大之，至于无垠。先序以今以上至黄帝，学者所共术。大并世盛衰，因载其机祥制度，推而远之，至天地未生，窈冥不可考而原也。先列中国名山大川，通谷禽兽，水土所殖，物类所珍。因而推之，及海外人之所不能睹。”所用者即此术也。《太玄》为扬雄最得意之作。其书起冬，迄大雪之末，备详一年之变迁。亦以宇宙久大，不可得而知，以为宇宙一期之变迁，必与一年之变迁相类，乃欲据此以测彼耳。邵子之元会运世，亦此思想也）此盖凡研究学术者所不能免，其法亦不得为误。其所以致误者，则以其所据之事，有确有不确；其所推得之理，遂有正有不正耳。数术六家，盖皆欲即天然之现象，以研究其理者。其所根据之现象，有全然不确者，如蓍龟及杂占是也。有所根据之现象虽确，而其研究所得则不确者，如天文、历谱、五行、形法诸家是也。接于人之现象，大概可分为自然现象、社会现象二者。欲求宇宙之真理，二者固不可遗其一。中国学问，向来偏于社会现象，而缺于自然现象；其有据自然现象以研究哲理者，则古代之数术家，其先河也。后世之数术家，其思想亦不外此（学问不能前无所承。中国研究自然现象者，惟有数术家。故少数喜研究自然现象之人，不期而入于此派）。

以上论中国古代之哲学竟，以下请略论佛教之哲学。

哲学有其质，亦有其缘。以质言，则世界各国，无不从同；以缘言，则各民族因处境之不同，其所从言之者，遂不能无异。前已言之。中国哲学与印度哲学之异同，其理亦不外此。

哲学之演进，有其一定之步骤焉。其始也，必将宇宙全体，分析为若干事物，（浑沦之宇宙，为人所不能认识。人能知二，不能知一。故认识即是分别）而于其间立一因果关系，以此事为彼事之原因，此物为彼物之原因。如基督教谓天主造物，七日而成；中国古说谓天神申出万物，地祇提出万物是也。（《说文》。佛教不言时间之长，空间之际。有间及者，斥为戏论。见《金七十论》。佛经推原事物，但曰“无始以来”“法尔而有”而已）稍进，乃知恒人所谓有无者，实为隐显而非有无。即人能认识与否，而非外物真有所谓有无。乃知一切事物，有则俱有，无则俱无；彼不因此，此亦不出于彼。万有之原因，只可即谓之万有而已（所谓一切摄一切也）。此则泛神之论所由兴也。夫将宇宙分析，而以此事为彼事之原因，此物为彼物之原因，其说实属不确。迷信此等说者，其所严恭寅畏，不过如世俗之所谓鬼神，如有物焉，临之在上、质之在旁而已。惟寻常人然后信之，少有思虑者，即唾弃不屑道已。至于泛神之论，则其理确不可易，而宇宙自然之律，其力之大莫与京，亦于是乎见之。此则明于哲学之土，所以恒主随顺自然，利用自然，而不主与自然相抗也。中国之哲学，盖循此途辙而演进。印度亦然。其在古代，所谓《优婆尼沙士》者，既以代表宇宙之梵，为最尊之神。（印度最古之经典曰《吠陀》，婆罗门专司之。是为婆罗摩奴之学。其书曰《阿兰若迦》。译言《林中书》，以婆罗门之年老者，恒居林中也。即《林中书》而精撰之，曰《优婆尼沙士》，译言《奥义书》。《奥义书》以梵为宇宙之本体，亦即为我，惟一而无差别。有差别者曰摩耶。摩耶为幻。人能知我与梵一，即得智明。其所以流转生死者，由为无明所迷，不知差别之为幻也。此已启佛教唯识之先路矣）佛教初兴，所尊崇者，虽为释迦牟尼其人，及其进为大乘，则所尊崇者，实为法而非佛。人能如法修行，即可成佛。（释尊即以法为师而自悟者）见佛固无异见法，见法亦无异见佛。佛之所以威力无边者，实以其法身而非以其报身。（报身，谓佛其人。法身，即自然之寓言。佛说一念皈依，则诸佛菩萨同时护念，使之去祸得福；犹言人能善，则自然律中，必有善报，丝毫不得差忒也。其一心信佛，有所观见者，是为佛之应身。谓应于人之念虑而有。以今之学理言之，可谓应于人之心理作用而有，亦即人之心理作用所显现也。是为佛之三身。其说与科学，绝不相背）然则佛者，法之寓言耳。所谓法者，即宇宙定律之谓也。然则大乘教之所谓佛，即宇宙定律也。故佛教虽似一神教、有神教，而实则泛神论、无神论也。随顺自然之理，佛教中发挥尤切至。佛教贵无为而贱有为。所谓无为，即随顺自然；所谓有为，即与自然相抗之谓也。世间万事，一切无常，是即中国人所谓无一息不变之宇宙定律。知其无常而随顺之，是为圣人；强欲使之有常，则凡夫矣。圣凡之分，即在于此。然则佛非异人，所谓佛土，亦非异地。能明乎宇宙定律而遵守之，则娑婆世界，即是净土；凡夫之身，亦即圣人耳（此地狱之所以顿超也）。此其随顺自然之义，实与《易》《老》无二致也。此印度哲学与中国同者也。

其与中国异者，则因其处境之不同。盖人之知识，虽曰借智而得；而智之所指，必有其方；所以定此向方者，则情感也。情之所向，实因其处境而异。中国地居温带，为文明所自起之黄河流域，在世界文明发源地中，又颇近于寒瘠，其民非力作则无以自存。故其所殚心者，在如何合群力作，以维其生，以求养生送死之无憾而已。印度则地处热带，民生较裕。其所殚心者，不在保其身之生存，而在免其心之烦恼。简言之：中国人所蕲得者身之存（至多兼安乐言之），印度人所求免者心之苦也。职是故，中国人观于宇宙而得其变，印度人观于宇宙而得其空。

何谓中国人观于宇宙而得其变，印度人观于宇宙而得其空也？夫宇宙一浑沦之体耳。自其全体而言之，可以谓之至实。若如恒人之见，析宇宙为若干事物，就人所能认识者，则谓之有；所不能认识者，则谓之无。则其所谓有者，亦可谓之至空（如实则实，分析则空。空者所谓真空，实者所谓妙有也）。何则？苟为实有，应不待因缘而成。然世间一切事物，无不待因缘成者；事物所待之因缘，亦无不待因缘成者。则万事万物，悉非实有可知。我者，事物之一也。一切事物，皆非实有，我安得独有？我且无有，安得与我相对之物？我、物俱无，更安有于苦乐？此盖印度人欲求免心之烦恼，乃即世间所谓苦者，而一一穷究其所自来，穷究至极，遂发现此理也。此说也，以理言之，诚亦无以为难。然理论只是理论，终不能改变事实。吾侪所谓我与物者，就当下之感觉言之，固明明可谓之有，有我有物，斯有逆顺；有逆顺，斯有苦乐矣。此盖人人之良知。佛虽有师子吼之辩，其如此良知何？为佛教者，乃从真空而得妙有，而断之曰“万法惟识”。盖恒人以物为实，以法为空。自哲学家言之，则物为空而法为实。更进一步，则法物两空，惟识是实。何也？夫恒人之所谓实者，岂非目可见、身可触之物邪？其所谓空者，岂非目不可见，手不可捉之宇宙律邪？曰：然。曰：金石者，至坚之物也。至坚者，不渝之谓也。岂不然邪？曰：然。然自矿物学家、地质学家言之，金石亦何尝不变？彼金石者，固自有其所以成，亦终不能免于毁。其成也，盖循宇宙之定律而成；及其既成，则循宇宙之定律而住。方其住时，已循宇宙之定律而坏；既坏之后，乃成恒人之所谓空，盖一切与他物同。金石且然，岂况生物？然则恒人之所谓实者，实则无一是实；所可称为实者，则此一切事物，循之而成，循之而住，循之而坏，循之而空之宇宙律耳（实物无一息不变，定律则无时或息）。此佛教中“我空法有”之说，亦即普通哲学家之见也。更进一步，则离宇宙论而入于认识论矣。夫世界万事，一切皆空，惟法是实，是则然矣。然所谓法者，果实有之物邪？抑亦吾人之认识所造邪？今日见为赤者，明日必不能变而为黄；一人以为甘者，众人必不至皆以为苦：似所谓法者，至可信也。然有目疾者，则视一切赤物皆若黄；有胃病者，则尝一切甘物皆若苦，又何以说之？此则恒人所谓物之真相，实非物之真相，而为认识所成，彰彰矣。人之论事，恒以同自证，以多自信。恶知其所谓同、所以多者，悉由人人所造业力相同，故其所见亦同邪。此惟识一宗，所以谓万物悉非实有，悉由人类业力所成，亦由人类业力，持使不坏也。（世界真相，实非人之所知。人之所知，只是感官所得之相。此理，今之哲学家，人人能言之。然则吾曹所知，必有吾曹主观之成分，更无疑矣。设使人类感官，增其一，或阙其一，即其所知，当不复如是。动物有以嗅辨别一切者，有以触辨别一切者，人不能也。然则彼所知之世界，人不知也。人之脑筋，特异于他动物。叔本华曰："惟人能笑，亦惟人能哭。"然则人所知之世界，他动物亦不知也。此特以大概言之。若一一细别，则吾之所知者，人不能知；人之所知者，我亦不知。人人自谓所知与人相同，实则无一真同者也。然则一切皆心造无疑矣。佛说创造此等者为第八识。八识能总持万法而不变坏。法者，人所由以认识世界，康德所谓"先天范畴"也。七识以八识所造之境为缘，恒审思量，执为实有；而所谓我，所谓世界，于是乎成矣。）此其说，实与今之认识论相通。其所异者，则今之认识论，但证明世界真相不可知，一切皆出人之认识而止；而佛教则于此义既明之后，又必有其蕲向之的、修持之法耳。此则以佛教究为教而非徒学故也。

所谓世界，苦邪乐邪？自乐观者言之，则曰乐，以世界本善也。今之所以不善者，乃其未至于善，而非其终不能善。抑且以进化之理言之，世界终当止于至善也（亚里士多德之说即如此。此西人进化之说所由来也）。自悲观者言之，则世界之为世界，不过如此。今日固不可为善，将来亦未必能善。以其质本恶也。然则欲求去苦得乐，惟有消灭世界耳。此佛教之终极，所以在于涅槃也。夫世界何自始邪？自恒人言之，则曰：盘古一身，化为万有；曰：上帝创造，七日而成耳。自不讲认识论之哲学家言之，则曰不可知耳。自持唯识论者言，则人有识之始，即世界成立之时；世界者，识之所造也。世界既为识所造，欲消灭世界，惟有灭识耳。故佛教假名识所由起日"无明"。而曰："无明生行，行生识，识生名色，名色生六人，人生触，触生受，受生爱，爱生取，取生有，有生生，生生生老病死苦。"所谓"十二缘生"，亦即所谓"苦集二谛"也。断此二谛，时曰"灭谛"。灭也者，灭此识也。灭识非自杀之谓，自杀只能杀其身，不能断其识也。断其识者，所谓"转识成智"也。识所以可转为智者，以佛教假名一切罪业之本为无明，本来清净之体曰"真如”;“真如无明，同体不离”；（佛家喻之以水与波。在今日，则有一更切而易明之譬，生理、病理是也。病时生理，异乎平时，然非别有一身；去病还健，亦非别易一身也）“无明可熏真如而为迷，真如亦可还熏无明而成智也。”佛之所谓寂灭者，虽曰转识成智，非谓使识消灭。然所谓世界，既系依识而立，识转为智，即是识灭；识灭，即世界消灭矣。故佛教之究竟，终不离于涅槃也。

夫如是，则佛教与中国哲学之同异，可知已矣。佛家既谓一切迷误皆起于识，则借智以探求真理，自然无有是处。佛家所谓智，不徒不能借智以求，且必断识而后能得，所谓“惟证相应”也。夫如是，则其修持之法，必致漠视事物，而徒致力于一心；而其所谓致力于一心者，又非求以此心，驾驭事物，而在断灭此心之识。此为佛教进步必至之符。（一种学问，不能无所注重。有所注重，即有所偏矣。治理学者，曷尝谓当摒弃事物，专谈心性？然物莫能两大，既以心性为重，终必至于遗弃事物，此势所必至，无可如何者也。佛家六度、万行，曷尝偏于寂灭？然既以心识为主，终亦必偏于治内。亦犹理学未尝教人以空疏，而卒不免于空疏也）诸宗之所以皆衰，禅宗之所以独盛，盖由于此。又中国人之所求，为处置事物。处置事物，至当不易之道，惟有一点，是为儒家所谓中庸。仁义皆善，过即为恶。（理学家所谓“无善恶，只有过不及；中即善，过不及即恶”也）佛教既以去苦为的，较之中国，自不能不偏于仁。其所谓“菩萨行”者，即纯然一有人无我之境界。（读《华严经》，最可见之。佛说四圣：曰“佛”，曰“菩萨”，曰“缘觉”，曰“声闻”。缘觉、声闻，因怖畏生死而修道，犹有我之见存，故大乘斥其不足成佛。菩萨则全与恒人相反。恒人念念不离乎我，菩萨念念有人无我。基督所行，方佛斯义。犹有人我之见存，与恒人处于对待之地位，未为尽善也。佛则超乎对待之境之外矣。佛教以超出世界为宗旨，故必至佛而后为究竟。然佛无可学，恒人所能学者，止于菩萨。行菩萨行，所以蕲成佛也）故可委身以饲饿虎，又可任人节节支解，不生嗔怒。由中国之道言之，则过于仁而适成为不仁矣。

佛教修持之宗旨，可摄以一语曰："悲智双修。"所谓悲者，本于佛教之悲观。其视世界，彻始彻终，皆为罪恶，无可改良之理。欲求善美，惟有举此世界而消灭之耳。故其视世界之内，无一人一物而非流转苦海，无一人一物而不可悲可悯也。所谓智者，则为救此世界之法所自出。必深观此世界之究竟，乃能知其致苦之由，乃知所以救之之道。救之之道既得，则一切善巧方便，皆自此出焉。其修持之法，亦可摄以一语，曰："止观双修"。止非寂然不动之谓，而常在正念之谓，（若以寂然不动为正念，则亦可，所谓"正念者无念"也）所谓"十二时中，常念于法，不相舍离"也。盖天下之祸，成于著而实起于微。一九一四年欧洲之大战，其祸可畏博矣。推厥由来，则曰：由各民族有互相疾恶之心也；由资本家皆思朘人以自肥也。各民族何以有互相疾恶之心？各资本家何故皆思朘人以自肥？其所由来者远矣。不能拔其本、塞其源，而徒欲去其相疾恶之心，与其朘人自肥之念，无益也。然此等原因，极为深远，推得一层，又有一层在其后，则将奈何？曰：原因虽极繁复，而其性质则极简单，一言蔽之，曰"不正之念"而已。一人起不正之念，则必传递激动第二人；第二人又激动第三人。如水起微波，渐扩渐大。其极，遂至于怀山襄陵，浩浩滔天。然分析之，原不过一一微波之相激。苟能使千万微波，同时静止，水患固可以立除；即能于千万微波中，静止其一二，其静止之力，亦必足以杀汹涌之势，犹其汹涌之势，足以破静止之局也。要之，止波其本矣，此止之义也。观则所以求智。世界上事，恒人但观其表面，故其论皆似是而非。佛则必须观鉴到底。故世俗所谓大善，自佛观之，悉成罪业。且如爱国、爱世界，岂非世俗以为大善者哉？然爱其国，则必不爱异国，而两国相争，伏尸流血之祸，伏于此矣。贪恋执著，祸之所由起也。爱世界而不知其方，使贪恋执著之情，波及于人人而不可拔，亦为世界造祸也。故恒人之所谓善，佛譬之"以少水沃冰山，暂得融解，还增其厚”。然则人固当常念于法,而何者为法,非观鉴极深,亦何由知之哉?此止观二者,所以如车两轮,如鸟双翼,不可偏废也。

佛教立说之法,亦有与中国人异者,曰“彻底”。中国人重实务。先圣先贤之说,大抵就事论事之言。诚不敢谓先圣先贤,不知究极之理,然其所传之说,则固以就事论事者为多矣。佛家则不然。每立一说,必审其所“安立”之处。曰“某说在某种标准之下言之,若易一标准,则不如是矣”;曰“某法不过一种方便,若语其究竟,则不如此矣”。此等处,中国多不之及,佛家则极为谨严。故其说路路可通,面面无病。称佛说者,所由以圆字美之也。此实印度人言语之法,与中国不同也。

以上所述,中国古代之哲学,乃理学家之所取材也;佛教之哲学,则或为其所反对,或为其所摄取者也。明乎此,而理学可以进论矣。

理学源流派别

自宋以来,以理学名家者甚多,一一讲之,势将不可胜讲。诸家有自有发明者,亦有仅守前人成说者。今先略述其源流派别,以下乃就其确有特见者,以次讲之。

宋学先河,当推安定(胡瑗,字翼之,泰州如皋人。世居安定,学者称安定先生)、泰山(孙复,字明复,晋州阳平人。退居泰山,学者称泰山先生)、徂徕(石介,字守道,奉符人。居徂徕山下,鲁人称为徂徕先生)。黄东发谓“本朝理学,虽至伊洛而精,实自三先生始”是也。安定于教育最有功。其在湖学,分经义、治事为两斋,为宋人之学纯于儒之始,亦宋儒喜言经世之学之始。泰山作《春秋尊王发微》,为宋学重纲纪、严名分之始。徂徕作《怪说》《中国论》,以讥斥佛老、时文,则宋学排二氏、黜华采之始也。三先生者，虽未及心性之精微，然其为宋学之先河，则卓然不可诬矣。

三先生同时，名儒甚多。其兼为名臣者，则有若范文正（范仲淹，字希文，苏州吴县人。文正之学，源出戚同文。同文，字同文，楚丘人。文正四子：长纯祐，字天成；次纯仁，字尧夫；次纯礼，字彝叟；次纯粹，字德孺。尧夫学最著。安定、泰山、徂徕，皆客文正门，尧夫皆从之游。又从南城李觏。觏，字泰伯，学者称盱江先生。横渠少时喜言兵，尝欲结客取洮西。谒文正，文正曰："名教中自有乐地，何事于兵？"授以《中庸》。乃幡然志于道。故横渠之学，实文正启之也）韩忠献（韩琦，字稚圭，安阳人）、欧阳文忠（欧阳修，字永叔，吉州庐陵人）、富文忠（富弼，字彦国，河南人）、司马文正（司马光，字君实，陕州夏县人），而司马氏最著。传其学者，刘忠定（刘安世，字器之，大名人。忠定学最笃实。尝问涑水："有一言而可终身行之者乎？"曰："其诚乎？"问其目。曰："自不妄语始。"学之七年而后成）、范正献（范祖禹，字淳夫，一字梦得，华阳人。文正子康，字公休，又从正献学）、晁景迂（晁说之，字以道，澶州人。传涑水之数学）也。其穷而在下，或虽仕官而不以勋业著者，则有齐鲁之士、刘（士建中，字希道，郓州人。与泰山同时，泰山最推重之，徂徕亦服膺焉。刘颜，字子望，彭城人），闽中之四先生（陈襄，字述古，学者称古灵先生。陈烈，字季慈，学者称季甫先生。郑穆，字闳中。周希孟，字公辟。四先生皆侯官人。少后于安定，而在周、程、张、邵之前。讲学海上，有四先生之目。宋人溯道学渊源不之及。全谢山修《宋元学案》，为立《古灵四先生学案》），明州之杨、杜（杨适，字安道，慈溪人。杜淳，居慈溪），永嘉之儒志、经行（王开祖，字景山，学者称儒志先生。丁昌期，学者称经行先生。皆永嘉人），杭之吴师仁（字坦求，钱塘人），皆与湖学桴鼓相应。而闽中之章、黄（章望之，字表民，浦城人。黄晞，字景微，建安人），亦古灵一辈人。关中之申、侯（侯可，字无可，其先太原人，徙华阴。主华学二十年。为学极重礼乐。申颜，侯氏之友），开横渠之先路。

蜀之宇文止(宇文之邵,字公南,绵竹人)则范正献之前茅也。

宋学之确然自成为一种学问,实由周、程、张、邵。康节之学偏于数,理学家不认为正宗。(邵雍,字尧夫,范阳人。曾祖家衡漳;先生幼从父迁河南。元祐赐谥康节)横渠之学纯矣,然小程谓其“苦心极力之象多,宽裕温和之气少”,后人尊之,亦遂不如廉溪之甚。(张载,字子厚,凤翔郡县横渠镇人)濂溪作《太极图说》及《通书》,实为宋儒言哲学之首出者。(周敦颐,字茂叔,道州营道人。知南康军,家庐山莲花峰下,有溪合于湓江,取营道故居濂溪名之)二程少尝受业于濂溪,长而所学实由自得。然周子以主静立人极,明道易之以主敬,伊川又益之以致知,其学识一脉相承;朱子又谓二程之学,出自濂溪,后人遂尊为理学之正宗焉(程颢,字伯淳,洛阳人。学者称明道先生。弟颐,字正叔,初称广平先生。后居伊阳,更称伊川先生)。

与五子同时者,有范蜀公(范镇,字景仁,华阳人。祖禹其从孙也。蜀公犹子百禄,及从曾孙冲,亦皆理学家)、吕申公(吕公著,字晦叔,东莱人。谥正献)、韩持国(韩维,谥持国,颍昌人);又有吕汲公(吕大防,字微仲,其先汲郡人,祖葬蓝田,因家焉。谥正愍)、王彦霖(王严炎,字彦霖,大名清平人);又有丰相之(丰稷,字相之,鄞县人)、李君行(李潜。字君行,虔州兴国人),虽不足与于道统,亦五子之后先疏附也。

术数之学,在中国本不盛,故传邵子之学者颇少。伯温(伯温,字子文。南渡后,赵鼎从之学。鼎字元镇,闻喜人)虽号传家学,实浅薄不足观也。张子为豪杰之士,其学又尚实行,故门下多慷慨善言兵。(种师道,字仪叔,洛阳人,为北宋名将。范育,子巽之,邠州三水人;游师雄,字景叔,武功人。皆兴于平洮河之役,争元祐弃熙河。李复,字履中,长安人,喜言兵。张舜民,字芸叟,邠州人,亦慷慨喜言事)而三吕(吕大忠,字晋伯,大防兄。大钧,字和叔;大临,字与叔,皆大防弟)尤为礼学大宗。(三吕皆并游张、程之门,然于张较厚。和叔知则行之，无所疑畏，论者方之季路。尝撰《乡约》。又好讲井田、兵制，撰成图籍，皆可施行。丧祭一本古礼。推之冠、昏、饮酒、相见、庆吊，皆不混习俗。横渠谓“秦俗之变，和叔有力焉”。小程子尝谓与叔守横渠说甚固，横渠无说处皆相从，有说处便不肯回。可见三吕皆笃于张氏矣）二程之门，最著称者为游（游酢，字定夫，建州建阳人。学者称廌山先生）、杨（杨时，字中立，南剑将乐人）、尹（尹焞，字彦明，一字德充，洛阳人。学者称和靖先生）、谢（谢良佐，字显道，寿春上蔡人）。游氏书不传，弟子亦不著。谢氏之门，最著者为朱汉上（朱震，字子发，荆门军人）：然汉上《易》学，实由自得，不出师门也。尹氏最后起，守师说亦最醇（谢氏以觉言仁，实启象山之学。游、杨二家，晚亦好佛），其传亦不广。惟龟山最老寿，遂为洛学大宗。

龟山之学，传之罗豫章（罗从彦，字仲素，南剑人。学者称豫章先生）、延平（李侗，字愿中，南剑人）、韦斋（朱松，字乔年，婺源人。朱子之父。为尤溪县尉，因家焉。学者称韦斋先生），皆师豫章。而胡文定（胡安国，字康侯，崇安人）与游、杨、谢三先生，义兼师友。其子五峰（宏，字仁仲。其兄宁，字和仲，学者称茅堂先生。茅堂治《春秋》。文定作《春秋传》，修纂检讨，皆出其手）、致堂（寅，字明仲。实文定兄子。其母不欲举，文定夫人子之），皆学于豫章。籍溪（宪，字原仲，文定从父兄子。居籍溪，学者称籍溪先生）、邦衡（胡铨，字邦衡，庐陵人。从乡先生萧子荆学《春秋》，卒业于文定），则学于文定。朱子初师屏山（刘子翚，字彦冲，崇安人。韐子，子羽弟也）、籍溪、白水（刘勉之，字致中，崇安人。以女妻朱子。白水师元城及龟山），而卒业于延平。（朱熹，字元晦，一字仲晦，初居崇安五夫，筑书院于武夷之五曲，榜曰紫阳，识乡关也。后筑室建阳芦峰之巅，曰云谷。其草堂曰晦庵。自号云谷老人，亦曰晦庵，曰晦翁。晚更居考亭。筑精舍曰沧洲，号沧洲病叟。赵汝愚窜永州，将谏。门人谏。筮之遇“遯”之“同人”，乃取稿焚之。自号曰遯翁）、南轩（张栻，字敬夫，一字乐齐，号南轩，广汉人。迁于衡阳。浚子）之学，出于五峰。吕成公亦尝师籍溪。又事汪玉山。（吕祖谦，字伯恭，公著后也。祖好问，始居婺州。北宋理学，吕氏最盛，韩氏次之，详见《宋元学案》。汪应辰，字圣锡，信州玉山人）玉山者，横浦（张九成，字子韶，钱塘人。自号横浦居士。又号无垢居士）弟子；横浦亦龟山弟子。故南渡后三先生之学，实皆出于龟山者也。

乾淳三先生，吕、张皆早世，惟朱子年最高，讲学亦最久，故其流传最远。南轩之学，盛于湖湘，流衍于蜀，阅数传而渐微。吕氏同气，子约（成公弟，名祖俭。学于成公，谥忠）、泰然（成公从弟，名祖泰。居宜兴。赵汝愚之罢，子约论救，安置韶州。后移筠州，卒。泰然诣登闻鼓院上书，请诛侂胄。配钦州，卒），皆以忠节著。浙学好言文献，皆可谓吕氏之遗风。然如永嘉、永康，偏于功利，殊失吕氏之旨。（永嘉之学，始于薛季宣。季宣，字士龙，永嘉人。师事袁道洁。道洁师事二程，季宣加以典章制度，欲见之事功。陈傅良、叶适继之，而其学始大。傅良，字君举，瑞安人。适，字正则，永嘉人。永康之眉目为陈亮。字同甫，永康人，学者称瑞安先生）王伯厚（王应麟，字伯厚，庆元鄞县人，学者称厚斋先生）长于经制，全谢山以为吕学大宗，实则其学问宗旨，亦与朱氏为近也。

朱门之著者，有蔡西山父子（蔡元定，字季通，建之建阳人。居西山。子沈，字仲默），其律历象数之学，足补师门之缺。勉斋（黄干，字直卿，闽县人）以爱婿为上座，实能总持朱子之学。勉斋殁而后异说兴，犹孔门七十子丧而大义乖矣。勉斋之学，一传而为金华（何基，字子恭，金华人。居金华山，学者称金华先生），再传而为鲁斋（王柏，字会之，金华人）、白云（许谦，字益之，金华人。学者称白云先生）、仁山（金履祥，字吉父，兰溪人。居仁山下，学者称仁山先生）、双峰（饶鲁，字伯舆，一字仲元，余干人。筑石洞书院，前有两峰，因号双峰），皆卓有声光。辅汉卿（辅广，字汉卿，号潜庵，崇德人）学于朱子，兼受学于成公，其传为魏鹤山（魏了翁，字华父，邛州蒲江人。筑室白鹤山下，学者称鹤山先生）。詹元善（詹体仁，字元善，浦城人）亦学于朱子，其传为真西山（真德秀，字景元，后更曰希元，建之浦城人），皆宋末名儒。詹氏再传，辅氏四传而得黄东发（黄震，字东发，慈溪人。学者称于越先生。东发学于余端臣及王壄。野学于詹元善。端臣学于韩性。性，字明善，私谥曰庄节先生。性之学，出自其父翼甫。翼甫，字灼斋，会稽人。辅汉卿之弟子也），则体大思精，又非其师所能逮矣。此朱学之在南者也。其衍于北者，始于赵江汉。（赵复，字仁甫，德安人。学者称江汉先生。元屠德安，姚枢在军前，以归，教授于燕，北方始知有程朱之学）姚枢（字公茂，柳城人。后徙洛阳。枢从子燧，字端甫，学于许衡）、许衡（字仲平，河内人。学者称鲁斋先生）、郝经（字伯常，泽州陵川人）、刘因（字梦吉，雄州容城人。学者称静修先生），皆出其门。朱学自宋理宗时，得朝廷表彰；元延祐科举，又用其法，遂如日中天矣。

洛学明道、伊川，性质本有区别。学于其门者，亦因性之所近，所得各有不同。故龟山之后为朱，而上蔡、信伯，遂启象山之绪。（朱子谓上蔡“说仁说觉，分明是禅”。又谓“今人说道，爱从高妙处说，自上蔡已如此”。又云：“上蔡之说，一转而为张子韶。子韶一转而为陆子静。”案上蔡近乎刚，龟山近乎柔。朱子谓“上蔡之言，多踔厉风发；龟山之言，多优柔平缓”是也。王苹，字信伯。世居福之福清，父徙吴。师伊川。龟山最称许之。全谢山曰：“象山之学，本无所承。东发以为遥出上蔡，予以为兼出信伯。”案信伯尝奏高宗：“尧、舜、禹、汤、文、武之道，若合符节。非传圣人之道，传其心也。非传圣人之心，传己之心也。己之心，无异圣人之心，万善皆备。欲传尧、舜以来之道，扩充此心焉耳。”可见其学之一斑）金溪之学，梭山启之，复斋昌之，象山成之，与朱学双峰并峙。（象山兄弟六人：长九思，字子疆。次九叙，字子仪。次九皋，字子昭，号庸斋。次九韶,字子关,讲学梭山,号梭山居士。次九龄,字子寿,学者称复斋先生。次九渊,字子静,号存斋,结庐象山,学者称象山先生)传陆学者,为明州四先生。(舒沈,字元质,一字元宾,奉化人。沈焕,字叔晦,定海人。袁燮,字和叔,鄞县人。杨简,字敬仲,慈溪人。筑宝德润湖上,更其名曰慈湖)袁、杨仕宦高,其名较显。袁言有矩矱,杨则颇入于禅。攻象山者,每以为口实焉。朱子门下,辟陆氏最力者为陈安卿(陈淳,字安卿,龙溪人),至草庐而和会朱、陆。(吴澄,字幼清,学者称草庐先生,抚州崇仁人。继草庐而和会朱、陆者,又有郑师山。名玉,字子美,徽州歙县人。尝构师山书院,以处学者,故称师山先生。论者谓师山多右朱,草庐多右陆)陆氏门下,至安仁三汤,而息庵、存斋,皆入于朱,惟晦静仍守陆学。(汤干,字升伯,学者称息庵先生,安仁人。弟巾,字仲能,学者称晦静先生。巾,字季庸,学者称存斋先生)传之从子东涧(汤汉,字伯纪)及径阪。(徐霖,字景说,衢之西安人。谢叠山其门人也。叠山名枋得,字君直,戈阳人)径阪之后,陆学浸衰。静明(陈苑,字立大,江西上饶人。学者称静明先生)、宝峰(赵偕,字子永,宋宗室与筹后。慈溪人。隐大宝山麓,学者称宝峰先生),得其遗书而再振之。元代科举用朱,朱学几于一统。至明,王阳明出,乃表彰陆氏焉。

元代理学,不过衍紫阳之绪余,明人则多能自树立者,而阳明其尤也。明初学者,笃守宋儒矩矱。方正学(方孝孺,字希直,台之宁海人。自名其读书之堂曰正学。正学大节凛然,论者谓其"持守之严,刚大之气。与紫阳相伯仲"焉)、曹月川(曹瑞,字正夫,号月川,河南渑池人。刘蕺山云:方正学后,斯道之绝而复续,实赖曹月川。即薛敬轩,亦闻其风而兴起者)、吴康斋(吴与弼,字子傅,号康斋,抚州崇仁人。刻苦奋厉,辞官躬耕。或讥其所学未见精微。然其克己安贫,操持不懈,凛乎其不可犯,要不易及也)、薛敬轩(薛瑄,字德温,号敬轩,山西河津人。其学兢兢于言行间检点,悃幅无华，可谓恪守宋人矩镬。然有未见性之讥），皆其卓卓者。河东之学，传诸泾野（吕柟，字仲木，号柟野，陕之高阳人。径野讲学，所至甚广，讲席几与阳明中分。一时笃行之士，多出其门）、三原（王恕，字宗贯，号介庵，晚又号石渠，陕之三原人），仍重礼乐，笃躬行，存关学之面目，与师门少异其趣。康斋之学，传诸白沙，主张"静中养出端倪"，则于师门大变手眼矣。（陈献章，字公甫，号石斋，新会白沙里人，谥文恭。康斋弟子，又有胡居仁，字叔心，饶州余干人，学者称敬斋先生；娄谅，字元贞，号一斋，广信上饶人。一斋以收放心为居敬之门，以"何思何虑、勿忘勿助"为居敬要指；敬斋辟之，谓其陷入异教）论者谓"有明之学，至白沙而后精，至阳明而后大"，白沙实阳明之前驱也。

有明之学，自当以阳明（王守仁，字伯安，余姚人）为大宗。理学名家，非衍阳明之绪余，即与阳明相出入者也。阳明之学，盖承朱学之敝而起。其学实近法象山，远承明道，特较象山、明道，尤精且大耳。传阳明之学者，当分浙中、江右、泰州三大派：浙中之学，以龙溪、绪山为眉目。（浙中王门，实以徐日仁为称首。日仁名爱，号横山，余姚人。阳明之内兄弟也。受业最早。及门有未信者，曰仁辄为骑邮，门人益亲。阳明称为吾之颜渊。早卒。龙溪、绪山，讲学最久，遂为王门之翘楚。龙溪王氏，名畿，字汝中，山阴人。绪山钱氏，名德洪，字洪甫，余姚人）江右则东廓（邹守益，字谦之，江西安福人）、念庵（罗洪先，字达夫，江西吉水人）、两峰（刘文敏，字宜充，安福人）、双江（聂敬，字文蔚，江西永丰人）；及再传塘南（王时槐，字子植，安福人。师两峰）、思默（万廷言，字以忠，江西南昌人。师念庵），皆有发明。泰州多豪杰之士，其流弊亦最甚。末年得刘蕺山（刘宗周，字起东，号念台，山阴人），提唱慎独，又王学之一转手也。与王学同时角立者，有止修、甘泉二家。（李材，字孟诚，号见罗，江西丰城人。以"止修"二字为学鹄。湛若水，字元照，号甘泉，广东增城人。师白沙）其继起而矫正其末流之弊者，则东林中之高、顾也(高攀龙,字存之,别号景逸;顾宪成,字叔时,别号泾阳,皆常州无锡人。泾阳契阳明,而深辟无善无恶之论)。

明末大儒:梨洲(黄宗羲,字大冲,余姚人)、夏峰(孙奇逢,字启泰,号钟元,北直容城人)、二曲(李中孚,盩厔人。家在二曲间,学者称二曲先生),皆承王学;而亭林(顾炎武,初名绛,字宁人,昆山人)、船山(王夫之,字而农,号姜斋,衡阳人)、蒿庵(张尔岐,字稷若,济阳人)、杨园(张履祥,字考夫,号念芝。居桐乡之杨园,学者称杨园先生。杨园尝师蕺山,然学宗程、朱)、桴亭(陆世仪,字道威,太仓人),则皆宗朱。其后清献起于南(陆陇其,字稼书,平湖人。辟陆、王最力),清恪起于北(张伯行,字孝先,号敬庵,仪封人),而学风乃渐变。汤文正(汤斌,字孔伯,号荆岘,晚号潜庵,睢州人)尝师夏峰,后亦折入程、朱,但不辟陆、王耳。清代名臣,负理学重名者颇多,皆宗朱,然实多曲学阿世之流;心学承晚明之猖狂,弥以不振。盖至是而宋明之哲学,垂垂尽矣。

濂溪之学

一种新哲学之创建,必有一种新宇宙观、新人生观,前已言之。宋代哲学,实至庆历之世,而始入精微。其时创立一种新宇宙观及人生观者,则有若张子之《正蒙》,司马氏之《潜虚》,邵康节之《观物》。司马氏之书,不过扬子《太玄》之伦。邵子之说,颇有发前人所未发者;然术数之学,我国本不甚行,故其传亦不盛。张子之说醇矣;然不如周子之浑融。故二程于周子,服膺较深。朱子集北宋诸家之成,亦最宗周、程焉。而周子遂称宋学之开山矣。

周子之哲学,具于《太极图说》及《通书》。《太极图说》或议其出于道家,不如《通书》之纯。此自昔人存一儒、释、道之界限,有以致之。其实哲学虽有末流之异,语其根本,则古今中外,殆无不同：更无论儒、道之同出中国者矣。《通书》与《太极图说》相贯通。《通书》者，周子之人生观；《太极图说》，则其宇宙观也。人生观由宇宙观而立。废《太极图说》，《通书》亦无根底矣。朱子辨《太极图说》，必为濂溪所作，而非受诸人（潘兴嗣作周子《墓志》，以《图》为周子自作，陆象山以为不足据），其说诚不可信。然谓"传者误以此图为《通书》之卒章，而读《通书》者，遂不知有所总摄"，则笃论也。

太极图之出于道家，殆不可讳。然周子用之，自别一意，非道家之意也。所谓《太极图》者，上一圈为太极。太极不能追原其始，故曰"无极而太极"。次圈之黑白相间者为阴静阳动。（黑为阴静，白为阳动）阴居右，阳居左。阳变为阴，阴变为阳，故左白右黑之外，间以左黑右白一圈，其外则复为左白右黑焉。其下为水、火、木、金、土，五小圈。水、金居右，火、木居左者，水、金阳而火、木阴也。土居中，冲气也。水、火、木、金、土，上属于第二圈，明五行生于阴阳也；下属于第四圈，明人物生于五行也。水、火、木、金、土，各为一小圈，所谓"五行各一其性"也。其序：自水之木，自木之火，自火之土，自土之金，沿《洪范》五行首水，及古人以五行配四时之说，所谓"五气顺布而四时行"也。下一圈为"乾道成男，坤道成女"，明万物所由生也。又下一圈曰"万物化生"，人亦万物之一，实不可分作两圈，周子盖沿道家旧图，未之改也（周子之意，或以"乾道成男，坤道成女"为抽象之言，不指人）。

周子之说太极图也，曰："无极而太极。太极动而生阳，动极而静；静而生阴，静极复动。一动一静，互为其根。分阴分阳，两仪立焉。阳变阴合，而生水、火、木、金、土，五气顺布，四时行焉。五行一阴阳也，阴阳一太极也，太极本无极也。五行之生也，各一其性。无极之真，二五之精，妙合而凝。乾道成男，坤道成女。二气交感，化生万物。万物生生，而变化无穷焉。"案此周子根据古说，以说明宇宙者也。古有阴阳五行之说，已见前。二说在后来，久合为一；

而推原其始，则似系两说。以一为二元论，一为多元论也。其所以卒合为一者，则以哲学所求，实为惟一，多元、二元之说，必进于一元而后安。五行之说，分物质为五类，乃就认识所及言之。其后研究渐精，知人所能认识之物质，与其不能认识而指为虚空者，实无二致。其所以或能认识、或不能认识者，则以物质有聚散疏密之不同，自人观之，遂有隐显微著之各异耳。至此，则认识所及之水、火、木、金、土，与认识所不及之至微之气，可以并为一谈。而五行之多元论，进为一元矣。阴阳之说，盖因"男女构精，万物化生"悟入。其始盖诚以阴阳为二体。研究渐精，乃知所谓阴阳者，特人所见现象之异，其本体，初不能谓为不同。于是阴阳二者，可谓同体而异用。乃为之假立一名，曰太极。而阴阳二元之论，亦进为一元矣。二说既同进为一元，自可合并为一说。乃以大极为世界之本体；世界之现象，为人所认识者，实为变动。则以阴阳之变化说之，而二者仍为同体而异用，此所以说世界流转之原理。若以物质言：则一切物之原质，皆为气；水、火、木、金、土，皆此气之所为；万物之错综，则又五行之所淆而播也。气之所以分为五行，五行之所以淆而为万物，则以不可知之太极。无始以来，即有此一静一动之变化也。此乃自古相传之说；周子亦不过融会旧文，出以简括之辞耳，非有所特创也。

中国无纯粹之哲学，凡讲哲学者，其意皆欲措之人事者也。周子亦然。故于说明宇宙之后，即继之以人事。曰："惟人也，得其秀而最灵。"此言人之所以为人也。曰："形既生矣，神发知矣。五性感动，而善恶分，万事出矣。圣人定之以仁、义、中、正，而主静，立人极焉。"此为周子之人生观。凡一元论之哲学，必将精神物质，并为一谈（一物而两面）。此等思想，中国古代，亦已有之。其分人性为仁、义、礼、智、信五端，以配木、金、火、水、土五行是也。周子亦沿其说。思想浅薄之时，恒以为善、恶二者，其质本异；迨其稍进，用知所谓善恶者，其质实无不同，特其所施有当、有不当耳。至此，则二元论进为一元矣。周子之说亦如是。周子既沿旧说，以五性配五行，又总括之为仁义两端，以配阴阳。仁义二者，皆不可谓恶也。更进一步言之，阴阳同体而异用，仁义亦一物而二名（视其所施而名之）。愆阴伏阳，特其用之有当、有不当，而其本体（太极）初无所谓恶；则人之行为，所以或失之刚，或失之柔者，亦不过其用之或有不当，而其本体初无所谓恶；此世界之本体，所以至善，亦人性之所以本善也。然则所谓善恶者，即行为当不当之谓而已（不论其所施，而但论其行为，则无所谓善恶）。世界之现象，自认识言之，无所谓静也，只见其动耳。然自理论言之，固可假设一与动相对之境，名之曰静。本体既无所谓恶；所谓恶者，既皆出于用，则固可谓静为善、动为恶。然则人而求善，亦惟求静境而处之而已矣（恢复本体）。然认识所及，惟是变动；所谓静境，不可得也。乃进一步而为之说曰：世界本体不可见，可见者惟现象，本体既在现象之中。然则静境亦不可得，静即在乎动之中。人之所求，亦曰动而不失其静而已矣（虽堕落现象界，而仍不离乎本体）。动而不失其静者，用而不离乎体之谓也。用而不离乎体者，不失其天然之则之谓也。以几何学譬之：所谓真是，惟有一点；此一点，即人所当守之天则，即至当之动，而周子之所谓中正也。然此一点非有体可得，仍在纷纭蕃变之中。盖人之所为，非以为人，即以为我。为人，仁也：为我，义也。欲求于仁义之外，别有一既不为人、又不为我之行为，卒不可得。然则欲求中正，惟有即仁义之施无不当者求之。而欲求之仁义，亦必毋忘中正而后可。否则不当仁而仁，即为不仁；不当义而义，即为不义矣。故仁义同实而异名，犹之阴阳同体而异用。阴阳之体，所谓太极者，惟有假名，更无实体。仁义之体，所谓中正者亦然也。然则所谓善者，即仁义之施无不当者也。施无不当，则虽动而不离其宗。虽动而不离其宗，则动如未动。动如未动，固可以谓之静，此则周子所谓静也。此为道德之极致，故命之曰“人极”。能循此，则全与天然之则合，所谓“圣人与天地合其德，与日月合其明，与四时合其序，与鬼神合其吉凶”也。能循此者，必获自然之福；而不然者，则必遇自然之祸；所谓“君子修之吉，小人悖之凶”也。此以行为言也。若以知识言：则现象之纷纭蕃变，不外乎阴阳五行；阴阳五行，又不离乎太极。能明此理，则于一切现象，无不通贯矣。所谓“原始要终，故知死生之说”也。周子盖由《易》悟入，亦自以为祖述《易》说，故于篇末赞之曰：“大哉《易》也，斯其至矣”也。

《太极图说》，虽寥寥数百言，然于世界之由来，及人所以自处之道无不备，其说可谓简而赅。宜朱子以为“根极领要；天理之微，人伦之著，事物之众，鬼神之幽，莫不洞然，毕贯于一”也。

《太极图说》，推本天道以言人事，《通书》则专言人事，然其理仍相通。故朱子以为废《太极图说》，则《通书》无所总摄也。《太极图说》所言自然界之理，《通书》名之曰“诚”。诚者，真实无妄之谓。自然界之事，未有不真实者也。故曰：“大哉乾元，万物资始，诚之原也。乾道变化，各正性命，诚斯立焉。”自然界之现象，见其如此；即系如此，更无不如此者之可言，是为诚。自然界之现象，人所认识者，为变动不居；从古以来，未尝见其不动，则动即自然界之本相也。然则诚与“动”一物也，故曰：“至诚则动，动则变，变则化。”圣人当与天地合其德，《通书》以诚称自然界，故亦以诚为圣人之德，曰：“圣，诚而已矣。”人之所知，止于现象。然自理论言之，固可假说一实体界，以与动相对。恶既皆属现象，固可谓由动而生，则动最当慎。此由静而动之境（自实体界入现象界），周子名之曰“几”。所谓“动而未形，有无之间”也。本体无善恶可言，动则有善恶矣。故曰：“诚无为，几善恶。”又曰：“吉凶悔吝生乎动，吉一而已，可不慎乎”也。

动之循乎当然之道者为善，不循乎当然之道者为恶。循乎当然之道者，动而不失其则者也，所谓诚也。不循乎当然之道者，动而背乎真实之理者也，所谓“妄”也（如人四体之动，顺乎生理者为诚,逆乎生理者为妄)。人之动作,贵合乎天然之理,故当祛其妄而复其诚。故曰:"诚,复其本善之动而已矣。不善之动,妄也。妄复则无妄矣。无妄则诚矣。"

本善之动为道。道之名,自人所当循之路言之也。自其畜于身,见于事为者言之,则曰德。德也,道也,二名一实,特所从言之者异耳。德之目周子亦如古说,分为仁、义、礼、智、信,而又以仁义二端总括之。礼者,所以行之而备其条理。智者,所以知之。信者,所以守之。而所行、所知、所守,则仍不外乎仁义。故曰:"圣人之道,仁义中正而已矣。"其说全与《太极图说》合。

人性之有仁义,犹天道之有阴阳,地道之有刚柔,其本体皆不可谓之恶也。故世界本无所谓善,协乎两者之中而已矣;亦无所谓恶,偏乎两者中之一而已矣。故曰:"性者,刚、柔、善、恶,中而已矣(见诸事乃可云仁义。此但就性言,故曰刚柔)。刚:善为义,为直,为断,为严毅,为干固;恶为猛,为隘,为强梁。柔:善为慈,为顺,为巽;恶为懦、弱,为无断,为邪佞。"义也,直也,断也,严毅也,干固也,非实有其体也,刚之发而得其当焉者也;猛也,隘也,强梁也,并非实有其体也,刚之发焉而不得其当者也。柔之善恶视此。然则天下信无所谓善恶,惟有中不中而已。故曰:"惟中也者,和也,中节也,天下之达道也,圣人之事也。故圣人立教,俾人自易其恶,自至其中而止矣。"

然则人何以自易其恶而止于中哉?逐事检点,固已不胜其劳。抑且未知何者谓之中,自亦无从知何者谓之偏。苟能知何者谓之中,则但谨守此中焉足矣。夫人之本体,本能止于中者也。所以失其中者,以其有不当之动也。不当之动,始萌于欲,而终著于事为者也。人能无欲,则自无不当之动矣。无欲,所谓静也,亦所谓一也。无欲则动无不当矣。动无不当,则不离乎当然之境而谓之静,非谓寂然不动,若槁木死灰也。(《通书》曰:"动而无静,静而无动,物也。动而无动,静而无静,神也。动而无动,静而无静,非不动不静也。”此之谓也）故曰：“圣可学乎？曰：可。有要乎？曰：有。请问焉。曰：一为要。一者，无欲之谓也。无欲则静虚动直。静虚则明，明则通；动直则公，公则溥。明通公溥，庶矣乎？”夫人之所求，动直而已；而动直之本，在于静虚；此《太极图说》，所以谓“圣人以主静立人极”也。故“主静”实周子之学脉也。

中者，当然之则而已矣。当然之则，非人人所能知之也。必先求知之，然后能守之。求而知之者，智识问题；既知之，又求行之，则行为问题也。周子为理学开山，但发明其理于修为之方，尚未及详，故注重于思。《通书》曰：“无思而无不通为圣人。不思则不能通微，不睿则不能无不通。是则无不通生于通微，通微生于思。是故思者，圣功之本，而吉凶之几”是也。程朱格物穷理之说，盖本诸此。

以上所言，皆淑身之术也。然一种新哲学之人生观，固不当止于淑身，而必兼能淑世。故曰：“志伊尹之所志，学颜子之所学。”噫！周子之言，内外本末，亦可以谓之兼备矣哉！

周子之说，虽自成为一种哲学，然其源之出于道家，则似无可讳。黄晦木《太极图辩》曰：“周子《太极图》，创自河上公，乃方士修炼之术也。河上公本图，名《无极图》。魏伯阳得之，以著《参同契》。钟离权得之，以授吕洞宾。洞宾后与陈图南同隐华山，而以授陈。陈刻之华山石壁。陈又得《先天图》于麻衣道者。（宋时有所谓《正易心法》者，托之麻衣道者，谓为希夷之学所自出，实则南宋时戴师愈之所伪也。见朱子书《麻衣心易后》《再跋麻衣易说后》）皆以授种放。放以授穆修与僧寿涯。修以《先天图》授李挺之，挺之以授邵天叟，天叟以授子尧夫。修以《无极图》授周子。周子又得先天地之《偈》于寿涯。（晁公武谓周子师事鹤林寺僧寿涯，得其“有物先天地，无形本寂寥。能为万象主，不逐四时凋”之偈。刘静修《记太极图说后》曰：“或谓周子与胡宿、邵古，同事润州一浮屠，而传其《易书》。”所谓润州浮屠，即寿涯也）其图自下而上，以明逆则成丹之法。其重在水火。火性炎上，逆之使下，则火不熛烈，惟温养而和燠。水性润下，逆之使上，则水不卑湮，惟滋养而光泽。滋养之至，接续而不已；温养之至，坚固而不败。其最下圈名为玄牝之门。玄牝即谷神。牝者，窍也；谷者，虚也。指人身命门，两肾空隙之处，气之所由生，是为祖气。凡人五官百骸之运用知觉，皆根于此。于是提其祖气，上升为稍上一圈，名为炼精化气，炼气化神。炼有形之精，化为微芒之气：炼依希呼吸之气，化为出有入无之神；使贯彻于五藏六府，而为中层之左木火、右金水、中土相联络之一圈，名为五气朝元。行之而得也，则水火交媾而为孕。又其上中分黑白而相间杂之一圈，名为取坎填离，乃成圣胎。又使复还于无始，而为最上之一圈，名为炼神还虚，复归无极，而功用至矣。周子得此图，而颠倒其序，更易其名，附于《大易》，以为儒者之秘传。盖方士之诀，在逆而成丹，故从下而上。周子之意，以顺而生人，故从上而下。太虚无有，有必本无，乃更最上圈炼神还虚，复归无极之名曰无极而太极。太虚之中，脉络分辨，指之为理，乃更其次圈取坎填离之名曰阳动阴静。气生于理，名为气质之性，乃更第三圈五气朝元之名曰五行各一性。理气既具，而形质呈，得其全者、灵者为人，人有男女，乃更第四圈炼精化气，炼气化神之名曰乾道成男、坤道成女：得其偏者、蠢者为万物，乃更下圈玄牝之名曰万物化生。”案《参同契》有《水火匡廓》及《三五至精》两图，即周子《太极图》之第二、第三圈也。胡朏明《易图明辨》曰："唐《真玄妙精品》有《太极先天图》，合三轮五行为一，而以三轮中一○，五行下一○为太极。又加以阴静阳动，男女万物之象，凡四大○。阴静在三轮之上，阴动在三轮之下。（三轮左离右坎，水火既济之象。二○上阴下阳，天地交泰之象。《鼎器歌》云："阴在上，阳在奔，即此义也"）男女万物，皆在五行之下。与宋绍兴甲寅朱震在经筵所进周子《太极图》正同。今《性理大全》所载，以三轮之左为阳动，右为阴静，而虚其上下二○，以为大极，乃后人所改，非其旧也。”其说与晦木，又有异同。盖在道家，此图亦非一本也。然《太极图》之源出道家，则无疑矣。然此不过借用其图，其用意则固大异也。

朱、陆无极、太极之辩，亦为理学家一重公案。案此说似陆子误也。《通书》与《太极图说》，实相贯通，已如前说。而梭山谓“《太极图说》与《通书》不类，疑非周子所为；否则其学未成时作，又或传他人之文，后人不辨”似于周子之学，知之未审。象山谓无极二字，出《老子·知其雄章》。以引用二氏之言为罪案，此实宋儒习气。理之不同者，虽措语相同，而不害其为异。理之不易者，凡古今中外，皆不能不从同。安得摭拾字面，以为非难乎？（象山又谓“二程言论文字至多，亦未尝一及无极字。”案即就字面论，儒家用“无极”二字者，亦不但周子。黄百家曰：“柳子厚曰：‘无极之极’。邵康节曰：‘无极之前，阴含阳也。有极之后，阳分阴也。’是周子之前，已有无极之说”）若谓“《系辞》言神无方矣，岂可言无神？言易无体矣，岂可言无易？”则《系辞》乃就宇宙自然之力，无乎不在言之。周子之言，则谓世界本体，无从追原其所自始。其所言者，固异物也。无极而太极，犹佛家言“无始以来”，言“法尔而有”耳。必责作《系辞传》者，推原神与易所自始，彼亦只得云无从说起矣。安得拘泥字面，而疑周子所谓“无极而太极”者，乃谓有生于无，落“断空”之见哉？朱子曰：“无极而太极，犹曰莫之为而为，莫之致而至。乃语势当然，非谓别有一物也。”又曰：“无极二字，乃周子令后之学者，晓然见太极之妙，不属有无，不落方体。”可谓能得周子之意矣。故“无极而太极”之辩，实陆子误会文义，以辞害意也。又陆子谓“一阴一阳，即是形而上者”；朱子则谓“一阴一阳，属于形器。所以一阴一阳者，乃道理之所为”，亦为两家一争端。案此说两家所见本同，而立言未明，遂生辩难。盖陆子之意：以为人之所知，止于现象；现象之外，不得谓更有本体其物，为之统驭。朱子之意：谓现象之然，虽不必有使之然者；然自理论言之，有其然，即可谓有其所以然。固不妨假立一名，名之曰道，而以现象为形器。陆子疑朱子谓本体实有其物，立于现象之外，遂生辩难。若知朱子所谓道者，乃系就人之观念，虚立一名，而非谓实有其物，则辩难可以无庸矣。陆子曰："直以阴阳为形器，而不得为道，尤不敢闻命。《易》之为道，一阴一阳而已。先后，始终，动静，晦明，上下，进退，往来，阖辟，盈虚，消长，尊卑，贵贱，表里，隐显，向背，顺逆，存亡，得丧，出入，行藏，何适而非一阴一阳哉？奇耦相寻，变化无穷，故曰其为道也屡迁。"朱子曰："若以阴阳为形而上者，则形而下者，复是何物？熹则曰：凡有形有象者皆器也，其所以为是器之理则道也。如是，则来书所谓始终、晦明、奇耦之属，皆阴阳所为之形器。独其所以为是器之理，乃为道耳。"此则谓现象之所以然；虽不可知；然自理论言之，不得不分为两层：名其然曰器，名其所以然曰道也。此特立言之异，其意固不甚悬殊也（朱陆辩论之辞甚多，除此节所举两端外，皆无甚关系，故今不之及。朱子论道与形器之说，须与其论理气之说参看。又案太极、两仪等，皆抽象之名，由人之观念而立。后人或误谓实有其物，遂生轇轕。许白云曰："太极，阴阳，五行之生，非如母之生子，而母子各具其形也。太极生阴阳，而太极即具阴阳之中；阴阳生五行，而太极、阴阳，又具五行之中，安能相离也？何不即五行一阴阳、阴阳一太极之言观之乎？"其言最为明析。昔之讲哲学者，不知有认识论，此太极、阴阳、理气等说，所以轇轕不清也）。

象山之学

一种学问，必有其兴起之时，亦必有其成熟之时。兴起之时，往往万籁争鸣，众源并发。至成熟之时，则渐汇为一二派。北宋之世，盖一种新哲学兴起之时；南宋之世，则渐就成熟之时也。其时讲学有名者，乾淳三先生而外，当推陆象山。乾淳三先生：吕之学较粗，其后遂流为永嘉、永康两派。虽可谓独树一帜，然在宋代学派中，不过成割据之局。南轩之学，与朱子大同，并不能独树一帜。（南轩亦主居敬穷理，惟稍侧重于居敬耳。其说谓"必先从事于敬，使人欲浸除，乃可以言格物。否则辨择于发见之际，恐不免于纷扰。"案此等议论，朱子亦非无之。朱子谓"南轩伯恭之学皆疏略。南轩疏略，从高处去。伯恭疏略，从卑处去。"盖谓其操持之功稍欠。至其学问宗旨，则无甚异同也）其与朱学对峙，如晋楚之争霸中原者，则象山而已。

朱子谓"上蔡之说，一转而为张子韶，张子韶一转而为陆子静"。又谓"上蔡说仁说觉，分明是禅"。又云："如今人说道，爱从高妙处说，便入禅去。自上蔡以来已然。"又谓"明道说话浑沦。然太高，学者难看"。又云："程门高第，如谢上蔡、游定夫、杨龟山，稍皆入禅学去。必是程先生当初说得高了，他们只睥见上一截，少下面着实工夫，故流弊至此。"然则象山之学，实远承明道。（象山不甚称伊川，而称明道处极多）盖道理自有此两派，至南宋众流渐汇时，朱陆各主其一也（上蔡以有知觉痛痒为仁。又曰："桃杏之核，为种而生者谓之仁，言有生之意。"又曰："尧舜汤武事业，只是与天理合一。几曾做作？盖世的功业，如太空中一点云相似，他把做什么？"说皆极似象山。然实自明道《识仁》《定性篇》出）。

朱陆之异，象山谓"心即理"，朱子谓"性即理"而已。惟其谓性即理，而心统性情也，故所谓性者，虽纯粹至善；而所谓心者，则已不能离乎气质之累，而不免杂有人欲之私。惟其谓心即理也，故万事皆具于吾心；吾心之外，更无所谓理；理之外，更无所谓事。一切工夫，只在一心之上。二家同异，后来虽枝叶繁多，而溯厥根源，则惟此一语而已。

《象山年谱》云："象山三四岁时，思天地何所穷际，不得，至于不食。父呵之，乃姑置，而胸中之疑终在。后十余岁，读书，至宇宙二字，解者曰：四方上下曰宇，往古来今曰宙。忽大省，曰：元来无穷。人与天地万物，皆在无穷之中者也。乃援笔书曰：宇宙内事，乃己分内事。己分内事，乃宇宙内事。又曰：宇宙便是吾心，吾心即是宇宙。东海有圣人出焉，此心同，此理同也。西海有圣人出焉，此心同，此理同也。南海北海有圣人出焉，此心同，此理同也。千百世之上，有圣人出焉，此心同，此理同也。千百世之下，有圣人出焉，此心同，此理同也。"象山之摄万有于一心，自小时已然矣。

惟其然也，故象山之学，极为"简易直截"（此阳明称之之语）。其言曰："道遍满天下，无些小空阙。四端万善，皆天之所予，不劳人妆点。但是人自有病，与他相隔了。"此言人心之本善也。又曰："此理充塞宇宙。所谓道外无事，事外无道。舍此而别有商量，别有趋向，别有规模，别有形迹，别有行业，别有事功，则与道不相干；则是异端，则是利欲；谓之陷溺，谓之臼窠；说只是邪说，见只是邪见。"此言欲做工夫，惟有从事于一心也。又曰："涓涓之流，积成江河。泉源方勋，虽只有涓涓之微，却有成江河之理。若能不舍昼夜，如今虽未盈科，将来自盈科；如今虽未放乎四海，将来自放乎四海。然学者不能自信，见夫标末之盛者，便自慌忙，舍其涓涓而趋之。却自坏了。曾不知我之涓涓，虽微，却是真；彼之标末，虽多，却是伪。恰似担水来，其涸可立而待也。"此言从事于此一途者之大可恃也。象山尝曰："余于践履，未能纯一。然才自警策，便与天地相似。"又语学者："念虑之不正者，顷刻而知之，即可以正。念虑之正者，顷刻而失之，即可不正。"又谓："我治其大而不治其小，一正则百正。"诚不愧简易直截矣。

象山之学，实阳明所自出，放其言有极相似者。如曰："人精神在外,至死也劳攘。须收拾作主宰。收得精神在内。当恻隐,即恻隐;当羞恶,即羞恶。谁欺得你?谁瞒得你?”居象山,多告学者曰:“汝耳自聪,目自明;事父自能孝,事兄自能弟。本无欠阙,不必他求,在自立而已。”皆与阳明如出一口。

象山之学,以先立乎其大者为主。故于傍人门户,无所自得者,深鄙视之。于包藏祸心,作伪于外者,尤所痛绝。其言曰:“志于声色货利者,固是小。剿摸人之言语者,与他一般是小。”又曰:“学者须是打叠田地净洁,然后令他奋发植立。若田地不净洁,则奋发植立不得;亦读书不得。若读书,则是借寇兵,资盗粮。”象山非谓不当读书,亦非谓不当在事上磨炼。特如吾侪今日之居心,则自象山视之。皆不足读书,亦不足磨炼者耳。所谓先立乎其大者也。

象山与阳明,学皆以心为主,故有心学之称。凡从事于心学者,其于外务必较疏,自省之功则较切;其能发觉心之病痛,亦较常人为深。故其言多足发人深省。象山策励人之语曰:“要当轩昂奋发,莫恁地沉埋在卑陋凡下处。”又云:“彘鸡终日营营,无超然之意。须是一刀两断。何故营营如此?营营底讨个什么?”此等语,真是暮鼓晨钟,令吾辈日在世情路上讨生活者,悚然汗下矣。陆子之访朱子于南昌也,朱子请登白鹿洞讲席,讲“君子喻于义”一章。后刻其文于石。其言曰:“此章以义利判君子小人,辞旨晓白。然读之者苟不切己观省,恐亦未能有益也。某平日读此,不无所感。窃谓学者于此,当辨其志。人之所喻,由其所习;所习由其所志。志乎义,则所习者必在于义;所习在义,斯喻于义矣。志乎利,则所习者必在于利;所习在利,斯喻于利矣。故学者之志,不可不辨也。科举取士久矣。名儒巨公,皆由此出。今为士者,固不能免此。然场屋之得失,顾其技与有司好恶如何耳。非所以为君子小人之辨也。而今世以此相尚。使汩没于此,而不能自拔,则终日从事者,虽曰圣贤之书，而要其志之所乡，则有与圣贤背而驰者矣。推而上之，则又惟官资崇卑、禄廪厚薄是计。岂能悉心力于国事民隐，以无负于任使之者哉？从事其间，更历之多，讲习之熟，安得不有所喻？顾恐不在于义耳。诚能深思是身，不可使之为小人之归，其于利欲之习，但焉为之痛心疾首；专志乎义，而日勉焉。博学，审问，慎思，明辨而笃行之。由是而进于场屋，其文，必皆道其平日之学，胸中之蕴，而不诡于圣人。由是而仕，必皆供其职，勤其事；心乎国，心乎民；而不为身计。其得不谓之君子乎？"此文滑口读过，亦只平平。细思之，真乃一棒一条痕，一掴一掌血。宜乎朱子谓其"切中学者隐微深痼之病"；而能令听者悚然动心，至于泣下也。夫钧是人也，或为大人，或为小人，何也？流俗不察，或曰：是地位为之，遭际为之。斯固然也。然人即至贫至贱，必有可以自奋之途。何以并此而不能为？解之者或曰："人固有智愚贤不肖之不同，天限之也。斯固然也。然尚论古人，纵观并世，或则立德，或则立功，或则立言，其天资高于我者固多，才智仅与我等者亦自不乏，而何以彼有成而我无成？解者将曰：彼学焉，我未尝学。彼学，我何以不学？流俗或又将曰：地位为之，遭际为之。然则我之地位，我之遭际，果所成就者，必止于我之今曰：而我之所以自靖者，已毫发无遗憾乎？无论何人，不敢应曰然也。推论至此，则图穷而匕首见矣。志为之也。天下尽有在同一境地中，彼之所见，此则不见；彼之所闻，此则不闻者。否则同在一学校中，所读之书同也，所师所友亦相同，因天资之高下，学业成就，有浅深大小可也：而何以或为圣贤，或为豪杰，或为中庸，或且入于下流哉？无他。初则好恶不同，因好而趋之，因恶而去之。久之，则所趋者以习焉而愈觉其便安，虽明知其非，而不能去；甚或入鲍鱼之肆，久而不知其臭。所恶者以不习焉而日益荆棘，虽明知其善，亦无由自奋以趋之；甚或并不知其善矣。此则陆子所谓所喻由其所习，所习由其所志者也。

人徒见两方向相反之线，引而愈远，而恶知其始之发自一点哉？吾侪今日所志，果何如乎？诚有如陆子所谓先立必为圣贤之志者乎？抑亦如陆子所谓从事圣贤之书，而志之所向，则与圣贤背驰者乎？由前之说，则即陆子所谓才自警策，便与天地相似者，何善如之？由后之说，则岂徒不能上进为圣贤，诚恐如陆子所云：更历愈多，讲习愈熟，所喻愈深，而去圣贤且益远也。可不惧哉？"

工夫既惟在一心，则从事于学者，首须将"田地打扫洁净"。然此事最难。陆子曰："人心只爱去泊着事。教他弃事时，如猢狲失了树，更无住处。"又曰："内无所累，外无所累，自然自在。才有一些子意，便沉重了。"（恒人所好，不越声色货利名位之私。终日泊着事，则将如彘鸡之终日营营，无超然之意矣。凡事根株尽绝最难。世非无自谓能超然于利欲之外者。然试一自检勘，果能无一些子意，而免于陆子所谓沉重之患者乎？不可不深自省也）谓此义也。然此自谓不可牵累于物欲。至于心地澄澈，然后去理会事物，则非徒无害，抑且有益。所谓"大纲提掇来，细细理会去"也（所谓先立乎其大者也）。又人之所知，固由其最初意之所向。然所知愈多，所志亦愈大，故知识亦不可以已。陆子曰："夫子曰：吾十有五，而志于学。今千百年，无一人有志，也是怪他不得。志个甚底？须是有智识，然后有志愿。"又曰："人要有大志，常人汩没于声色富贵间，良心善性，都蒙蔽了。今人如何便解有志，须先有智识始得。"诋陆王之学者，每谓其尽弃万事，专主一心，其实殊不然也（《朱子语录：》："子静只是拗。伊川云：惟其深喻，是以笃好。子静必要云好后方喻。看来人之于义利，喻而好也多。若全不晓，又安能好。然好之则喻矣。毕竟伊川说占得多。"案喻而后好，好而后谕，自常识言之。两说皆通，莫能相破。必深论之，则好之与喻，原系一事，不过分为两语耳。此亦见阳明知行合一之说之确也）。

朱陆异同，始于淳熙三年乙未鹅湖之会，而成于乙巳丙午之间。乙未之岁，朱子年四十六，象山年三十七。东莱以二家讲学有异同，欲和会之，约会于信州之鹅湖寺。朱子及复斋、象山皆会。《象山语录》："先兄复斋谓某曰：伯恭约元晦为此集，正为学术异同。某兄弟先是不同，何以望鹅湖之同？先兄遂与某议论致辩。又令某自说。至晚罢。先兄云：子静之说是。次早，某请先兄说。先兄云：某无说。夜来思之，子静之说极是。方得一诗云：孩提知爱长知钦，古圣相传只此心。大抵有基方筑室，未闻无址忽成岑。留情传注方榛塞，着意精微转陆沉。珍重友朋勤琢切，须知至乐在于今。某云：诗甚佳。但第二句微有未安。先兄云：说得恁地，又道未安，更要如何？某云：不妨一面起行，某沿途却和此诗。及至鹅湖，伯恭首问先兄别后新功。先兄举《诗》。才四句，元晦顾伯恭曰：子寿早已上子静船了也。举诗罢，遂致辨于先兄。某云：某途中和得家兄此诗：墟墓兴哀宗庙钦，斯人千古不磨心。涓流积至沧溟水，卷石崇成泰华岑。易简工夫终久大，支离事业竟浮沉。举诗至此，元晦失色。至末二句云：欲知自下升高处，真伪先须辨自今。元晦大不怿。于是各休息。翌日，二公商量数十折。议论来莫不悉破其说。继日，凡致辩，其说随屈。伯恭甚有虚心相听之意，竟为元晦所尼。"所谓议论数十折者，悉已不可得闻。惟《象山年谱》，谓"鹅湖之会，论及教人。元晦之意，欲令人泛观博览，而后归之约；二陆之意，欲先发明人之本心，而后使之博览。朱子以陆之教人为太简，陆以朱之教人为支离"而已。《朱子年谱》曰："其后子寿颇悔其非，而子静终身守其说不变。"案子寿以五年戊戌，访朱子于铅山。是岁，朱子与吕伯恭书曰："近两得子寿兄弟书，却自讼前日偏见之说。不知果如何？"庚子，东莱与朱子书曰："陆子寿前日经过，留此二十余日。幡然以鹅湖所见为非。甚欲着实看书讲论。心平气下，相识中甚难得也。"是岁，九月，子寿卒。朱子祭之以文，有曰："别未岁时，兄以书来。审前说之定，曰子言之可怀。逮予辞官而未获,停骖道左之僧斋。兄乃枉车而来教,相与极论而无猜。自是以还,道合志同"云云。此所谓子寿颇悔其非者也。象山则庚子朱子答吕伯恭书曰:"其徒曹立之者来访。持得子静答渠书与刘淳叟书。却说人须是读书讲论。然则自觉其前说之误矣。但不肯翻然说破今是昨非之意,依旧遮前掩后,巧为词说。"又一书云:"子静似犹有旧来意思。闻其门人说:子寿言其虽已转步,而未曾移身。然其势久之亦必自转。回思鹅湖讲论时,是甚气势?今何止十去七八邪?"案陆子但欲先发明人之本心,而后使之博览,非谓不必读书讲论。则朱子谓其自觉前说之误,实属亿度之辞。在陆子,初未尝改。故辛丑朱子答吕伯恭书,谓"子静近日讲论,此旧亦不同。但终有未尽合处"。又一书云:"子静旧日规模终在。"此则所谓子静终身守其说不变者也。朱子癸卯答项平父书曰:"大抵子思以来,教人之法,惟以尊德性、道问学两事,为用力之要。今子静所说,专是尊德性事。而熹平日所论,却是道问学上多了。所以为彼学者,多持守可观;而看得义理,全不仔细。又别说一种杜撰道理遮盖,不肯放下。而熹自觉,虽于义理不敢乱说,却于紧要为己为人上,多不得力。今当反身用力,去短截长,集思广益,庶几不堕一边耳。"又答陈肤仲书:"陆学固有似禅处。然鄙意近觉婺州朋友,专事见闻,而于自己身心,全无功夫。所以每劝学者兼取其善。要得身心稍稍端静,方于义理知所抉择。吾道之衰,正坐学者各守己偏,不能兼取众善,所以终有不明不行之弊。"丙午答陆子静书:"道理虽极精微,然初不在耳目见闻之外。是非黑白,即在面前。此而不察,乃欲别求玄妙于意虑之表,亦已误矣。迩来日用功夫,颇觉有力,无复向来支离之病。甚恨未得从容面论。未知异时相见,尚复有异同否耳?"虽仍各持一说,议论颇极持平。循是以往,未必不可折衷和会。然癸卯岁,朱子撰《曹立之墓表》,陆子之徒,谓攻其短,颇为不平。丙午,朱子答程正思书,又谓“去年因其徒来此，狂妄凶狠，手足尽露，乃始显然鸣鼓攻之”。而辟陆学之语又多矣。然及淳熙十五年戊申，无极太极之辩，词气虽少愤戾，究仍以辨析学术之意为多。盖朱陆两家，学问途辙，虽或不同，其辩论亦止于是。至于入主出奴，叫嚣狂悖，甚有非君子之词者，则其门下士意气用事者之失；及后世姝姝暖暖者，推波助澜之为之也。

朱子之学，所以与陆子异者？在陆子以心为至善，而朱子则谓心杂形气之私，必理乃可谓之至善。故《语录》谓“陆子静之学，千般万般病，只在不知有气禀之杂，把许多粗恶的气，都把做心之妙理，合当恁地，自然做将去”也。其所以一认心为至善，一以心为非至善者？则以陆子谓理具于心，朱子谓理在心外。陆子曰：“天理人欲之言，亦不是至论。若天是理，人是欲，则天人不同矣。此其源盖出于老氏。《乐记》曰：人生而静，天之性也。感于物而动，性之欲也。物至知知，然后好恶形焉。不能反躬，天理灭矣。天理人欲之言，盖出于此？《乐记》之言，亦根于老氏。”排天理人欲之说，即谓理出于心也。朱子曰：“古人之学，所贵于存心者，盖将推此以穷天下之理。今之所谓识心者，乃欲恃此而外天下之理。”（《答方宾王书》）则明谓理在心外矣。然二家谓理在心之内外虽异，而其谓理之当顺则同。陆子与朱济道书曰：“此理在宇宙间，未尝有所隐遁。天地之所以为天地者，顺此理而无私焉耳。人与天地并立为三极，安得自私而不顺此理哉？”其说与朱子初无以异。此其所以途辙虽殊，究为一种学问中之两派也。

刘蕺山曰：“世言上等资质人，宜从陆子之学；下等资质人，宜从朱子之学。吾谓不然。惟上等资质，然后可学朱子。以其胸中已有个本领，去做零碎工夫，条分缕析，亦自无碍。若下等资质，必须识得道在吾心，不假外求，有了本领，方去为学。不然，只是向外驰求，误却一生矣。”又曰：“大抵诸儒之见，或同或异，多系转相偏矫，因病立方。尽是权教。至于反身力践之间，未尝不同归一路。”黄梨洲《明儒学案发凡》曰：“学问之道，以各人自用得著者为真。凡倚门傍户，依样葫芦者，非流俗之士，则经生之业也。此编所刊，有一偏之见，有相反之论。学者于其不同处，正宜着眼理会。所谓一本而万殊也。以水济水，岂是学问？”此数条，皆足为争朱陆异同者，痛下针砭。

象山之学，当以慈湖为嫡传。而其流弊，亦自慈湖而起。象山常说颜子克己之学。其所谓克己者，非如常人，谓克去利害愤欲之私也。乃谓于意念起时，将来克去。意念克去，则还吾心体之本然。此心本广大无边，纯粹至善。功力至此，则得其一，万事毕矣。慈湖尝撰《己易》，谓天地万物皆一道，道即易，易即吾心。（大旨谓“天者吾性中之象，地者吾性中之形。在天成象，在地成形，皆吾之所为也。坤者，乾之两者也；其他六卦，乾之错综者也。故举天下非有二物”）此即象山“宇宙内事，皆己分内事；己分内事，乃宇宙内事”之说也。又谓人当以天地为己，不当以耳目鼻口为己，此则克去己私之本。盖人与道本一，（道与天地万物为一）所以隔之者乃私意，而私意由形体而起也（由我而起）。职是故，慈湖之学，以“不起意”为宗。所谓意者？慈湖谓其状不可胜穷。“穷日之力，穷年之力，纵说横说，广说备说，不可得而尽。”要之由己而起者皆是（以形体为己之己）。然则心与意奚辨？曰：“一则为心，二则为意。直则为心，支则为意。通则为心，阻则为意。”（以天地万物为一体为心，物我相对待为意）人心本与道一，意则蔽之。故须将意克尽心体乃复见也。人之恶，何一非由意而起？苟能从此克去，则一切恶一扫而空。此诚最根本之义，亦最简易之法矣。然此语谈何容易？吾人自旦之暮，自暮至旦，刻刻不断，生息于意念之中者，既非一日；加以众生业力，相熏相染；直是意即我，我即意。一朝觉悟，而欲克去，所费功力，盖十百千万于建立事功，研求学问者而未有已也。能见及此，不过觉悟之始。自此以往，功力方将无穷。而慈湖以救当时学者沉溺于训诂词章之习，所说多在绝意明心，而不及于斩艾持守。及门弟子，遂以入门义为究竟法。偶有所见，即以为道在是，而不复加省察克治之功。后来王门之弊，亦多如是。此则自谓得心体之本然，而不知其仍息于意念之中也。（《己易》："昏者不思而遂己，可乎？曰：正恐不能遂己。诚遂己，则不学之良能，不虑之良知，我所自有也；仁义礼知，我所自有也；万善自备也，百非自绝也；意必固我，无自而生也；虽尧、舜、禹、汤、文、武、周公、孔子，何以异于是？"此中正恐"不能遂己"一句，最须注意。袁絜斋称慈湖："平生践履，无一瑕玷。处闺门如对大宾，在暗室如临上帝。年登耄耋，兢兢敬谨，未尝须臾放逸。"可见其持守之严）此固学者之误，不能以咎慈湖。然慈湖立教之少偏，似亦不能辞其责矣。袁洁斋宗旨，与慈湖同。然其教人，谓"心明则本立"，又谓"当精思以得之，兢业以守之"，似较慈湖为周备也。

阳明之学

阳明之学，盖远承象山之绪。而其广大精微，又非象山所及。一种哲学，必有其特异之宇宙观及人生观。此理前已言之。阳明之学，虽不能离乎宋儒，而别为一学；然以佛教譬之，固卓然立乎程朱之外，而自成一宗者矣。其宇宙观及人生观，果有以特异于程朱乎？曰：有。

宋学至朱子而集其大成。其异乎朱子者，如陆子，则当阳明时，其说不甚盛行。故朱子之学，在当时，实宋学之代表也。朱子以宇宙之间，有形迹可指目想象者，皆名为气；而别假设一所以然者，名之曰理。形迹之已然者，不能尽善；然追溯诸未然之时，固不能谓其必当如是。故以理为善，凡恶悉委诸气。本此以论人，则人人可以为善，而未必人人皆能为善。其可以为善者理，使之不能为善者气也。于是分性为义理、气质两端。义理之性，惟未生时有之；已堕形气之中，则无不杂以气质者。人欲为善，必须克去其气质之偏，使不为天理之累而后可。朱子论理气及人性之说如此。

阳明之说则不然。阳明以理、气为一，谓："理者气之条理，气者理之运用。无条理固不能运用；无运用，亦无所谓条理矣。"然则所谓理与气者，明明由人之观念，析之为二，在彼则实为一物也。然则理不尽善，气亦不尽善乎？曰：不然。理者，气之流行而不失其则者也。春必继以夏，秋必继以冬，此即气之流行之则，即是理，纯粹至善者也。其流行之际，不能无偶然之失。则如冬而燠，夏而寒，是为愆阳伏阴。愆阳伏阴，卒归于太和。可见流行虽有偶差，主宰初未尝失。主宰之不失，即至善也（阳明门下，论理气合一最明白者，当推罗整庵。整庵之说曰："通天地，亘古今，无非一气而已。气本一也，动静往来，阖辟升降，循环无已，积微而著，由著复微。为四时之温凉寒暑，为万物之生长收藏，为斯民之日用彝伦，为人事之成败得失。千条万绪，纷纭轇轕，而卒不克乱。莫知其所以然而然。是即所谓理也。初非别有一物，依于气而立，附于气以行。或因易有大极之说，乃疑阴阳之变易，类有一物主宰乎其间，是不然矣。""理者气之条理"之说，虽畅发于阳明，实亦道原于宋儒。张子谓"虚空即气"，"天地之气，虽聚散攻取百途，然其为理也，顺而不妄'；程子谓"天地之化，一息不留。疑其速也，然寒暑之变甚渐"；朱子曰："有个天理，便有个人欲。盖缘这天理有个安顿处。才安顿得不恰好，便有个人欲出来"，皆阳明之说之先河也）。

推此以论人，则气即心，理即性。心与性之不可歧而为二，犹理与气之不可歧而为二也。宇宙全体，无之非气，即无之非理。人禀气以生，即禀理以生也。人心千头万绪，感应纷纭而不昧。其感应，流行也；其不昧，主宰也。感应不能无失，犹气之流行，不能无愆阳伏阴。其终能觉悟其非，则即其主宰之不昧也。故理善气亦善，性善心亦善（上知下愚，所禀者同是一气。然一知一愚者，上知所禀之气清，下愚所禀之气浊也。同一气也，而有清浊之分，何也？曰：气不能无运行，运行则有偏胜杂糅之处。有偏胜杂糅，斯有清浊矣。然论其本，则同是一气。恶在偏胜杂糅，不在气也。故气不可谓之恶。故曰性善。宋儒以人之不善，归咎于气质。阳明则归咎于习。所谓习者，非有知识后始有，并非有生后始有，禀气时即有之。气之偏胜，即习之所从出也。如仁者易贪，知者易诈，勇者易暴。其仁即圣人之仁，其知即圣人之知，其勇即圣人之勇；以其所禀者，与圣人同是一气也。其所以流于贪、诈、暴者，则以其气有偏胜故。此当学以变化之。惟虽有偏胜，而其本质仍善，故可变化。若其质本恶，则不可变矣。阳明之说如此，实亦自宋儒之说一转手耳。失在流行，不在本体，故只有过不及，无恶）。

气之流行而不失其则者，理也；心之感应而不昧其常者，性也。理与气非二，则性与心非二。欲知气之善，观其流行而不失其则，则知之矣；欲求心之善，于其感应之间，常勿失其主宰，即得之矣。此主宰，即阳明之所谓知也。而致良知之说以立。

夫谓良知即人心之主宰者，何也？阳明以天地万物为一体。其言曰："自其形体而言谓之天。自其主宰而言谓之帝。自其流行而言谓之命。自其赋于人而言谓之性。自其主于身而言谓之心。心之发谓之意。意之体谓之知。其所在谓之物。"盖宇宙之间，本无二物。我之所禀以生者，即宇宙之一部分；其原质，与天地万物无不同。（故曰：人与天地万物一体，非以天地万物为一体也。阳明之言曰："人的良知，就是草木瓦石的良知。岂惟草木瓦石，天地无人的良知，亦不可为天地矣。盖天地万物，与人原是一体。其发窍之最精处，是人心一点灵明。故五谷禽兽之类，皆可以养人；药石之类，皆可以疗疾。只为同此一气，故能相通耳。”钱绪山曰：“天地间只有此知。天只此知之虚明；地只此知之凝聚；鬼神只此知之妙用；日月只此知之流行；人与万物，只此知之合散；而人只此知之精粹也。此知运行，万古有定体，故曰太极。无声臭可即，故曰无极。”欧阳南野曰：“道塞乎天地之间，所谓阴阳不测之神也。神凝而成形，神发而为知。知也者，神之所为也。神无方无体。其在人，为视听，为言动，为喜怒哀乐。其在天地万物，则发育峻极。故人之喜怒哀乐，与天地万物，周流贯彻，而无彼此之间”云云。阳明之学，于一元之论，可谓发挥尽致矣）而此原质，自有其发窍最精之处。此处即我之心。心也，意也，知也，同物而异名。故用力于知即用力于心。而用力于心，即用力于造成我之物质发窍最精之处也。此致良知之说所由来也。

不曰用力于心，而曰用力于知者，何也？曰：心、意、知同体不离；舍意则无以见心，舍知则无以见意也。故曰：“心无体，以知为体。”然知亦非能离所知而独存也。故曰：“知无体，以感应是非为体。”“心之本体至善，然发于意则有善有不善。”此犹主宰虽是，而流行之际，不能无差也。意虽有善有不善，“然知是知非之知，未尝不知”。则犹流行偶差，而主宰常存也。心之体，既必即意与知而后可见，则欲离意与知而用力于心者，自系邪说波辞。故曰：“欲正心者，本体上无可用功。必就其发动处著力。知其是而为之，知其非而不为，是为致知。知至则意诚，意诚则心正，心正则身修。故曰：大学之要，在于诚意。诚意之功，在于格物。诚意之极，厥惟止至善”也。阳明之学之纲领如此。

所谓格物者，非谓物在外而以吾心格之也。意之所在谓之物。故曰：“意在于事亲。事亲便是一物。意在于事君，事君便是一物。意在于仁民爱物，仁民爱物，便是一物。意在于视听言动，视听言动，便是一物。”意之所在谓之物何也？曰：“一念未萌，则万境俱寂。念之所在，境则随生。如念不注于目前，则泰山觌面而不睹；念苟注于世外，则蓬壶遥隔而成象”矣。（塘南之言）盖知者能知，物者所知。所之不能离能，犹能之不能离所也。故曰：“无心外之理，无心外之物。”故理一者，在我之主宰；分殊者，主宰之流行。故曰：“物之无穷，只是此心之生生”而已。故无所谓物之善不善，只有此心之正不正也（塘南曰：“事之体，强名曰心。心之用，强名曰事。其实只是一件，无内外彼此之分也。故未有有心而无事，有事而无心者。故充塞宇宙，皆心也，皆事也，皆物也。”又曰：“心常生者也。自其生生而言，即谓之事。心无一刻不生，即无一刻无事。事本心，故视听言动，子臣弟友，辞受取予，皆心也。洒扫应对，便是形而上者。学者终日乾乾，只默识此心之生理而已。时时默识，内不落空，外不逐物，一了百了，无有零碎本领之分也。”又曰：“盈天地间皆物也，何以格之？惟以意之所在为物，则格物之功，非逐物，亦非离物也。至博而至约矣。”尤西川《格训通解》曰：“阳明格物，其说有二，曰：知者意之体，物者意之用。如意在于事亲，即事亲为一物。只要去其心之不正，以全其本体之正。故曰：格者正也。又曰：致知在格物者，致吾心之良知于事事物物。致吾心之良知于事事物物，则事事物物皆得其理矣。致吾心之良知者，致知也。事事物物，皆得其理者，物格也。前说似专举一念，后说则并举事物，若相戾者。然性无内外，而心外无物，二说只一说也。”西川，名时熙，字季美，洛阳人）。

流行、主宰，即是一事。主宰即见于流行之中。非离乎流行，而别有其寂然不动之一时也。故心之动静，亦非二时。欲正心者，必动静皆有事焉。阳明曰：“太极生生之理，妙用无息，而常体不易。太极之生生，即阴阳之生生。就其生生之中，指其妙用无息者，而谓之动，谓之阳之生，非谓动而后生阳也。指其常体不易者，而谓之静，谓之阴之生，非谓静而后生阴也。若静而后生阴，动而后生阳,则是阴静阳动,截然各自为一物矣。”此就宇宙言也。推诸吾心亦如此。故曰:“心无动静者也。其静也者,以言其体也;其动也者,以言其用也。故君子之学,无间于动静。其静也,常觉而未尝无也,故常应;其动也,常定而未尝有也,故常寂。常应常寂,动静皆有事焉,是之谓集义。所谓动亦定,静亦定者也。心一而已。静其体也,而复求静根焉,是挠其体也。动其用也,而惧其易动焉,是废其用也。故求静之心即动也,恶动之心非静也。是之谓动亦动,静亦动。故循理之谓静,从欲之谓动。”阳明正心之说,皆自其宇宙观来。故曰:必有新宇宙观,而后有新人生观。人生观与宇宙观,实不容分析为二也。(阳明曰:“告子只在不动心上著功。孟子便真从此心原不动处分晓。心之本体,原是不动的。只为所行有不合义,便动了。孟子不论心之动不动,只是集义。所行无不是义,此心自然无可动处。”《传习录》:“无善无恶者理之静,有善有恶者气之动。不动于气,即无善无恶,是为至善。曰:佛氏亦无善无恶,何以异?曰:佛氏著在无上,便一切不管。圣人无善无恶,只是无有作好,无有作恶。不作好恶,非是全无好恶。只是好恶一循于理,不去著一分意思,即是不曾好恶一般。曰:然则好恶全不在物?曰:只在汝心。循理便是善,动气便是恶。世儒惟不知此,舍心逐物,将格物之学错看了。”)

阳明之学,虽极博大精微,然溯其源,则自“心即理”一语来而已。故曰:阳明之学,远承象山之绪也。然其广大精微,则实非象山所及。此亦创始者难为功,继起者易为力也。

人心不能无妄动。然真、妄原非二心,故苟知其妄,则妄念立除,而真心此即立现。故曰:“照心非动者,以其发于本体明觉之自然,而未尝有所动也。妄心亦照者,以其本体明觉之自然者,未尝不存于其中,但有所动耳。无所动即照矣。”夫妄心之所以能觉者,以良知无时而不在也。故曰:“七情顺其自然之流行,皆是良知之用。但不可有所著。七情有著，俱谓之欲。（有著即所谓动也。阳明又曰："理无动者也，动即为欲。"然"才有著时，良知亦自会觉。觉即蔽去，复其本体矣。此处能看得破，方是简易透测工夫。"又曰："虽妄念之发，而良知未尝不在。但人不知存，则有时而或放耳。虽昏塞之极，而良知未尝不明。但人不知察，则有时而或蔽耳。"又曰，"良知无过不及，知过不及的是良知。"夫如是，则为善去恶之功，实惟良知是恃。故曰："一点良知，是尔自家的准则。是便知是，非便知非，更瞒他一些不得。尔只不要欺他；实实落落，依他做去；善便存，恶便去。何等稳当？此便是致知的实功"）

人心虽动于妄，而良知未尝不知，故致知之功，实大可恃。良知虽无时不存，而不能不为物欲所蔽，故致知之功，必不容缓。以良知为足恃，而遂忘致之之功，则所谓良知，亦终为物欲所蔽耳。故曰："良知之发，更无私意障碍，即所谓充其恻隐之心，而仁不可胜用。常人不能无私意，所以须用致知格物之功。"又曰："知得善，却不依这个良知便做去。知得不善，却不依这个良知，便不去做。这个良知，便遮蔽了。"又曰："天理即是良知。良知愈思愈精明。若不精思，漫然随事应去，良知便粗了。"然"学以去其昏蔽，于良知之本体，初不能有加于毫末"，此义亦不可不知。

知是知非之良知，不能致即将昏蔽，于何验之？曰：观于人之知而不行，即知之矣。盖良知之本体，原是即知即行。苟知之而不能行，则其知已非真知，即可知其为物欲所蔽矣。"徐爱问：今人尽有知父当孝、兄当弟，却不能孝、不能弟，知行分明是两件。曰：此已被人欲间断，不是知行本体。未有知而不行者。知而不行，只是未知。圣贤教人知行，正是要复那本体。故《大学》指个真知行与人看：说如好好色，如恶恶臭。见好色属知，好好色属行。只见好色时，已自好了；不是见后又立个心去好。闻恶臭属知，恶恶臭属行。只闻恶臭时，已自恶了；不是闻后别立个心去恶。（龙溪曰：

“孟子说孩提之童，无不知爱其亲；及其长也，无不知敬其兄。止曰知而已；知便能了，更不消说能爱能敬。”）知是行的主意，行是知的工夫。知是行之始，行是知之成。若会得时，只说一个知，已自有行在；只说一个行，已自有知在。（故曰：“知之真切笃实处便是行，行之明觉精察处便是知。”龙溪曰：“知非见解之谓，行非履蹈之谓，只从一念上取证。”）古人所以既说知，又说行者？只为世间有一种人，懵懵懂懂，任意去做；全不解思维省察；只是个冥行妄作；所以必说个知，方才行得是。又有一种人，茫茫荡荡，悬空去思索；全不肯着实躬行：只是个揣摩影响；所以必说一个行，方才知得真。此是古人不得已补偏救弊的话。”“此已被私欲间断，不是知行本体”一语最精。好好色、恶恶臭之喻尤妙。“见好色时，已是好了，不是见后又立个心去好；闻恶臭时，已自恶了，不是闻后别立个心去恶。”人之所知，一切如此，岂有知而不行之理？见好色而强抑其好之之心，闻恶臭而故绝其恶之之念，非有他念不能然。此即所谓间断也。良知之有待于致，即欲去此等间断之念而已矣。

真知未有不行者；知而不行，只是未知；故欲求真知，亦必须致力于行。此即所谓致也。故曰：“人若真切用功，则于此心天理之精微，日见一日：私欲之细微，亦日见一日。若不用克己功夫，天理私欲，终不自见。如走路一般。走得一段，方认得一段。走到歧路，有疑便问；问了又走，方才能到。今于已知之天理不肯存，已知之人欲不肯去；只管愁不能尽知：闲讲何益？”

知行既系一事，则不知自无以善其行。阳明曰：“今人学问，只因知行分作两件，故有一念发动，虽是不善，却未曾行，便不去禁止。我今说个知行合一，正要人晓得一念发动处，便即是行；就将这不善的念克倒；不使那一念不善，潜伏在胸中。”人之为如何人，见于著而实积于微。知者行之微，行者知之著者耳。若于念虑之微，不加禁止，则恶念日积，虽欲矫强于临时，必不可得矣。《大学》曰:“小人闲居为不善。见君子,而后厌然。掩其不善,而著其善。人之视己,如见其肺肝然,则何益矣?此谓诚于中,形于外,故君子必慎其独也。”正是此理。凡事欲仓促取办,未有能成者。非其事之不可成,乃其败坏之者已久也。然则凡能成事者,皆非取办于临时,乃其豫之者已久也。欲求豫,则必谨之于细微:欲谨之于细微,则行之微(即知)有不容不措意者矣。故非知无以善其行也。故曰:知行是一也。

知行合一之理,固确不可易。然常人习于二之之既久,骤闻是说,不能无疑。阳明则一一释之。其说皆极精当。今录其要者如下:

“徐爱问:至善只求诸心,恐于天下事理,有不能尽。曰:心即理也。此心无私欲之蔽,即是天理。不须外面添一分。以此纯乎天理之心,发之事父便是孝;发之事君便是忠;发之交友治民,便是信与仁。爱曰:如事父一事,其间温凉定省之类,有许多节目,亦须讲求否?曰:如何不讲求?只是有个头脑,只就此心去人欲存天理上讲求。此心若无人欲,纯是天理:是个诚于孝亲之心;冬时自然思量父母寒,自去求温的道理。夏时自然思量父母热,自去求清的道理。譬之树木:这诚孝的心便是根;许多条件,便是枝叶。须先有根,然后有枝叶。不是先寻了枝叶,然后去种根。”阳明此说,即陆子所谓先立乎其大者也。“温清定省之类,有许多节目”,最为恒人所质疑。得此说而存之,而其疑可以豁然矣(阳明曰:“圣人无所不知,只是知个天理。无所不能,只是能个天理。天下事物,如名物度数、草木鸟兽之类,不胜其烦。虽是本体明了,亦何缘能尽知。但不必知的,圣人自不消求知。其所当知者,圣人自能问人。知得一个天理,便自有许多节文度数出来。”此说与朱子“生而知之者义理,礼乐名物,必待学而后知”之说,似亦无以异。然朱子谓人心之知,必待理无不穷而后尽。阳明则虽名物度数之类,有所不知，而仍不害其为圣人。此其所以为异也）。

枝叶条件，不但不必豫行讲求也，亦有无从豫行讲求者。阳明曰："良知之于节目事变，犹规矩尺度之于方圆长短也。节目事变之不可豫定，犹方圆长短之不可胜穷也。舜之不告而取，岂舜之前，已有不告而取者，为之准则邪？抑亦求诸一念之良知，权轻重之宜，不得已而为此邪？武之不葬而兴师，岂武之前，已有不葬而兴师者，为之准则邪？抑亦求诸一念之良知，权轻重之宜不得已而为此邪？后之人不务致其良知，以精察义理于此心感应酬酢之间，顾欲悬空讨论此等变常之事，执之以为制事之本，其亦远矣。"悬空讨论变常之事愈详，则致其良知之功愈荒。致其良知之功愈荒，则感应酬酢之间，愈不能精察义理。以此而求措施之悉当，是却行而求及前人也。故曰："在物为理，处物为义，在性为善，因所指而异其名，其实皆吾之心也。吾心之处事物，纯乎天理，而无人欲之杂，谓之善。非在事物上有定则可求也。"（又曰："良知自然的条理，便谓之义；顺这个条理，便谓之礼。知这个条理，便谓之智。终始这个条理，便谓之信。"）

学所以求是也。以良知为准则，以其知是知非也。今有二人于此，各准其良知，以断一事之是非，不能同也。而况于多人乎？抑且不必异人，即吾一人之身，昨非今是之事，亦不少也。良知之知是知非，果足恃乎？阳明曰："凡处得有善有未善，及有困顿失次之患，皆是牵于毁誉得丧，不能实致其良知耳。实致其良知，然后知平日所谓善者，未必得善。"或谓心所安处是良知。阳明曰："固然。但要省察，恐有非所安而安者。"又谓"人或意见不同，还是良知有纤翳潜伏"。此说与伊川"公则一，私则万殊。人心不同如面，只是私心"之说，若合符节。盖良知虽能知是知非，然恒人之良知，为私欲蒙蔽已久，非大加省察，固未易灼见是非之真也。

然则现在之良知，遂不足为准则乎？是又不然。恒人之良知，固未能造于其极，然亦皆足为随时之用。如行路然。登峰造极之境，固必登峰造极而后知。然随时所见，固亦足以定随时之程途也。故曰："我辈致知，只是各随分量所及。今日良知见在如此，便随今日所知，扩充到底。明日良知又有开悟，便随明日所知，扩充到底。"故曰："昨以为是，今以为非；己以为是，因人而觉其非，皆良知自然如此。"有言童子不能格物，只教以洒扫应对。曰："洒扫应对就是物。童子良知，只到这里，教去洒扫应对，便是致他这一点良知。我这里格物，自童子以至圣人，皆是此等工夫。"真可谓简易直截矣。

致知既以心为主，则必使此心无纤毫障翳而后可。随时知是知非，随时为善去恶，皆是零碎工夫，如何合得上本体？此则贤知者之所疑也。阳明亦有以释之。《传习录》："问：先生格致之说，随时格物以致其知，则知是一节之知，非全体之知也，何以到得溥博如天、渊泉如渊地位？曰：心之本体，无所不该，原是一个天。只为私欲障蔽，则天之本体失了。心之理无穷尽，原是一个渊。只为私欲窒塞，则渊之本体失了。如念念致良知，将此障蔽、窒塞，一齐去尽，则本体已复，便是天渊了。因指天以示之曰：如面前所见，是昭昭之天。四外所见，亦只是昭昭之天。只为许多墙壁遮蔽，不见天之全体。若撤去墙壁，总是一个天矣。于此便见一节之知，即全体之知；全体之知，只一节之知；总是一个本体。"盖零碎工夫，皆系用在本体上。零碎工夫，多用得一分，即本体之障蔽，多去得一分。及其去之净尽，即达到如天如渊地位矣。此致良知之工夫，所以可在事上磨炼也。

以上皆阳明所以释致良知之疑者。统观其说，精微简捷，可谓兼而有之矣。梨洲曰："先生闵宋儒之后，学者以知识为知。谓人心之所有者，不过明觉，而理为天地万物之所公共；必穷尽天地万物之理，然后吾心之明觉，与之浑合而无间。说是无内外，其实全靠外来闻见，以填补其灵明。先生以圣人之学，心学也；心即理也。故于格物致知之训，不得不言致吾心之良知于事事物物，则事事物物，皆得其理。以知识为知，则轻浮而不实，故必以力行为工夫。良知感应神速，无有等待；本心之明即知，不欺本心之明即行也，不得不言知行合一。”龙溪曰：“文公分致知格物为先知，诚意正心为后行，故有游骑无归之虑；必须敬以成始，涵养本原，始于身心有所关涉。若知物生于意，格物正是诚意工夫，诚即是敬，一了百了，不待合之于敬，而后为全经也。”蕺山曰：“朱子谓必于天下事物之理，件件格过，以几一旦豁然贯通。故一面有存心，一面有致知之说。非存心无以致知，而存心又不可以不致知。两事递相君臣，迄无把柄，既已失之支离矣。至于存心之中，分为两条：曰静而存养，动而省察。致知之中，又复分为两途：曰生而知之者义理，礼乐名物，必待学而后有以验其是非之实。安往而不支离也?”此朱学与王学之异也。

良知之说，以一念之灵明为主。凡人种种皆可掩饰，惟此一念之灵明，决难自欺。故阳明之学，进德极其勇猛，勘察极其深切。阳明尝谓“志立而学半”。又谓“良知上留得些子别念卦带，便非必为圣人之志”。又曰：“凡一毫私欲之萌，只责此志不立，则私欲即退听。一毫客气之动，只责此志不立，则客气便消除。责志之功，其于去人欲，有如烈火之燎毛，太阳一出，而罔两潜消也。”此等勇猛精进之说，前此儒者，亦非无之。然无致良知之说，以会其归，则其勘察，终不如阳明之真凑单微，鞭辟入里；而其克治，亦终不如阳明之单刀直入，凌厉无前也。阳明之自道曰：“赖天之灵，偶有悟于良知之学，然后悔其向之所为者，固包藏祸机，作伪于外，而心劳日拙者也。十余年来，虽痛自洗剔创艾，而病根深痼，萌蘖时生。所幸良知在我，操得其要，譬犹舟之得舵，虽惊风巨浪，颠沛不已，犹得免于倾覆者也。”《寄邹谦之书》包藏祸机，谁则能免？苟非以良知为舵，亦何以自支于惊风巨浪之中乎？良知诚立身之大柄哉？

“心即理”一语，实为王学骊珠。惟其谓心即理，故节文度数，皆出于心；不待外求，心本明即知无不尽。亦惟其谓心即理，故是非善恶，皆验诸心；隐微之地有亏，虽有惊天动地之功，犹不免于不仁之归也。阳明曰：“世人分心与理为二，便有许多病痛。如攘夷狄、尊周室，都是一个私心，便不当理。人却说他做得当理，只心有未纯。往往慕悦其所为，要来外面做得好看，却与心全不相干。分心与理为二，其流至于霸道之伪而不自知。故我说个心即理。要使知心理是一个，便来心上做工夫，不去袭取于义，便是王道之真。”阳明此说，即董子“正其义不谋其利，明其道不计其功”之真诠。持功利之说者，往往谓无功无利，要道义何用？又安得谓之道义？殊不知功利当合多方面观之，亦当历长时间而后定。持功利之说者之所谓功利，皆一时之功利，适足贻将来以祸患。自持道义之说者观之，将来之祸患，皆其所自招；若早以道义为念，则此等祸害，皆消弭于无形矣。佛所以喻世俗之善为“如以少水，而沃冰山，暂得融解，还增其厚”也。功利之说，与良知之说，最不相容，故阳明辟之甚力。阳明之言曰：“圣人之学，日远日晦；功利之习，愈趋愈下。其间虽尝瞽惑于佛老，卒未有以胜其功利之心。又尝折衷于群儒，亦未有以破其功利之见。”可谓深中世人隐微深痼之病矣。今之世界，孰不知其罪恶之深？亦孰不知其祸害之烈？试问此罪恶祸害，何自来邪？从天降邪？从地出邪？非也。果不离因，仍不得不谓为人所自为。人何以造此罪恶？成此祸害？则皆计一时之功，而不计久远之功；图小己之利，而不顾大我之利为之也。此即所谓功利之见也。惟举世滔滔，皆骛于功利之徒，故随功利而来之祸害，日积月累而不可振救。阳明之言，可谓深得世病之症结矣。

“学不至于圣人，终是自弃”，为学者诚皆当有此志。然人之才力，天实限之。谓人人可以为圣人，验诸事实，终是欺人之语。

此所以虽有困知勉行，及其成功一也之说，仍不能使人自奋也。阳明谓圣人之所以为圣，在其性质而不在其分量。此说出，而后圣人真可学而至。实前古未发之论也。阳明之言曰："圣人之所以为圣，只是其心纯乎天理，而无人欲之杂；犹精金之所以为金，但以其成色足而无铜铅之杂也。圣人之才力，亦有大小不同，犹金之分两有轻重。所以为精金者，在足色而不在分两。故凡人而肯为学，使此心纯乎天理，则亦可以为圣人。后世不知作圣之本，却专在知识才能上求圣人。以为圣人无所不知，无所不能，我须是将圣人许多知识才能，逐一理会始得。不务去天理上著工夫。徒弊精竭力，从册子上钻研，名物上考索，形迹上比碍。知识愈广，而人欲愈滋：才力愈多，而天理愈蔽。正如见人有万镒精金，不务锻炼成色，无愧彼之精纯；而乃妄希分两，务同彼之万镒。锡铅铜铁，杂然而投。分理愈增，成色愈下。及其梢末，无复有金矣。"又曰："后儒只在分两上较量，所以流入功利。若除去了比较分两的心，各自尽著自己力量精神，只在此心纯乎天理上用功。即人人自有，个个圆成。便能大以成大，小以成小。不假外慕，无不具足。此便是实实落落，明善诚身的事了。"阳明此说，亦从心即理上来。盖惟其谓心即理。故全乎其心，即更无欠缺。非如谓理在心外者，心仅有其灵明，必格尽天下之物，乃于理无不尽，而克当圣之目也。（阳明又曰："良知人人皆有，圣人只是保全，无些子障蔽。兢兢业业，亹亹翼翼，自然不息，便也是学。只是生的分数多，所以谓之生知安行。众人自孩提之童，莫不完具此知。只是障蔽多。然本体之知，自难泯息。虽问学克治，也只凭他。只是学的分数多，所以谓之学知，利行。"）

阳明与程朱之异，乃时会为之，不必存入主出奴之见也。盖自周子发明"以主静立人极"，而人生之趋向始定。程子继之，发明"涵养须用敬，进学在致知"，而求静之方始明。夫所谓静者，即今所谓合理而已。人如何而能合理？第一，当求理无不明。第二，当求既明理，又不致与之相违。由前之说，所谓进学在致知；由后之说，则所谓涵养须用敬也。求合理之初步，自只说得到如此。逮其行之既久，然后知事物当然之理，虽若在于外物，实则具于吾心。理有不明，实由心之受蔽。欲求明理，亦当于心上用功：正不必将进学涵养，分为两事也。此非程朱之说，行之者众，体验益深，不能见到。故使阳明而生程朱之时，未必不持程朱之说；使程朱而生阳明之时，亦未必不持阳明之说。为学如行修途，后人之所行，固皆继前人而进也。此理非阳明所不知。顾乃自撰《朱子晚年定论》，以治人口实。则以是时朱子之学方盛行，说与朱子相违，不易为人所信，故借此以警觉世人。且阳明理学家，非考据家；岁月先后，考核未精，固亦不足为阳明病也（《朱子晚年定论》者，阳明龙场悟后之作。辑朱子文三十四篇，皆与己说相合者。谓朱子晚年之论如此；《四书集注》《或问》等，其中年未定之论也。当时罗整庵即诒书辩之，谓所取朱子《与何叔京书》四通，何实卒于淳熙乙未，后二年丁酉，而《论孟集注》始成。后陈建撰《学蔀通辨》，取朱子之说，一一考核其岁月，而阳明之误益见矣。然阳明答整庵书，亦已自承岁月先后，考之未精；谓意在委曲调停，不得已而为此也。罗整庵，名钦顺，字允升，泰和人。陈建，字廷肇，号清澜，东莞人）。

第四篇　中国文化史

夫历史者，为一种社会科学，为世故人情之较深切之常识也。研究之目的，不外打通眼前之人情世故而已。然事由直接经验，恒不能顾及全部，见其大者，必当知其小而推其大，通大小之事而为一。

研究历史之目的

“现在不能说明现在。”

历史者，所以求知社会之所以然，必注重于文化。不可偏重一二端。

“现在不能说明现在。”常称于今世之史学上。夫历史者，为一种社会科学，为世故人情之较深切之常识也。研究之目的，不外打通眼前之人情世故而已。然事由直接经验，恒不能顾及全部，见其大者，必当知其小而推其大，通大小之事而为一。人多信任故知，鲜任新交，苟不得已，亦必探求新交之履历。此何故者？盖现在所以为如此之人，非偶然之事，亦非起自现在。其深受过去种种之影响，而为已往历史所规定矣。固不能以现在说明之。任故知，求新交之履历，不外知其过去而已。社会亦如是，研究历史，即研究过去社会之事实，所以求知现社会之所以然，通眼前之人情世故。此则所以研究之理由也。

何谓文化

文化之定义，研究史学与社会学者，各有不同，大别之可分为二：(1)视文化之范围过狭。仅以学术、文学、美术、宗教等为文化。若文化人、文化事业等名词，颇通行于社会，成文化之通俗意义。实则不然。盖社会之种种，不在狭义文化中者颇多。仅注意学术等一方面，即不能将社会作为整个的研究。(2)视文化之范围过广。凡一切人为之事，概谓之文化现象。其意即谓有意的。然有意之事，不仅人为，一切生物之所为，亦莫不有意。既不闻有动物文化等语，则凡属有意之举动，亦不能谓之文化现象。今依据相当之理由，折中言之，而得以下之文化定义。

人的特色，使用工具，故不待机体的进化。其所以能使用工具，由于：(1)手足分工。(2)手之拇指与余指相对。又人之脑特别发达，能构成概念。人之发音器官发达，能造成繁之语言——其扩大者为文字。故人不但能改变自己以适应于环境，且能改变环境使适应于自己，是谓控制环境。又人系一种社群动物(对家庭动物而言)，凡事皆以群力为之。——此为人与猿极重要的区别，几与四手及手足之区别相等，因猿之群居本能，比之于人，殊不足数。

文化者，人有特殊之禀赋，能制造使用工具，有良好之交通工具(语言)所造成之控制环境之共业(见商务本《文化进化论》)。因而人之行为纯粹从机体来看，不在文化范围之内。但人之行为之殆全部机体都只供给能力，其以何形式而出现，几全视乎其文化。故文化之范围极广。

前人以为天下之事，一动一静，故社会亦一治一乱，为不易之真理。实则其过重视机体，而混超机体与纯机体为一。盖整个社会可以此动而彼静，一治一乱，仅能谓之社会之病态。

中国文化之起源

世界各民族之分歧,由于文化之相异,而生活之不同。世界之民族,能自言其缘起者,率由开化较早之邻族为之记述。吾国开化极早,无可借镜。而民族缘起,必在有史以前,既不可能求之故书,仅能求之于考古发掘。故近二十年来之说,可资采取,前此则无甚价值。

民国十二三(1923—1924)年,河北房山县周口店发见古人遗迹,考古学家名其人为"北京人"。推究其年代,约距今四十万年。此只能证明中国地方,有甚古之居人,不能言其与中国民族有何关系。民国十年(1921),辽宁锦西县沙锅屯,河南渑池县仰韶村,十二三年,甘肃(西南部)青海(东部),发见古人遗迹。专家言其人之骨骼,与今华北人同(同种族)。此种遗迹中,有彩色陶器,与亚洲西南部、欧俄、意大利北部相似。

民国十九年(1930),山东历城县城子崖,廿年,滕县、日照县,浙江杭县等地发见之古迹中,有黑色陶器。此为沿海江、河下流之一种古文化。名之为"黑陶文化",若以此为中国文化之基本,则中国文化系起于东部,江、河之下流。然若无更古之文化发见,则"黑陶文化"当为中国文化之起源。可以下列诸点证明之。

1. 自黄河流域以北,石器时代的情形,近来略有些明白。大约漠南北各为一种。自黑龙江北部经朝鲜北部至黄河流域又为一种。此种石器,多与鬲(三足土器)并存。鬲在考古学上,为中国所独有,为鼎之前身。[前一种为渔猎遗迹,后一种为农耕遗迹,可推之与中国民族相衔接。]

2. 又考古学上中国之古迹,与太平洋沿岸诸地相类者颇多。

3. 在历史上。(1)中国食以植物并鱼为主。[湿热之地,植物繁茂，故多以植物为主，寒冷之地，则多以动物为主。]（2）衣以麻、丝为主，而其裁制宽博。[湿热之地，衣多宽博，寒冷之地，衣多短窄。]（3）宫室以木为主。[以木为架，起自巢居，以土为墙，起自穴居。]（4）货币以贝为主。[用金后最著者钱，钱有孔，犹仿贝制。]（5）宗教上敬畏龙蛇。[龙蛇皆水属。]皆足见其文化起于东南湿热之地。（6）人所聚处曰州。

如前所述，中国文化起于东南江、河下流沿海之地，似无疑义。[愈古之民族，其受地理之影响也愈甚。是以古代开化早前之民族，必沿海，旁大河，土地肥沃，温湿之地。]惟近来作此主张者，不能分别中国人与马来人（古之越人，越亦作粤），亦是一病。

1. 在文化上，古代中南北分为三派。[古代文化，多就地理之纬度而不同。]而处置头发之方法，恰为其表征。即北族辫发（亦作编发），南族断发，[亦作祝发，断、祝音近，古通。又作披发、被发，披、被，皆为鬄之假借，鬄，假发也，有离字之义。]中原冠带。此俗古人执之甚固。盖由来已久。[《论语·宪问》，子曰："微管仲，吾其被发左衽矣。"《左传》，哀公十五年，子路曰："君子死，冠不免。"结缨而死。皆可见吾国古代视冠带之事甚重。盖一种风俗，传之既久，则常带有神秘性矣。]

2. 又越族之文身（包雕题言之。雕题，即脸上刺文），[越族特异之俗有二：一曰断发文身，二曰食人。征诸后世史乘，地理学家所谓亚洲大陆之真缘边者，无不皆然。而在古代，我国沿海之地亦如是。中国古谓文身之故，即因入海可避鱼害。清阎若璩笔记载，广东省城孙禄文身事，即谓因下海取珠故。则古说亦为可信。]入中国则为黥刑。盖初以异族俘虏为奴隶，后乃施诸本族之罪人。[古不知劳力之可贵，故得俘虏即杀之，而本族之有罪者，则以逐出本族为最酷之刑。以古依族为生，逐出后他族又不容之，不啻置之死地矣。及悉劳力之可贵，则获俘虏以为奴，而本族之罪人，亦以为奴隶，而侪诸异族，乃亦黥其额以为识。五刑之黥，本与文身为一事，即起于此也。］此二者，可证中国与马来，决非同族也。

3. 又马来之族，最重铜鼓，吾族则无此物。中国民族，就古史观之，似起于今山东。古书说九州，每州皆方千里（1000 平方米），略与《禹贡》之州相当。《禹贡》之九州，约当今江、河二流域之地。但此系一说。［前人以此九州，即为尧、舜、禹时之土地。实则不然，经近人证明，《禹贡》所述，盖战国时学者以意区分，最早亦仅在春秋时。］《淮南子·地形训》言："九州之大，纯方千里。"（纯即边，谓以横直线相乘）［纯，深衣之边。引申之凡边皆曰纯。］则合九州，只与《禹贡》一州相当。蒙文通说（见所作《古史甄微》），其正北之济，即在齐地。而《尔雅·释地》言中有岱岳，则泰山为古中国之中心，其说是也。然则古九州，大略不过今山东之地耳。

《说文·川部》："州，水中可居者。昔尧遭洪水，民居水中高土，故曰九州。"此为州之古义。古"州"、"洲"一字，亦即后世之"岛"字。［州，古音雕，一字二训，乃别造"洲"字，以洲水中可居者。至"岛"字更属后起。《书·禹贡》"岛"字，伪孔安国传谓读为"岛"字。伪孔安国传为晋人作。则州、洲之转今音。"岛"字之造，为水中可居者，后"州"字之训，兼为陆地所居之区域。古音之废，约当晋时也。］中国民族古盖湖居，［泽居。］岛为人之所聚，故由水中可居之义，引申为人所聚之义，后乃分造"洲"、"州"两字耳。

此边线之东南西北四点，《尔雅》谓之四极，再加四隅四点，《淮南》谓之八极。

历史年代

石器时代，大体无文字。铜器时代，则为文字萌芽之期。故石器、铜器时代，大体与历史及史前史时代相当。

中国历史上确实之纪年，为共和元年，在公元前841年。[民国纪元前2752年。韩非《说难》曰："《记》曰：周宣王以来，亡国数十，其臣弑君而取国者众矣。"宣王元年，后于共和纪元1 4年。《史记·三代世表》曰："孔子因史文，次春秋，纪元年，正时日月，盖其详哉。至于序《尚书》，则略，无年月；或颇有，然多阙，不可具。故疑则传疑，盖其慎也。"《春秋》记始鲁隐公元年，实周平王四十九年，其后于共和元年119年。足征古史纪年，起于西周末造，史公之作，自有所本也。]

自此以前，只有零碎的材料。如《书经》记某年之某月某日为某甲子；及朔、望、生魄、死魄。《春秋》记晦、朔、日食。《诗》言"十月之交，朔日辛卯，日有食之"之类。后人据之，用历法逆推。[谓之"长历"。然昔人从事于此者，其术多未甚精；古历法亦多疏舛；史籍记载，及经传钞，又皆有讹误。故其所推，未可尽据。然因据事实，故各家所推年数，亦多相差无几。]大抵上溯至尧为止。[因实多本之《书》，而《书》以尧为始也。](更上于此者，如《汉书·律历志》所载之张寿王等，不知其所据)最普通者有二：(1)汉刘歆所推，见《汉书·律历志》。尧元年在公元前2144年。[刘歆作《世经》，推校前世年岁，唐七十，虞五十，夏四百三十二，殷六百二十九，周八百六十七。](2)宋邵雍所推，见其所著之《皇极经世书》。尧元年在公元前2357年。[为甲辰，民国纪元前4268年。]

近代考古学上所发掘。据安特生所假定，仰韶一系之文化，约自公元前3500至1700年，正在中国有史时代与先史时代之间也。

古书所言古史年代，多不足据。然亦非信口开河。以予所研究，则古人好举成数。而其成数，可举至百位。[此在今人，亦有此习，特至十而已。]凡在位较久之君主，大率假定其年代为百年。如尧七十二使舜摄政，其时舜年三十，摄政二十八年而尧死，时舜年五十八。服丧三年，舜年六十一，明年即帝位。三十九年而死，则年正百岁。是其一例。[盖先臆定其年为百岁，然后以其事分隶之年。]尚有一种说得庞大无伦,则系根据历法,而其所根据之历法又有二:(1)刘歆之《三统历》,以十九年为一章,[以一章内置七闰。]四章(76 年)为一蔀。二十蔀(1520 年)为一纪。三纪(4560 年)为一元。六百十三元,为二百七十五万九千二百八十年。此《诗疏》引纬书言文王受命以前之年岁也。(2)为王莽《三万六千岁历》(36000)81 = 3276000 年。《路史·余论》引《春秋纬》言春秋末年以前年数如此。纬书所言年代,皆以此二者为本。[又"历元"者,历法之元始也。《后汉书·律历志》:"建历之本,必先立元,元正然后定日法。"大抵上推日月五星至适宜之时,定此日为历元。凡一种历法,必自有其元也。]

三皇五帝事迹

古代公众事业,必附会于一个人。古代的所谓政治,是包括一切的。故古代一切事业,悉归诸部落酋长,此即后人所谓古帝王。古帝王的系统,为三皇五帝之王。此纯系后人所编制。古代一部族中,有最高主权者谓之君。为许多君所归往者谓之王(王者,往也)[盖古之民,或氏族而居(自谓有血统关系者),或部落而处(居地相近而联合者。至不辨其为氏族与部落,则名之曰部族,《辽史》有《部族志》),酋长主之,即所谓君,文化较低时,各自为政,迨稍进步,彼此之间,皆不能无关系,有关系,则必推有才德者主其各部族间之事,又或一部族人口独多,财力独裕,兵力独强,他部族或当空无之时,资其救恤;或有大役之际,听其指挥;又或为其所慑,其强者且可涉及其内政,于是诸部族率听命于一部族,此部族之长,即所谓王也。故同时各地,皆可有王,实力衰,则复降为君。]古语"天无二日,民无二王",[见《孟子·万章上》]此乃一种理想。事实上系许多王同时并列,各不相涉。(大者如春秋时吴、楚皆称王，小者如战国时越为楚所破。《史记》言句践之后。或为王，或为君，服于楚。[见《越世家》])春秋时北方大而文明之国较多，最强大之齐、晋不敢称王，只争做诸侯之长，是之谓霸。[霸，原当作伯，伯，长也。盖是时北方之周王，既无实权，复受传统观念，虽诸侯强大，不遽废之。遂别争霸。]战国时，七国皆称王，[七雄地小者与王畿侔，大者则又过之，实即春秋前之王，故各国后皆称王。]其时又感觉诸王之上须有一个为诸王所听命者，无以名之，乃借天神之名而称之为帝。但帝迄未能成。[齐、秦尝并称东、西帝，旋去之。秦围邯郸时，魏使客将军辛垣衍欲令赵尊秦为帝，亦未果。]

古有德号地号之别(见《礼记·月令疏》引服虔说)，[服虔云："自少皞以上，天子之号以其德，百官之号以其征。自颛顼以来，天子之号以其地，百官之号以其事。"]三皇皆德号，可见言古史而取三皇，系用以代表社会进化之重要现象。至五帝则代表政治系统之意多矣。

五帝世系图：

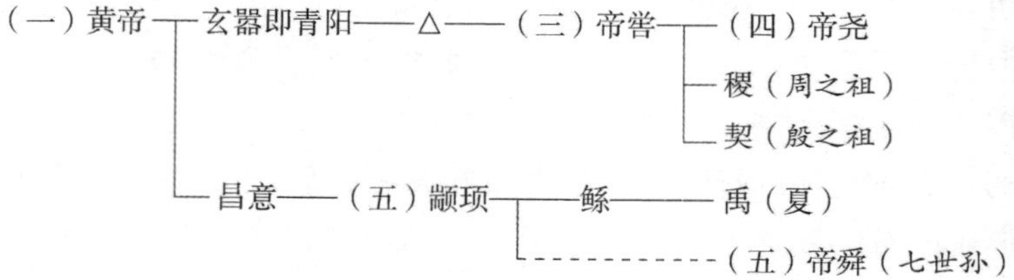

见《史记·五帝本纪》《大戴礼记》《帝系》。

《史记·五帝本纪》，黄帝与蚩尤战于涿鹿，又与炎帝战于阪泉。他书或只载其一。[《大戴礼记·五帝德》只有与炎帝战于阪泉之文，而《贾子·益壤》曰："炎帝无道，黄帝伐之涿鹿之野。"《制不定》曰："黄帝行道，而炎帝不听，故战于涿鹿之野。"尤可见此二事实一。]神农(炎帝)姜姓，蚩尤亦姜姓，涿鹿、阪泉，释者皆以为一地。[阪泉，《史记集解》引皇甫谧云：在上谷。又引张晏云：涿鹿在上谷。此虽因汉世县名附会,然可证其为一地也无疑。]故或谓阪泉、涿鹿之战,实一事。炎帝、蚩尤即一人,其说似是。涿鹿释者或谓在涿郡(今河北涿县),[服虔说。]或谓在上谷涿鹿县(今察哈尔涿鹿县)。盖因汉世地名附会,不足据。《太平御览·州群部》载《帝王世系》引《世本》,谓涿鹿在彭城,则今江苏铜山县也。[《战国策·魏策》云:“黄帝战于涿鹿之野,而西戎之兵不起;禹攻三苗,而东夷之兵不至。”此为涿鹿在东方之明证。《史记集解》又引《皇览》,谓蚩尤冢在寿张(后汉县,今山东东平县),其肩髀冢在钜野(汉县,今山东钜野县),亦距彭城不远也。]

《大戴礼记》《史记》又言青阳降居江水,昌意降居若水。常璩《华阳国志》以江水为金沙江,若水为鸦龙江。郦道元《水经注》因之。此大非。其实古江为南方之水之通称。若水,王筠说:古桑字作,亦可作,作(加以象根)。《楚辞》之若木,即桑木[《楚辞·离骚》:“饮余马于成池兮,总余辔乎扶桑。折若木以拂日兮,聊逍遥以相羊。”](见所著《说文释例》)其说极通。故青阳,昌意所居,亦当在东方也。尧都据《世本》亦在彭城。[《太平御览。州郡部》引《帝王世纪》,谓“尧之都后迁涿鹿,《世本》谓在彭城”。]而《孟子》称舜为东夷之人(《离娄下》),故五帝踪迹,皆在东方,至夏乃居于河、洛流域,见《楚辞》(《天问》),《周书》(《度邑》)等皆然。[《周书·度邑解》曰:“自洛汭延于伊汭,居易无固,其有夏之居。”盖尧遭洪水,使禹治之,用力虽勤,而沈灾实未能澹,自禹以后,我族乃渐次西迁。自伊、洛渡河,即为汾、浍之域。唐、虞、夏支庶,盖有分徙于是者。]

商又兴于东方,其始祖契封于商。旧说在今陕西商县。[《书伪孔传疏》曰:“《商颂》云:帝立子生商,是契居商也。郑玄云:契本封商,国在大华之阳。皇甫谧云:今上洛商是也。”上洛商即今陕西商县。]似不如谓在河南商邱之确。[《左传》襄公九年曰:“阏伯居商丘,相土因之。”服虔曰:“汤以为号。”又《书序》王肃注云:“契孙相土居商丘,故汤因以为国号。"《左氏》襄公九年《疏》引《释例》曰:"宋、商、商丘,三名一地。"《伪孔》、杜预,多同王肃,然则《汤誓》《伪孔传》谓"契始封商,汤遂以为天下号"者,意亦不谓其在大华之阳,乃《疏》强分商与商丘为两地,转谓《伪孔》、杜预之说,同于郑玄,实郑玄之说非,而《伪孔》、杜预之说为实也。商丘即今河南商邱。]又居蕃(《世本》),[《世本》曰:"契居蕃。"]王国维说:即汉之蕃县(今山东滕县),[见所著《观堂集林·说自契至于成汤八迁》。]古人率以当时地名述古事。《世本》战国时书,汉地名于战国为近,此说似可信。汤居亳,汉京兆杜县有亳亭。然汤所居,《孟子》而外作薄,恐《孟子》所用乃借字。[《管子·地数》《轻重甲》《荀子·议兵》《吕览·具备》《墨子·非攻下篇》皆作薄。惟《非命上篇》及《孟子》作亳,《说文》亳字下不言汤所都。然《史记·六国表》以"汤起于亳",与"禹兴于西羌,周以丰镐伐殷,秦用雍州兴,汉之兴自蜀汉"并言,则汉人久混薄、亳一。故纬候有"天乙在亳,东观于洛"之文。]汉薄县,在今河南夏邑永城县境。汤破桀于鸣条,地不可考。《孟子》言舜卒于鸣条,为东夷之人,则亦当在东方。[《吕览·简选篇》曰:"殷汤良车七十乘,必死六千人,战于郕,登自鸣条,乃入巢门。"郕,见《春秋》隐公五年,《公羊》作成,今山东宁阳县。《淮南子·修务训》曰:"汤整兵鸣条,困夏南巢,谯以其过,放之历山。"《荀子·解蔽篇》曰:"桀死于亭山。"巢门者南巢之门,亭、历声之转,后人以春秋时地名释之,谓南巢为今安徽巢县,历山在和县,实不然。历山疑即舜耕处,仍在今山东境内。由此二地观之,鸣条盖亦在山东也。]古书多言桀与东夷之交涉,盖桀之势力东展,乃与汤起冲突也。然汤胜桀后居偃师(河南今县),仍在河洛流域。[《春秋繁露·三代改制质文篇》曰:"汤受命而王,作官邑于下洛之阳。"盖即偃师之地。]

周又兴于西方,后稷封邰,[《史记·周本纪》:"封弃于邰,号曰后稷。"]旧说今陕西武功县。公刘居豳,[按《史记》曰:"公刘卒,子庆节立,国于豳。”则公刘尚未居豳。《史记·刘敬列传》《匈奴列传》《诗毛传》皆言公刘居豳者,乃约略之辞。]今邠县,大王迁岐,今岐山县。至文王居丰,武王居镐,在今长安境内。[《史记集解》:“徐广曰:丰在京兆鄠县东,有灵台。镐在上林昆明北,有镐池。去丰二十五里,皆在长安南数十里。”]为自西而东。近人钱穆作《西周地理考》,谓周自今山西西南部汾水流域入渭水流域,于发展形势亦合。[《西周地理考》谓邰即台骀之地。《左氏》昭公元年,言金天氏有裔子曰昧,生台骆,“宣汾、洮,障大泽,以处大原。帝用嘉之,封诸汾川。”《水经·涑水注》:涑水兼称洮水。是台骀居汾、涑之域也。《左氏》昭公九年,王使詹桓伯辞于晋,曰:“我自夏以后稷、魏、骀、芮、岐、毕,吾西土也。”《御览》引《隋图经》:“稷山,在绛郡(今山西稷山县),后稷播百谷于此。”《水经注》:山西去介山五十里(介山,在今山西荣河县北)。《周书·度邑》:武王升汾之阜,以望商邑。汾即邠,亦即豳。然则公刘旧邑,实在山西;大王逾梁山,当在今韩城;岐山亦当距梁山不远也。案,虞、夏之间,吾族西迁河、洛,更渡河而入河东。山西之地,三面皆山,惟自蒲津渡河入渭域为平坦,钱氏之言,衡以地理情势,固无不合矣。]要之,不论何说,周之根据地,总较夏又展向西北。

此事于汉族之发展,关系殊大。盖东南水利较饶,西北地较瘠,人力奋而文明进展矣。[地理气候较优,无所需人力之地,及地理气候过劣,尽人力而无听得之地,文化皆不易发展。文化进展最宜者,乃为人力尽而有所获,生计无乏之地。西北较瘠之区,盖正合此条件也。]沟洫之制,发达于北方。《周官》遂人、匠人,言沟洫之制甚详。]又用铜东南较西北为发达(战国时,楚与吴、越,皆以兵器著名。古兵器用铜)。[浙江杭县之古荡,发掘得有孔石斧,似用铁器旋入,又多石英器,质坚,非金属不能穿凿,则已在石铜兼用之期。虽时代尚难推断,然南方之用铜,必尚在黄帝之先,古书皆言蚩尤制兵,盖亦受之于南,观五刑始于蚩尤可知。夏以后,乃稍传于北。南方所用，皆系镕合铜、锡为之，而北方铜、锡皆少于南。故穆王及管子，皆有赎刑之制(《尚书·吕刑》《管子·中小匡》)，《管子》言美金以铸戈、剑、矛、戟，恶金以铸斤、斧、钽、夷、锯、欘，盖以铜为兵器，铁为农器也。《左氏》僖公八年，“郑伯朝于楚，楚子赐之金。既而悔之，与之盟，曰：无以铸兵。”《吴越春秋》《越绝书》，皆盛称南方兵甲之利，可见北方之用铜，至东周时，尚远在南方之后。]而用铁则落北方之后(《管子》书言盐铁，古以铁为农器)。即其明证。此事之原因何在，现尚难言。我所推测：(1)禹之治水，实仅较暂时见功。因避水患而西迁。(2)禹再传而遭羿、浞之乱，为避敌国而西迁。二者或居其一。然则推测，亦殊薄弱难信也。

古代之社会组织

中国古代所谓姓，等于今社会学家所谓氏族，其始盖系女系，故“于文，女生为姓”(《左传》。案凡古之姓字皆从女，其不然者则氏也)。后渐转为男系，以始祖所受之姓为姓，是为正姓。如后稷之后皆姓姬。其一姓中之分支。则表之以氏，国君即以国为氏，如鲁君氏鲁。国君之别子(嫡长之外)，皆别立一宗，即别受一氏。如鲁桓公之三子，为孟孙、叔孙、季孙氏是。氏亦曰庶姓，婚姻则论正姓。(如鲁、吴氏虽异，正姓同为姬。鲁昭公娶吴女为非礼。[见《论语·述而》《礼记·坊记》。])古男子称氏，[顾亭林言：“男子称氏，女子称姓，考之于《传》，二百五十五年之间，无男子称姓者。”(见其《原姓》)]非不论姓(正姓)，以举氏而姓可知也。女子只称姓，以婚姻关系，氏可弗论。

古氏族有外婚者，周人之同姓不婚是也。有内婚者，如楚王妻娟是也(见《公羊》桓公二年。《注》：“媦，妹也。”)。自殷以前，六世亲属尽，则婚姻可通。[见上所载《礼记·大传》。则殷以前，同姓婚之禁不甚严。]盖通婚之禁，只以血缘相近为限，不论姓之同与不同。然则同姓不婚之制，似起于周也。古宗与族异，[《白虎通义》曰："族者，凑也，聚也，谓恩爱相流凑也。生相亲爱，死相哀痛，有会聚之道，故谓之族。"盖纯论情谊者也。又曰："宗者，尊也。为先祖主者，为宗从之所尊。"则有督责之意矣。]所谓九族者：(1)父系之五服以内；[《白虎通义》作父之姓为一族。](2)姑及其子；(3)姊妹及其子；(4)女及其子：(5)母之父姓；(6)母之母姓；[《白虎通义》于(5)、(6)作母之父母为一族，母之昆弟为一族。](7)从母及其子；(8)妻之父姓：(9)妻之母姓。此说见《诗·葛藟疏》引《五经异义》，为今文说。[亦见《白虎通义》，为今《戴礼》《欧阳尚书》说。]古文以上自高祖、下至玄孙为九族，纯乎男系，乃秦、汉时制也。[见《五经异义》，为高祖、曾祖、祖、父、己、子、孙、曾孙、玄孙九族。盖误以九世当之也。]然据《白虎通义·宗族篇》，则今文家所言之制，已不甚古，此制父族四、母族三、妻族二。更古之制，则父母妻三族各三也。[此为《白虎通义》之又一说，谓尧时父母妻之族俱三。周乃贬妻族以附父族。]《白虎通义》此处脱佚，不能知其详，但知妻之姊妹为一族耳。[欲详知氏族之情形，可观《礼记·大传》《通志·氏族略》二篇，前详于古，后详于后世。]

所谓宗法者，除嫡长子[诸侯之子]继承其父之地位外，余皆别立一宗，是为"别子为祖"。[盖诸侯不敢祖天子，而大夫不敢祖诸侯。]其嫡长之子，世世承袭，为大宗宗子。次子以下，别为小宗，亦其嫡长子继承之。二世曰继父小宗，[继祢小宗。]三世曰继祖小宗，四世曰继曾祖小宗，五世曰继高祖小宗。凡宗子，应管辖、收恤其族人，但至六世，则不复有此权利义务。[继祢者亲弟宗之，继祖者从父昆弟宗之，继曾祖者从祖昆弟宗之，继高祖者从曾祖昆弟宗之。更一世服绝，则不复来事，而自事其五服内继高祖以下者，所谓五世则迁也。]惟大宗宗子,对凡同出一祖之人,永远有之,故曰:“小宗五世则迁,大宗百世不迁。”诸侯对大夫,天子对诸侯,实犹大宗之对小宗也。

国君——又——又——又——又——又
└别子(大宗之祖)——大宗宗子——又——又——又
　　　　　　　　　└小宗宗子(继父)—(继祖)—(继曾祖)—(继高祖)

宗法之立,能将同出一祖之人,团结为一,其所团结之范围,较族为狭,而其所团结之人数,转较族为多(此由其在时间上悠久故)。此为男系氏族最完整之组织,但必一氏族中人,生活互相依赖,乃可维持。[古宗子皆有土之君,故能收恤其族人。族人实其宗子共恃封土以为生,故必翼戴其宗子。“众建亲戚,以为屏藩”,一族之人,互相卫翼,以便把持也。“讲信修睦”,戒内讧也。“兴灭继绝”,同族不相剪也。美其名曰“亲亲者天下之达道”。语其实,则一族之人,肆于民上,腹民以自肥而已。曷怪孔子以“大人世及以为礼”,为小康之治哉?(《礼运》)]然其后事实渐变,士大夫之家,见于《仪礼·丧服传》者,名为大功以下同财,实则不过有一笔公款。[《丧服继父同居传》谓“夫死子稚,子无大功之亲”,则“与之适人”,故说者谓古卿大夫之家,大功以下皆同财。然《传》又曰:“昆弟之义无分,然而有分者,则辟子之私也。子不私其父,则不成为子。故有东宫,有西宫,有南宫,有北宫,异居而同财,有余则归之宗,不足则资之宗。”人各私其父,则所谓大功同财者,亦其名焉而已。其实亦与一夫上父母下妻子者,相去无几矣。]小民之家,见于《孟子》《礼记·王制》等篇者,不过五口八口而已。[一夫上父母下妻子,率五口至八口(《孟子·滕文公上集注》引程子说)。]此盖耕作方法渐变,家族取氏族之土地而分裂之,以至于此也。[古者交易未盛,生活所资,率由一族之人通力合作,人口愈多,生利之力愈大,故其人率能抟结;至交易之道开,则相待而生者，实为林林总总，不知谁何之人。生活既不复相资，何必集亲尽情疏之人以共处？且交易开，则人人皆有私财，而交易之际，己啬则人丰，己益则人损，尤为明白易见。如此切近之教育，日日受之，安有不情疏而涣者？氏族替而家族兴，固势所必至矣。］中国至此时，其情形已与今日无大异矣。

人类之团结，有依于血统者，亦有依于地域者。依于血统者曰氏族，依于地域者曰部落。（合若干氏族组成一团体，亦当称为部落。）其首领皆可称为君。合一个区域中若干部族所共归向者则为王，前已言之矣。凡氏族之长，愈到后来，其政治上统治之性质，必渐增加，与其所治之人之亲族关系，必渐趋淡薄。［如族人于小宗之子，仅以本服服之，于大宗宗子，则五世而外，悉为之齐衰三月，于其母妻亦然。此庶人为君之服也，而亲族之关系淡薄矣。］故氏族之长，与部落之长，成因虽不同；至后来，性质并无异同。惟氏族之长，继承之法，必依血统；部落之长，其初或有出于公举者耳。但在中国，此等史料，尚无所得。至于王，则惟视列国之归向与否（不论以德致，以力服），本不能常存不替也。

社会阶级

中国古代似有一农渔之民为猎牧之民所征服之事实，故牛、羊、犬等为贵人之食，谷与鱼鳖为贱者之食（可看《诗·无羊疏》）［《礼记·王制》曰："国君无故不杀牛，大夫无故不杀羊，士无故不杀犬豕。"亦见《王藻》。《国语·楚语》：屈建曰："祭典有之曰：国君有牛享，大夫有羊馈，士有豚犬之献，庶人有鱼炙之荐。"又观射父曰："天子举以大牢，祀以会。诸侯举以特牛，祀以大牢。卿举以少牢，祀以特牛。大夫举以特牲，祀以少牢。士食鱼炙，祀以特牲。庶人食菜，祀以鱼。"《诗·无羊》："牧人乃梦，众惟鱼矣。""大人占之，众惟鱼矣，实惟丰年。"《笺》云："鱼者，众人之所以养也。今人众相与捕鱼，则是岁熟相供养之祥。"案《孟子》言："鸡豚狗彘之畜，无失其时，七十者可以食肉。"又言："数罟不入污池，鱼鳖不可胜食。"与"不违农时，谷不可胜食"并言，盖以为少者之食。《公羊》言晋灵公使勇士杀赵盾，窥其户，方食鱼飧。勇士曰："嘻，子诚仁人也。为晋国重卿，而食鱼飧，是子之俭也。"（宣公六年）则鱼飧实贱者之食，郑《笺》之言是也。］田猎借以讲武，而渔为贱业，为人君弗视。

凡征服者，初期往往立于被征服之团体以外，此时纳税服役等皆系以团体之资格负责。龙子述夏后氏税法，其名曰贡，系取数年收获之平均数定为常额，不问岁之丰凶，即其遗迹（见《孟子·滕文公上篇》）。［《孟子》引龙子曰："贡者，校数岁之中以为常，乐岁粒米狼戾，多取之而不为虐，则寡取之，凶年粪其田而不足，则必取盈焉。"此制犹后世义役之制，乡自推若干人以应役，官但求役事无阙，应役者为谁，初不过问也。］

其后农业日重，征服者亦从事于耕作。当此时也，征服者则择山险之地，筑城郭而居之。［盖所以便守御，其人则曰国人。至后世城郭，必筑平夷之地，则以利交通矣。］而使被征服者，居四面平夷之地，从事耕农。［谓之野人。］故古云："设险以守国。"（古国字指郭以内言）［《易·坎卦·彖辞》曰："王公设险以守国。"《孟子·公孙丑下》曰："域民不以封存疆之界，固国不以山谿之险。"］郭以内行畦田，郭以外行井田。［田有畦田与井田之别，《九章算术》有圭田（圭、畦即一字）求广从法，有直田截圭田法，有圭田截小截大法，凡零星不成井之田，一以圭法量之。盖井田者，平地之田；畦田，则在高下不平之处者也。《孟子》述井田之制，谓"方里而井，井九百亩。其中为公田，八家皆私百亩，同养公田"。又曰："请野九一而助。"即井田之制也。又曰："国中什一使自赋，卿以下必有圭田，圭田五十亩"者，圭田即"国中什一使自赋"之田，以其在山险之地，不可井授，故名之曰畦田。]兵皆近国都(见江永《群经补义·春秋》)。[据朱大韶《实事求是斋经义·司马法非周制说》，盖征服者居中央山险之地，服兵役，是为乡，故兵皆近国都也。被征服者非不能兵，惟但使保卫闾里，不事征戍，如后世之乡兵然。古兵农不合一之说江永《群经补义》首发之，而此篇继其后，其论皆极精辟者也。]《周礼》询国危、询国迁、询立君等参政之权利皆国人所享，[《周官》乡大夫之职，大询于众庶，则各帅其乡之众寡而且致于朝，所谓大询，即小司寇所谓询国危、询国迁、询立君者，故有参政权看，国人也。]政变时，参与其事者，亦皆国人。[如厉王监谤，国人莫敢言，三年乃流王于彘(见《国语·周语》)。盖国人如辽世之契丹，金世之女真，与其国关系较密。]若野人，则有仁政即来归，遇暴政则在可能之范围中逃亡而已。

缅想当初，国人与野人间，当有甚深之仇恨，但时代太早，故记载已不可见矣。

古代之阶级：大约在征服者中，执权者为贵族，其余为平民，平民即国人也；被征服者为野人，近为农奴(至于奴隶，古书所载，无以之为生产主力者)。其初，平民当与贵族近，与农奴远。但至后来，武力把持之局，渐成过去，执政柄者，威权益大；又因杂居通婚之关系，[国有限，野无限，国中人口渐繁，不得不移居于野；即野人亦有移居于邑者。居地既近，婚姻遂通。]则平民与农奴，渐相混合，而其贵族判为两阶级矣。此项阶级之起源，古书亦无记载，只能从遗迹上推想而已。盖其时代甚早故也。

此种制度，为中国史与西洋史之一异点。或可云中国史与西洋史走向分歧之路之第一步，希腊、罗马，皆仅视其市府中人为国民，余皆认为征服之地，歧视其人，不能与自己平等者也(罗马较希腊稍扩大)。故其全国之民，难于融合为一体。康有为《欧洲十一国游记》极论此事，近人钱穆祖之，其所著《国史大纲》，推论近代欧人剥削殖民地之根源，仍自古希腊、罗马来焉。中、欧所以有此不同者，鄙意：欧洲古史，重海路通商，所至之地远，所据之地多，故不能与土著同化；中国为大陆上之农国，征服部族，与被征服部族同生息于一片土地上，时日积久，故其同化易也。中国之同化作用，在古代即如此逐渐进行，故至战国时，略已风同道一，而秦始皇所建之大帝国，与亚历山大所建，基础不同。

征服者［贵族（君、大夫）
　　　　平民（国人）——
　　　　　　　　　　　　——平民
被征服者［农奴（野人）——
　　　　　奴隶

奴隶在古书中有两种：一从事于大家庭中消费品之生产（如舂米、酿酒、缝衣。［《周官》司厉：“其奴，男子入于罪隶，女子入于舂稾。”《墨子·天志下》：“妇人以为舂酋。”（《说文》：“酋，绎酒也。”）《周官》酒人：女酒三十人，奚（《周官》禁暴氏《注》：“奚隶，女奴也。”）三百人。《注》曰：“女酒，女奴晓酒者。”惠士奇《礼说》：“酒人之奚，多至三百，则古之酒皆女子为之。”《吕览·精通》：“臣之父不幸而杀人，不得生，臣之母得生，而为公家为酒。”）］，或供使令，《周官》天官所载是也。［《周官》内竖：“掌内外之通令，凡小事。”《左氏》所载，晋侯有竖头须（僖公二十四年），士伯有竖侯獳（二十八年），叔孙氏有竖牛（昭公四年）。《礼记·曲礼》曰：“长者赐，少者贱者不敢辞。”《注》曰：“贱者，童仆之属。”盖亦备左右使令者。《周官》司厉：“凡有爵者，与七十者，与未龀者，皆不为奴。”未龀者不为奴，盖以其力未足以事生业，当即以之给使令也。］一为主权者之卫队，如《周官》之司隶是。无以为生产之主力者。

统一之前，昔人称为封建时代，此名在今日颇觉混淆。吾意必（1）能征服异部族，使之表示服从。（2）进一步，则能改易其酋长。（3）或本部族移殖于外，与本国之关系仍不断，方可称为封建。自此以前，各部族之间，彼此毫无关系者，以另立新名，称为“部族时代”,[“部落曰部,氏族曰族。”见《辽史·营卫志》。]或“先封建时代”为较妥。

古代各部族之中,有最高之主权者曰君,部族与部族间之共主曰王。古语曰:“天无二日,民无二王。”此乃理想,非事实。事实上所谓王者,仅限于一区域之中,故春秋时吴、楚等国皆称王。惟其时之北方地丑德齐之国太多,称王不易得人之承认,故仅争为霸主(诸侯之长),而仍以王之空名奉诸周天子。至战国时,二等以下之国渐尽,则七国皆称王矣。此时国际间之情势,又觉诸王之上有产生一共主之必要,乃借天神之名而称之为帝,秦称西帝,齐称东帝,辛垣衍欲令赵尊秦为帝是也。皇者,始王天下之义,似时人所造之名。秦王政并天下,博士等议尊之为泰皇,皇字似取大义,“泰”即“大”字,古“大”字与“人”字通。故其议曰:“古有天皇,有地皇,有泰皇,泰皇最贵”也。政改其议,自号为皇帝。[见《史记·始皇本纪》。]似以帝高于王,为时人所习知,而斯时既统一天下,又与战国时所谓帝立于诸王之上者不同,故又加一皇字以示别也。

又自战国以来,似习以皇为尊贵而无实权之称,故有太上皇之号,[皇帝父之称,《史记·始皇本纪》:“追尊庄襄王为太上皇。”此死者进尊之号,后则生存者亦用此称。《汉书·高帝纪》:“上尊太公曰太上皇。”《注》:“太上,极尊之称也,皇,君也,天子之父,故号曰皇。”王先谦《补注》:“蔡邕云:不言帝,非天子也。盖太上者,无上也,皇者,德天于帝。”]不曰太上帝,亦不曰太上皇帝也。汉哀帝之父,仅追尊为皇。至汉献帝殁,王肃犹上书以为可追谥之为皇焉(但不得曰帝而已)。

县之起原有三:(1)灭国而为之。[古书多记灭国为县者;其不记其兴灭建置者,县名亦率多旧国名,可推想其灭国而为县也。](2)卿大夫之采邑,发达而成为县。[《左氏》昭公二年,晋分祈氏之田以为七县,羊舌氏之田为三县。五年,薳启强言:“韩赋七邑皆成县。”又言：“因其十家七县，长毂九百，其余四十县，遗守四千。”此卿大夫采地，浸盛而成县者也。］（3）并小乡聚为之。［《史记·商君列传》，言商君治秦，集小都乡邑聚为县，此则国家新设之县，君之者不复世袭者也。］凡一县，大抵自成一行政区域。大国之吞灭小国，非改若干小行政区为一大行政区，乃以一国而包若干个行政区域也。故被灭之国，仍为政治上之一单位，不过改世袭之君为任命之官吏而已。边荒之地，则称为郡，本与县不相统属。但（1）郡之地必广大，至其渐次发达，民政加详，则可分设为县。（2）又郡率有兵力，以之保护县；而以县之物力支持郡，亦相甚宜。如此者，县皆易受郡之统属。战国以前，郡皆设于边地；至秦始皇灭六国，觉到处有用兵力控制之必要，乃举天下而分为三十六郡矣。然秦之旧地，固仍属内史也。

原始政治，必为民主，此乃自然之理。［盖一群之中，公事本无由一人把持之理也。愈近古代，世界各地之情况必愈相似，故凡各地古代之政治，必经一民主之时期者，虽即无遗迹可证，实乃当然之理，无足怪者也。］中国古代民主遗迹亦多，最著者如《周礼》所载询国危、询国迁、询立君之制是也。［见小司寇。《左氏》定公八年，卫侯欲叛晋，朝国人，使王孙贾问焉；哀公元年，吴召陈怀公，怀公召国人而问焉：此所谓询国危者也。盘庚之将涉河也，命众悉造于庭（《书·盘庚上》）：太王之将迁岐山也，属其耆老而告（《孟子·梁惠王下》）：此所谓询国迁者也。《左氏》僖公十五年，子金教即缺朝国人，而以君命赏。且告之曰：孤虽归，辱社稷矣，其卜贰圉也。昭公二十四年，晋侯使士景伯莅问周政，士伯立于乾祭，而问于介众；哀公二十六年，越人纳卫侯，文子致众而问焉：此所谓询立君者也。］不知者或谓中国本无民主制度，附会者又喜据此等遗迹自夸，均属误谬。民主政治之废坠：（1）地大人众，并召集代表而有所不能，而直接参与无论矣。（2）执行常务者专擅，应询问大众之特殊事务，亦视为常务而执行之。（3）政治之性质，日益精深复杂，大众不能参预；又政治之范围日广，大众对之，不感兴趣。陵夷堕废之制度，不能得正面之证据，论其原理，则当如是也。

古代之生业

古人食鸟兽之肉，草木之实，［见《礼记·礼运》］后者谓之疏食。［盖鸟兽之肉，时患不足，当不能饱时，遂食草木之实，受经济状况之限制也。此渔猎搜采之时之食也。］［疏食有二义：一指谷以外物，一指谷类之粗疏者，《礼记·杂记》：“孔子曰：吾食于少施氏而饱，少施氏食我以礼。吾祭，作而辞曰：疏食不足祭也。吾飧，作而辞曰：疏食也，不足以伤吾子。”《疏》曰：“疏粗之食。”是后一义也。前一义，后人作蔬以别之（《管子·七臣七主》曰：“果蓏素食当十石。”《墨子·辞过》曰：“古之民，素食而分处。”素食即此疏食，见《月令》郑注），盖草木较谷食为粗疏，故得疏食之名，后遂引申以称谷食之粗疏者也。］从此进化为谷食。在谷食中，再存其精而去其粗，故始称百谷，继言九谷、五谷也。［又言六谷。］药物似系疏食时代所发明。［因疏食之世，所食之物甚杂，乃渐知草木之性也。］故称神农本草（此神农乃农业之意，非人名）。［《礼记·月令》：季夏之月，“水潦盛昌，神农将持功”；又曰：“毋发令而待，以妨神农之事。”此神农乃农夫之名。《曲礼》：“医不三世，不服其药。”《疏》引旧说云：“三世者，一曰黄帝针灸；二曰神农本草；三曰素女脉诀，又云夫子脉诀。”神农乃农业之名，神农本草，犹言农家原本草木之书。《淮南·修务》言：“神农尝百草之滋味，水泉之甘苦，一日而遇七十毒。”乃附会之辞也。古书传于后之《神农本草经》，即神农本草之学。］疏食，后世在饥馑之时仍有之。研究之者，亦有《救荒本草》等书（明人所撰）。

衣之材料为麻、丝、绵、裘、革。革仅以制甲；非武器则用之为屦及弁耳。[《礼记·礼运》曰：昔者先王“未有麻丝，衣其羽皮”，后圣有作，“治其麻丝，以为布帛”。《墨子·辞过》曰：“古之民未知为衣服时，衣皮带茭，冬则不轻而温，夏则不轻而清。圣王以为不中人之情，故作诲妇人，治丝麻，捆布帛，以为民衣。”案古冠之最通用者为弁，弁以皮为之。甲则后世犹用革。带用韦，韤（袜）亦从韦。屦用皮。此皆衣皮之遗俗。]绵盖颇贵。[知用麻丝，实为衣服一大变。既有丝，即絮纩（《礼记·玉藻》：“纩为襺，缊为袍。”《注》云：“纩谓新绵，缊谓纩及絮。”《疏》云：“好者为绵，恶者为絮。”《说文》：“絮，敝绵也。”《公羊》昭公二十年《解诂》，又以絮为新绵，盖皆对文别，散则可以相通），古絮纩颇贵，故必五十乃得衣帛。]不能衣裘者则衣褐，以杂毛制成。[贵者衣裘，贱者衣褐。《诗》“无衣无褐”，《笺》云：“褐，毛布也。”《孟子·滕文公上》“许子衣褐”，《注》云：“褐，以毳织之，若今马衣。”]木棉则非此时所有。裁制之式样：盖最初有后世之所谓韨，[亦曰韠，以皮为之。]后世以此着于裳外，用为装饰；古则惟有此物，所谓“田渔而食，因衣其皮，先知蔽前，后知蔽后”也。[《诗·采菽》《左氏》桓公二年《疏》引郑注《乾凿度》。案衣服之始，非以裸露为亵，而欲以蔽体，亦非欲以御寒。盖古人本不以裸露为耻，冬则穴居或炀火，亦不借衣以取暖也。衣之始，盖用以为饰，故必先蔽其前。此非耻其裸露而蔽之，实加饰焉以相挑诱。]但知蔽前为韨，兼知蔽后则为裳。[裳幅前三后四，皆正裁。祭服、朝服，襞积无数，丧服则三襞积。（《丧服》郑注）]能知作袴管，则有裈（短袴）[亦曰襣（《方言》），又曰犊鼻（《史记·司马相如传》）。]及袴矣。[引长裈，而为之襱以便行动，而成袴。]蔽上体者为衣。衣之长者，有着（棉絮）曰袍，无着曰衫。古人虽着袍衫，外必加以衣裳。[凡礼皆重古，故知初惟有短衣，长衣为后起也。]然服装实以上下衣合一为便，故有连衣裳而一之深衣，以为过渡也。[深衣之制，详见《礼记·玉藻》《深衣》二篇。古衣裳皆异色，惟妇人之服，上下同色（《诗·绿衣》笺），深衣亦然。

士以上别有朝祭之服，庶人即以深衣为吉服，盖古男子之好修饰，本甚于女子（古男子为求爱者，女子则操选择之权），又惟贵族为能尽饰也。然贵族燕居，亦服深衣，即非燕居，深衣之为用亦甚广，则所谓“可以为文，可以为武，可以摈相，可以治军旅，完全弗费”者（《深衣》文），以简便切用言，固有不得不然者矣。]

冠以豢发，[见《说文》。]其形略如后世之丧冠，中有梁，较后世为狭。[梁广二寸（丧冠广二寸，见《丧服》，《疏》云：古冠当同）。]束发而韬之曰纵，以梁压之，中贯以簪（男曰簪，女曰笄）。冠为贵人服，[亦为成人之服。]平民则用巾。[故《吕览》谓庶人不冠弁（《上裳》），《释名》谓二十成人，庶人巾，士冠也。巾以葛为之，形如帢（《后汉书·郭泰传》注引周迁《舆服杂事》。《玉篇》：帢，帽也）。]巾以覆髻曰帻。[《独断》谓帻古卑贱执事不冠者之所服，后世以巾为野人处士之服，盖沿之自古也。]朝祭之服，别有冕弁。冕以木为干，其形长方，[《周官·并师·疏》引叔孙汉礼器制度，广八寸，长尺六寸。《续汉书·舆服志》：明帝永平二年，用欧阳、夏侯说制，广七寸，长尺二寸。前圆后方。《礼记·王制·疏》引应劭《汉官仪》，广七寸，长八寸。]以布包之。[《论语·子罕》：子曰：麻冠礼也。《礼记·王制·疏》：以三十升玄布为之，裹用朱，不知布缯。]上玄下朱，[是为延，亦作綖。][前俯后仰。]前有旒，旁有纩（黄绵丸），[纩，薛综《东京赋注》云：以黄绵大如丸，悬冠两边当耳，后易以玉；曰瑱，悬瑱之绳曰紞。见《左氏》桓公二年《疏》。]以为最尊之服。盖野蛮时代之饰，以古而见尊重也。[所谓“英主纩掩聪，垂旒蔽明”者，乃后世为之解释之辞也。]弁以皮为之，冕前俯后仰，弁前后平。[弁制略与冕同。所异者，“弁前后平，冕则前低一寸余耳”。（《弁师·疏》）弁为初制，冕其后起加饰者。]

足衣曰韈（袜）（初用皮，故字从韦）。外有履及屦，以革及丝麻为之，以革为之曰屦。[《左氏》僖公四年《疏》引《方言》曰：“丝作者谓之履,麻作者谓之扉。”《礼记·少仪》言:“国家靡敝,君子不履丝屦。”则丝履君子之所服也。]又有今之绑腿,谓之行縢,[《战国·秦策》言苏秦“赢縢履蹻,负书儋橐”。]亦作邪幅,[《诗》曰:“赤芾在股,邪幅在下。”]亦曰偪,行路则用之,然亦为装饰。[其初所以自逼束,便行走,后以为饰也。]古入室必脱屦,为之跣。[古者席地而坐,故必解屦而后升堂。既解屦,则践地者袜也,久立或渍污,故必解袜而后就席。屦皆脱于户外,惟尊者一人脱于户内。此礼至后世犹沿之。至举国胡坐时,跣礼始废也。]

带有大带,有革带(女丝带)。革带束于腰间,所谓“当无骨者”(《礼记·深衣》)。大带[以素丝为之,亦曰鞶。其垂者曰绅。]较高,以之佩物。——德佩及事佩。[德佩谓玉,事佩则《内则》所谓纷帨等也。又有笏,亦插于带,笏佩之制,皆见《玉藻》。]

宫室,从巢居、穴居进化而来。[《礼记·礼运》曰:“昔者先王未有宫室,冬则居营窟,夏则居橧巢。”《孟子》言:“当尧之时,水逆行,泛滥于中国,龙蛇居之,民无所定,下者为巢,上者为营窟。”(《滕文公》上)《淮南子》言:“舜之时,江、淮流通,四海溟津,民上丘陵,赴树木。”(《本经训》)即其事。穴居多在寒地,巢居则在温热而多毒蛇猛兽之区。《御览·皇王部》引项峻《始学篇》曰:“上古皆穴处,有圣人教之巢居,号大巢氏,今南方人巢居,北方人穴处,古之遗俗也。”可见其一起于南、一起于北也。](穴居有二种:一是真正的穴;一在地面上累土为之,形如后世的窑,是为寝,亦但作复。[《诗》云:“古公亶父,陶复陶穴。”《礼记·月令·疏》曰:“古者窟居,随地而造,若平地则不凿,但累土为之,谓之复。若高地则凿为坎,谓之为穴。”其形皆如陶灶。故《诗》云陶复陶穴也(《诗·疏》不甚清晰,故引《礼记·疏)。]）以木为骨干,以土为肌肉,[砖即熟土。]则成宫室矣。[《易·系辞传》曰:“上古穴居而野处,后世圣人易之以宫室,上栋下宇,以待风雨。”《淮南子·修务训》曰:“舜作室筑墙茨屋,辟地树谷,令民皆知去岩居,各有家室。”栋宇者，巢居之变，筑墙则穴居之变也。]

古贵族之居[寝制]如图：

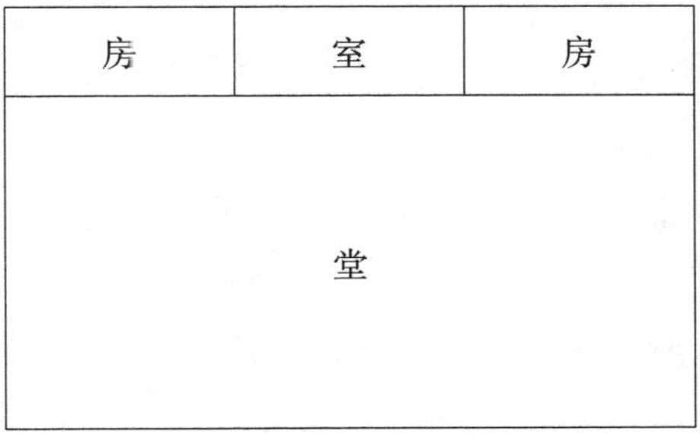

[郑玄云：天子、诸侯左右房，大夫土仅有东房。见《诗·斯干·笺》《礼·公食大夫礼·注》。][欲知古代宫室之详，可阅焦循《群经宫室图》。]平民之居，汉晁错谓其有一堂二内。[张晏曰：“二内，二房也。”](《论移民塞下书》。所述乃古说。)盖以室为堂，以堂为房。[《史记·孔子世家》：“故所居堂，弟子内，后世因庙，藏孔子衣冠琴车书。”盖改一堂二内之居，为庙寝之制也。]

古命土以上，父子皆异宫，后世则数世合居，厅即古之堂，其后多进房屋，即其房及室，盖多组房室共一堂也。[古代造宫室，非专门之技术，人人能为之；命士以上等贵族，且有其所属之平民奴隶为之工作矣；其时所用土木等材料，皆可不费而得；地又多空旷，故得父子异宫也。后世此三点有异，势不能矣。]

古代生业，初以农业为主。井田之制，昔人以为普遍施行于全国；近人[胡适等]又疑为孟子等理想之谈，古无其事；恐皆非。此制大约文明发达，水利关系重要之地则有之。最初一部族之地，均属公有；其后耕作方法渐精，家族渐次分割部族之土地，为田间之“阡陌”、“沟洫”，极为整齐，则成此制矣。人口渐繁，惜土地之荒废，沟洫、阡陌，渐被开垦成田，田之疆界，因之混淆。斯时地代[耕种人之地，而纳田租，谓之地代。]发生，遂有乘机兼并者，而地权不均矣。田以外之土地,古人总称为山泽,本属公有,依一定之规则,大家皆可使用;后来大约先由有政权者封禁,[《王制》曰:“名山大泽不以封。”《注》云:“与民同财,不得障管,亦赋税之而已。”按《王制》又言:“泽梁无禁。”而《荀子·王制》言“山林泽梁,以时禁发而不税”,则税之亦非今文家意也。《左氏》襄公十一年,同盟于亳,载书云:“毋壅利。”《注》云:“专山川之利。”昭公二十年,晏子言:“山林之木,衡鹿守之。泽之萑蒲,舟鲛守之。薮之薪蒸,虞候守之。海之盐蜃,祈望守之。”此即所谓障管者。而三年又言陈氏厚施曰:“山木如市,弗加于山:鱼盐蜃蛤,弗加于海。”则春秋时犹有行之者,然其后则渐少矣。《月令》:季冬,“命水虞渔师,收水泉池泽之赋,毋或敢侵削众庶兆民,以为天子敛怨于下。”《周官》:山师,“掌山材之名,辨其物与其利害,而颁之于邦国,使致其珍异之物。”川师,“掌川泽之名,辨其物与其利害,而颁之于邦国,使致其珍异之物。”皆税之之法也。《曲礼》曰:“问国君之富,数地以对,山泽之所出。”盖国君视山泽为私产久矣。][然有政权者来必能利用山泽之利也。]再以赏赐租借等形式,转入私人之手,《史记·货殖列传》所载种树、畜牧、煮盐、开矿等人是也。

工业。在公产之世,简易者人人能为之;较难者,则有专司其事之人,此为封建时代工官之前身。但其后私人工业渐兴。[工官之制,亦有其阻遏工业,使停滞不进者在:人之才性,各有不同,子孙初不必尽肖其父祖,而古工官守之以世,必有束缚驰骤,非所乐而强为之者矣,一也。工官之长,时曰工师,所以督责其下者甚严。下者乃不得不苟求无过,凡事率由旧章,则无由改善矣,二也。封建之世,每尚保守,尤重等级,故《月令》再言“毋或作为淫巧,以荡上心”;《荀子》亦言:“雕琢文采,不敢造于家。”《管子》曰:“寂粟不足,末生不禁,民必有饥饿之色,而工以雕文刻镂相稚也,谓之逆。布帛不足,衣服无度,民必有冻寒之色,而女以美衣锦绣綦组相稚也，谓之逆。”（《重令》）此即汉景帝“雕文刻镂伤农事，锦绣纂组伤女红”诏语所本，原不失为正道，然新奇之品，究以利用厚生，抑或徒供淫乐，实视其时之社会组织而定，不能禁富贵者之淫侈，而徒欲禁止新器，势必淫侈仍不能绝，而利用厚生之事，反有为所遏绝者矣，三也。凡制度，皆一成而不易变者也。而社会日新无已。阅一时焉，社会遂与制度不相中。削足适履，势不可行，制度遂至名存实亡矣。工官之制，亦不能免于是。工官之设，初盖以供民用。然其后在上者威权日增，终必至专于奉君，而忽于利民。孟子之诘白圭也，曰：“万室之国，一人陶，则可乎？曰：不可，器不足用也。”（《告子》下）明古之工官，皆度民用而造器，然所造之数，果能周于民用乎？生齿日繁；又或生活程度日高，始自为而用之者，继亦将以其所有易其所无；则相需之数必骤增，然工官之所造，未必能与之俱增也，则民间百业，缘之而起矣。工官取应故事，民间所造之器，则自为牟私，相竞之余，优绌立见，则一日盛而一式微矣，况乎新创之器，又为工官所本者邪？此皆私人工业代工官而兴之故也。]

商业。初止行于团体之间，[《老子》曰：“郅治之极，邻国相望，鸡狗之声相闻，民各甘其食，美其服，安其俗，乐其业，至老死不相往来。”（据《史记·货殖列传》）《管子》曰：“市不成肆，家用足也。”（《权修》）《盐铁论》曰：“古者千室之邑，百乘之家，陶冶工商，四民之术，足以相更。故农民不离畎亩而足乎田器，工人不斩伐而足乎陶冶，不耕而足乎粟米。”（《水旱》）盖古代部族，凡物皆自为而用之，故无待于外也。然智巧日开，交通稍便，分业即渐行于各部族之间。《洪范》八政，一曰食，二曰货，货即化，谓变化此物为他物也。]商人如伙友，团体方系老板。——损益皆由团体负之。——但团体间之交易行，则团体内部之组织，不复合理，遂至渐次破坏，斯时并无新组织起而代之，于是人之所需，渐不能仰给于团体，必须自行设法，与人交换，商业遂渐行于团体之内，人与人之间矣。商业能(1)打破部族间之界限。(2)使团体内部，人与人之利害对立。(3)贫富不均。(4)使下级者对于上级之命令，不肯真实服从(因商业专从利害打算，不轻信人)。改变社会之力最大。

古代之道路

最初《庄子》所谓“山无蹊隧，泽无舟梁”。[《马蹄篇》]其后，田间有阡陌，其较宽平者为驰道。国中之道路，大约宽广。

交通上利用牛马之力，但皆乘车，牛车曰大车，马车曰小车。[《论语·为政》：“子曰：大车无輗，小车无軏，其何以行之哉？”《集解》：“包曰：大车，牛车；小车，驷马车。”]战车亦用马。以人推挽者曰辇，甚大，用人甚多。[《周官》乡师云：“大军旅会同，正治其徒役，与其輂辇。”《注》云：“輂驾马，辇人挽行，所以载任器也。止以为藩营。《司马法》曰：夏后氏谓辇曰余车，殷曰胡奴车，周曰辎辇。辇，一斧、一斤、一凿、一梩、一锄，周辇加二版二筑。”又曰夏后氏二十人而辇，殷十八人而辇，周十五人而辇。案《春官》巾车，“王后之五路”有辇车。《注》云：“为辁轮，人换之而行。”又服车五乘，士乘栈车，庶人乘役车。《注》但云：役车方箱，可载任器以共役，与栈车皆不言为人挽。而《诗》“有芃者狐，率彼幽草，有栈之车，行彼周道”，《毛传》云：“栈车，役车也。”《笺》云：“狐草行草止，故以比栈车、辇者。”一似栈车、役车，皆以人挽行者，盖役车既可驾马，又可人挽行；既可乘坐，亦可供役；而栈车、役车同为无饰，故二者又可通名也。《说文》“辇，挽车也，从车㚘，在车前，引之也。”㚘训并行，盖二人挽之，抑或一推一挽。《司马法》所言，乃行军时制，寻常役车，固不必如是其大也。]

有驿以传命。[其初盖以便人行，后因其节级运送，人畜不劳，而其至可速，乃因之以传命。《说文》传、遽互训，而《管子·大匡》言，三十里置遽委，有司职之，若宿者，令人养其马，食其委，是其征也。驿有车有骑。]报信之方法更速者为烽火。（古烽火之制，见《史记·周本纪》末，《索隐》但说烽火似互讹。[《周本纪》："幽王为缝燧大鼓，有寇至，则举熢火。"]）

开辟渐及山地，乃渐骑马。[顾亭林《日知录》论骑射之始云："春秋之世，戎、翟杂居中夏者，大抵皆在山谷之间，兵车之所不至。齐桓、晋文仅攘而却之，不能深入其地者，用车故也。中行穆子之败翟于大卤，得之毁车崇卒；而知伯欲伐仇犹，遗之大钟，以开其道，其不利于车可知，势不得不变而为骑。骑射，所以便山谷也。胡服，所以便骑射也。"虽论军事，而交通从可见焉。]

最古刳木为舟（独木舟），后能用箄、筏（桴），至能斫木成板，再加联合，则有今之舟。[舟之兴，盖始于浮木，《庄子·逍遥游》曰："今子有五石之瓠，何不虑以为大樽，而浮乎江湖？"《释文》引司马云："樽如酒器，缚之于身，浮于江湖，可以自渡。"此盖最古之法。稍后，则知刳木。《淮南子·说山》曰："古人见窾木浮而知舟。"《诗》曰："就其深矣，方之舟之。"《疏》云："《易》曰：利涉大川，乘木舟虚。《注》曰：舟谓木板，如今船，空大木为之，曰虚。即古又名曰虚，总名皆曰舟。"案《诗》所谓方，即《淮南子》所谓方版，乃后世之筏，不足以当舟。虚则其所谓窬木，而亦即《易》所谓刳木也。舟之始，盖仅如此，能方版而为筏，技已稍精，知造舟则更进矣。]

桥，大约多木桥，水浅时为之。水阔者用船连接而渡，所谓"造舟为梁"，即后世之浮桥也。[宋陆放翁有句曰："九轨徐行怒涛上，千艘横系大江心。"][既能浮木以渡水，则亦能架木以为桥。

《说文》:"榷,水上横木,所以渡者"是也。其字亦作杠。《孟子》曰:"岁十一月徒杠成,十二月舆梁成。"梁与杠字并从木,盖亦架木为之。《尔雅》曰:"石杠谓之徛。"则后来更用石也。《郭注》云:"聚石水中,以为步渡。"盖未能为桥时,又有此法。]

水路的交通,南方较北方为发达。试观《左传》,北方用船运漕,只"泛舟之役"一次。(秦输晋粟,在僖公时。[十三年])南方吴、楚沿江屡有水战。末年,吴徐承又以舟师自海伐齐,(哀公时。[十年,《左氏》])[越王勾践亦命范蠡、后庸率师沿海溯淮,以绝吴路。(《国语·吴语》)]则不徒内河,并及缘海矣。又吴"沟通江、淮",即今淮南运河也。[《史记·河渠书》云:"荥阳下引河东南为鸿沟,以通宋、郑、陈、蔡、曹、卫,与济、汝、淮、泗会于楚;西方则通渠汉水、云梦之野,东方则通鸿沟、江、淮之间。于吴,则通渠三江、五湖。于齐,则通菑、济之间。于蜀,蜀守冰,凿离碓辟沫水之害,穿二江成都之中。此渠皆可引舟,有余则用溉浸,百姓飨其利。"《左氏》昭公九年:"吴城邗,沟通江、淮。"《吴语》:夫差"起师北征,阙为深沟,通于商、鲁之间。北属之沂,西属之济,以会晋公午于黄池"。盖自江至河,水道几于纵横交贯矣。果谁所为不可知,而其较大之工程,明见记载者,为徐偃王、吴夫差。]故知水道之发达,必始于南,而南方古史传者甚少,故中国水道交通之发达史不详。

《禹贡》九州入贡,皆有水道,盖战国时情形。

行路歇宿之处,古皆官营,其制略见《周礼》。[《周礼》野庐氏,"比国郊及野之道路宿息井树。"遗人,"凡国野之道:十里有庐,庐有饮食。三十里有宿,宿有路室,路室有委。五十里有市,市有候馆,候馆有积。"]君、大夫等至他国,或有他预备之馆舍,或即供宿其贵族之家,所谓馆于某氏也。《觐礼》:"天子有赐舍。"《曾子问》曰:"卿大夫之家曰私馆,公馆与公所为曰公馆。"《觐礼》又曰:“卿馆于大夫,大夫馆于士,士馆于工商。”盖无特设之客舍,故各就其家馆之。民间往来,亦当如是。]公家经营之歇宿,平民本亦可止息,观汉世之亭,犹官民公用可知。但行路多,势难遍给,于是有民营之逆旅,其事略见《商君书》。至后世则虽欲官营,而不可得矣,见《晋书·潘岳传》。

古代之用人

古代之用人,大抵大夫以上,多属世官,征服之族中执政权者为之。士则出于选举(选举与世官为对待之名词),[遽古之世,公产之群,群之公事,必有人焉治之,则必举其贤者能者,此即孔子所谓“选贤与能”也(《礼记·礼运》)。后为黩武之群所征服,百战所得,视同私产,遂行世官。然旧有之事,征服者初不甚干涉之,故选举之法仍存。]其法有二:(1)如《周礼》所说,乡大夫以下治民之官,平时考察其民之德行道艺,三年大比(查轧人口及军用品)之时,与其贤者能者。(2)如《礼记·王制》所说,乡论秀士,升于司徒,司徒升之于学,学升之于司马,然后用之。大约两法都有些事实做根据。

至于学校,在国中者谓之学,为宗教哲学之府,初与明堂合一,后乃分出,欲知其说,须看惠栋《明堂大道录》、阮元《明堂说》。(在《揅经室集》中)在乡间者为校、(见《公羊》宣公十五年何《注》。[《注》曰:“一里八十户,八家共一巷。中里为校室,选其耆老有高德者,名曰父老。十月事讫,父老教于校室。八岁者学小学,十五者学大学。”《孟子》所谓;“校者,教也。”])庠(行乡饮酒礼。[《孟子》:“庠者,养也。”])、序(行乡射礼。[《孟子》:“序者,射也。”]),乃兴教化之处,非讲学问之处。汉人言兴乡学者犹如此。

此等学校中，并无应用之学（看《礼记·学记》可知）。应用之学，则从办事之机关中来，《汉书·艺文志》推论九流之学，皆出于王官者如此。封建制度破坏，官失其守，遂变为私家之学，平民之能术学问者渐多，教育之权，移于私家，学术亦散布于社会矣。战国之世，上级官吏，渐不能专用贵族，于是游士兴，贵族政治，渐变成官僚政治。

战国时，社会剧变有二：在经济上，(1)井田之制大坏。(2)商业大盛。前已言之。在政治上，则(1)为官僚阶级之兴起。(2)为国民军之编成。古大夫以上皆世官，士以下乃出选举。选举之法有二：(1)如《周礼》所言，乡大夫以下，治民之官，皆有考察其民德行道艺之责，三年大比之时，与其贤者能者，盖即用为比（五家）、闾（二十五家）、族（百家）、党（五百家）、州（二千五百家）、乡（万二千五百家）之长，所谓"使民兴贤，入使治之；使民兴能，出使长之"也。［见《周礼》。俞正燮《乡兴贤能论》曰："出使长之，用为伍长也。入使治之，用为乡吏也。"］(2)如《王制》所说，乡论秀士，升之司徒，司徒升之于学，学成，升诸司马，司马辨其才而用之，则与贵族同其作用矣。战国时，士之干求进用者，不限一国；君之用之，亦不拘常法，于是游说之事盛行，此辈浸代贵族之地位（在朝及治理地方），而官僚阶级之兴（此事于封建破坏，大有关系）。

古正式军队，限于征服之族。故《周礼》出兵，限于六乡；齐有士之乡与工商之乡；（见《国语》《管子》）楚庄王亦"荆尸（一种出兵之法）而举，商农工贾，不败其业"（《左传》邲之战）。非士乡之人，只令保卫本地方而已。故《左传》鞌之战，齐顷公见保者而勉之也。［成公二年］至战国时，则此等守卫本地方之兵，悉数调上前线，故其数骤增，论者谓"韩、魏战而胜秦，则兵半折，四竟不守"也。［苏秦说齐宣王之辞。］中国兵制，近乎通国皆兵者，莫如此时若。而此制秦人行之，尤为有效，读《荀子·议兵篇》可知。

先秦诸子学术

先秦诸子学术,《史记·自序》述其父谈之言,分为阴阳、儒、墨、名、法、道德六家。《汉书·艺文志》诸子略盖以纵横、农、杂家、小说为十家。其中去小说家谓之九流。[此外古书论及先秦学术者甚多,如《庄子·天下》《荀子·非十二子》《淮南·要略》等,皆为近人所征引。]古学术之分类,似以《汉志》为最完全,因其系根据书籍分类,其他皆一学者之见,一人不能遍通诸学也。

先秦诸子之学,《汉志》以为皆出王官之守;《淮南·要略》则以为起于救时之弊,此二说实可并存,盖一言其来源,一言其兴起之由也。诸子之学,根据各有不同:(1)所承受之学说不同。(2)所兴起之社会不同。虽各能阐发一种真理,[不能兼顾全局。]然并非皆通于其时之时势。此点似颇紧要,[我国人向有崇拜古代之心理;而先秦诸子之学,去今复远,不易发见其弊,故人多誉之。实则衡以学术进化之原理,自应不如后世之学也。]

依鄙见:先秦诸子之学,其能综揽全局者(如纵横家、兵书略中之兵家等,只效一节之用),当依新旧分为五派:

最旧者:农家。

次旧者:道家。

又次者:墨家。

较新者:儒家、阴阳家。

最新者:法家。

名家与法家颇相附为用。而杂家则自专门渐趋于会通焉。农家之学,书并不存;只许行之说,见于《孟子·滕文公》上篇。其说,乃主张:(1)人君与民并耕而食,饔餐而治。(2)卖买论量不论质。此盖以隆古农业小社会之文化为根据者,断不能行于是时。

道家主无为。为,旧训化。野蛮之族,恒因文明之输入,而社会组织随之改变,风俗因以薄恶。而文明之输入,则(1)由君主之以此为文明而加以提倡。(2)由其慕效淫侈。道家戒之以无为,犹今戒中国人勿欧化,戒西南土司毋汉化耳。其实文明之传播,终非可以人力阻也。故其说亦陈旧。《淮南·要略》言:"墨子学于孔子而不悦,弃周道而用夏正。"其说是也。《吕氏春秋》言:"鲁惠公请郊庙之礼于天子,天子使史角往。其后在鲁,墨子学焉。"史角盖知夏政者也。然墨子主兼爱,既非其时之社会组织所能行。主上同亦然。反对战争,而但以攻守为是非之准,说亦嫌粗。天志、明鬼之说,欲借助于迷信,而不悟迷信已破,非可以人力建说也。故其说亦不能行。

儒家之学,较为广博。《易》言原理,《春秋》言人事。《春秋》先示治乱世之法,次言治升平世之法,末言治太平世之法,是为张三世。又言夏、殷、周三种治法,当更迭变换,故王者必封前二代(如夏、殷之于周)之后以大国,使得保存其治法,以备取用,此为通三统,与阴阳家五德终始相似(五德谓有五种治法,当求之于民)。五德终始亦谓有五种治法,当更迭用之耳。二家之学,皆非博闻广见不能,故较新。

法家之学,细别之,又包含法(治民)、术(治治民之人)两派(见《韩非子·定法篇》)。而狭义之法亦有殊:商君主农战,《管子》言轻[价贱]重[价贵]敛散是也。此派最能造成一强有力之国家,故在战国时为最适,秦卒用之以取天下。

秦、汉时之新局势

1. 内战乍息,[秦末之乱为例外,通常可谓息内战矣。]民生获苏。尤其交通上之限制废除,[前此国际间并一国内之交通,皆有种种限制，观《周官》之《夏官》《秋官》可知。至是则关津虽存，而讥察无矣。]得以完成广大之分工，国富总量之增加，殆非前此所能想象。

2. 统一则国力强盛，便于对外；然中国在此时，开始与骑寇相遇。（蒙古高原之游牧民族。黄河流域之戎、狄皆居山，如今西南诸族，所谓山戎也。[居山戎、狄，远不若骑寇之强盛。]）[前此中国与蒙古高原游牧民族间，为山戎所隔。其时，游牧民族之不南侵者，固由其本身未臻强盛，而其南向之山戎之不足侵，实一大缘故也。至战国末而北方诸国拓地与游牧民族相遇矣。]

3. 封建制度告终。秦尽废封建。[“父兄有天下，子弟为匹夫。”无尺土之封。]秦亡后，诸侯相王（此语见《史记·自序》），[分王诸侯，决非项籍一人所能为。]义帝犹周天子，西楚霸王犹春秋时霸主，其余之王犹列国，其下为侯，犹战国时之王封其臣民为侯（王侯列爵二等，汉亦沿之），乃恢复东周时之局面也。但封建之基础，（各区域内之自足经济。[封建非政治力之所为；实政治随经济情形而如此耳。]《王制》等之经济计划即如此。）业已不存，故卒不能持久。经(1)楚、汉之争。(2)汉初之剪灭异姓。(3)吴、楚七国之乱。而封建之实，遂荡然无存焉。

此时之政情

1. 民主政治之废坠。此由(1)民意无表见之方法，如古之大询于众庶等。(2)民意之表见为习惯，习惯愈不适于时势，则拘束之力愈弱。又列国问罪大夫叛变等事皆无之。故君主之地位，日益神圣。最后，遂谓其权系受之于神，而非受之于民，两汉、新莽之言符瑞是也。[此节与西方颇相似。]

2. 地方自治之废坠。古之国，等于后世之县。[古国方百里，而汉县亦方百里;汉县名多仍古国名,皆可见也。]国君等于县令,大夫等于乡镇长,士则保甲长矣。汉世十里一亭,亭有长;十亭一乡,乡有三老、(掌教化。[体制最尊]啬夫、(职听讼,收赋税,威权尤大。[至人只知啬夫,不知复有县令者,观《两汉书》可知])游徼(主徼循,禁盗贼),犹存此意。然左雄谓乡亭禄薄,多取于民,(《后汉书》本传)则其弊必有为吾人所不知者。[且人心必日趋于民主之心理,对啬夫等服从之传统观念,必日趋淡薄。人心对啬夫等既渐变,则啬夫等之威权必渐不行,以至于废坠。]又丧乱之际,官吏及割据者,每向此曹压迫,人莫利为之,而其职遂废。[两汉时存此制,魏、晋时而废坠。东晋元帝尝问臣下削掠者之众,即有对以亭、邮(两亭间有一邮)之废之所致,可见也。]县令实不能躬亲办事,而地方公务悉废矣。

3. 放任政治之形成。贵族既倒,处于治者之地位者,为官僚阶级,[幕友、吏胥、衙役、绅士、读书人(官僚之后备军)亦属之。]同时亦即成为榨取阶级,[阶级无不自利者。世有不自利之个人,无不自利之阶级。此阶级中,仅有少数之不自利者,亦救于其阶级之自利。只有铲除阶级,无法改良阶级——欲实行良好教育已造成整个阶级之各不自利,为不可能之事。——而此时于官僚阶级,非铲除之时也,于是取监督之方式矣。]政治上之首领,理宜加以监督。但监督者少,被监督者太多,势不能给,则惟有将所办之事,减至最小限度,使其无所借以虐民。中国之良吏,每劝人民早完国课(或"自有组织"义图等),少打官司,免得与吏役接触,此正与政府之取放任主义同。顾亭林讥后世大官多,小官少。而不知其在昔时之政治上,只重监督官僚阶级,不使虐民,兴利治国,固在其次也。[自汉以来,中国之政治向如此。]

儒学之专行及其效果。九流之学,农、道、墨、儒、阴阳,皆太陈旧,或迂阔;惟法家见用于时,前已言之。统一之后,法家之"法",

已不宜再用,仅其"术"当施诸官僚,政治一味放任,尚非汉时所知。["治天下不如安天下,安天下不如与天下安。"此乃中国旧日政治上最主要之格言,一切放任政治,皆由此出。然此乃积累年之经验而得知,固非汉初人所得知也。]斯时对于人民,则有富与教两问题,此为理论上当然之结果,故儒与阴阳二家,处于必兴之势。[汉世儒与阴阳二家,实相混杂。]秦始皇言:"吾前收天下书不中用者尽去之,悉召文学方术士,欲以兴太平,方士欲练以求奇药。"兴太平指儒学言。使始皇不死,而其时之内治外攘,始皇认为已无问题,亦未必不用儒家,以图足民而兴教化,特未及而早死耳。汉高、惠、高后,皆未及有所作为,文帝一用公孙臣,旋因为新垣平所欺而罢。[帝实非贤君,其真相见应劭《风俗通义》载刘向语。]景帝本无能为之主。故至武帝而儒术兴焉。此乃事势之自然。或谓武帝之崇儒,乃利其明君臣之义,可以专制:此乃数十年前梁启超等之议论,有为言之,非事实。汉世儒家,明民贵君轻之义者极多,最甚者如睦孟,劝汉帝求索贤人,禅以帝位,而退自封百里:便于专制者安在。武帝即位,年仅十六,赵绾、王臧、田蚡等说以崇儒术,斯时听从之者,恐实即后来反对儒术之窦太后(后以儒术行,有碍外戚之权利反对)。窦太后而亦许崇儒,可知儒术之兴,乃事势之自然也。

汉宣帝言汉家自有治法,以王霸之道杂之(见《汉书·元帝纪》)。王指儒,霸指法。以儒家之道治民,法家之术察吏,固极合理也。

<table>
<tr><th></th><th>主张</th><th>汉世</th><th>新莽</th></tr>
<tr><td rowspan="2">儒家</td><td>平均地权</td><td>急激者主恢复井田,缓和者主限民名田</td><td>王田之制,系行急激派之主张</td></tr>
<tr><td>节制消费</td><td>法令颇多,不能实行</td><td>同上</td></tr>
<tr><td rowspan="2">法家新世之《周官》</td><td>节制工商</td><td>重农抑商之法令,桑弘羊之盐铁官卖,耿寿昌之常平仓</td><td>五均、六莞</td></tr>
<tr><td>干涉借贷</td><td>官贷种食,贷者或勿收</td><td>司市、泉府</td></tr>
</table>

廖季平谓经学中之今古文,系鲁学齐学之分:可谓卓识。[在廖氏《今古学考》中。]但未言其所以然。予意鲁之经济,不如齐之发达。故鲁学仅主平均地权,齐学兼重节制资本。明节制资本之义者,莫如《管子》;汉时桑弘羊行之,读《盐铁论》可见。儒家之学,发达于齐,则有《周官》(《周礼》)一书,所述乃治千里之国之规模,有治工商之法。鲁学治国之规模,见于《礼记》之《王制》,则治百里之国自足经济区域之规模也。关于社会政策:汉初所行之鲁学(今文),与法家分道扬镳;若兼取《周官》,则足与法家相调和。新莽等所以重《周官》扶古学者以此。此予最近之见解也。

此项主张,乃先秦以来学者公共之主张。及王莽得政权而实行之而失败。[莽编集学者之主张,经详实之考虑,抱绝大之决心,作有系统大规模之实行者也。]此失败乃先秦以来学者公共之失败,非王莽一人之过也。

此政策何以行之而失败?则以未知社会之阶级性,不能领导被压迫阶级以行革命,而欲以治者阶级操刀代斫之故。[以治者阶级操刀代斫,是犹“与虎谋皮”矣。]

教化问题,则儒家主张,本在民生问题解决之后。汉初儒者尚知此义。[如叔孙通为汉高祖征朝仪,二儒生不行,即其例。]但至后来,渐与生活问题相脱离(此风起于宣帝以后)。遂至空言教化,其不能有成也决矣。

故儒家在政治上,可以谓之失败。但其在社会上,则颇有功绩。因其能示人以做人之方法,且教人民互相亲爱也。

此时代重要之现象

1. 南方文化及产业,渐次发达。尤其荆、扬两州,即湖南、湖北两省间之湖沿地带,及江、浙两省之太湖流域,成为全国经济重心。[南朝财赋,尽出于此,文化亦最高。]

2. 自后汉之末,人民开始大迁移。(1)将积古以来各地方豪族之根基拔去(此时迁徙,多宗族、姻戚、乡里等,成群而行。此等人离开本乡,势力即减小,且难持久)。(2)贫民入山,与异族杂居,是为北方之山胡,南方之山越。山地借以开拓,异族因之同化。

3. 南方之发达,偏于文化及产业。故未能将政治之重心,自北方转移至南方。[此因缺乏战斗性质之故。]

古代之政治,实多带属人主义,[此固积古之相沿,而实由交通阻塞,各地之民,皆显著之隔膜之故。]观晋、南北朝之侨州、郡、县可知。后因久不获归:政治上复厉行"土断",[此因当时迁移侨置之民,各自为政,颇多不便,于赋役尤甚,于是遂厉行土断。]乃皆为属地主义。此于畛域之化除,实甚有益。魏晋以后所谓门阀,实皆沿自封建时代。盖前此居于本地,不待自异,人自尊之;一迁徙则失其所恃,故须标举郡望以自异。贵族恒互相援引,故九品中正之制,区别士庶极严。然主动立事者,率多出于庶族。又贵族多穷困(似与其家族之大有关系),贪庶族之富,而与之通谱通婚。则其根柢业已摇动。至隋,废九品中正及乡官,肇行科举之制。唐、宋而后,科举日重,而其立法亦日严,于是士族在政治上亦无占便宜之处。至五代而士庶之别荡然矣。积古相沿之等级至此破除,实社会组织之一大变也。

科举制度,1. 打破门阀阶级,2. 看重学术出身者(吏道系经验出身),皆为优点。惟汉世丞相,四科取士,(1)重德行,(2)重学术(经中博士),(3)重才能(才任三辅令),(4)重文法(文中御史),实最合理。(1)、(3)皆杂以文字考试,故唐有明经[(2)]明法[(4)]两科,此于理论亦合。惟(1)所试者太不足以得人才,(2)而无补实用之进士科(试诗赋)为重,则殊不合宜。

因唐人重视进士,宋王安石变法,遂废诸科,独存进士。后又分为诗赋、经义两科。[试诗赋者仍众。]至明、清，又合为一。所试既皆无用（策及明代诏、诰、表、判等仅存虚名），又不分科，其事既非夫人之所能，所试遂皆有名无实。近代之士子，遂大固陋而不可救。

自先秦至汉之社会政策，本兼有平均地权、节制资本两方面。后儒学专行，法学废绝，节制资本之说，遂无人提起，而平均地权，亦止敢行缓和之法。是为晋之户调式、魏之均田令、唐之租庸调法。此三法，皆(1)乘乱后土田失主之时，官以授民。(2)其授之，则以年龄属性而异其多少。(3)而课役随之。(4)还授……皆有法度。但其1. 推行至何种程度，先已可疑。即不论此，而2. 人口日增，无移民之法。3. 农民无他产业，缓急时不得将田质赏，亦终必破坏也。[而当时仅按人口征税，而失田者，遂纷纷伪为官、吏、士人、僧、道或外邑人，以图逃税。而有力兼并者，多数之田，反不需纳税矣。]唐德宗时，杨炎立两税法，但就其所有而税之。而民之有产无产，国家不复过问矣。自晋武行户调式至此适五百年。

户调之法，实起汉末，为魏武帝所行。盖汉人取诸民者，曰田租，曰口赋（出钱，亦曰口钱）。此时田皆荒废，不能恃田租为收入；而交易破坏，钱法紊乱，民亦难于得钱；乃因其势而取其布帛，遂成为一种户税。晋时户调，亦是如此，特给之以田为异耳。

户调之制，起于后汉之末，与当时经济状况，颇有关系。盖古之取于民者，曰税，即汉世之田租；曰赋，一为马、牛、车、辇等战时所用之物，一则随时之征取，此二者，汉世并作口钱，又其一则力役也。后汉之末，天下大乱，耕者少，田租不足供军国之用；是时商业，盖极凋零；又当时钱贵，而币制汉末又大坏，无从征钱；乃改为按户取布帛：此为户调之始。晋以后，有授田之法，乃更取其谷物。唐世身丁有可稽，则又并力役而责之，遂成租庸调之法耳。田既不能授，则不能不变为两税，就有负担力者而课其钱。此法行，民之有田产与否，官不过问；负担却较为均平，以其就有财力者而取之，非如租庸调法之专责诸人也。但力役则仍责诸人。后虽亦兼论赀产，究之丁仍为一重要之元素，然丁根本无负担力，此役之所以病民也。赀产调查，最难得实，久之，乃侧重于田，于是应役专论丁粮。又因丁之无负担力也，变为丁随粮行（将一地方丁额，摊派于有粮之家），则不啻加田赋而免力役矣。此清圣祖所以有"盛世滋生人丁、永不加赋"之诏也。历代农民所负担之租税，变迁大略如此。杂税则隋时曾尽除之。唐中叶乃逐渐兴起。其重要者，为(1)盐、(2)酒（或曲）、(3)茶、(4)商（分过税、住税）。而近世契税、牙税亦稍盛。

民兵既废，后汉末，乃有州、郡之兵；至南北朝未革。[晋武平吴，亦罢州郡兵备。而于诸王国，顾皆假以兵权，遂致酿成八王之乱。五胡交哄，盗贼大起，仍借州郡募兵镇压；而方镇之权始重。渡江以后，荆、扬二州，积世相猜。其初下流之势常弱，迨北府兵起，而形势乃一变。刘裕率阶以图篡。然自宋迄于梁、陈，州郡之拥重兵，内外之相猜忌，实始终一辙也。]后周创府兵之制，隋、唐因之。[北方五胡迭起，所用者皆其种人。迨周、齐之末，诸种人皆已凋敝，乃不得不参用汉人。又大乱之后，物力凋残，军资无出，不得不令兵人屯种自食。而府兵之制以兴。迄唐而益臻完备。唐制，于全国设折冲府六百三十四，而其在关内者二百六十一。府置折冲府都尉，而以左右果毅都尉为之副。上府千二百人，中府千人，下府八百人。其军队编制之法：三百人为团，团有校尉。五十人为队，队有正。十人为火，火有长。诸府分隶十二卫。平时力耕以自食，有事调集，临时令将统之。事讫，则将上所佩印，兵归其府。颇得寓兵于农之意。宿卫亦由府兵番上。]

唐中叶后，府兵制坏，而藩镇之兵兴。内之则禁军强横。[高宗、武后时，天下久不用兵，府兵之法浸坏，至不能给宿卫。宰相张说,乃请以募兵代之,号曰扩骑,以充宿卫。外之则有藩镇之兵。又有所谓禁军者,初以从定天下,不愿散归之士为之;授以渭北闲田。其后增置渐广。中叶后,原驻陇右之神策军,入京师,列为禁军。德宗自奉天还,始统以宦官。其时各方分戍之兵,饷精皆薄,而神策军独厚;遂皆请遥隶焉。于是宦官之势骤盛。终至把持朝局,与唐偕亡。]

[自有藩镇之后,地擅于将,将又擅于兵;节度使之废立,每操之军人之手。五代时天子之兵,其实仍即前此藩镇之兵,故视置君如弈棋也。周世宗始大革其弊,又务弱外州兵,以强京师。]宋惩藩镇之弊,将全国强兵,悉隶三衙(殿前司、侍卫亲军马、步军司),谓之禁军。诸州厢军,给役而已。

后禁军数多而不可用。王安石裁其大半。[置将分驻,以代番戍。]创保甲之法,渐次练为民兵;[变募兵为民兵;募兵阙额,则收其饷,以供保甲教阅之费。于是民兵盛而募兵衰。]亦未有成。[元祐以后,保甲教阅之制既废,蔡京为相,又务封桩缺额军饷,以充上供;而民兵亦衰焉。]

南渡后则恃屯兵为固。[南宋之兵,多出招募及招降群盗。其从高宗总宿卫者,为杨沂中之兵。此外则张浚、韩世忠、岳飞、刘光世之兵最盛。四川之兵,多皆并于吴玠。杨沂中(中)及韩(后)、岳(左)、张(前)、刘(右)之兵,初称御前五军。刘光世死后,其众叛降齐,以吴玠之兵升补。时张、韩、岳之兵,为三宣抚司,分驻于外。秦桧与金言和,乃罢之。虽仍驻扎外州,而直隶朝廷,帅臣不加节制。设总领以掌其财赋,并带报发御前军马文字之衔焉。]

明卫所之制,类唐府兵,实亦近法元之万户分屯。[其制:以五千六百人为卫,千一百二十人为千户所,百二十人为百户所。每所设总旗二,小旗十人。其取兵之途有二:一曰从征,二曰归附。此外又取之谪发。凡诸卫皆隶于五军都督府,征伐则命将充总兵官,调卫所兵领之。师旋，则将上所佩印，兵士如归卫所。]

清制兵有1. 八旗[清制编兵，起于佐领。每佐领三百人。五佐领设一参领，五参领设都统一。其后得蒙古、汉人，皆以是编制之，是为八旗兵。]分(1)禁旅、[驻直隶、奉天。](2)驻防。[驻其他各省。]2. 汉兵谓之绿旗，后通称绿营。[乾、嘉以前，出征多用八旗，内乱则多用绿营。]中叶后有勇营(湘、淮军皆勇营)。同治大乱平后，抽练绿营兵，谓之练军；又或以勇丁补绿营之缺，意在裁勇营而使绿营亦强也。然未有成。

中国宗教之变化。在列国分立时代，止有保护一地方一部族之神。全国统一以后，渐发生为全国各阶级各民族所共同崇拜之宗教。此时吾国之旧宗教，乃集合而成道教；将前此崇拜之对象，概行网罗，而编成一系统(自然随时随地又有不同)。道教教理，并无足可取，且亦说不出有甚教理(马贵与言道家杂而多端，其多端中，又或自相矛盾，如清虚与符箓丹鼎等即是)。然卒与佛教并峙者，即以此等崇拜之对象，不能骤废；而佛教又不能包容也。儒家放弃灵魂界，道、释二家皆放弃俗生活方面之权利，而道、释亦各有分野，不相冲突。此为中国宗教优于西方之点。所谓三教，乃为政府所承认者。此外反政府或反抗现社会组织之宗教，亦尚不乏；并有托诸释、道者；统治阶级，概目为邪教。[《旧约全书》耶和华仅保护以色列一族，即原始神之褊狭性也。中国古代，盖亦如是。]

儒家之真精神，贯注在社会政治方面。其视为重要之问题，为教养二者。宋儒尚承袭此精神。养之问题，偏重于平均地权；教之问题，必求其百废俱举。故正统派之宋儒，多主张井田封建(因读古书，在封建时代政治，非如后世之放任。不知此为部族时代之遗迹，误以为封建政治之效果也)。又多欲以冠昏丧祭等礼，社仓乡约等法，行之于一地方(教之事)。至宋儒之哲学，又有受佛家之影响者，讲"国学概论"时已言之，今为时间所限，不再赘。

印刷术之发明，于文化之传播关系最大。可看孙毓修《中国雕版源流考》（商务本）。

中国近代与西洋交通以来，文化发展至相当程度，每易生停顿状态，非加之以外力，则不生变动。

前此所受之外力：(1)北族之武力，不能摇动我之文化。(2)西域、印度之文明，或无物质的基础，或仅枝节之技术。至近世欧美实业革命，社会之组织，随之而起变化；我亦不得不随之而起变化，迄今犹在动荡之中。然必能合全世界而产生一种新文化，可知也。

窃谓今后文化变动之方向，在于社会力量之苏生。盖古代部族，原属博爱、自由、平等，特限于部族之内，而不能及乎其外。人类在物质方面，必求劳费少而报酬多；欲达此目的，必求分工合作范围之扩大：故分立之团体，不得不合而为一；而当其合并时，并非有意识的为之：于是从有组织变为无组织，此团体与彼团体（国家、民族），一团体之中，此阶级与彼阶级，利害日趋于背驰，或以智取，或以力征，而人道苦矣。

人为环境的产物，而环境之中，又以社会的环境为更切。故欲恃前此之观念论，以改良社会，必无此理。而不得不举社会之组织而改变之。举社会之组织而改变之，必须有一种力。此种力必不能恃今日之所谓国家，无待再计也——以国家恒为一阶级所把持也。但非谓国家在目前即可废弃，因外侮来时，国内被统治阶级与统治阶级之利害，即暂归一致。此今日民族主义，所以大显光芒，而民生主义，一若奄奄不振之故。

放开眼光看，现在世界的情势，是物质的及人类真正的精神求其合，而特殊的阶级求其分——因其利益在于分，其意识自亦蔽于分。最为世界观大同的障碍的，大约有几端：(1)民族的界限。(2)国家的组织（因其实为一阶级所蟠据，固亦有可利用之时。然在真正进化的路上，则因其蔽于阶级之偏私；且其本身之发达，嫌于庞大，以致不切实际；而又有过大之威权）。(3)家族。[起于女性的奴役。](4)交换制度。因人类为环境所铸造，而社会之组织，必随经济状态而变化。故欲图改革，必有其物质的基础——前此孔、佛、耶等大宗教，及诸圣贤豪杰改革之所以无成，皆因缺此基础故。今者生产工具及劳动力之集中，已借(或可借)资本主义造成。所缺者，最后之一转移而已。此次世界大战之后，文化方向，能否改变，此则今后数十百年人类祸福之所系也。

第五篇　历史研究法

为什么要研究历史

历史到底是怎样一种学问？研究了它，有什么用处？

提出这一个问题，我知道多数人都能不待思索而回答道：历史是前车之鉴。什么叫作前车之鉴呢？那就是：从前的人所做的事情，成功的，大家认为好的，我们可奉以为法，照着他做；失败的，大家认为坏的，我们当引以为戒，不照着他做。姑无论成功失败，不尽由于做法的好坏；众人所谓好坏，不足为准；即置二者于弗论，世事亦安有真相同的？执着相同的方法，去应付不同的事情，哪有不失败之理？在社会变迁较缓慢之世，前后的事情，相类似的成分较多，执陈方以医新病，贻误尚浅，到社会情形变化剧烈时，就更难说了。近代世界大通，开出一个从古未有的新局面，我们所以应付之者，几于着着失败，其根源就在于此。所以愤激的人说道：历史是足以误事的。因为不读历史，倒还面对着事实，一件新事情来，要去考察它的真相，以定应付的方针；一有了历史知识，先入为主，就会借重已往的经验，来应付现在的事情，而不再去考察其真相；即使去考察，亦易为成见所蔽，而不能见其真相了。如咸丰十年，僧格林沁被英、法兵打败了，薛福成的文集里，有一篇文章记载其事，深致惋惜之意。他说：咸丰八年，业经把英、法兵打败了，这一次如能再打一个胜仗，则他们相去数千里，远隔重洋，不易再来第三次，时局就可望转机了。近代世界交通的情形，是否英、法再战败一次，即不易三来？当日清朝腐败的情形，是否再战胜一次，时局即可望转机？我们在今日看起来，可谓洞若观火，而在当日，号称开通的薛福成竟不能知，这也无怪其然。当日英、法的情形，自非薛氏所能洞悉。然使薛氏而毫无历史知识，倒也不会作英、法再败即不易三来的推测。有了历史知识，照历史上的成例推测，相去数千里，远隔重洋，而要兴兵至于三次、四次，确是不容易的，无怪薛氏要作此推测了。据此看来，历史知识足以误事之言，并不能说它不对。然而没有历史知识，亦未当不误事。当袁世凯想做皇帝时，先由筹安会诸人列名发出通电，说要从学理上研究中国的国体问题，到底君主民主，孰为适宜？当时大家看见这个通电，就说：袁世凯想做皇帝了。我却不以为然。我说：这其中必然别有缘故，深曲隐蔽，不可轻于推测。为什么呢？我以为生于现今世界，而还想做皇帝，还想推戴人家做皇帝，除非目不识丁，全不知天南地北的人，不至于此，以此推测袁世凯和筹安会诸人，未免太浅薄了，所以我有此见解。然而后来，事情一层层披露出来，竟尔不过如此，这不是一件奇事么？此无他，还是缺乏历史知识而已。据这件事情看来，历史知识是不会误事的，所以误事，还是苦于历史知识的不足。这话怎样讲呢？须知道世界上是没有全无历史知识的人的。我们和人家谈话，总听得他说从前如何如何，这就是历史知识。所谓历史，原不过是积从前如何如何而成，所以此等人和专门的史学家，其知识之相去，亦不过程度之差而已。袁世凯和筹安会中人，想做皇帝，想推戴人家做皇帝时，亦何尝没有他们的历史知识？在中国历史上，皇帝是如此做成的：推戴人家做皇帝，是如此而成功的，岂能说是没有？以当时的情形而论，反对的人，自然不会没有的，然而据历史上的成例推测，岂不可期其软化？即有少数人不肯软化，又岂不可望其削平？这个，据着他们仅有的、一偏的历史知识推测,自亦可以做此断案,自不免于希冀侥幸。倘使他们再多读一些近代的外国历史;倘使他们的心思再能用得深一点,知道历史上的事情前后不符的甚多,未可轻易地执着前事以推断后事,他们自然不至于有此失着了。所以说:误事的不是历史知识,只是历史知识的不足。

历史上成功的,大家所认为好的事情,既不能摹仿;据历史上的成例,以推断事情,又易陷于错误;而没有历史知识,又要误事,然则如何是好呢?须知道:应付事情,最紧要的,是要注意于学与术之别。学是所以求知道事物的真相的,术则是应付事物的方法。浅薄的人往往说:我能够应付就得了,事物的真相,管它干么?殊不知你知道了事物的真相,应付的方法自然会生出来,只有浅薄的应付方法,则终必穷于应付而后已。浅近些说:我们要做一张桌子、一张椅子,这自然是有成法可循的,然而木料之类,有时而不凑手,怎样办呢?倘使你只会按照一定的样子做,就要束手无策了。如你明于原理,那就可以随时变化。桌面上是要安放东西的,所以要是个平面,只要是平面,其形状是正方的、长方的、正圆的、椭圆的,甚而至于都不是的,却不是项紧要的条件。普通的桌、椅,总是四只脚,那是求其安放得牢,然则只要安放得牢,三只脚也未尝不可以;倘使只有一根粗的木材,能够撑定在中间,也未尝不可以,又何必定要四只脚呢?这是举其两端为例,其余可以类推。做桌、椅是最呆板的事,尚且如此,何况较活动的事?何况所应付的是人而不是物呢?然则事物的真相,如何能够知道呢?那史学家有一句名言道:“现在不能说明现在。”为什么现在不能说明现在呢?那是由于一切事物,有其“然”,必有其“所以然”,不知其所以然,是不会了解其然的性质的。我们要用一个人,为什么要打听他的出身?为什么要打听他的经历?岂不以一个人的性格、才能等,就是他的出身、经历等造成的。我们试再反躬自省:我为什么成为这样子的我,岂不和我所生长的家庭、我所肄业的学校、我所交往的朋友、我所从事的职业，都有很大的关系？倘使我生在别的家庭里，在别的学校里肄业；我所交往的朋友，换过一班人；我所从事的职业，也换成别一种，我岂能成为现在的我？我们再放眼纵观：我们所认得的人，为什么成为他现在这个样子？读书的人多少有些迂腐气，做官的人多少有些官僚气，生意人多少有些市侩气，白相人多少有些流氓气，这是为什么？他们是生来如此的么？然则中国的社会，为什么和欧洲不同？欧洲的社会，为什么和日本不同？甚而至于英国和美国不同；日本和朝鲜不同；就中国的社会，南北风气亦不能尽同，其故安在？就可以深长思了。寻常人对于一切事物，大都不甚深求，所以觉得不成问题。其实略加思考，任何事物，所以如此，莫不有很深远的原因在内；深求其故，无不可以追溯至于极远之世的。固然，我们对于一切事物，总不能真正寻根究柢，然而多知道一些，毕竟要好一些，然则历史怎好不研究呢？

有人说：你的话是对了。可是已往的事情多着呢，我们如何能尽记，亦且如何能尽知？这话不错。一天的新闻纸所载，奚啻社会上所发生的事情的几万万万分之一；历史的所载，又奚啻新闻纸的几万万万分之一，我们能知道什么？历史又何从谈起呢？且慢，我们现在是怎样的一个人？你在社会上，占如何一种位置？人家如何应付你？你没有不明白的。我们所以能够明白这些，岂不由于已往的记忆？然而我们已往的事，我们亦何尝能尽记？然则我要明白我之所以为我，正不必把已往的事情全记牢，只要记得其"足以使我成为现在的我的事情"就够了。在人如此，社会亦何独不然？又何至于要把已往的事情全记呢？然而问题就在这里了。

历史的历史

任何一件事，非追溯其已往，不能明白其现在；任何一件事，求其原因,都可以追溯到极远,而又不必把已往的事情全记。这种说法,看似微妙,其实是容易明白的。问题就在:对于已往的事情,要把其使现在成为现在的,挑选出来,而我们现在所挑选的是否得当呢? 这话就很难说了。须知历史,亦只是在一定的环境中,自然发生、成长之物,并不是自始即照着理想做的;更不是人类自始就有什么高远的理想。说到此,则我们不能不一一考究所谓历史的历史了。

用普通人的眼光看起来,历史的起源是很远的,所以一开卷,就是些荒诞不经、渺茫难考的话。其实历史比起人类的年龄来,是很小的。人类的年龄,假定为五十万年,则历史的年龄,大约不过其百分之一;而且比较可靠的,还至少要打一个对折。我们对于已往的知识,自不甘以此为限。所以在没有历史的时代,也要想法子把它补作起来。因此,有所谓历史时代和先史时代。所谓历史时代,是当时的人,有意把他当时或以前的事,记载下来,传给后人,而其所传者,至今还有存留的。所谓先史时代,则这种遗留之物,已无所有,所有的一切,都是后人补作出来的。历史的流传,原不以语言和文字为限,然由语言或文字流传的,究居其极大部分。语言和文字,从广义上说起来,原即一物,文字不过是语言的扩大而已,然语言非借文字,不能传诸久远。所以从大体上说,亦可以说:历史时代,大略和有文字的时代相当;先史时代,则属于未有文字的时代。

历史时代所流传下来的,是些什么东西呢? 据我们所见到的,可以分为下列几种:(一)国家所设立的记事之官,即所谓史官所记的。其中又分为:(1)记事之史。其书之存于现在者为《春秋》。(2)记言之史。其书之存于现在者为《尚书》。(此系就整部的体例言,若记事、记言之史,零碎材料存于古书之中的,则不可胜举。又《春秋》为记事之史,《尚书》为记言之史,亦系就其大体言之,其中亦自有不能划一之处,如《禹贡》即并非记言之体。总之,古书编纂错乱，体例总不能尽纯，不可十分拘泥）（3）古代的法、令、章程之类。其书之存于现在者为《礼》。（小的为一事的仪式，如《仪礼》所记是；大的则可以关涉国家行政机关的组织及法令的全般，古人亦称为礼，如《周礼》是。后世之《唐六典》，即系仿《周礼》而作的；明、清《会典》又系仿《唐六典》而作的）（4）贵族的世系，古称为帝系、世本，简称为系、世，但世本亦是它的通名。所以《世本》这部书，内容亦兼记帝王的统系。系、世的记载，据《周礼》，系小史之职。（5）古人自记其功勋，或记其先世功勋之作，即所谓金石刻。（金属的寿命，尤较石为悠久，故古器物存于后世的，以金为尤多）（二）私人所传述的故事，或伟大人物的言行。以其起于口耳相传，故其后虽笔之于书，而仍称为语。传述一件故事或一个人的言行的，都谓之语。前者如武王克商之事，《礼记·乐记》称为《牧野之语》是；后者如《国语》，是分国编纂的语。《论语》，论同伦，类也，此书乃孔子及孔门弟子的言行，被分类编纂的。《史记》的列传，其原本实称为语，所以在他篇中述及，尚称之为语，如称《淮阴侯列传》曰《淮阴侯语》是。大抵士大夫所传述的，其所关涉之事较大，其说亦较近情理；农夫野老所传述的，则正相反。但要考见当时社会的情况，以及较古的情况，反宜于后者求之，一入士大夫口中，就被其以“言不雅驯”四字删去了。（四字见《史记·五帝本纪赞》）中国的神话，颇觉贫乏，其原因即由于此（中国神话，惟《山海经》及《楚辞》的《离骚》《天问》等篇，包含较多。其见于纬书的，看似丰富，然多出后人伪造，至少曾经过改造，不甚可信）。

历史的缘起，从心理方面说来，可以说：（一）属于理智方面。因为人类有求知的欲望，所以（1）属于无可解释之事，亦要给它一个解释，神话的起源即如此。（2）要记录已往之事，以做将来办事的根据或参考，国家设立史官的根源，就在于此。（3）要记录已往的事。以作后人的法戒，其说已如第一章所述。（二）属于情感方面。不论什么人，都有一个恋旧而不忍忘记之感情，所以要把自己的经历，或他人的事情，是他认为有意义的，传述下来，留给后人。有这两种动机，历史就诞生出来了。但是古人对于主客观的分别，不甚清楚。所以(一)其所流传，真正的事实，和自己的意思，往往混合不分，甚至全篇的话，都是以意构造的，和现在的小说一般，而亦用记事的形式，流传下来，此即所谓寓言，最易使事实淆混。(古代所谓小说，乃谓其出于街谈巷议，而不出于士大夫，说见《汉书·艺文志》。事实出于虚构，如后世之小说者，古人谓之寓言。后世的小说，情节虽经理想化，事实或有根据，然其人名、地名等，则必非真实，故不易与事实相混。古代之寓言，则正相反。情节出于虚构，而人、地名则多用真者，如《庄子·盗跖篇》，欲寓其"秀才遇着兵，有理讲不成"的理想，乃捏造一孔子欲说服盗跖，反为所大骂，几至遇祸之事，即其一例)(二)更古的人，则连生物和无生物、人和动植物的区别，都弄不清楚了，所以又有所谓神话。(三)就是述及制度，也是如此的，孰为当时实有的制度？孰为传述者的理想？二者并不分开。(记制度者，以儒家之书为最多。儒学分今古文两派，今文言制度者，以《礼记》的《王制》篇为总汇，古文以《周礼》为大宗，皆系如此)诸子书言制度者，以《管子》为最多，亦系如此。所以古代的史实特别模糊。这种性质，大概秦、汉之际，是一个界限。在汉朝初年以前，历史所传的，如赵高指鹿为马之事，如流俗所谓鸿门宴的故事。见《史记·秦本纪》及《项羽本纪》。都是说得天花乱坠，极有趣味，而细想一想，就知道其万无此理的。其可信的程度，决不会超出后世的《三国演义》之上。秦、汉之际，尚且如此，前乎此者，就更不必说了。所以所谓古史，实当别为一科，专门研究。(因为研究的人，各有专长，而古史的研究，有需于特别技术者尤多。至某书或某书的某部分，是否当属于古史的范围，则当以其是否具有此种性质而定，不能执时代为断)从汉朝统一天下以后，文化发达，传述者的程度骤然提高；可靠的材料，流传下来的亦多(前乎此者，采取不足信的材料，亦不能为其人咎。因为历史是不能造作的，断不能以自己推想所信的，作为史实。流传下来的，只有这样的材料，自只能照其原样，传给后人。而采取它的人，原并不以为可信，所以既采取之，而又加以辨正者亦甚多)，历史便焕然改观了。

史学的发达，不能不为物力所限。古代作书的材料，简牍笨重，缣帛价贵，而书写又烦难，于是乎(一)著作难，(二)材料之搜辑亦不易。所以能成立一部巨著的，非依靠国家，得其助力不可。司马谈、迁父子世为史官，即其一例。但自隋以前，作史的人，虽借国家的助力，而其事则仍系私人的事业。虽然有时候编成某一朝的历史，系出于国家的命令，亦都就有志于此，或业已从事于此者而命令之，国家不过给以某种助力而已。时代愈后，则(一)材料愈多，(二)所关涉的范围亦愈广，从分量和门类两方面而论，都非一人之力所克胜，唐时遂开集众纂修之例，此后就沿为故事了。向来论史学的人，多数偏袒私家著述，而贱视集众修纂，这亦是一偏之见，其实二者是各有所长的。(如《晋书》系集众所修，其纪、传的凌乱和琐屑，诚不能为讳，然志却是好的，即由聚集各专家，各用其所长之故)况且一人独著，事实上已陷于不可能，那也不必去追慕它了。

著述的人，都要靠国家的助力，其事自然和政治接近了，因书写材料之笨重和昂贵，以致书写艰难，流传不易的情形，自造纸术成功而一小变，至印刷术发明而一大变。然而从事于作史的，都是所谓士大夫，士大夫是以政治为职业的，所以历史注重政治的情形，始终无甚变动。政治方面的现象，昔人所重视的有两种：(一)随时发生的事情，如某年月日太子生，某年月日旧君死，新君立，某年月日某外国入寇之类，这是无从预知的。(二)则政治上预定一个办法，以处理某种事务，此即所谓政治制度。其能行与否，诚未可知；行之而能历多久，亦未可知；然既定为制度，总是期其行之永久，至少亦是期其行之于某一时期之中的。这两种政治现象，马端临的《文献通考·总序》中，各给了它一个名目，称前者为理乱兴亡，后者为典章经制。历代的史籍，实以此二者为记载的中心。所谓正史，它的体裁，大体上有纪、传、表、志四种，(《史记》尚有世家一体，乃系记载未统一前的列国的，后世已无其物，故诸史皆不用，欧阳修《新五代史》，袭用其名，实属无谓；《晋书》有载记一体，源于《东观汉记》，《东观汉记》用以记开国时的群雄，《晋书》则用以记割据诸国，然亦可以不必别立名目，故他书亦总称为列传)本纪、列传，是所以记前一类的事实的，志是所以记后一类的事实的，表则二者皆可用。因其体例，于此两种事实，能够包括无遗，所以历代功令，定为正史。但纪、传之意，虽在于记事，而以人为单位，于事实未免割裂，不便观览(此不能为司马迁咎，因古代的纪、传，事实多不相关涉；其相关涉的，材料性质亦各有不同，不能合并也。但后世袭用之，则使史事割裂)，所以又有取别种体裁的书，与之并行。其记前一类事实，而以时间为条理系统的，谓之编年；挑选若干大事，逐事详其始末的，谓之纪事本末。记后一类事实的，有的通贯列代，如《通典》和《文献通考》是；有的专详一代，如《两汉会要》是。其随意记载，并无一定的范围，或并无条理系统的，则称为杂史。(又有稗史、野史等名。其体例与正史同，而未列为正史的，清《四库书目》称为别史。专以人为主，而记其事迹的，则称为传记。包括年谱等。传记有专记一人的，亦有并列多人的，后者如《高僧传》《耆献类征》等都是)从前的历史，所取编纂的方式，重要的，大抵不外乎此。此外地理应当独立为一科。旧时书目，亦入史部之中，乃因(一)从前的地理偏于考古，论其性质，大部分系读史地理，不能独立为一科；(二)又旧时书籍，以经、史、子、集为四大部，地理不能归入经、子、集，势不得不附于史部之中。目录学的归入史部，亦可说是出于后一个理由。此外如诏令奏议、职官等门，则只可说是未经编纂的历史材料而已。时令亦列入史部，最为无理，即以旧时的分部论，亦应列入子部天文家之中。史评一门，内容分为(一)考证、评论史事,(二)论作史之法。二者同用一名,亦为未妥。有史时代的史材,大致如此。

先史时代的史材,则不是求之于书,而是取之于物的。其物,从性质上言之,可分为三类,即:(一)人类的遗骸。(二)古物。此门包括极广,不论食物、衣服、用具、建筑物、道路及天产品等都属之。能得实物固佳,如不能得,则得图画、模型,亦较但用文字说明者为亲切明白。惜乎从前绘画之技不甚精,辗转传抄或翻刻,更易失其原样;仿制之物,亦多以牟利为动机,如古钱便是。不尽可信而已。书籍,自其又一方面观之,亦为实物,如宋版、元椠,可观其纸墨、字体,而知当时制造及印刷的技术是。他种实物,更不待论,如钟鼎,一方面可观其铭刻,又一方面,即可观其冶铸的技术,其重要,实有过于根据其文字以考史事。中国从前科学不发达,不甚知道实物的价值,属于古物,偏重其有文字者,以致作伪者亦以此为务。(如殷墟甲骨文,据中央研究院历史语言研究所报告,伪造者确有其人,且有姓名及每伪造一片的价格)今后实不可不翻然改图。(三)为法、俗。法、俗二字,乃历史上四裔传中所用的。这两个字实在用得很好。法系指某一社会中有强行之力的事情,俗则大家自然能率循不越之事,所以这两个字,可以包括法、令和风俗、习惯;而衣、食、住、行等物质生活,在古代,亦皆包括于俗之中;所以这两个字的范围很广,几于能包括一个社会的一切情形。(1)法、俗的变迁,有的很迟,所以古代的法、俗,还存于现在,这固不啻目击的历史。(2)又其变迁,大抵有一定的途径,所以业经变迁之后,考察现在的情形,仍可推想已往的情形。(3)社会进化的阶段,亦往往相类。所以观察这一群人现在的情形,可以推测别一种人前代的情形。社会学之所以有裨于史学,其根源实在于此。此种材料,有的即在地面上,有的则须掘地以求之。大概时代愈远,则其有待于发掘者愈多。历史的年代,是能追溯得愈远愈好,所以锄头考古学和史学大有关系。

史学进化的几个阶段

不论哪一种学问，都是逐渐进步的，史学将来的进步未知如何，这或者连它所要走的方向，亦非现在所能预知。若回顾既往，则其进步，有历历可指的。我现在把它分作几个阶段，这可以看出史学发达的情形，而史学研究的方法，亦即因此而可知。

中国史学的进化，大略可以分作四个阶段：

第一个阶段，可以把司马谈、迁父子做代表。他父子俩才有意网罗一切史材，做成一部当时的世界通史。（所谓世界，总系以当时的人所知道的为界限，在近世世界大通以前，西洋人的所谓世界，亦系如此。所以《史记》实在是当时的世界史，而不是本国史。不但《史记》，即中国历代的正史，称为其时的世界史，亦无不可，因为它已经把它这时代所知道的外国，一概包括在内了）在他以前，固非没有知道看重历史的人，所以有许多材料，流传下来，还有一部无名氏所作的《世本》，史学家称它为《史记》的前身。（《世本》亦有本纪，有世家，有传；又有谱，即表的前身；有《居篇》，记帝王都邑；有《作篇》，记一切事物创作之原；为书之所本。所以洪饴孙作《史表》，把它列在诸史之前）然总还是片段的、部分的保存而已，重视历史的观念，总还觉得未臻于圆满，到他父子俩，就大不相同了。所以他父子俩，可说是前此重视史学的思想的结晶，亦可说是后世编纂历史的事业的开山。这种精神，这种事业，可以说是承先启后。后来许多史学家的著作，都是从此基础之上发展出来的。

第二，自司马迁以后，史学界有许多名家。不过觉得史料要保存，要编纂，以诒后人而已，编纂的方法如何，加以研究的很少。到唐朝的刘知几，才于此加以检讨。据《唐书》的《刘知几传》，和他同时，怀抱相类的思想的，有好几个人，可见这是史学上进化自然的趋势，刘知几只是一个代表。他著了一部《史通》，对于古今的史籍，加以批评。他先把史籍分成正史和非正史两种，评论其可称为正史的，共有几家；其体裁适用于后世的，共有几种。（见《史通》之《六家》《二体》《杂述》三篇。《六家》系刘知几认为正史的；《二体》则六家之中，刘氏谓其可行于后世的，所以其《古今正史篇》所述，亦以此二体为限；《杂述》则其所认为非正史的）对于材料的去取，以及编制的方法，文辞的应当如何，都一一加以研究。实为作史方法的一个大检讨。

第三，刘知几的《史通》，不过遵守前人的范围，对其作法加以研究而已。所谓范围，就是何种材料，当为史家之所取，何种材料可以置诸不问，刘知几和他以前的人，意见实无大异同，即可说他史学上根本的意见，和他以前的人，亦无大异同。到宋朝的郑樵，便又不同了。他反对断代史而主张通史，已经是史法上的一个大变。这还可说是《史记》的体例本来如此，而郑樵从而恢复之。其尤为重要的，则他觉得前人所搜集者，不足于用，而要于其外另增门类。他在《通志》的《总序》中，表示这种意见，而其所作的二十略，门类和内容亦确有出于前人之外的，（据《总序》自述：《氏族》《六书》《七音》《天文》《地理》《都邑》《谥》《器服》《乐》《艺文》《校雠》《图谱》《金石》《灾祥》《昆虫草木》十五略，都出自胸臆，不袭汉、唐诸儒，此就内容而言。若以门类而论，则《六书》《七音》《校雠》《图谱》《金石》《昆虫草木》，乃全为郑氏所新立）这可说是史学上的一个大变革了。

第四，以从前的人所搜辑的范围为太狭，而要扩充于其外；这种见解，从史学知识当求其完全、广博而论，是无人能加以反对的，但是仅此门类，史料日日堆积，业已不胜其烦，不可遍览了，何况再要扩充于其外呢？如此，岂不将使历史成为不可观览之物么？然而要遏止这个趋势，把材料加以删除，却又不可。这事如何是好呢？于此，中国的大史学家章学诚出来，乃想得一个适当处置之法。他把史材和作成的史籍分为两物。储蓄史材,务求其详备;而作史则要提要钩玄,使学者可读。因史料的详备,史家著述才有确实的根据,和前此仅据残缺的材料的不同。亦惟史材完备保存,读者对于作者之书有所不足,乃可以根据史材而重作。(一人的见解,总不能包括无遗,所以每一种历史,本该有若干人的著作并行)其大体完善,而或有错误、阙略之处,亦可根据史材,加以订补。因其如此,所以作史者可以放大胆,实行其提要钩玄,而不必有所顾虑。从前并史料和作成的史籍为一谈,一部书修成后,其所根据的材料,即多归于散佚。(此亦系为物力所限,今后印刷术发达,纸墨价格低廉,此等状况可望渐变)作史的人觉其可惜,未免过而存之,往往弄得首尾衡决,不成体例;而过求谨严,多所刊落,确亦未免可惜。知章氏之说,就可以免于此弊了。章氏此种见解,实可谓为史学上一大发明。其他精辟的议论还多,然其价值,都在这一发明之下。

第五,史材务求详备,作史则要提要钩玄。这在现今的史学家,立说亦不过如此。然则章学诚的意见,和现在的史学家有何区别呢?的确,章学诚的意见,和现在的史学家是无甚异同的。他的意见,和现代的史学家只差得一步。倘使再进一步,就和现在的史学家相同了。但这一步,在章学诚是无法再进的。这是为什么呢?那是由于现代的史学家,有别种科学做他的助力,而章学诚时代则无有。现代史学的进步,可说所受的都是别种科学之赐。史学所要明白的,是社会的一个总相,而这个总相,非各方面都明白,不会明白的。要求各方面都明白,则非各种科学发达不可。所以现在史学的发达,实得力于各种专门史的竞出。各种专门史日益进步,而普通史乃亦随之而进步。专门史,严格论起来,是要归入各该科学范围之内,而不能算入史学范围内的。所以说史学的发达,是受各种科学之赐。然则各种专门史发达达于极点,普通史不要给它分割完了么?不。说明社会上的各种现象,是一件事;合各种现象,以说明社会的总相,又是一件事,两者是不可偏废的。社会是整个的,虽可分科研究,却不能说各科研究所得的结果之和,就是社会的总相。社会的总相,是专研究一科的人所不能明白的。倘使强作说明,必至于鲁莽灭裂而后已。所以各种科学发达,各种专门史日出不穷,普通史,即严格的完全属于史学范围内的历史,只有相得而益彰,决不至于无立足之地。史材要求详备,作史则要提要钩玄,是了,然史材要求详备,不过是求作史根据的确实;而各项史材,非有专门家加以一番研究,为之说明,是不能信为确实的。详备固然是确实的一个条件,然非即可该确实之全,所以非有各种科学以资辅助,史学根据的确实,亦即其基础的坚固,总还嫌其美中不足;而其所谓提要钩玄的方法,亦不会有一客观的标准,倘使各率其意而为之,又不免要聚讼纷纭,莫衷一是了。所以章学诚高尚的理想,必须靠现代科学的辅助,才能够达到。所以说:他和现代的新史学,只差了一步,而这一步,却不是他所能达到的。这不是他思力的不足,而是他所处的时代如此。如以思力而论,章氏在古今中外的史学界中,也可算得第一流了。

思想的进步,是因乎时代的。第一阶段,只觉得史料散佚得可惜,所以其所注意的在搜辑、编纂。第二阶段,渐渐感觉到搜辑、编纂如何才算适当的问题,所以其所注重的在史法。第三阶段,则因知识的进步,感觉到史学范围的太狭,而要求扩充,这可说是反映着学术思想的进步。第四阶段,因史籍堆积甚多,再图扩充,不免要使本身膨胀破裂,而割弃则又不可而起,虽未说及分科,然一人的才情和精力、时间,既不能兼容并包;而各个门类,以及每一门类中的各种材料,又都不容割爱,则势非提倡分科不可。所以史学若从章学诚的据点上,再行发展下去,亦必提倡分科研究;各种专门史亦必渐次兴起。不过现在既和外国的学术思想接触,自不妨借它的助力罢了。所以学问的进化,自有一个必然的趋势,而现在所谓新史学,即作为我们自己发展出来的一个阶段,亦无不可。

史学和文学，系属两事。文学系空想的，主于感情；史学系事实的，主于理智。所以在人类思想未甚进步，主客观的分别不甚严密的时代，史学和文学的关系，总是很密切的，到客观观念渐次明了时，情形就不同了。天下的人，有文学趣味的多，而懂得科学方法的少，所以虽然满口客观客观，其实读起记事一类的书来，是欢迎主观的叙述的。喜欢读稗史而不喜欢读正史：在正史中，则喜欢四史等而不喜欢宋以后的历史，和其看现在的报纸，喜欢小报而不喜欢大报，正是同一理由。殊不知四史等的叙述，全以主观为主，时代愈后，则客观的成分愈多，作者只叙述事实的外形，而其内容如何，则一任读者的推测，不再把自己的意思夹杂进去了，这亦是史学的一个进步。

旧时历史的弊病何在

从前的历史，不适于现代人之用，这句话，是人人会说的，然则从前的历史，其弊病果安在呢？

提出这一个问题来，我们所回答的，第一句话，便是偏重于政治。"一部二十四史，只是帝王的家谱。"这一类的话，在今日，几乎成为口头禅了。这些话，或者言之太过，然而偏重政治的弊病，是百口莫能为讳的。且如衣、食、住、行，是人生最切要的事，读某一时期的历史，必须对于这种生活情形，知道一个大概，这是无待于言的了。我们读旧日的历史，所知道的却是些什么呢？我也承认，读旧日的历史，于这一类的情形，并非全无所得。然而读各正史中的舆服志，所知者，皇帝和官员所穿的衣服，所坐的车辆而已，平民的衣着，及其所用的交通工具，却并没有记载。我们读《齐书》的本纪，知道齐明帝很有俭德。当时大官所进的御膳，有一种唤作裹蒸，明帝把它画为十字形，分成四片，说：我吃不了这些，其余的可以留充晚膳。胡三省《通鉴注》说，在他这时候，还有裹蒸这种食物。是把糖和糯米、松子、胡桃仁，合着香药做成的。把竹皮包裹起来蒸熟。只有两个指头大，用不着画成四片。见齐明帝建武三年。裹蒸的大小，无关紧要，可以不必去管它。看它所用的材料和做法，大约就是现在嘉、湖细点中胡桃糕的前身，吾乡呼为玉带糕，正是用糖和糯米粉、松子、胡桃仁制成的，不过没有香药而已。因近代香药输入，不如宋、元时代的多而美。南北朝时，还没有蔗糖，就是宋、元之间，蔗糖也远不如今日之盛，胡三省所说的裹蒸，用何种糖不可知，齐明帝所吃的裹蒸，则所用的一定是米、麦糖所制的点心，不甚宜于冷食，所以大官于日食时进之，等于现在席面上的点心；后来改用蔗糖，就变成现在的胡桃糕，作为闲食之用了。又据《南史·后妃传》：齐武帝永明九年，诏太庙四时祭荐其先人所喜食之物。其中荐给宣皇帝的，有起面饼一种。胡三省《通鉴注》说："起面饼，今北人能为之。其饼浮软，以卷肉啖之，亦谓之卷饼。"这似乎就是现在山东薄饼的前身。胡氏又引程大昌的话，说起面饼系"入教面中，令松松然也。教，俗书作酵"。然则在宋、元间，南人食面，尚不能发酵。面饼不发酵则不松美，我们观此，颇可知古代北方虽多产麦，而北人仍以稻米为贵，近代则不但北人喜食面，即南人嗜面的亦渐多的原因。这两件事，我们自谓读史钩稽，颇有所得，然亦只是一鳞一爪而已。南北朝时，裹蒸究竟是较普遍的食品，还是帝王贵人所专享？发酵之法，究竟发明于何时，如何普及于南方？我们都茫无所知。然则我们读史，虽可借零碎材料，钩稽出一些史实来，然毕竟知之不详。这就不能不追恨当时的史家所记太偏于政治，以致别种情形只能因政治而附见了。我们虽能知道秦代的阿房宫、汉代的建章宫宏大壮丽的情形，因而略知当时的建筑技术，然究不能知秦、汉时代普通的民居如何，其弊亦正在此。所以说旧史偏重政治的弊病，是百口莫能为讳的。

偏重政治的弊病，果何从而起呢？这有一个很深远的原因在内。人类的做事,是有惰性的,没有什么新刺激,就只会模模糊糊,一切都照旧做去。古代国家,不过现在一县大,所谓国君,仅等于现在的县令,大夫略如乡、镇长,士则保、甲长之类而已,他们又都是本地人,所行的政治,自然能有影响及于社会。到后世,就远不是这一回事了。君门万里,出必警跸清道,君和民终身没有见过一面。(康有为的《欧洲十一国游记》说:人们凡事,都易循其名而不察其实,如听见外国有国王,便想象他是和中国的皇帝一样。其实,我在比国,看见它的国王从宫中步行出来,人民见他,都起立致敬,他也含笑点头答礼,比中国州县官的尊严,还相差得很多)平民于宫中之事,固毫无所知;生长深宫之君,于民间习俗,亦一无所晓。所谓礼、乐等化民之具,在古代,是行之于共见共闻之地的。如古代的乡射礼,意思便近于现在地方上的运动会。在后世,则只是君和大臣,在禁卫森严的地方,关着门去行,平民永远不曾看见,试问有何影响能及于社会?现在骂政治不好的人,总说他是纸上文章,实际没有这回事。试问,以现在行政机关的疏阔,官吏和人民的隔绝,欲求其不成为纸上文章,如何可得?所以在古代,确有一个时期,政治是社会上的重要现象;社会上的大事,确可以政治上的大事为其代表;后世则久已不是这么一回事了。而人们的见解,总还沿袭着旧时,把后世的政治,看得和小国寡民的时代一样。譬如现在,我们看报,看人家往来的信札,往往叙述社会现象之后,总有"未知当局者何以善其后也"一类的话,其实考其内容,其事都绝非政治所能为力的。然而这种见解,并不是不读书没有见识的人才如此,即号为读书明理的人亦往往如此;其中少数杰出的能重视现实的人,虽明知其不然,然亦为旧观念所牵率,见之不能晶莹,于是古代历史偏重政治,后世亦就相沿不变了。这是社会科学上一个深切的弊病,现在议论起来,虽似乎大家能知其弊,到实际应用,又往往阴蹈之而不自知,怕一时很不容易彻底除去。

既然偏重政治,则偏重战事和过度崇拜英雄之弊,必相因而起。因为战事总是使政治发生显著的变化的，而在政治上、军事上能得到成功的人，亦总易被众人认为英雄之故。不错，战事确是能使社会起重大的变化的。然而要明白一件事，总得能知其原因结果，然后可谓之真明白。旧史所记的战事，往往只是战事而已，于其原因如何，结果如何，都茫无所及。（便是对于战事胜败的原因、结果，亦往往说不出来）此等记载，试问知之竟何所用？“英雄造时势，时势造英雄”，这两句话，到现在，还有视为难于论定的。其实所谓英雄，不过善于利用时势而已。一个社会，到危急存亡的时候，能否有英雄出来，全看这社会的情形如何，如能否造就英雄？有英雄，能否大家崇拜他，听他的指挥，把反对他的人压伏下去？这些，都是英雄能否出现的条件，而决不是有无这样的人出生与否的问题，这是明白无疑的事。英雄造时势一语，如何能与时势造英雄并列呢？过分偏重军事，则易把和平时代跳过了，如讲生物学的人，只知道突变，而不知道渐变，这个能算懂得生物学么？过分崇拜英雄，则易于发生“利人济物非吾事，自有周公孔圣人”和“啸吟风月天容我，整顿乾坤世有人”的思想。大家觉得只要有一个英雄出来，就一切问题都解决了，而忘却自己应负的责任。其肯负一些责任的，又容易模仿不适宜于时代的人物，甚而至于妄自尊大，陷于夸大狂的样子。

还有，借历史以激励爱国家、爱民族之心，用之太过亦有弊。不错，爱国家、爱民族，是确有其理的；而借历史以激励爱国家、爱民族之心，亦确是一个很好的办法。然而天下事总有一个适当的限度，超过这限度，就不是真理，而是出于矫揉造作的了，其事就不免有弊。这在欧洲，19 世纪后半期各国的历史，都不免有此弊，而德国为尤甚。亚洲新兴的日本，此弊亦颇甚。中国人褊狭之见，较之德、日等国，可谓相差甚远，然亦不能绝无。中国人之有此弊，是起于宋以后的。民族主义，原因受异族的压迫而起，中国自宋以后，受异族的压迫渐次深了，所以民族主义亦渐次勃兴，这固是题中应有之义。然感情与理性，须相辅而行，偏重感情，抹杀理性，就糟了。如中国宋以后盲目的排外之论，是很足以偾事的。近代和西洋人交涉的初期，即颇受其弊。而日本人在明治的初年，亦几受其弊，幸而尊王攘夷之论，一转而为变法维新，否则日本在此时，可以激成很大的惨祸的，虽然不至于亡国。朝鲜国比日本小，而其受宋学末流的影响却深，就竟尔暂时酿成亡国的惨祸了。大抵民族主义误用的弊病有两种：（一）是把本族看得过高，如德、日两国，即犯此弊。（二）则把异族看得太低，如中国人总说蛮夷不知礼义，甚至比之于犬羊便是。这两者之弊，都由昧于事实的真相而起。昧于事实的真相，惟有求明事实的真相可以救之。所以由矫揉造作的历史所致之弊，惟有用真正的历史，可以做它对症的药。

还有，借历史以维持道德的观念，也是有流弊的。这又可分为两种：其一，借历史以维持社会的正义，如朱子编《通鉴纲目》，借书法以示褒贬。书法是借一种记事的笔法，以表示对于其事的褒贬的。如某人罢官，罢得不得当的，则书曰罢某官某；如其人咎有应得的，则削去官名，但书某罢；如无好无坏的，则书某官某罢。后人又为之发明，对于历史上的人物、事迹，一一加以批评是。其二，则借此激励读史者的修为，如昔人编纂名臣和名儒的言行录等，即出于此动机。此二者，骤看亦似无甚弊病。然凡事都贵求真，（一）历史上的记载，先是不确实的；（二）即使确实，而一件事情，关系极为复杂，亦断非但据其表面所能论定；而此等史事的批评家，往往仅据往史表面上的记录，其结果，多不免于迂腐或肤浅，就不徒无益于求真，而反足为求真之累了。

还有一事，在西洋受病颇深，中国却无其弊，那便是借历史以维护宗教。在西洋，所谓中世时代，历史几乎做了宗教的工具。是宗教事件则详，非宗教事件则略，而其所评论，亦多数是用的宗教家的眼光。这不但旧教，即新教亦未尝不如此，而且两教都利用历史，以为攻击的武器。中国亦未尝没有教，中国人所作的历史，如佛家所记的释迦本行、高僧事迹之类，然大家都只当它宗教中的书籍看，不把它当作历史，所以不受其害。还有一种，竟无好好的历史，而历史事迹，都依附宗教书籍以传之国，如印度等，那其受病之深，更不言而喻了。

还有，存着一种以史事为法戒，即所谓前车之鉴的见解，亦足使史学深受其弊的。

现代史学家的宗旨

往史之弊既如此，所以救其弊者，又将如何？

不论什么事情，总是发生在一定的环境之内的，如其不知道它的环境，这件事就全无意义了。现在试举一个例。从前汉朝时候，有一个名将，唤作韩信。他有一次和敌人打仗，把自己的兵排在水边上，背对着水，这就是所谓背水阵，是犯兵家之忌的，因为没有退路了。后来竟打了胜仗。人家问他，他说：这亦在兵法上，不过你们不留意罢了。兵法上不是有一句置之死地而后生么？我所用的兵，不是训练惯统带惯的，乃是临时聚集来的乌合之众，这和走到市集上，把许多赶集的人聚拢来，使之作战一样，不是置之死地，人人要想自己救命，谁肯出力死战呢？这是一件事。明朝时候，又有一个名将，唤作戚继光。他练兵最认真。著有一部书，唤作《练兵实纪》，对于练兵的法子，说得很详尽。清朝的曾国藩，本来是个书生，不懂得练兵的，他初出来练乡勇，就靠这一部书做蓝本，订定一切规则。可见戚继光这部书，对于练兵的方法说述得详尽，也可见得他对于练兵的认真了。相传当他检阅时，适逢大雨，他的兵都能植立雨中，一步也不移动，可见他训练之效。他所以南征北讨，所向有功，绝非偶然了。这又是一件事。两件事恰恰相反。在看重战术的人，一定说韩信的将才在戚继光之上，能不择兵卒而用之；

在注重训练的人，则又要说韩信的战胜只是侥幸；其实都不其然。韩信生在汉初，承战国时代之后。战国时代，本来是举国皆兵的，所以在秦、汉之世，贾人、赘婿、闾左(这亦是当时所谓谪发、谪戍。谪是谴谪的意思，发有罪的人出去作战，谓之谪发；出去戍守，谓之谪戍。贾人、赘婿，都不能算有罪，然汉时亦在七科谪之列，那不过因当时重农贱商，赘婿大概是没有田产的，发他们出去当兵，免得扰累农民罢了。闾左，谓一条街巷的左半段。这是要发一条街巷里居民的一半去当兵，而古者地道尊右，把右边算上首，所以发其左半的人出去，秦时曾有此事)，发出去都可充兵。韩信所用的兵，虽说没有经他训练过，然战争的教育，是本来受过的，对于战斗的技艺，人人娴习，所以只要置之死地，就能够人自为战。戚继光时代，则中国统一已久，人民全不知兵，对于战斗的技艺，一无所知，若不加以训练，置之活地，尚不能与敌人作战，何况置之死地呢？若使之背水为阵，非毙于敌人锋镝之下，就要被驱入水了。所以韩信和戚继光的事，看似相反，而实则相成，若非知其环境，就无从了解其真相了。况且事实原因环境而生，若不知其环境，对于事实的性质，必也茫无所知，更何论了解其经过。然则对于史事，安可不知其环境呢？

然而我们现在，对于任何史事，总不能十分明白其环境，这是什么理由？这自然是由于记载的缺乏了。记载为什么会缺乏呢，难道向来史家，对于不知环境则不能明白其事件的真相的道理，都不知道么？不，须知"常事不书"，为秉笔者的公例。我们现在虽追恨古人，叙述一事件时，不把他的环境说述清楚，以致我们不能了解，然使我们执笔为之，恐亦不免此弊；即使力求避免，其与古人，亦不过程度之差而已；将来读书的人，还不免要追怨着我们。这是因为著书的人，总得假定若干事实为读者所已知，而不必加以叙述，如其不然，就要千头万绪，无从下笔了。你天天记日记么？一个朋友，忽而今天来看你；你今天忽而想到去做一件不在预算范围内的事情；这自然要记出来的。学校中的课程，个个星期是一样；吃饭、睡觉，天天是一样；那就绝无逐日记载之理，至多每学期开学之初，把课程表抄一份在日记里，以后每逢变动时，再加以记载；初记日记时，把吃饭和睡觉的时刻，记下一笔，以后则逢一顿宴会，一夜失眠等事，再加以记载罢了。这就是所谓常事不书，是秉笔者不得不然的。然而社会的变迁，虽然看不见，却无一息不在进行之中。虽其进行无一息之停，却又“正明目而视之，不可得而见，倾耳而听之，不可得而闻”，正和太阳影子的移动，没人看得见一样。然而隔着一个时间再去看，就移动了许多了。社会的变迁，亦是如此，必须隔若干年代，然后看得出。然而人寿太短，所以除非生于剧变时代的人，总不觉得它有多大的变动。寻常人所觉得的变动，总是听见父辈、祖父辈，甚或是曾、高祖父辈的人所说的，这种说述的人，尚或出于传闻而不是亲见，如此，在感情上，自然不甚亲切；而且这些零碎的事实，不能通其前后而观之，则亦不过是一个一个小小的变动而已，并不觉得如何惊心动魄，把它记载下来的人，自然少了。隔了较长远的时代，再把今昔的社会一加比较，固然也觉得它有很大的不同，然而变迁的时代，业已相离很远，无从知其因变迁生出来的影响，自更无人注意及之了。所以社会的变迁，我们所知道的，怕不过百之一二，对于任何时代的情形，我们都是茫然，自然对于任何事件的环境，我们都不明白了。

不知环境，对于任何事情，总是不能明白的，以致对于任何时代，亦都不能明白，这却如何是好呢？所以现在的史学家最重要的事情，就是“再造已往”。何谓再造已往呢？那就是已往的时代，虽然已往了，我们却要综合各方面，使其时代的情形，大略复见于眼前。史事有“特殊事实”和“一般状况”之分。对于特殊事实，普通的见解，总以为时代愈接近的人，则知之愈真切，其实不然。这许多事情，往往要隔了一个相当的时期，然后渐明；再隔了一个较长的时期，然后大白的。因为许多事情，都有其内幕，而其内幕，在当时总是秘密的。局中人固不肯宣泄,更不能宣泄;局外人既不能宣泄,抑或不肯宣泄;必隔了一个时期,其材料才得出现。而且局中人无论矣,即局外人,亦免不了利害和感情上的关系,其见解总不能平允,见解既不能平允,自然所述不能真实,亦必隔了一个时期,此等关系渐成过去,其所传的材料方能真确。又有许多事情,其内幕是永不宣泄的,所谓如何如何,只是后人据其外形,参以原因、结果,推测而得,这亦非待至事后各方面的材料大略出现之后,无从推测。这种便利,都是当时的人,或其时代较为接近的人所没有的。所以特殊事实,看似当时的人最为明白;时间愈接近的人则愈明白,其实适得其反。我们来谈唐、宋、元、明时代的特殊事实,必有一部分非其时之人所知;将来的人谈现在的历史,亦必有一部分非我们所能及。至于一般状况则不然,现在的上海,物质生活是怎样?人情风俗是怎样?将来的人,无论是怎样一个专家,对于现在的上海,无论研究得如何精密,其了解的深切,总还不如现在久居上海的一个无甚知识的人。固然,他或有种种知识,为现在的老上海所不及的,然这只是多知道了若干零碎的事实,对于现在整个上海的性质的了解,决出于现在所谓老上海者之下。若使现在的上海,发生了一件特殊的事情,使将来的专家,和现在的老上海,同来猜想其原因,逆料其结果,将来专家的所言,绝不如现在老上海之近理。所以以当时的人,了解当时的事,只是苦于事实的真相不能尽知,如其知之,则其了解之程度,必出于异时人之上。这就是再造已往之所以要紧。

已往者已往矣,何法使之再现?难道能用奇秘的摄影术,使古事再现;奇秘的收音机,使古语可闻么?照寻常人想来,除非用现代的有声电影,可以把现代的情形,留起若干来,给后人知道,已往的事,是绝然无法的了,其实不然。所谓一般状况,乃是综合各种事情而推想出来的,并不是指某一个人或某一件事。若专指一人一事,那又是特殊事实了。我们现在,有许多前人所遗留下来的重大的特殊事件，尚且不能了解其时的社会，何况但保存一二琐屑的事情呢？若说我们保存得多，则岂能把现代的情形，一一保存下来？还不过和前人一样，假定若干事物为后人所能知，则置诸不论不议之列，其为我们所逆料，以为将来之人将不能知之事，则保存一二罢了。此与前人之所为，亦何以异？至多以五十步笑百步而已。所以要以现代人之所为，省却将来的人搜辑、推测之劳，决无其事。而史家的能力，就是在于搜辑、推测的。倘使能搜辑、推测，前代的情形虽然已成过去，仍有使之再现到某程度的可能。我们现在所苦的，乃是这种材料之少，而无从据之以资推测，然此种材料虽少，我们所用的搜辑的工夫，怕比它更少。况且我们于现存材料之外，还有发现新材料的可能。

所以现代史学上的格言，是“求状况非求事实”。这不是不重事实，状况原是靠事实然后明白的，所以异于昔人的，只是所求者为“足以使某时代某地方一般状况可借以明白的事实”，而不是无意义的事实而已。所以有许多事情，昔人视为重要，我们现在看起来，倒是无关重要，而可以删除的。有许多事情，昔人视为不重要，不加记载，不过因他事而附见的，我们现在看来，倒是极关重要的，要注意加以搜辑，上章所述的裹蒸和起面饼，似乎就是一个例子。所以求状况的格言，是“重常人，重常事”，常人、常事是风化，特殊的人所做的特殊的事是山崩。不知道风化，绝不能知道山崩的所以然，如其知道了风化，则山崩只是当然的结果。

搜辑特殊事实，以求明了一般状况，这是很难有刻板的方法可说的。大致说起来，亦不外乎所知者博，则所测者确，所以搜辑是最紧要的事。所搜辑的材料，大致说起来，亦可分为物质状况和社会状况二者。譬如古代的地理，和现在不同，就是自然状况有异（譬如古代的长江比现在阔，所以南北战争，长江为天险的性质较后世为甚），住宅、道路等亦然。又如考校某时代的学术思想如何，便可推测其时的士大夫，对于某种政治上的事件，怀抱何种感想？

若再博考其时平民社会的情形，则又可推测其时的老百姓，对国事的态度如何？既知道士大夫和老百姓对待国事的态度，就可解释其时政治上某种事件，当局者何以要取某种措置的理由，并可评论其得失。这是举一端为例，其余可以类推。“折戟沉沙铁未销，自将磨洗认前朝”，知道古今兵器之不同，则其战术的不同，亦只是当然的结果，如风化之于山崩而已。

作史的方法

作史，似乎是研究历史的人所谈不到的，然而现在的历史，正在要重作之中，惟其知道作史的方法，才能知道研究的方法，所以作史的方法，也不可以不一谈。

历史该怎样作法呢？那在理论上是无疑义的。第一，当先搜集材料。第二，当就所搜集得的材料，加以考订，使其正确。然后第三，可以着手编纂。

史事的搜辑、订正，是永无穷期的。外行的人，往往以为“历史的材料，是一成不变的。至多(一)有新发现的事实，加一些进去；(二)旧材料不完全、不正确的，被发现了，则加以补充，加以订正，如此而已。这两者都不能多，所以历史的材料，从大体上可以说是固定的，无甚变动”。这种见解，其实是错误的。历史上的年代如此之长，事实如此之多，即使我们所搜辑的范围，和从前人一样，亦不易有完备之日。何况研究的范围，是时时变动的，无论你方法如何谨严，如何自许为客观，入于研究范围之内的，总是反映着其时代所需要。一物有多少相，是没有一定的，有多少人看，就有多少相，(因为没有两个看，能占同一的空间与时间)看的人没有了，就相也没有了。哲学家说：“世界上没有两件相同的东西，因为至少它所占的时间或空间是两样。”然则以不同地域、不同时代的人，看起历史上的事件来，其观点如何会相同？观点不同，其所见者，亦自然不同；所觉得要补充，要删除的，自亦随之而异了。所以史学一日不息，搜辑之功亦即一日而不息。这话或者说得太玄妙些，然即使浅而言之，现代各种科学勃兴，我们从前不甚注意，不甚了解的事实，现在知其重要的何限？岂能摒诸研究范围之外？然则史学的范围，安得而不扩充？范围扩充，搜辑的工作，安能不随之而增加呢？科学的进步永无止境，史家搜辑的工作，自亦随之而无穷了。至于订正，则从前人的记载错误的，见解不正确的，浅而言之，即随处可见。此等或可说：终有订正至正确的一日，而有的或竟无法可想了，则订正亦似有穷期。其实亦不然。真正客观的事实，是世界上所没有的。真正客观的事实，只是一个一个绝不相联属之感觉，和做影戏所用的片子一般，不把它联属起来，试问有何意义？岂复成为事实？所谓事实，总是合许多小情节而成，而其所谓小情节，又是合许多更小的情节而成，如是递推，至于最小，仍是如此。其能成为事实，总是我们用主观的意见，把它联属起来的。如此，世界上安有真客观的事实？既非客观，安得云无变动？这话或者又说得太玄妙些，然而一件事实的真相，不但限于其外形，总得推见其内部，这总是人人可以承认的。如此，则因社会状况的不同，人心的观念即随之而变，观念既变，看得事情的真相，亦就不同了。（譬如在从前尊信士大夫阶级的时代，看历史上的党争，或以为一方面确系君子，一方面实属小人；或以为两方面都系君子，出于误会。到现在，知道了阶级的性质，就知道无论哪一方，不会全是君子，其中真为国家、社会起见的，总不过是极少数人了）史事的订正，又安有穷期呢？搜辑永无穷期，订正永无穷期，历史的当改作，即已永无穷期，何况历史不是搜辑、考订了便算了事的，还要编纂成功，给大家看，而看的人的需要，又是随时不同的，然则历史安得不永远在重作之中呢？

以上所说的都是原理，以下且谈些具体的方法。

搜辑的对象，当分为书本和非书本二者。非书本之物，即：(一)人类的遗骸，(二)古物，(三)法俗，已如第二节所述。此当随时搜辑，其最重要的来源，为(一)考古学上的发现，及(二)各种新调查。这二者，在现在的中国，材料还不多，我们只能尽其所有，充分的加以利用。书本上的材料，则可谓汗牛充栋。一个人的研究，总有一个范围，如划定时间、地域，或择取某一事件等。在范围内的材料，自然有一个限度。但这种材料，很难断定某一部书内没有，于是每研究一个题目，就非把所有的书看遍，或看其十之七八不可，此岂人力所能及。从来著书的人，无论如何勤苦，怕也没人敢说材料的搜辑，业已一无遗漏，或者十得八九的。然而考证上的事情，往往多一条证据，少一条证据，如发现不足信的材料，抽去一条。事相即为之大变，材料的搜辑不能完全，总是史学家一个遗憾。然则如之何呢？绝对的理论上的完备，自然是不可能的，然亦总得尽我们之力，做到大体上没有遗憾的地步。如此说来，则我觉得史料汇编，在今日实为当务之急。所谓史料汇编，便是把每一个题目(无论其为时间别，地域别，或择取某事件)，遍览群书，把其中有关系的，都抄录下来，注明篇名卷数或页数，及所据的版本。(不同的刻本，须互相校勘，见于类书或他书所征引者亦然，所以又涉及校雠问题)此自非一二人之力所能及，当集群力，以大规模的组织行之。此即昔人编纂类书之法。中国历代，多有大类书的编纂。从魏朝的《皇览》，到清朝的《图书集成》。这能替研究学问的人，把他所需要的材料，汇集在一处，省却他自行搜辑之劳，所省下来的工夫，就可用之于研究上了，其用意实为最善，惜乎其所编纂的，都不甚佳而已。因为私人之力不及，而官修之书，又每不尽善。在现代，实在各种学问，都当以此法行之，而史家相需为尤急。(论整理国故的人，总说旧学术要算一笔总账，编类书亦是算总账最好的法子)编纂史料汇编，当用前人作史抄的方法。所谓史抄，是把从前人的著作，依着我所定的条理系统，抄集下来的。不改动原文，但遇两书材料相同的，则去其重复，然亦仍须注明。（如《史记》与《汉书》，《宋》《齐》《梁》《陈》《魏》《周》《隋书》与《南史》《北史》是。有一字的异同，亦须注明，无之则但注某书某篇同）有须删节处，亦须注明删节。总使人家看起来，和看原书一样。为什么必要用这种体例呢？那是因为读史总要据原始材料的；而且有许多地方，史事的真相，就是据字句推勘而得；所以字句一有变动，又要生出一番校勘之劳，这个殊犯不着，所以要一概照抄，如有意见，则另注于下。善用这种体例的，亦可以成为著作，如马骕的《绎史》，便是一个例子。（罗泌的《路史》，材料实较《绎史》为丰富而可贵，如用《绎史》的体例作成，当更可贵）此种书籍，能合群力为大规模的编纂固佳，即私人亦未尝不可为。那便是：（一）择定一个题目，罄毕生之力而为之，尽其所能，做到什么地步是什么地步，其未竟之绪，则留待后人赓续。（二）或者选定若干部书，把它分门别类地抄撮起来，抄得几部是几部。这种办法，对于一个题目，固然极不完全，然使各种书籍都有人抄，而所定的门类，又大致相等（如能划一，自然更好，但恐不易办到，即亦不必勉强），则合而观之，亦不啻一完备的史料汇编了。驳我的人要说道："彰明较著，一望而知为与某题目有关系的材料，固然可以集众或由有志的人汇抄。然而史学的进步，总是从众所不能见，即置之眼前，亦不能知其有何关系的材料中得来的，此岂非专家所能着手？"这话固然不错。然此乃无可如何之事。汇抄之作，原只能省众所共见的材料的搜辑，然把这种工夫，替研究者省下来，所得业已不少。外国学者著书，往往有延聘助手代其搜辑材料的，就是为此。何况专家新发明、新订正的史料，我们亦可分类抄撮呢？

考订史事的方法，外形上记载的同异，是容易见得的，只要搜辑得完备，校勘得精细。但现在所当致力的，殊不限于此。大抵原始的史料，总是从见闻而来的，传闻的不足信，人人能言之，其实亲见者亦何尝可信？人的观察本来容易错误的。即使不误，而所见的事情稍纵即逝，到记载的时候，总是根据记忆写出来的，而记忆的易误，又是显而易见的。况且所看见的，总是许多断片，其能成为一件事情，总是以意联属起来的，这已经掺入很大的主观的成分。何况还有没看见或忘掉的地方，不免以意补缀呢？这种错误，是无论何人不能免掉的，如其要免掉，那就世界上没有史事了。这还是得之于见的，其得之于闻的，则传述者又把这些错误一一加入。传述多一次，则其错误增加一次。事情经过多次传述，就无意间把不近情理的情节删除或改动，而把有趣味的情节扩大起来。看似愈传述愈详尽，愈精彩，实则其不可信的成分愈多。这还是无意的，还有有意的作伪。那便是：（一）伪造假的事实。（二）抹杀真的事实，如清朝人的烧毁书籍，改作实录，就是其例子。这是有所为而为之的。还有（三）无所为而出于游戏性质的。如东晋晚出的伪《古文尚书》，到底是何人所造，至今很难论定。程鱼门《晚书订疑》说它是游戏的拟作，其说亦颇近情理，此说如确，就是一个很好的例子了。古今来的伪书，亦可说是汗牛充栋。辨伪之法，近人论者颇多，此书为篇幅所限，不再详述。以上所述，实在还都是粗浅的，若论其精微的，则凭你一意求真，还是不能免于不确实，虽然你已小心到十二分。因为人的心理，总有一个方向，总不能接受和这方向相反的事情。所以又有许多真确而有价值的事情，为你所视而不见，听而不闻了。心理上这种细微的偏见，是没有彻底免除的可能的；就要洗伐到相当的程度，也很不容易。读《文史通义》的《史德篇》可见。史事的不足信如此，无怪史学家说“历史只是大家同意的故事”了。史学家为求真起见，在这上面，就得费掉很大的工夫。

史料的真伪，鉴别、考订得觉其大体可信了，然后我们可进而批评史事。历史上任何事件，用现在的眼光看起来，总觉得其不甚可信。明明是个大公无私的人，反说得他诈伪阴险，如往史之于王安石。明明是件深曲隐蔽之事，说来反觉得其浅显易明，这些真是随处可见。而只知其外表，不知其内容的，更不知凡几。读史者于此，往往模模糊糊，不加注意；或则人云亦云；其偶有所见的，又或痛诋古人的错误，其实此亦不然。一件事，所能看见的，总只是外形，其内容如何，总得由观察者据着外形去推测。我们该尽我们考证之所能，推测之所至，尽量地把史事的真相阐发出来。不过推测总只是推测，不能径认为事实而已。在这一点上，昔人著述的体例，未尽善处很多，实有改良的必要。

历史不但因时代而不同，其所悬拟的读者，亦各不同。各种不同的读者，而只供给他一种书，是不很适宜的。如《资治通鉴》，本意系供君主阅览；以供平民阅览，实不尽适宜。就供给一种人看的历史，也应有几种同时并行，以资参证；而作史者亦得各抒所见；这是于史学大有裨益的。其好坏，最好任人评论。从前功令，定某种书为正经正史，使人把它的价值，看得特别高，这种办法颇不适宜。我们当祛除成见，平等相看，其信否的程度如何，一以我们按照严格的史学方法所评定者为断。

研究历史的方法

历史的性质，及其发展的经过和现在的观点，已经大略明白了，那我们就可以进而谈历史的研究方法了。

现在要想研究历史，其第一个条件，就是对于各种科学，先得要有一个常识。治史学的人，往往以为社会科学是紧要的，自然科学则不甚重要，实亦不然。有许多道理，社会科学和自然科学是相通的。如演变的观念，若不知道生物学，就不能知道得真确。又如治历史，要追溯到先史时代，则史家对于地质学，岂能茫无所知？这是举两端为例，其余可以类推。所以治史学的人，对于现代的科学，都不能不略知大概。否则用力虽深，也和一二百年前的人无以异了,安足称为现代的学问家?固然,各种社会科学,如政治学、法律学、经济学、人生哲学等,和史学的关系更为密切。然只能谓治史学者,对于此等学科,更须有超出常识以外的知识,而不能说此外诸学科,可以并常识而不具。现在再把治史学的人所宜特别加意的几种学科,略说其关系如下:

治史学第一要留意的,就是社会学了。历史是研究整个社会的变迁的,任何一种事件,用别种眼光去解释,都只能得其一方面,惟社会学才可谓能揽其全。而且社会的变迁发展,是有一定的程序的,其现象似乎不同,其原理则无以异。明白了社会进化的法则,然后对于每一事件,都能知其在进化的长途中所具有的意义;对于今后进化的途径,自然也可以预测几分。如蛮族的风俗,昔人观之,多以为毫无价值,不加研究。用社会学的眼光看起来,则知道何种社会有何种需要,各种文化的价值,都是平等的,野蛮民族的文化,其为重要,正和文明民族一样。而且从野蛮时代看到文明时代,更可知道其变迁之所以然。所以我曾说:近代的西人,足迹所至既广,他们又能尊重科学,为好奇心所驱迫,对于各种蛮族的风俗,都能尽量加以研究,这个对于史学的裨益,实非浅鲜。因为它在无意中,替我们把历史的年代延长了(现代蛮族的情形,和我们古代的情形相像,看了它,就可追想我们古代的情形了,所以说是历史年代的延长),就是使我们的知识加几倍的广博。这亦是举一端为例,其余可以类推。

把历史的年代延得更长的,就是考古学了。史学家说:"假定人类的出生,有 24 万年,我们把一日设譬,则每小时要代表 2 万年,每一分钟要代表 333 年,最古的文化,在 11 点 40 分时候才出现;希腊文化,离现在只有 7 分钟;蒸汽机的发明,则只有半分钟而已。所以通常所谓古人,觉得他和我们相离很远的,其实只是同时代的人。"这种说法,所假定的人类出生的时期,为时颇短,若取普通的说法,很有加长一倍的可能,那我们历史上的文化,更浅短得不足道了。然即此假定,亦已足以破除普通人的成见了。

自然科学中,对于历史关系最密切的,自然是地理学。这因为人类无一息之间,能不受自然的影响,而地理学是一切自然条件的总括。这种道理,在现今是人人知道的,无待再说。但在历史上,地理形势不必和现在相同,用现在的地理情形,去解释史事,就要陷于谬误了。所以治史学者,对于历史地理,不能不有相当的知识。其中最重要的,就是要知道各时代地面上的情形和现在不同的,因以推知其时的地理及于其时人类的影响和现在的不同(钱君宾四曾对我说,有意做这样一部书,这是极紧要极好的事情,然此事恐不易成。不可如从前人但偏于兵事上的研究)。

治史学的人,虽不是要做文学家,然对于文学,亦不可不有相当的了解。其中(一)是训诂。这在治古史,是人人知其重要的,然实并不限于此。各时代有各时代的语言,又有其时的专门名词,如魏、晋、南北朝史中之宁馨、是处、若为,《宋史》中的推排、手实、称提等都是。(宁馨犹言这个。是处犹言处处。若为即如何的转音。推排是查轧的意思。手实是按一定的条件,自行填注。称提乃纸币跌价,收回一部分,以提高其价格之意)这些实该各有其专门的辞典。(二)文法,亦是如此。这个在古代,读俞樾的《古书疑义举例》可知,后世亦可以此推之。(三)普通的文学程度,尤其要紧。必能达到普通的程度,然后读书能够确实了解,不至于隔膜、误会。况且在古代,史学和文学关系较深,必能略知文学的风味,然后对于作史者的意旨能够领略。晚出《古文尚书》的辨伪,可谓近代学术界上的一大公案。最初怀疑的朱子,就是从文学上悟入的。他说:《今文尚书》多数佶屈聱牙,《古文尚书》则无不平顺易解,如何伏生专忘掉其易解,而记得其难解的呢?清朝的阎若璩,可说是第一个用客观方法辨《古文尚书》之伪的人,到他出来之后,《古文尚书》之为伪作,就无复辩解的余地了,而他所著的《古文尚书疏证》中有一条,据《胤征》篇的"每岁孟春"句,说古书中无用每字的，因此断定其为魏、晋后人的伪作。宋朝的王应麟，辑鲁、齐、韩三家《诗》，只辑得一薄本，清朝的陈乔枞所辑得的，却比他加出十倍。陈乔枞的时代，后于王应麟有好几百年，只有王应麟时代有的书，陈乔枞时代没有，不会有陈乔枞时代有的书，王应麟时代没有的，巧妇难为无米之炊，陈乔枞有何异术，而能所得的十倍于王应麟呢？那是由于古书有一种义例，为陈乔枞所知，而王应麟所不知。原来自西汉的今文经学以前，学术的传授，都是所谓专门之学，要谨守师法的。（这所谓专门之学，与现在所谓专门之学，意义不同，非以学问的性质分，而以其派别分）所以师徒数代相传，所说的话，都是一样。我们（一）固可因历史上说明甲系治某种学问，而因甲所说的话，以辑得某种学问的佚文，（二）并可以因乙所说的话和甲相同，而知道乙亦系治某种学问。如是再推之于丙、丁等等，其所得的，自非王应麟所能及了。然则甲、乙、丙、丁等所说的话的相同，并不是各有所见，而所见者相同，还只是甲一个人所说的话。我们治古史，搜罗证据，并不能因某一种说法主张者多，就以为同意者多，证据坚强，这亦是通知古书义例，有益于史学的一个证据。

讲学问固不宜预设成见，然亦有种重要的观念，在治此学以前，不可不先知道的，否则就茫无把握了。这种重要的观念，原只是入手时的一个依傍，并没叫你终身死守着他，一句不许背叛。现在就史学上的重要观念，我所认为读史之先，应该预先知道的，略说几条如下：

其中第一紧要的，是要知道史事是进化的，打破昔人循环之见。有生命之物，所以异于无生物；人所以特异于他种生物，就在进化这一点上。固然，世界上无物不在进化之中，但他种物事，其进化较迟，在一定的时期中，假定它是不变的，或者尚无大害。人类的进化，则是最快的，每一变动，必然较从前有进步（有时看系退步，然实系进步所走的曲线），这种现象，实在随处可见。然人类往往为成见所蔽，对于这种真理不能了解。尤其在中国，循环的观念入人甚深。古人这种观念，大概系由观察昼夜、寒暑等自然现象而得，因为此等现象，对于人生，尤其是农、牧民族，相关最切。这其中固亦含有一部分的真理，然把它适用于人类社会就差了。粒食的民族，几曾见其复返于饮血茹毛？黑格尔的哲学，徒逞玄想，根脚并不确实，而且不免褊狭之见，有何足取？然终不能不推为历史哲学的大家，而且能为马克思的先导，就是因为他对于历史是进化的见解，发挥得透彻呀！

第二，马克思以经济为社会的基础之说，不可以不知道。社会是整个的，任何现象，必与其余一切现象都有关系，这话看似玄妙，其实是容易明白的，佛家所说的“帝网重重”，就是此理。（帝字是自然的意思，帝网重重，犹言每一现象，在自然法中，总受其余一切现象的束缚，佛家又以一室中同时有许多灯光，光光相入设譬，亦是此意。然关系必有亲疏，亲疏，就是直接、间接）影响亦分大小。地球上受星光之热亦不少，岂能把星光的重要，看作和太阳光相等？把一切有关系的事，都看得其关系相等，就茫然无所了解，等于不知事物相互的关系了。如此，则以物质为基础，以经济现象为社会最重要的条件，而把他种现象，看作依附于其上的上层建筑，对于史事的了解，实在是有很大的帮助的。但能平心观察，其理自明。

第三，近代西洋科学和物质文明的发达，对于史事是大有影响的。人类最亲切的环境，使人感觉其苦乐最甚的，实在是社会环境，这固然是事实，然而物质环境既然是社会组织的基础，则其有所变动，影响之大，自更不容否认。在基础无甚变动时，上层建筑亦陈陈相因，人生其间的，不觉得环境有何变动，因亦认为环境不能使之变动，于是“世界是不变的”；“即有变动，亦是循环的”；“一切道理，古人都已发现了”；“世界永远不过如此，无法使之大进步，因而没有彻底改良的希望”。这种见解，就要相因而至，牢不可破了。科学发达了,物质文明进步了,就给这种观念以一个大打击。惟物质文明发达,而人类制驭自然之力始强,人才觉得环境可以改变;且可用人类的力量使之改变,人类因限于物质所受的种种苦痛,才觉得其有解除的可能。惟物质文明发达,而社会的组织亦随之而大变,人才觉得社会的组织亦是可变的,且亦可以用人类的力量使之改变的。又因物质文明进步所招致的社会变迁,使一部分人大感其痛苦,人才觉得社会实有加以改革的必要。惟物质文明发达,才能大变交通的情形,合全球为一家,使种种文化不同的人类合同而化。惟科学发达,人才不为浅短的应用主义所限,而知道为学问而学问的可贵,而为学问而学问的结果,则能有更精深的造诣,使人类的知识增加,而制驭事物之力,亦更因之而加强。人类的观念,毕竟是随着事物而变的。少所见多所怪的人,总以为西洋和东洋有多大的差异,闻见较广的人,就不然了,试将数十年以前的人对于外国的见解,和现在人的见解,加以比较便知。然不知历史的人,总还以为这小小的差异,自古即然,知道历史的人,见解就又不同了。西洋现在风俗异于中国的,实从工业革命而来,如其富于组织力,如其溺于个人的成功都是。前乎此,其根本的观念,原是无大异同的。所以近代西洋科学及物质文明的发达,实在是通于全世界划时期的一个大变。

第四,崇古观念的由来及其利弊,亦不可不加以研究的。人人都说:中国人崇古之念太深,几以为中国人独有之弊,其实不然。西洋人进化的观念,亦不过自近世以来。前乎此,其视邃古为黄金时代,其谓一切真理皆为古人所已发现,亦与中国同。而且不但欧洲,世界上任何民族,几乎都有一个邃古为黄金时代的传说,这是什么理由呢?崇古的弊病,是很容易见得的。民国三十四年之后,只会有三十五年,决不会有三十三年,然而三十四年的人,是只会知道三十三年以前,决不会知道三十五年以后的。所以世界刻刻在发展出新局面来,而人之所以应付之者,总只是一个旧办法。我们所以永远赶不上时代，而多少总有些落伍，就是为此。这固然是无可如何的事，然使我们没有深厚的崇古观念，不要一切都以古人的是非为标准；不要一切都向从前想，以致养成薄今爱古的感情，致理智为其所蔽，总要好得许多。然而人却通有这种弊病。这是什么理由呢？难道崇古是人类的天性么？不，决不。人类的所以崇古，是有一个很深远的原因的。人类最亲切的环境是社会环境，使人直接感觉其苦乐，前文业经说过了。在邃古之世，人类的社会组织是良好的，此时的社会环境亦极良好。后来因要求制驭自然的力量加强，不得不合并诸小社会而成为大社会，而当其合并之际，没有能好好地随时加以组织，于是人类制驭自然之力逐步加强，而其社会组织，亦逐步变坏，人生其间的，所感觉的苦痛，亦就逐步加深了。人类社会良好的组织，可以说自原始的公产社会破坏以来，迄未恢复。而其从前曾经良好的一种甜蜜的回忆，亦久而久之未曾忘掉。于是大家都觉得邃古之世，是一个黄金时代，虽然其对于邃古的情形并不清楚。这便是崇古主义的由来。是万人所共欲之事，终必有实规的一日的，虽然现在还受着阻碍。明乎此，则知今日正处于大变动的时代之中，但其所谓变动，必以更高的形式而出现，而非如复古主义者之所想象，这便是进化的道理。

以上所述，自然不免挂一漏万，然而最重要的观念，似亦略具于此了。社会科学，直至今日，实在本身并没有发现什么法则。一切重要观念，多是从自然科学中借贷而来的。（并非说全没有，但只零碎的描写，没有能构成条理系统）前叙循环等观念，根本是从观察无生物得来的无论矣，近代借径于生物学等，似乎比古人进步了，然亦仍有其不适用之处。无论其为动物，为人，其个体总系有机体，而社会则系超机体，有机体的条例，亦是不能适用于超机体的。如人不能恒动不息，所以一动之后，必继之以一静；社会则可以这一部分休息，那一部分换班工作，所以一个机关可以永不停滞，这便是一个例。所谓社会科学，非从感情上希望其能够如何，更非从道德上规定其应当如何,而是把社会的本身,作为研究的对象,发现其本身是如何、可以如何的问题。术是要从学生出来的,而我们自古至今,对于社会的学,实在没真明白过,所以其所谓术,也从来不能得当。一般对于社会的议论,非希望其能够如何,则斥责其不当如何,热情坌涌,而其目的都不能达到,如说食之不能获饱,试问竟有何益?社会学家说得好:“社会上一切事都是合理的,只是我们没有懂得它的理。”这话深堪反省。努力研究社会,从其本身发现种种法则,实在是目前一件最为紧要的事,而这件事和史学极有关系,而且非取资于史学,是无从达其目的的,这便是史学的最大任务。

人的性质,有专门家和通才之分。在史学上,前者宜为专门史家,后者宜为普通史家。人固宜善用其所长,然亦不可不自救其所短。专门家每缺于普遍的知识,所发出来的议论,往往会荒谬可笑。这是因为一种现象的影响,只能达到一定的限度,而专门家把它看得超过其限度之故。普通史家自无此弊。然普通史的任务,在于综合各方面,看出一时代一地域中的真相,其所综合的,基础必极确实而后可,如专门的知识太乏,又不免有基础不确实的危险。所以治史学者,虽宜就其性之所长而努力,又宜时时留意矫正自己的所短,这亦不可不知。

读历史的利益何在呢?读了历史,才会有革命思想。这话怎样讲呢?那就是读了历史,才知道人类社会有进化的道理。从前的人,误以为读了历史,才知道既往,才可为将来办事的准则,于是把历史来作为守旧的护符,这是误用了历史的。若真知道历史,便知道世界上无一事不在变迁进化之中,虽有大力莫之能阻了。所以历史是维新的证佐,不是守旧的护符。惟知道历史,才知道应走的路,才知道自己所处的地位,所当尽的责任。

有人说:“历史上的因果关系,是很复杂的,怕非普通人所能明白,而普通的人对于历史,也不会感觉兴味。”这话亦不尽然。今日史事的所以难明，有些实在由于因果关系的误认。譬如政治久已不是社会的原动力了，有些人却偏要说国家的治乱兴亡，全由于政府中几个人措置的得失。这种似是而非的话，如何能使人了解？如其是真实的，“现代机械的发明，到底足以使人的生活变更否？”“机械发明之后，经济组织能否不随之而起变化？”“资本主义，能否不发达而为帝国主义？”“这种重大的变化，对于人类的苦乐如何？”“现在的社会，能不革命否？”这些看似复杂，而逐层推勘，其实是容易明白的，何至于不能了解？都是和生活极有关系，极切近的事情，何至于没有兴味？

第六篇　史学与史籍

史学定义

“可谓史？史也者，记事者也。此人人所能作之语也。虽然，世界之事亦多矣，安能尽记？即记亦有何益？能答是问者，则较少矣。号为学问之士，则曰：史事者，前车之鉴也。古人如何而得，则我可从而仿效之；如何而失，则我可引为鉴戒。此说似是，而稍深思，即知其非。何者？史事之有记载，亦既数千年矣，岂尝有两事真相同者。世之以为相同，皆察之不精，误以不同者为同耳；世事既实不相同，安可执古方以药今病？欧人东来后，中国交涉之所以败坏，正坐此耳。此真不远之鉴也。不宁惟是，世运愈进，则变迁愈速。一切事物，转瞬即非其故，执古方以药今病，在往昔犹可勉强敷衍者，今则不旋踵而败矣。故以史事为前车，实最危险之道也。然则读史果何用哉？天资较高者，窥破此理，乃以学问为无用，以载籍为欺人，专恃私智，以应事物，究其极，亦未有不败者。古来不学无术之英雄，皆此曹也。然则史学果有用乎？抑无用乎？

史也者，事也；而史学之所求，则为理而非事。是何也？曰：佛家之理事无碍观门言之矣，事不违理，故明于理者必明于事。然则径求其理可矣，何必更求其事？曰：此则理事无碍观门又言之矣。事外无理，故理必因事而明。然则明于事者，亦必能知理。明于事理，则不待讲应付之术，而术自出焉。犹欲制一物者，必先知其物之性质；苟深知其物之性质，则制造之法，即可由之而定也。夫明于事，则能知理者，何也？请就眼前之事物思之。物之接于吾者亦多矣，习见焉则不以为异，不复深求其故；苟一思之，则此事之所以如此，彼事之所以如彼，无不有其所以然。偶然者，世事之所无，莫知其然而然，则人自不知之耳。一切事物如此，社会何独不然？中国之社会，何以不同于欧洲，欧洲之社会，何以不同于日本，习焉则不以为异；苟一思之，则知其原因之深远，虽穷年累世，犹未易明其所以然也。一切学问之所求，亦此所以然之故而已矣。两间之事物甚繁，而人类之知识有限，学问于是乎有分科。史之所求，以人类社会为对象，然则史也者，所以求明乎人类社会之所以然者也。

然则史也者，所以求知过去者也；其求知过去，则正其所以求知现在也。能知过去，即能知现在；不知过去，即必不知现在。其故何也？曰：天地之化，往者过，来者续，无一息之停。过去、现在、未来，原不过强立之名目。其实世界进化，正如莽莽长流，滔滔不息，才说现在，已成过去，欲觅现在，惟有未来，何古何今，皆在进化之长流中耳。然则过去、现在、未来，实为一体，不知过去，又安知现在？真知现在，又安有不知将来者邪？

世事之所以然，究竟如何，不可知也。然既从事研求，则必有其见地，所见虽未必确，固不妨假定为确，使所假定者而果确焉，此即社会演进之真理也。事不违理，非徒可以知现在，抑亦可以测将来矣。吾曹今日，于此虽尚无所知，然其所研求，则正此物也。故史也者，所以求社会演进之遗迹，而因以推见其定则者也。

欲明进化之定则，必知事物之因果，然今古之界，既系强分，彼此之名，自然亦系强立。一事也，欲求其因，则全宇宙皆其因；欲求其果，则全宇宙皆其果耳。夫安能尽记，抑安能遍知，史学复何由成立哉？应之曰：史也者，非一成不变之物，而时时改作焉者也。吾侪自有知识，至于今日，所经历之事亦多矣，安能尽记？然吾之为何如人，未尝不自知也。我之知我为何如人，固恃记忆而得。然则史事岂待尽记哉？亦记其足以说明社会之所以然者可矣。惟何等事实，足以说明社会之所以然，别择甚难。此则世界之历史，所以时时在改作之中，而亦今日之治史学者，所为昕夕研求，孳孳不怠者也。

史籍溯源

史学与史籍，非一物也。会通众事而得其公例者，可以谓之史学；而不然者，则只可谓之史籍。史学缘起颇迟，而史籍之由来，则甚旧也。

英儒培根氏，根据心理，分学问为三类：一曰属于记忆者，史是也；二曰属于理性者，哲学是也；三曰属于情感者，文学是也。中国四部中之史，与其所谓属于记忆者相当，可不俟论；经、子与其所谓属于理性者相当；集与其所谓属于情感者相当，虽不密合，亦姑以辜较言之也。

文学之书，自为一类，盖自二刘立《诗赋略》始（集部后来庞杂至不可名状，然追原其始，则固所以专收文学之书，《七略》中之《诗赋略》是也，范、陈二史，著诸文士撰述，皆云诗、赋、碑、箴、颂、诔若干篇。王俭《七志》犹以诗赋为文翰志；至阮孝绪《七录》，乃以文集为一部。盖缘后人学问日杂，所著之书，不复能按学术派别分类，乃不得不以人为主，编为别集也。此自后来之迁变，不害始创《诗赋略》者体例之纯），史则尚附《春秋》之末也。然则刘《略》以前，探索原理之经、子，记载事物之史，发抒情感之文，皆混而为一矣。此自古人学问粗略使然，然亦可见其时客观观念之阙乏也。故曰：史学之缘起颇迟也。云史籍之由来甚旧者：人类生而有探求事物根底之性，故必知既往，乃知现在之见解，人人有之。与其恋旧而不忍忘之情，故一有接构，辄思考究其起源；而身所经历，尤必记识之，以备他日之覆按。当其离群索居，则于宇宙万物，冥心探索；群萃州处，又必广搜遗闻轶事，以为谈助。思索所极，文献无征，犹或造作荒唐之辞，以炫人而自慰；况其耳目睹记，确为不诬，十口相传，实有所受者乎？此民间传述，所以远在书契以前；而史官记载，亦即起于始制文字之世也。

史官之设，亦由来已久。《玉藻》曰："王前巫而后史。"又曰："动则左史书之，言则右史书之。"《玉藻》所记，为王居明堂之礼，必邃古之遗制也。《内则》称五帝、三王，皆有惇史。而《周官》所载，有大史、小史、内史、外史、御史之分，又诸官皆有史，盖世弥降，职弥详矣。就其书之存于今者观之：《尚书》，记言之史也；《春秋》，记事之史也；《大戴记》之《帝系姓》，及《史记·秦始皇本纪》后所附之《秦纪》，小史所掌之系姓也；古所谓《礼》，即后世所谓典志，亦必史官所记，惟不知其出于何职，大约属于某官之事，即其官之史所记也。古代史官之书，留诒于后世者如此。

民间传述，起源尤古。就其所传之辞观之：有出于农夫野老者，亦有出于学士大夫者；有传之未久即著竹帛者，亦有久之乃见记载者；其所传之事，有阅世甚久者；亦有相去不远者。传之久始著竹帛者，其失实多；而不然者，其失实少。（如《管子·大、中、小匡》篇述管仲事，有可信者，有极悠缪者，即由其或以史籍为据，或出辗转传述也。所传之事，出于近世者，多系人事；其出于荒古者，则不免杂以神话。太史公谓百家言黄帝，其文不雅驯，盖即如此。纤纬荒怪之辞亦必非全无根据，盖亦以此等传说为资料也）今日读古书，固不能一一知其所出，据此求之，犹可得其大略也。

《史通》分正史为六家；一《尚书》，二《春秋》，三《左传》，四《国语》，五《史记》，六《汉书》。《史》《汉》皆出后世，《左氏》，近儒谓后人割裂《国语》为之，说若可信，《国语》则《尚书》之支流余裔耳。何以言之？《尚书》重于记言，既记嘉言，自亦可记懿行；既记嘉言懿行以为法，自亦可记莠言乱行之足为戒者也。古者设官记注，盖惟言、动二端。典礼之书，后人虽珍若球图，当日仅视同档案，等诸陈数之列，迥非多识之伦。《系世》所记，更属一家之事，故溯史职者不之及也。至《史》《汉》出，而体例大异。《汉书》原本《史记》；《史记》亦非谈、迁所自作，观《世本》之例，多与《史公书》同，则系当时史官记注成法如此，谈、迁特从而网罗之耳。《帝纪》及《世家》《年表》盖合《春秋》及《系世》而成，《列传》出于《国语》，《史记》称列传犹曰语（如《礼志》述晁错事，曰见袁盎语中），《书》《志》出于典礼。前此不以为史者，至此悉加甄采；前此只有国别史，至此则举当日世界各国之史，合为一编。史籍至此，可谓大异于其故，盖浸浸焉进于史学矣。

史学缘起

史籍非即史学，前已言之矣。然则吾国史学，果始何时乎？曰：其必始于周、秦之际矣。何以言之？

史学者，合众事而观其会通，以得社会进化之公例者也。夫合众事而观其会通，以得社会进化之公例，非易事也。必先于社会之事，多所记识；然后以吾之意，为之分类；又就各类之事，一一细绎之而得其所以然，然后能立一公例；所积既众，则又合诸小公例而成一较大之公例焉，而史学之公例乃渐出。此非一朝一夕之功，亦非一手一足之烈，史学初萌，断不足以语此。先河后海，大辂椎轮，但求其记识搜辑，确以备他日细绎之须，则亦可谓之史学矣。信如是也，吾必谓中国史学，起于周、秦之际。何以言之？

吾国有史，由来久矣。然其初之记识，非以供他日细绎之资也。史官之载笔，盖如后世之胥吏；其所记识，则如后世之档案。

纣之欲立微子启，则殷之大史，执简以争，此奉档案之旧例为不可违也。职是故，则珍其档案，而不忍轻弃者出焉。夏之亡也，太史终古抱其图法以奔商；商之亡也，太史向挚抱其图法以奔周（《吕氏春秋·先识篇》），则是也。儒者之“必则古昔，称先王”（《礼记·曲礼》），意亦如此。故曰：“徒善不足以为政，徒泛不能以自行。”《诗》曰：“不愆不忘，率由旧章，遵先王之法而过者，未之有也。”（《孟子·离娄上》）此皆不脱以史籍为档案之思想，未足语于史学。又有视史事若父老相传之故事，用为鉴戒之资者：《易》曰：“君子多识前言往行，以畜其德。”《诗》曰：“殷鉴不远，在夏后之世。”皆此意也。此亦未足语于史学。古之能细绎史事，求其公例者，其惟道家乎？《汉书·艺文志》曰：“道家者流，盖出于史官，历记成败、存亡、祸福、古今之道，然后知秉要执本，清虚以自守，卑弱以自持。”观史事而得所以自处之方，可谓能细绎众事，得其公例矣；然于史事初无所传，此仍只可谓之哲学，而不可谓之史学也。《韩非子》曰：“孔子、墨子，俱道尧、舜，而取舍不同，皆自谓真尧、舜。尧、舜不复生，将谁使定儒、墨之诚乎？”（《显学篇》）可见当时诸家，于史事各以意说，意说而不求其真，此为非史学之诚证矣。且如孔子，删《诗》《书》，定《礼》《乐》，赞《周易》，修《春秋》，古代之史籍，几无不借以传。然《春秋》之作，实以明义。（《左氏》为《春秋》之传与否，姑不论，即谓《春秋》之传，亦只可谓治《春秋》者当兼明本事耳，不能谓《春秋》之作，非以明义也）尧、舜禅让，事究如何，殊难质言，孔子之亟称之，盖亦以示公天下之义耳。《孟子·万章上》所陈，盖即孔门书说也。此事予别有《广疑古篇》明之。《左氏》出于《国语》。《国语》者，《尚书》之流，其为士夫所传习，则吾所谓视如孜事、资为鉴戒者耳。《战国策》者，纵衡家之书，今已亡佚之《苏子》《张子》等（见《汉书·艺文志》），盖当与相出入，以为史籍则缪矣。然则十家九流，信未有能知史学者也。

今称史书，必始《史记》。《史记》体例，实源于《世本》，前已明之，史公之作此书，意盖亦以为一家之著述，故曰："究天人之际，通古今之变，成一家之言。"（司马迁《报任安书》，见《汉书》本传。其告壶遂，不敢自比于《春秋》，《史记·太史公自序》。乃其谦辞耳。然《史记》论议，率与记事别行，论赞是也。间有不然者，如《伯夷列传》之类，然较少）与孔子作《春秋》，删改旧史以明义者迥别。其言曰："述故事，整齐其史传。"（《太史公自序》）则始知保存史实，以备后人之研究；与前此九流十家，但著其研究之所得者，迥不侔矣。《史记》源于《世本》，而《世本》出于战国之世（《史通》谓战国之世好事者为之），故吾谓中国史学，实始于周、秦之际也。

史不必皆史官所记；史官所记亦不必皆优于寻常人所传。然寻常人非职守所在，所记或断续无条理，又多杂以不经之谈；史官则不容如此，故古史流传，仍以史官所记为可贵。史设专职，古代盖各国皆然。《史记·六国表》曰："秦既得意，烧天下诗书，诸侯史记尤甚，为其有所刺讥也。诗书所以复见者，多藏人家，而史记独藏周室，以故灭，惜哉惜哉！"此"诗书"二字，当包凡书籍言。（《秦始皇本纪》诗书与百家语对举，此处不言百家语，亦包诗书之中）"周室"二字，亦兼诸侯言之，乃古人言语，以偏概全之例，非谓是时惟周室有史，更非谓诸侯之史，皆藏周室也。（孔子如周，得百二十国之书，乃纬书妄语，古代简策繁重，周室安能藏百二十国之书邪？）当时之史，实类后世之档案，惟官家有之，故一焚而即灭《尚书》《春秋》虽借儒家之诵习而仅存；而如孟子所称晋之《乘》、楚之《梼杌》等，则皆为煨烬矣，岂不惜哉！然史籍亡于周、秦之际，而史学亦肇于是时，是则可异也。岂天其哀念下民，不忍其文献之沦亡，而有以默相之邪？非也。古籍亡灭，后人悉蔽罪于始皇；其实非是。炎汉而后，更无祖龙，然各史《艺文·经籍志》所载之书，果何往哉？则历代书籍，以社会之不克负荷而亡灭者，为不少矣。（焚书之令，当时奉行如何，今不可考；然无论如何严密，谓有此一令，腹地边远皆莫不奉行惟谨，即人民亦莫敢隐藏，亦必无之事也）即史籍但藏于官中，亦非尽亡于始皇之一炬。《春秋》之世弑君三十六，亡国五十二，诸侯奔走、不得保其社稷者，不可胜数，岂能皆有向挚抱图法以适兴朝？古代系世掌于小史，《周官》。而秦、汉以后，公卿大夫，至于失其本系（唐柳芳语，见《唐书·柳冲传》），可见列国互相兼并之日，即其史记沦于兵燹之时；始皇所焚，亦其仅存者耳。夫物，完具则人莫以为意，散佚则思搜辑之者起焉。周、秦之际，实学术昌盛之时，而亦史籍沦亡之世，故悯其残阙而思搜辑之者多也，非天也，人也。

史学之家，自汉以后，盖日益众盛。然记事为史官专职，计书亦辐凑京师（《汉仪注》：天下计书，先上太史公，副上丞相，序事如古《春秋》，见《汉书·司马迁传》注引如淳说，盖太史为天子掌文书，故以正封上之也），故其能斐然有作、以诒后人者，必其能䌷金匮、石室之书，居东观、兰台之署者也。然材料虽取自公家，述作实为私家之业。史谈执手，勤勤以继志为言；而史迁著书，亦欲藏之名山，传之其人；班固欲撰《汉书》，乃以私改《史记》获罪，概可知矣。自是以后，作《后汉书》者有范晔，作《三国志》者有陈寿，作《宋书》者有沈约，作《齐书》者有萧子显，作《梁书》《陈书》者有姚思廉，作《魏书》者有魏收，作《北齐书》者有李百药，作《周书》者有令孤德菜，作《南史》《北史》者有李延寿，虽其撰述多奉诏敕，然其人必史学专家，或父子相继。此待就今日立于学官者言之耳；此外作而不著、著而不传者何限，亦皆私家之业也。至唐开史馆，集众纂修，而其局乃一变。集众纂修，论者多以为诟病；然史籍降而愈繁，网罗既非国家不能，整齐亦非私家所及，其不得不出于此，亦势使然矣。此其所以虽为世所诟病，而后世修史，卒莫能易此局也。此盖史学益昌，故其撰述遂为私家所不克胜，亦不可谓非史学之进步矣。

史部大略(上)

中国以史籍之富闻天下,乙部之书亦可谓汗牛充栋矣。抑犹不止此,前人之去取,不必尽符乎后人:盖有昔人以为当属史部,而今则摒诸史部之外;昔人以为无与史部,而今则引诸史部之中者矣。然则居今日而言史学,虽谓一切书籍皆史料可也,史之为业,不亦艰巨矣乎?然合诸书而陶冶之,非旦夕间事也。史部分类,历代不同,今亦未暇遍征,但举清代《四库书目》史部分类之法如下,取其最后出也。

史部之中,昔人所最重者,厥惟正史。正史之名,防见《隋志》;宋时定著十有七,明刊监版,合《宋》《辽》《金》《元》史为二十一;清定《明史》,增《旧唐书》《五代史》为二十四;民国又加柯劭忞之《新元史》为二十五,此功令所定也。功令所定,必仍原于学者之意;读《史通》最可见之。《史通》所谓六家,盖刘氏所认为正史;其二体,则刘氏以为可行之后世者。故今正史篇所举,以此为限。其杂说所举十家,则刘氏所谓非正史者也。同一史也,何以有正与非正之分?此则当观于马端临氏之论矣。

马氏《文献通考》叙曰:"《诗》《书》《春秋》之后,惟太史公号称良史,作为纪传书表,纪传以述理乱兴衰,八书以述典章经制。"斯言也,实昔时学者之公言也。夫史事不可胜穷也,人类生而有求是之性,与夫怀旧而不忍忘之情,前既言之。故文化愈高,则思就身所经历,记识之以遗后人者愈众,而史部之书遂日繁。书既繁,则不得不分别孰为最要,孰为次要。理乱兴衰,典章经制,盖昔时学者,所共认为最要之事者也。记理乱兴衰,而以时为纲,是曰编年;以人为纲,是为纪传;表亦有时可用。以事分类,是曰纪事本末。记典章经制,而限于一代者,为断代史之表志;通贯历代者;则为通史之表志及《通典》《通考》一类之政书。此四者，以昔时学者之见衡之，实皆可谓之正史。特功令所定，不如是之广耳。功令所以专取一体者，则以学者诵习，为日力所限故也。

- 史部
  - 正史
  - 编年
  - 纪事本末
  - 别史
  - 杂史
  - 诏令奏议
  - 传记
    - 圣贤
    - 名人
    - 总录
    - 杂录
    - 别录
  - 史钞
  - 载记
  - 时令
  - 地理
    - 总志
    - 都会郡县
    - 河渠
    - 山川
    - 古迹
    - 杂记
    - 游记
    - 外记
  - 职官
    - 官制
    - 官箴
  - 政书
    - 通制
    - 典礼
    - 邦计
    - 军政
    - 法令
    - 考工
  - 目录
    - 经籍
    - 金石
  - 史评

今俗所谓正史，专指《史》《汉》一类之书，此特就功令所定立名。若就体裁言之，则当称为表志纪传体。（世家，自《汉书》以下不用；《五代史》称十国为世家，实亦与《史记》之世家不同物也。此体昔人亦但称为纪传体，以昔时读史，知重表志者较少）史公之书，本为通体；《汉书》而下，乃皆变为断代者。（读《史通》之《六家篇》，可以见之）盖自汉以来，每易代必修前代之史，几若习为故事。而搜集编纂，皆范围狭则易精。刘知几时，史籍尚少，故此体之复重、矛盾，皆非所忌。至于清世，则史书益多，而史文烦冗，又非前代之比，故章实斋又力排断代，而称通史之便。此自时代为之，彼此不必相非也。（梁武帝敕撰《通史》六百二十二卷，又魏济阴王晖撰《科录》二百七十卷，亦通史体，皆见《史通·六家篇》，其书皆不行。郑樵生千载之后，排班固而祖马迁，《通志》之主张，实能自圆其说；然《二十略》外，亦无人过问。盖通史之作，意在除去复重。然同异即在复重之中，考据之家，一字为宝；又欲考史事，宜据原书，新书竞陈，势必舍新而取旧。具兹二义，通史之作，即诚突过前贤，犹或见弃来哲。况乎卷帙过巨，精力虽周，众纂则取诮荒芜，独修则贻讥疏漏。安得不如子玄所云："今学者宁习本书，怠窥新录"邪？）此体之长，在于有纪传以详理乱兴衰，有表志以详典章经制。昔人所重两端，盖惟此体为能该备；若取编年，则于二者有所偏阙矣。故编年、纪传，自古并称正史；（观《史通·古今正史篇》可知。唐时三史，尚以《汉纪》与《史》《汉》并列）而后世修史，卒皆用纪传体；功令所定正史，亦专取纪传也。此体之弊，在于以人为纲，使事实寸寸割裂，又不能通贯历代（此不可以咎史公。史公书本通史体，其纪传或非一时之人，即为并时人，其材料各有所本，彼此关系，亦觉甚疏，初无复重割裂之弊也。《史通·列传篇》曰："编年者，历帝王之岁月，犹《春秋》之经；列事者，录人臣之行状，犹《春秋》之传。《春秋》则传以解经，《史》《汉》则传以释纪。"信如所言，《五帝本纪》《夏本纪》《殷本纪》，岂不有纲而无目？凡诸列传，亦岂不多有目无纲邪？），不便观览，故编年、纪事本末及《二通》《通典》《通考》。一类之政书，不得不与之并行。

编年体源起最早。孔子所修之《春秋》，固明义之书，其体裁则当沿鲁史之旧，观《公羊》引不修《春秋》（庄七年），《礼记·坊记》引《鲁春秋》，其体皆与今《春秋》同，可知也。此种史盖专记国家大事，其文体极为简严。专记国家大事，则非尽人所能知；文体过于简严，则不免干燥而无味，故其流行，远不如记言体之广。然时固史事天然之条理,自《左氏》有作,取记言体之详尽,而按纪事体之年月编排之,遂使读者展卷之余,于各方面之情形,皆可深悉,则于一时代之大势,自易明了,以供研习,实远较纪传为优。且依时排比,可使事无复出;而记载之讹舛,亦有不待校而自明者,故作长编者,亦必有取于兹焉。此体又有二:一为温公之《通鉴》,一为朱子之《纲目》(《通鉴》专法《左氏》;《纲目》则兼法《春秋》与《左氏》者也。论纂辑,自以《通鉴》为精;论体裁,实以《纲目》为便,此亦史体之一进步,不可不知。《通鉴》无纲目之分,检阅殊为不便,温公因之乃有《目录》之作,又有《举要》之作。然《目录》与本书分离,检阅仍苦不便;《举要》之作,朱子与潘正叔书,议其"论不能备首尾,略不可供检阅",亦系实情。《纲目》"大书以提要,分注以备言",则此弊免矣。《左氏》为《春秋》之传与否,予实疑之,然无意中却为史书创一佳体。运会将至,有开必先,即作伪者亦不自知其所以然也)。

纪事本末,其出最晚,盖至袁枢撰《通鉴纪事本末》,而后此体出焉。所以晚出,盖亦有由,以史事愈后愈繁猥;愈繁猥,则求其头绪愈难,故删繁就简,分别部居之作,应时而出也。此体之作,最重分别部居,故必合众事为一书,乃足当之。梁任公论史学,乃立单复之名,以专记一事者为单体,则何书不可称纪事本末乎?误矣。袁氏之书,本为羽翼《通鉴》,然于无意中,乃为作史者创一佳体,以其能删繁就简,则芜秽去而精粹存;分别部居,则首尾具而因果显也。然此体以作观览之书则可,以修一代之史则不可,以零星之事,无可隶属,刊落必多;而史事关系之有无,实为天下之至赜,吾见为无关系而删之,在后人或将求之而不得也。往者议修《清史》之初,论者乃或主用是体,可谓暗于务矣。

有编年体以通观一代大势,有纪事本末体以详载一事之始末,更有纪传体之纪传以总核一人之生平,理乱兴衰之事,可以谓之无憾矣;然犹未也。典章经制,最宜通贯历代,马端临氏之说,固当认为不诬,见《通考序》。此《通典》《通考》,所以相继而作也。此类书搜采贵博,分类贵详,故《通考》之体例,实较《通典》为优;章实斋盛称《通志》而言《通考》为策括之伦(见《文史通义·答客问》),未为知言也。又此等书恒成于正史之后,其所搜采,多出于正史之外,足以补正史之阙而订其讹;故读正史者,亦宜资为考证,不仅供贯穿之用而已。

史部大略(下)

别史者,未列学官之正史也。细别之又有三:一,为正史底稿,如《东观汉纪》《东都事略》是;二,修成而未列学官者,如谢承、华峤之《后汉书》是;三,后人以前人之史为不然而重作者,如宋萧常之《续后汉书》(此书乃改《三国志》,以蜀汉为正统,吴、魏为载记)、清周保绪之《晋略》是;使两书并列学官,即如新、旧《唐书》、新、旧《五代史》、新、旧《元史》之例矣。又有虽非正史体,而所记之事,与正史相出入者,《四库》亦入此类,如《周书》是。此书俗称《逸周书》,或又称《汲冢周书》,皆非是。此类书与正史互相出入,故读正史时,可供参考之处最多。

杂史者,所记之事,亦与正史相出入,而其体例限于一时、一地者也,如《国语》是。

记一事之外形者,必推官文中为最确。诏令、奏议,皆官文书也,故以考史事,为用甚大。奏议之佳者,必能综合各方情势,娓娓言之,尤于读史者有裨。

传记一类,有当时人所撰者,亦有后人所撰者。当时人所撰者,闻见较真,自属可贵;然或不免毁誉之私,甚有因此变乱事实者,用之不可不慎。又时人所撰,苟或粗疏,事迹亦未必不误,如道宣、慧立皆玄奘弟子,而为其师作传,皆误其出游之年,即其一例。

见梁任公《中国历史研究法》第五章。后人所撰，虽出捃摭；然其精密，有时转非并时人所逮，如近世考证之家，所撰昔人年谱是也。特此等书功力仅在网罗考证，其事迹终不能出于前人所留诒之外耳。

史抄一体，看似钞撮成书，然在今日，则其为用甚大。何者？苟欲钩玄提要，取精弃粗，其于昔人之书，势必不能无所去取；然去取前人之书，一入自己口气，为之改作，原书之面目，即不可得见，两书之同异信否，又生校勘考据之劳矣。惟用史抄体者，可免此弊。今日史学趋向与昔不同，别编新史之事，势必日出无已，若能推广此体而善用之，实可为读史者省却无限精力也。又史抄本有一种专为节省后人考据之力起见者，如《新旧唐书合抄》是也。

偏隅之国，正史不能甚详；载记一门，足补其阙。非徒为割据者详其行事，于考究各地方之进化，亦深有裨焉；以偏方之地，往往为割据者所资也。

时令本不当隶史部，旧时书目，无类可归，乃强隶焉，实最无理可笑者也。或谓气候与人生关系甚大，雨旸寒燠，于政治生计文化，咸有影响，隶之史部，未为不可；然则何事于人生无关涉，复何书不可隶史部乎？故谓读史者当参考时令之书则可；谓时令之书当入史部，实不可也。以曰时分类论，毋宁入之子部天文家，为较当矣。

地理亦专门之学；然往时地理，多为史学附庸，十之八九，皆读史地理而已。总志、都会、郡县、河渠、边防、山川，读史者皆当明其大概。然昔时之书，足供此用者颇少，大抵专门考据之士，然后能取资焉。古迹、杂记、游记等，披沙拣金，往往见宝，尤非初学之士所能使用。今者将普通地理，与读史地理划开，而将读史地理，撰成一简明切要、提纲挈领之书，以备初治史学者通知大要；而其余则留待专门家之取携，实相需甚殷者也。（昔时初学多读《读史方舆纪要》，然此书在今日亦不甚适用）外国之事，往史亦多不详，史部地理中外纪一门，不徒记外国之地理、风俗、物产；即彼中史事及其与华夏之交涉，亦多存焉，实治外交史及外国史者，所当奉为瑰宝也。

职官一门，昉自《周礼》，《唐六典》《明清会典》，悉沿其流。国家行政，必借机关，详各官之职司，实足挈政治之纲领。官箴一门，详在官之法戒，可考行政实在情形，亦足见民生利弊，尤习政治者所当究心也。

一代典章，于国政民生，所关极巨。正史表志所载，仅其崖略耳。若求详备，则政书尚焉。此中门类甚多，各视其所欲治者而究心焉可也。此为今后撰专门之史者所必资；然即为考证普通史籍计，取材亦不少矣。

目录中之经籍，赅括群书，实不仅为史学示其纲领；通观昔贤著述，最足见学术进步情形。我国今日，学术史尚乏善本；书目之佳者，实亦兼具学术史之用也。

金石一门，自宋以后，日蒸月盛，据其遗文，往往足以补正史籍；摩挲其物，又足以考见古代制作。今后考据之学日精，金石之出土者，必将更为人所贵；其所贵之物，且将不限于金石，可豫决也。然此类物既足资稻粱之谋，又足快好事之意，故伪品亦日出不穷，不可不察。

史评一门，有论史事者，亦有论史裁者。论史裁之书，佳作殊鲜，著名者，惟刘知几之《史通》、章学诚之《文史通义》耳。此事当有达识通才，区区计较于琐细之间，无当也。论史事者，高者借抒己见，或托讽时事，虽不可谓之无识，然史事之实则不然，此不可为论史之正；下者不考事实，妄发议论，则并不免于场屋策论之习矣。无已，其惟考据家之书乎？属辞比事，参互错综，事实既明，则不待多发议论，而其是非得失自见，此则于读史深有裨益者也。

史部之大略如此。此以言乎往日之史学，非谓今后之史学，当以此为范围也。盖治学问必先定其界说，界说异，斯其范围异；范围异,斯其所资者自不同矣,固不容一概论也。

史家宗旨今昔异同

史也者,非一成不变之物,而时时在改作之中者也。所谓改作者,非徒欲正其误谬,补其阙略而已。盖其所取之材料,实有不同焉。而材料之不同,则因宗旨之不同而生者也。

古人作史之宗旨,不同于今人者,大端有三。

一曰偏重政治。正式之史,本出史官,而史官由国家设立,其易于偏重政治者,势也。人类之做事,恒有其惰性,前人创行焉,则后人率循而不敢越。抑不仅此,古代国小而俗朴,举一国惟在上者之马首是瞻,斯时庙堂之政令,盖诚为举国之枢机;即在后世,法出而奸生,令下而诈起,然政治之力,仍足强制在下者,使之变易其外形,所及广而收效宏,盖无逾于政治则喋喋不休也。然政治之力,虽能改易举国之外形,而其所改易,亦仅及外形而止。况于国大民众,中枢之命令,不能遍及,社会程度日高,一心听令又非古昔之比,虽欲变易其外形,或且不可得乎?试观近代,政治转移社会之力,较机械为何如乎?

一曰偏重英雄。此由古代事权,恒操于一二人之手之故。其实英雄全恃凭借,亦全恃命运;试以身所接儁之人,较其成功者与败绩者,其才力相去,初不甚远可知。又英雄之称,实由庸众所赐;而庸众识力不及,往往以矫诬侥幸之徒为英雄,而真英雄转非所识。试观往史,有众所唾骂,或以为无足重轻,而今声价日增者;亦有众所归美之人,今断觉其一钱不值者。而先知先觉,眼光过于远大,与恒人相去太远者,尤易为世所缪辱。验诸并世,此等情形,尤随在可见,特人莫之察耳。以莫能察者之多,而庸众之程度可见矣;庸众之程度可见,而其所评定之英雄可知矣。即谓英雄之成功，非全侥幸，然必能利用事势，乃能成功，则确不可易。时势造英雄，盈天地间皆是。英雄造时势固非无其事，然皆世所淡漠视之者也。故真能促进社会之过程者，皆非世所谓英雄，而世所谓英雄，则皆随波逐流之徒也。

一曰偏重军事。此由外观之兴亡，每因军事而起。其实国之兴亡，由于战之胜败；而战之胜败，初不在于胜败之时，事至习见，理亦易明。时至今日，本有取人之国而不用兵者；即在浅演之世，胜负专决于兵，亦不过能慑服之，使不我抗而已。真欲同化他族，使之泯然无迹，亦必别有设施，我族同化异族之事，即其佳证也。

偏重政治，偏重英雄，偏重军事，三者弊亦相因。以政治、军事，古多合而为一：而握有此权者，苟遭际时会，恒易有所成就，而为世人目为英雄也。此盖往史最大之弊。自此以外，犹有五焉。

一曰用以奖励道德。其义又有二，一以维持社会之正义，如往史之讲褒贬、重激扬是；一资为立身之模范，如以善人为法、恶人为戒是也。

一曰用以激励爱国、爱种族。今日之史，犹未能合全世界为一。乙部大宗，大抵一国家、一民族之史也。即一国种族甚多者，亦仍以一族为主，如中国之史，以汉族为主是也。同族同国之人，其相亲爱，本已异于异族异国，况于今日种族之界限尚未能破，一民族为他族所征服，往往为之奴隶牛马，不能不思所以自保；而欲图自保，又不能无国家为利器乎？况于古代褊狭之见，又有留诒至今，未能湔除者？爱国爱族，诚未尝不可提倡；然蔽于偏见，致失史事之真，则缪矣。中西交接之初，史家此等谬误，盖未易枚举，今日读之，未见不哑然失笑者也。若乃明知非史事之真，而故为矫诬，以愚民而惑世，如日本人之所为者，则尤不足道矣。

一曰借以传播神教。教徒所作之史恒有之。试读《蒙古源流考》，观其妄援吐蕃，以为有元帝室之祖；又试读梁任公《佛教初输入》一篇，则见白马驮经之说，本道教徒之谰言，而其后辗转附会，转用以诋毁道教，即可知此等史迹，无一可信。然至今日，此等事仍不能免。往者梁任公撰《克伦威尔传》，称扬其革命之功，基督旧教所出之汇报，乃务反之。又今日奉佛之人，喜援佛经之寓言，侈陈佛之灵迹；信孔教者，亦喜引谶纬怪说，以见孔子之殊异于人。此皆予所亲见者也，其智与撰《蒙古源流考》、造白马驮经之说者何异？此等事，在今世，诚不甚多，有之亦不足惑众；然在往昔，则惑世诬民甚深。并有更无正史，欲考行事，惟有求之教中经典者矣。中国信教，不如外国之深。教徒奸乱历史亦不如外国之甚；然其崇古，亦略带迷信性质。如刘知几《疑古》《惑经》两篇，往昔论者，多诋为非圣无法是也。

一曰偏重生计。此弊旧日无之，只病视之过轻耳；今之过信唯物史观者，则颇有此弊。史事因果至为繁复，诚有如释家所谓帝网重重者，偏举一端，纵极重要，必非真相。况于戴蓝眼镜者，则所见物无一非蓝；戴黄眼镜者，则所见物无一非黄。意有偏主，读一切书，观一切事，皆若足为吾说之证，实则未足深信乎？孔子之讲大同，老子之慕郅治，所慨想者，实皆隆古部落共产之世。今日社会学者所慨慕，夫岂古人所不知，然终不谓生计制度一变，天下遂可臻于大同郅治；以社会之事，经纬万端，故非偏举一端，所可概也。

一曰偏重文学。史之源出于传述，传述之语，必求新奇可喜，感慨动人，而事之真髓因之而隐。《荷马史诗》，本类唱本者，无论矣；即学者所传，亦多不免此弊。《管子》述桓公之威，北慑离枝，西臣大夏。夫离枝即后世之鲜卑，大夏极近，亦当在今山西境。齐桓盟会，晋献讫未尝与，献公死而国乱，齐桓亦未能正，安能暴师徒以征并北之远夷？《左氏》谓山戎病燕，不过在今北平境；《公羊》谓其旗获而过鲁，则并在今山东境矣，安能远及长城之外乎？此由口耳相传，兹不谛。先秦两汉，多有此病；魏晋而降，务华饰而失真；赵宋以还，好学古而不切；近世文字，虽稍平实，然好讲史法，务求简洁雅驯,失实处仍不少也。

以上所举,皆史家之弊。至于近世,又有教育之家,因儿童不能了解,曲说史事,致失真相者。学究固非史家,生徒亦难言史学;然其人数甚多,影响颇巨,则亦不可不慎也。今日粗识之无之辈,以及耳食之徒,论三国事,无不误以演义为史实者,可知通俗教育,影响之大。

偏重之弊,厥有三端:一曰不重之事,易于漏略。二曰所重之事,易于扩大;无论有意无意。三曰原因结果,易于误认,而史事之真相失矣。史籍无论如何详博,断不能举天下事一一记载,终不能无所去取。去取必凭史家之意,意向稍歧,而史籍之误滋多矣。此古人所以有"尽信书不如无书"之叹也。

今日史家,异于往昔者,有一语焉,曰:求情状,非求事实。何谓"求情状非求事实"?曰:梅定九氏言之矣。梅氏之言曰:历之最难知者有二,其一里差,其一岁差。是二差者,有微有着,非积差而至于著,虽圣人不能知,而非其距之甚远,则所差甚微,非目力可至,不能入算。故古未有知岁差者,自晋虞喜,宋何承天、祖冲之,隋刘焯,唐一行始觉之。或以百年差一度,或以五十年,或以七十五年,或以八十三年,未有定说。元郭守敬,定为六十六年有八月;回回、泰西,差法略似。而守敬又有上考下求,增减岁余天周之法,则古之差迟,而今之差速,是谓岁差之差,可谓精到。若夫日月星辰之行度不变,而人所居有东西南北,正视、侧视之殊,则所见各异,谓之里差,亦曰视差。自汉至晋,未有知之者,北齐张子信,始测交道有表里,此方不见食者,人在月外,必反见食。《宣明历》本之,为气刻时三差,而《大衍历》有九服测食定晷漏法,元人四海测验七十二所。而近世欧逻巴,航海数万里,以身所经山海之程,测北极为南北差,测日食为东西差,里差之说,至是而确。是盖合数十年之积测,以定岁差;合数万里之实验,以定里差。距数愈远,差积愈多,而晓然易辨。且其为法,既推之数千年数万里而准,则施之近用,可以无惑。历至近日,屡变益精,以此。

夫史学之进步,亦若是则已矣。今日之政治,非夫古代之政治也;今日之风俗,亦非复古代之风俗也,以政治、风俗之不同也。生于其间者,其所作为,与其所成就,自亦不能无异。然政治、风俗之不同,非旦夕可见者也。蒸民之生虽久,而其有史则迟,大化之迁流,岂不知往事者所能睹,则以为国家社会之为物,亘古如兹。犹前剧后剧,舞台初未尝更,特搬演于其上之人物,有不同而已。庸有当乎?试举两事为证。

韩信之破陈余也,日驱市人而战之;而戚继光之御众,则纪律极严,其兵至能植立大雨中而不动,读《练兵实纪》一书,犹可想见其规制之密、训练之勤焉。彼能驱市人而战之乎?使驱市人以战,而亦可获胜,继光何为纷纷然,何继光之不惮烦?然则继光之才,不逮韩信邪?非也。信距战国之世近,其民固人人能战,故劫之以势,则皆胜兵。若未习战之白徒,则务固其势,以壮其胆,犹且虑其奔北;若蹙之必死之地,彼非哗溃,则相挤入水耳。不观汉高彭城、苻坚淝水之败乎?古人所处之时不同,为尚论所不容遗,犹天文之有岁差也。

昔人之论佛也,曰:“其微言不能出吾书,其诞者吾不信也。”此语最中肯綮。彼教怪诞之言,论者本有两说:一以为皆实语,一则以为寓言。神教非吾侪所知,以哲理论,则后说为当矣。然则佛固诞谩,不如孔子之真实邪?须知佛所处者为印度,孔子所处者为中国,佛之说,亦印度旧说,非其所自创;犹子所雅言,诗书执礼,亦虞夏商周之旧物,非其所自为也。以印度旧说之诞诋佛,亦将以诗书礼乐之违失罪孔子乎?此与訾孔子不通梵文,佛不以华言著书何异?古人所处之地不同,为尚论所不可遗,犹天文之有里差也。

此等理,原非古人所不知,然于异时地之情形,知之不悉,及其论事,终不免以异时异地之事,即在此时此地境界之中;犹评外国戏剧者,设想其即在中国舞台之上,其言必无一得当矣。职是故,今日史家之先务，遂与昔时大异，彼其重情状，不重事实，非吐弃事实也；其所求者，皆足以考证一时一地社会情形之事实云尔。社会之情形既明，而一切事实，皆不烦言而解矣。求明社会情形之事实如何？曰：有二。

一曰重恒人。谚曰："三军易得，一将难求"，斯固然；然不知兵之勇怯，亦安知将之良否？读前所论韩信、戚继光之事可见矣。故英雄犹匠人，其所凭借之社会犹土木，匠人固不能成室，而匠人技艺之优劣，亦视其运用土木如何耳。成一时一地之情形者，恒人之饮食男女、日用行习也。英雄犹浮屠之顶，为众所著见，不待考而明；恒人犹全浮屠之砖石，易见忽略，故非详加考察不可也。

一曰重恒事。恒事者，日常琐屑之事也，亦易见忽略，然实为大事之基。鲜卑者，东胡之裔。东胡盖古之山戎也，方其未强盛时，齐桓伐之而捷，秦开却之而克，至匈奴冒顿攻之，遂奔北逃窜，一若绝无能为者。然至檀石槐、轲比能，遂方制万里，使边郡之士夫，为之旰食。何哉？蔡邕之言曰：关塞不严，禁网多漏，精金良铁，皆为贼有。汉人逋逃，为之谋主，兵马利疾，过于匈奴。证以金室初兴，厚值以市商人所携之兵甲，满清猾夏，实起抚顺之互市，而鲜卑盛强之原因，可想见矣。宁城下通胡市，后书之记此，固以见汉抚驭之略，非以著鲜卑强盛之由，而吾侪连类钩考，乃能别有所得。知风化乃知山崩，地表之变动，海岸线之升降，固不让火山之暴发，洪泽湖之陷落。不知平时，固无由知革命也。

学问之道，求公例，非求例外。昔人不知各时各地之不同，则无论何事，皆有其不可解之处，而史事悉成例外矣。知之，则事实之形状不同，而其原理则一；汇万殊归一本，而公例斯主。此固凡学问之所同，不独史也。

史　材

今日史家之宗旨，既已不同于往时，即往时史家之撰述，不能尽合于今日。由史学家言之，往史之在今日，特皆史料而已。善用史料，以成合于今日之用之史，固史家所有事也。然则所谓史料者，初不限于史书，其理亦不难知矣。

史料可大判为二：一属于记载者，一属于非记载者。属于记载者又分为五：

（一）史籍，即前人有意记载，以诒后人者也。其识大识小，固因其才识境遇而不同，而其为日用则一。今者瀛海交通，古物日出，此种材料，亦日增多。如研究元史，可取资于欧洲、西亚之书；旁证旧闻，或得之于敦煌石室之籍是也。此种搜采，愈博愈妙，故秘籍之表章，佚书之搜辑，实史家之要务也。

（二）史以外之记载，谓虽亦有意记载，以治后人，然非以之为史者，大之如官府之档案，小之如私家之日记、账簿皆是。此等物，吾侪得之，固亦与昔人有意所作之史无异；然据理言之，实不容不分为二。吾谓古代史官所记，严密论之，惟左右史之所书可称为史，以此。

（三）纪功之物，如金石刻是。此等物，或仅图夸耀一时，非欲传之永久；即其传诸永久者，意亦仅主于夸耀；并有仅欲传之子孙者，如卫孔悝之鼎铭。然后人于此，却可得无数事实，其辞虽多夸耀，究属当时人亲身之记述；去其夸辞，即得其真相矣，其为用甚大。

（四）史以外之书籍，谓非有意作史，并非有意记载，以治后人者也，如经、子、文集皆是。人与社会不能相离，故苟涉笔，虽无意于记载，社会之情形，必寓于其中。且社会之情形极繁，人能加意记述，以诒后人者，实至有限。故有许多过去之情形，在往史中不可得，转于非史书中得之者；讲古史必取材于经子，考后世之事亦不能摈文集，以此也。不独正言庄论，即寓言亦可用，如读《庄子》之《逍遥游》，而知其时之人，理想中之小物为鲲（鱼子），大物为鹏；读《水浒传》，而知宋、元间社会情形；读《儒林外史》，而知明、清间社会情形是也。

（五）传述。传述与记载原系一事，特其所用之具不同而已。"秦人不死，验苻生之厚诬；蜀老犹存，知葛亮之多枉。"传述之足以订正史籍者何限？抑始终十口相传，未曾笔之于书者，野蛮部落中固多；即号称文明之国，亦不少也。口相传述之语，易于悠谬而失真，第一章已言之，此诚非考订不可用；然事实固存于其间，抑考其增饰之由，观其转变之迹，而可知传述之性质，此亦一史实也。

属于非记载者，其类有四：

（一）人体。此可以考古今人种之异同。因古今人种之不同，而其迁徙之由，以及文化不同之故，均可考索矣。吾国古有长狄，《三传》记载，一似确有其事，而其长则又为情理所无。（即谓有此长人，吾国古代，似亦不应有之；以果有此特异之人，《三传》而外，不应一无记载也）予尝撰《长狄考》，考定其长，不过与今欧人等，自谓颇确；然考据终只是考据，不能径以为事实）《左氏》于见杀之长狄，一一记其埋骨之处，似亦虑后人之疑惑而然。万一能案其地址，掘得其遗骸，则于人种学，于史学，皆发明匪细矣。此事诚类梦想；然吾国历代，种族之移徙及混合极多，若能多得古人遗骸，定其时代，考其骨骼，实足考种族迁移之迹，及其混合之渐也。

（二）古物。有尚存于目前者，如云冈石佛，无疑为南北朝之遗；有埋藏地下而复发见者，如郑县所得古鼎等，万人贞观，不容作伪，且其物巨大，亦不容作伪，此实三代彝器，复见于今者也。吾国地大物博，考古之学，虽不可云盛，然国民保守之性甚笃；又偏僻之区，数百千年，未经兵燹者，亦自不乏，古代遗物，实随在而有，在能搜集鉴别之耳。且不必僻远之区,吾乡有吴某者,明亡时,其祖遗衣冠一袭,亦慎藏之,以待汉族之光复;辛亥之岁,吴氏年六十余矣,无子,尝衣之,一游于市,深幸及其身,得见光复之成也。其衣,亦三百年前物,较之今日裁制,出于想象模拟者,迥不侔矣。惜当时戎马仓皇,人无固志,未能访得其人,请其将此衣捐赠公家,留为永久之纪念耳。然以吾国之大,此等古物,正自不乏,大则宫室桥梁,小则衣服械器,不待发掘而可得者,正不知凡几也。

(三)图画及模型。中国人仿造古器,以供研究者绝鲜,惟贩卖骨董之人,恒借是等伪器,为稻粱谋耳。以此淆乱耳目,其罪诚可诛:然古器形制,借此而存,其功亦不可没。如汉代之五铢,唐代之开元钱,今日犹得见其形制,不徒索诸谱录中,即其一例也。此等仿造之品又不可得,则得图画而观之,亦觉慰情胜无,如昔人所传之《三礼图》《宣和博古图》是也。又古物形制,有本国已亡,而转存于他国者,如寝衣之在日本是。

(四)政俗。二者本一物,特法律认之,又或加以修正,成为典章,则谓之政;而不然者,则谓之俗耳。政俗最可考见社会情形。如宜兴某乡,有丧,其家若干日不举火,邻人饮食之,客有往吊者,亦由邻家款以食宿。此必甚古之俗,当考其何自来,并当考其何以能保存至今也。政原于俗,俗之成,必有其故,一推迹之,而往昔社会之情形,了然在目矣。政俗之距今远者,往往遗迹无存,然他族进化较晚者,实足以资借镜:如观于蒙古,而可追想我族游牧之世之情形;观于西南之苗、瑶,而可追想我国古代山谷中之部落是也。

以上四者,皆非记载之物。然一切记载,自其又一方面观之,亦为古物之一,如宋、元书,观其版本,而考其时之纸、墨、刻工是也;又一实物亦有多方面,如观古之兵器,兼可知其时冶铸之术是也。此皆学者所宜留意也。

论搜辑

驾驭史料之法，如之何？曰不外二途：一曰正讹，一曰补佚。二者事亦相关，何则？谬说流传，则真相隐没。苟将谬误之说，考证明白，即不啻发见一新史实；而真相既出，旧时之谬说自亦不辩而明也。今请先言补佚之法。

补佚之法，是曰搜辑。旧日史家非不事搜辑也，然其所谓搜辑者，大抵昔人已认为史料之物，有所缺脱而我为之补苴而已。今也不然，两间事物有记载之价值，而为昔人所未及者，一一当为之搜其缺而补其遗；而昔人已认为史料之物，其当力求完备，更不俟论也。

史事之当搜辑，永无止息之期，是何也？曰：凡著书皆以供当时人之观览，当时之情形，自为其时之人所共晓，无待更加说述；故其所记者，大抵特异之事而已，所谓“常事不书”也。然大化之迁流，转瞬而即非其故，前一时代之情形，恒为后一时代之人所不悉；不知其情形，即知其时之事实亦无所用之，况其事亦必不能解乎？此则史事之须搜辑所以无穷期也。

搜辑之种类有二：（一）本不以为史料者。如郑樵作《通志》，其《二十略》虽略本前代史志；然其《氏族》《七音》《都邑》《草木》《昆虫》五略，实为前史所无，即其例也。今日欲作新史，此等材料何限，皆不可不加以搜辑矣。（二）则向亦以为史料，而不知其有某种关系者。如茹毛饮血，昔人但以为述野蛮之状况，而不知茹毛为疏食之源，疏食为谷食之源，于饮食之进化关系殊大也。前代事实果其无复留诒，今日岂能凭空创造？虽曰可重行发现，然其事究非易也。史事所以时生新解，多缘同一事实，今昔观点之不同耳。又有范围、解释皆同前人，特因前人搜辑有所未备，而吾为之弥缝补苴者。此则旧时所谓补佚，十八九皆属此类，虽无独创之功，亦有匡矫之益也。

凡事物有既经记载、保存而又亡佚者，亦有未经记载、保存而即亡佚者。已经记载、保存而又亡佚者，又可分为二：（一）出无意，向来亡佚之书籍多此类也；（二）出有意，或毁真者使不存，或造伪者以乱真，如向来焚毁禁书及造伪书者皆是也。其未经记载、保存而遗失者，则不可胜举矣，凡今日欲知其事，而无从知之者，皆是。

然亦有业经亡失，阅时复见者：如已佚之古书忽然复见；又如意大利之庞贝，我国之钜鹿（宋大观二年湮没，民国八年发现），久埋土中，忽然复出是也。凡事物皆不能断其不再发现，故所谓阙佚者，亦只就现时言之尔。

凡搜辑，必只能专于一部，或按事物性质分类，或限以时，或限以地，均无不可。欲辑某种专门史实者，于此种专门学问，必须深通；否则材料当前，正明目而视之不可得而见也。求一时代、一地方之史实者亦然，于其时、其地之语言、文字、风俗、制度、器物等，皆不可以不知。知其物矣，知其事矣，据其事、其物而追思其时之情形，而使之复现于目前，道异时、异地之情况，若别黑白而数米盐焉，此则史家之能事也已。

论考证

史事之须搜辑，永无已时，既如前章所述矣。其考证则如何？凡史事无不待考证者，何也？曰：史事必资记载，记载必本见闻，见闻殆无不误者；即不误，亦以一时一地为限耳，一也。见闻不能无误，记忆亦然；即谓不误，亦不能无脱落之处。脱落之处，必以意补之，非必出于有意。以意补之，安能无误乎？二也。事经一次传述，必微变其原形，事之大者，其范围必广，相距稍远之处，即不能不出于传闻；传闻之次数愈多，真相之改变愈甚，三也。推斯理也，史事传之愈久者，其变形亦必愈甚矣，四也。凡一大事，皆合许多小事而成，恰如影戏中之断片，为之线索者，则作史者之主观也；主观一误，各事皆失其意义，五也。事为主观所重，则易于放大；所轻，则易于缩小，六也。（每有史事大小相等，因史文之异，而人视之，遂轻重迥殊者。《史通·烦省》曰："蚩尤、黄帝交战阪泉，施于《春秋》，则城濮、鄢陵之事也；有穷篡夏，少康中兴，则王莽、光武之事也；夫差既灭，勾践霸世，施于东晋，则桓玄、宋祖之事也；张仪、马错为秦开蜀，施于三国，则钟会、邓艾之事也。"即此理）事之可见者，总止其外表；至于内情，苟非当事者自暴其隐，绝无彰露之日。然当事者大抵不肯自暴者也，有时自暴，亦必仅一枝一节；即或不然，亦必隐去其一枝一节。夫隐去一枝一节，其事已不可晓，况于仅暴其一枝一节者乎？又况当事者之言，多不足信，或且有伪造以乱真者乎？更谓当事者之言，皆属真实，然人之情感、理智，皆不能无偏，当局尤甚，彼虽欲真实，亦安得而真实乎？一事也，关涉之人亦多矣，安得人人闻其自暴之语乎？七也。情感、理智之偏，无论何人皆不能免（读《文史通义·史德》篇可知），然此尚其极微者，固有甘心曲笔，以快其恩仇好恶之私；又有迫于势，欲直言而不得者矣。邻敌相诬之辞，因无识而误采；怪诞不经之语，因好奇而过存（如王隐、何法盛《晋书》有《鬼神传》，即其一例），见《史通·采撰》篇。更不必论矣，八也。事之可见，止于外形，则其内情不能不资推测，而推测为事极难，识力不及，用心过深，其失一也；即谓识解无甚高低，而人心不同，各如其面，内情亦安可得乎？九也。异时、异地，情况即不相同；以此时、此地之事，置诸彼时、彼地情形之中，谬误必不能免，前已言之。此等弊，显者易知；其微者无论何人，皆不能免，十也。事固失真，物亦难免，何者？物在宇宙之中，亦自变化不已，古物之存于今者，必非当日之原形也，十一也。有此十一端，而史事之不能得实，无待再计矣。如摄影器然，无论如何逼肖，终非原形；如留声机然，无论如何清晰，终非原声。此固一切学问如此，然史主记载，其受病乃尤深也。欧洲史家有言："史事者，众所同认之故事耳。"岂不信哉！为众所不认者，其说遂至不传，如宋代新党及反对道学者之言论事实是也；此等不传之说，未必遂非。

史实之不实如此，安得不加以考证？考证之法有：（一）所据之物，可信与否，当先加以审察；（二）其物既可信矣，乃进而考其所记载者，虚实如何也。

史家所据，书籍为多。辨书籍真伪之法，梁任公《中国历史研究法·史料搜集》一章，所论颇为详备；惟为求初学明了起见，有失之说杀之处耳，当知之。

凡书无全伪者。如《孔子家语》，王肃以己意羼入处固伪，其余仍自古书中采辑；又其将己意羼入处，以为孔子之言则伪，以考肃说则真矣。故伪书仍有其用，惟视用之之法如何耳。凡读古书，最宜注意于其传授。读古书者，固宜先知学术流别；然学术流别，亦多因其言而见。清儒辑佚多用此法，如陈乔枞之《三家诗遗说考》，其最显而易见者也。又据文字以决书之真伪，似近主观，然其法实最可恃。此非可执形迹以求，故非于文学有相当程度者，决不足以言此。《伪古文尚书》为辨伪最大公案，然其初起疑窦，即缘文体之异同。此两法虽亦平常，然近人于此，都欠留意，故不惮更言之也。

辨实物真伪之法，如能据科学论断，最为确实；否则须注意三端：（一）其物巨大，不易伪造者；（二）发现之时，如章太炎所谓"万人贞观，不容作伪"者；（三）其物自发现至今，流传之迹如何。大抵不重古物之世，发现之物较可信，如宋人初重古物时，其所得之物，较清人所得为可信是也。以此推之，则不重古物之地，所得之物，亦必较通都大邑、商贾云集之地为可信。

考证古事之法，举其概要，凡有十端：设身处地，一也。（谓不以异时、异地之事，置之此时、此地之情形中也。如以统一后之眼光，论封建时之事；以私产时之见解，度共产时之人，均最易误）注意于时间、空间，二也。（如以某事附之某人，而此人、此时或未生，或已死，或实不在此地，或必不能为此事，即可知其说之必误）事之有绝对证据者，须力求之，三也。绝对证据，谓如天地现象等，必不可变动者。小事似无关系，然大事实合小事而成，一节模糊，则全体皆误，四也。（有时考明其小节，则大事可不烦言而解。如知宋太祖持以画地图之斧为玉斧，则知以斧声烛影之说，疑太宗篡弑之不确是也）记事者之道德、学识，及其所处之境，与所记之事之关系，皆宜注意，五也。关系在己者，如将兵之人自作战史；（关系在人者，如为知交作传志）进化、退化之大势，固足为论断之资，然二者皆非循直线，用之须极谨慎，六也。由此推之，则当知一时代中，各地方情形不同，不可一概而论，七也。如今固为枪炮之世，然偏僻之地，仍用刀剑弓矢为兵者，亦非无之。以科学定律论事物，固最可信，然科学定律，非遂无误；又科学止研究一端，而社会情形则极错杂，据偏端而抹杀其余，必误矣，八也。事不违理，为一切学术所由建立，然理极深奥，不易确知，时地之相隔既遥，测度尤易致误。故据误理推断之说，非不得已，宜勿用，九也。（据理推断之法，最易致误，然其为用实最广。此法苟全不许用，史事几无从论证矣，此其所以难也。必不得已，则用之须极谨慎。大抵愈近于科学者愈可信，如谓刘圣公本系豪杰，断无立朝群臣、羞愧流汗之理，便较近真；谓周公圣人，其杀管、蔡，必无丝毫私意，便较难信，因其事，一简单，一复杂也。《史通·暗惑》一篇，皆论据理论事之法，可参看。其实此法由来最古，《孟子·万章》《吕览·察传》所用，皆此法也。此法施之古史最难，以其所记事多不确，时代相隔远，又书缺有间，易于附会也）昔人有为言之，或别有会心之语，不可取以论史，十也。搜采惟恐不多，别择惟恐不少，此二语，固治史者所宜奉为圭臬矣。

论论史事之法

前论考证史事之法,夫考证果何所为乎?种谷者意在得食,育蚕者意在得衣,读书稽古,亦冀合众事而观其会通,有以得其公例耳。信如是也,则论定史事之法尚矣。

史事可得而论乎?曰:难言之矣。世界本一也,史事之相关如水流然,前波后波息息相续,谓千万里外之波涛,与现在甫起之微波无涉,不可得也。故曰:欲问一事之原因,则全宇宙皆其原因;欲穷一事之结果,则全宇宙皆其结果。佛说凡事皆因缘会合而成,无自相。夫无自相,则合成此事之因缘,莫非此事,因又有因,缘又有缘,即合全世界为一体矣。所谓循环无端,道通为一也。夫如是,则非遍知宇宙,不能论一事,此岂人之所能?彼自然科学所以能成为科学者,以其现象彼此相同,得其一端,即可推其全体也。而社会现象又不然,史事更何从论起乎?虽然,绝对之真理,本非人所能知;所谓学问,本安立于人知之上。就人知以言史学,则论定史事之法,亦有可得而言者焉。

凡论史事,最宜注意于因果关系。真因果非人所能知,前既言之矣,又曰注意于其因果关系者,何也?曰:天非管窥所能知也,然时时而窥之,终愈于不窥;海非蠡测所能知也,然处处而测之,终愈于不测。人类之学问,则亦如是而已。真欲明一事之因果,必合全宇宙而遍知,此诚非人之所能;就其所能而力求其所知之博、所论之确,则治学术者所当留意也。

凡事皆因缘会合而成,故决无无原因者,而其原因为人所不知者甚多。于是一事之来,每出于意计之外,无以名之,则名之曰突变:而不知突变实非特变,人自不知其由来耳。一事也求其原因,或则在数千万年以前，或则在数千万里之外，人之遇此者，则又不胜其骇异，乃譬诸水之伏流。夫知史事如水之伏流，则知其作用实未尝中断。而凡一切事，皆可为他事之原因，现在不见其影响者，特其作用尚未显，而其势力断无消失之理，则可豫决矣。伏生之论旋机，曰其机甚微，而所动者大。一事在各方面，皆可显出结果，恒人视之以为新奇。若真知自然，则其结果，真如月晕而风、础润而雨，可以操左券而致也；而事在此而效在彼者，视此矣。（造金术本欲造黄金也，乃因此发明化学；蒸汽机之始，特以省人工、便制造耳，乃使社会组织为之大变，皆使读史者，不胜惊异。然若深求其因果，则有第一步，自有第二步；有第二步，自有第三步。如拾级而登，步步着实，了无可异；人之所惊异之者，乃由只见其两端，而忽略其中间耳）凡此皆可见人于因果关系，所知不多，故其识见甚粗，措施多误也。心理学家谓人之行为，下意识实左右之。其实社会亦如是，一切社会现象，其原因隐蔽难知者，殆十之八九；而有何因，必有何果，又断非鲁莽灭裂者，所能强使之转移。此社会改革之所以难，而因改革而转以召祸者之所以多也。史学之研求，则亦求稍救此失于万分之一而已。

因果之难知，浅言之，则由于记载之阙误。一物也，掩其两端，而惟露其中间，不可识也；掩其中间，而惟露其两端者亦然。天吴紫凤慎倒焉而不可知，鹤足凫胫互易焉而不可解，史事因果之难知，正此类矣。然浅言之，记载当尸其咎；深言之，则考论者亦不能无责焉。何者？世无纯客观之记载，集甍桷而成栋宇，必已烦大匠之经营也。故考论诚得其方，不特前人之记载，不致为我所误用，而彼之阙误，且可由我而订正焉。其道维何？亦日审于因果之间，执理与事参求互证而已矣。

凡论事贵能即小以见大。佛说须弥容芥子，芥子还纳须弥。事之大小不同，其原理则一。其原理则一，故观人之相处，猜嫌难泯，而军阀之互相嫉忌，不能以杯酒释其疑可知矣；观人之情恒欲多,至于操干戈而行阴贼而不恤,而资本主义之国恃其多财,以侵略人者,断非可缓颊说论,以易其意,审矣。诸如此类,难可枚举。要之,小事可以亲验,大事虽只能推知,故此法甚要也。

自然现象易明,而社会现象则不然者,以彼其现象,实极简单,而此则甚复杂也。职是故,史事决无相同者,以为相同,皆察之未精耳,然亦无截然不同者。故论史事,最宜比较其同异,观其同中有异、异中有同,则不待用心而自有悟入处矣(凡论史最忌空言,即两事而观其异同,就一事而求其因事义理,皆自然可见,正不待穿凿求之也)。

凡事皆因缘会合而成,则无自性。无自性,则所谓环境者,仅假定之,以便言说思虑,实则与此事一体也。然则论一事,而不知环境,实即不知此事矣。故论史事,搜考宜极博。又凡一事也,设想其易一环境当如何,亦最足明其事之真相也。(设想使人育于猿当如何,便可知人之知识,何者得诸先天,何者得诸后天)又试设想,使中国移居欧洲、欧洲人移居中国,当如何,便可知人与地理之关系。

史事论次之难如此,则知是非得失,未易断言而不可轻于论定。且如汉武之通西域,当时论者恒以为非,吾侪生两千年后,或徒歆其拓地之广,不能了解其说。然试一考当时之史实,则汉武之通西域,本云以断匈奴右臂;然其后征服匈奴,何曾得西域毫厘之力,徒如《汉书》所云汉“忧劳无宁岁”耳。当时人之非之,固无足矣。然试更观唐代回鹘败通,西域至今为梗,则知汉代之通西域,当时虽未收夹击匈奴之效,然因此而西域之守御甚严,匈奴溃败之后,未能走入天山南北路,其为祸为福,正未易断言也。梁任公《中国历史研究法》史迹之论次,一章论汉攻匈奴,与欧洲大局有关,其波澜可谓极壮阔;其实何止如此,今日欧洲与中国之交涉,方兴未艾,其原因未必不与匈奴之侵入欧有关,则虽谓汉攻匈奴,迄今日而中国还自受其影响可也。史事之论断,又何可易言乎?塞翁失马，转瞬而祸福变易，阅世愈深而愈觉此言之罕譬而喻矣。

史事果进化者乎？抑循环者乎？此极难言者也。中国之哲学，思想上主于循环，欧洲则主于进化。（盖一取法于四时，一取法于生物。两者孰为真理，不可知。主进化论，宇宙亦可谓之进化，今之春秋，非古之春秋也。主循环说，进化亦可谓系循环中之一节，如旧小说谓十二万年，浑混一次，开辟一次，后十二万年中之事与前十二万年同是也。十二万年在今之主进化论者视之，诚若旦暮然。即十二万年而十百千万之，又熟能断言其非循环乎？人寿至短，而大化悠久无疆，此等皆只可置诸不论不议之列耳）以研究学术论，则进化之说较为适宜。何者？即使宇宙真系循环，其循环一次，为时亦极悠久，已大足以供研究，人类之研究，亦仅能至此，且恐并此而亦终不能明也，又何暇骛心六合之表乎？

进化之方面，自今日言之，大略有三：一曰事权自少数人，渐移于多数。此自有史以来，其势即如是，特昔人不能觉耳。一君专制之政，所以终于倾覆，旧时之道德伦理，所以终难维持，其真原因实在于此。自今以后，事权或将自小多数更移于大多数，浸至移于全体，以至社会组织全改旧观，未可知也。二曰交通之范围日扩，其密接愈甚，终至合全世界而为一。此观于中国昔者之一统而可知。今后全世界亦必有道一风同之一日，虽其期尚远，其所由之路，亦不必与昔同，其必自分而趋合，则可断言也。三曰程度高之人，将日为众所认识，而真理将日明。凡读史者，恒觉古人之论人宽，而后世则严。宋儒则诛心之论、纯王之说，几于天下无完人，三代而下无善治，久为论者所讥弹。然试一察讥弹者之议论，其苛酷殆有甚于宋儒，且不待学士大夫，即闾阎市井之民，其论人论事，亦多不留余地。此有心人所为慨叹风俗之日漓也，其实亦不尽然；此亦可云古人之论事粗，后人之论事精。天下人皆但观表面，真是非功罪何时可明？有小慧者何惮而不作伪以欺人？若全社会之知识程度皆高，即作伪者无所仇其欺，而先知先觉之士，向为社会所迫逐、所诛夷者，皆将转居率将之位，而社会实受其福矣。凡此三者，皆社会进化之大端，自有史以来，即已阴行乎其间。昔时之人，均未见及，而今日读史之士，所当常目在之者也。

史学演进趋势

史学演进，可分四期：（一）觉现象有特异者，则从而记之，史之缘起则然也。（二）人智愈进，则现象之足资研究者愈多，所欲记载者乃愈广。太史公欲网罗天下放失旧闻，其机即已如此；至于后世，而其范围亦愈式廓矣。（凡事皆有其惰力，后世史家，尽有沿袭前人、不求真是者，章实斋所讥，同于科举之程式、官府之簿书者也。然以大体言之，所搜求之范围，总较前人为广，即门类不增，其所搜辑，亦较前人为详。《通志·总序》曰：臣今总天下之学术，条其纲目，名之曰略，凡二十略，百代之宪章，学者之能事，尽于此矣）即此思想之代表也。（三）然生有涯而知无涯，举凡足资研究之现象，悉罗而致之，卒非人之才力所堪也，于是苦史籍之繁，而欲为之提要钩玄者出焉。郑樵即已有此思想，至章学诚而其说大昌。樵谓凡著书者，虽采前人之书，必成一家之言。学诚分比次与独断为二类，记注与著述为二事，谓比次之书，仅供独断之取裁，考索之案据。“事万变而不穷，史文当屈曲而适如其事”；“纤悉委备，有司具有成书，吾特举其重且大者，笔而著之”，即此等思想之代表也。然史籍之委积，既苦其研之不可胜研矣；更欲以一人之力，提其要而钩其玄，云胡可得？目不两视而明，耳不两听而聪，涉之博者必不精，将见所弃取者，无一不失当耳。（四）故至近世，而史学之趋向又变。史学趋向之更新，盖受科学之赐。人智愈进，则觉现象之足资研究者愈多；而所入愈深，则其所能研究者亦愈少。学问之分科，盖出于事势之自然，原不自近世始；然分析之密，研究之精，实至近世而盛,分科研究之理,亦至近世而益明也。学问至今日,不但非分科研究不能精,其所取资,并非专门研究者不能解。于是史学亦随他种学问之进步,而分析为若干门,以成各种专门史焉。然欲洞明社会之所以然,又非偏据一端者所能,则又不得不合专门史而为普通史,分之而致其精,合之以观其通,此则今日史学之趋向也。

恒人之见,每以过而不留者为事,常存可验者为物。研究事理者为社会科学,研究物理者为自然科学,此亦恒人之见耳。宇宙惟一,原不可分,学问之分科,不过图研究之利便。既画宇宙现象之一部,定为一科而研究之,则凡此类现象,不论其为一去无迹、稍纵即逝,与暂存而不觉其变动者,皆当有事焉。此各种科学,所以无不有其历史,亦即历史之所以不容不分科也。然则史不将为他种科学分割以尽乎?是又不然,宇宙本一,画现象之一部而研究之,固各有其理;合若干科而统观之,又自有其理。此庄子所谓丘里之言,初非如三加三为六,六五所余于两三之外也。故普通史之于专门史,犹哲学之于科学。发明一种原理,科学之所有事也;合诸种原理而发明一概括之原理,哲学之所有事也。就社会一种现象,而阐明其所以然,专门史所有事也;合各种现象,而阐明全社会之所以然,普通史之所有事也。各种学问,无不相资,亦无不各有其理,交错纷纭,虽非独存,亦不相碍,所谓帝网重重也。且专门家于他事多疏,其阙误,恒不能不待观其会通者之补正,史学又安得为他科学所分割乎?有相得而益彰耳。然则将一切史籍,悉行看作材料,本现今科学之理,研究之以成各种专门史,更合之而成一普通史,则今日史学之趋向也。

史学能否成为科学,此为最大疑问。史学与自然科学之异有四:自然现象,异时而皆同,故可谓业已完具;史事则不然,世界苟无末日,无论何事,皆可谓尚未告终,一也。自然现象,异地而皆同,故欧洲人发明之化学、物理学,推之亚、非、澳、美而皆准;史事则不然，所谓同，皆察之不精耳，苟精察之，未有两事真相同者也。然则史事之当研究者无限，吾侪今日所知史事诚极少，然史事即可遍知，亦断无此精力尽知之也，二也。自然现象既异时异地而皆同，则已往之现象，不难推知，而材料无虞其散佚；史事则又不然，假使地球之有人类为五十万年，则所知弥少矣，而其材料，较诸自然科学所得，其确实与否，又不可以道里计也，三也。自然科学所研究之物，皆无生命，故因果易知；史事则正相反，经验不足恃，求精确必于实验，此治科学者之公言，然实验则断不能施诸史事者也，四也。由此言之，欲史学成为科学，殆不可得。然此皆一切社会科学所共，非史学所独也。社会现象所以异于自然现象者，曰：有生命则有自由，然其自由决非无限。况自然现象之单简，亦在实验中则然耳。就自然界而观之，亦何尝不复杂？社会现象，割截一部而研究之，固不如自然科学之易，而亦非遂无可为。若论所知之少，社会科学诚不容讳，自然科学亦何尝不然？即如地质学，其所得之材料亦何尝不破碎邪？故社会科学与自然科学之精确不精确，乃程度之差，非性质之异，史学亦社会科学之一，固不能谓其非科学也。

第七篇　中国史籍读法

弁　言

此稿乃予在华东师范大学讲学时，拟于一九五四年春夏间，为历史系毕业班学生作若干次讲演者。开学未几，予即患病，在家休息。所拟讲演之语，病闲后曾写出崖略，仅就涉想所及，既未能精密构思，亦未能详细参考，所说极为浅近，似无一顾之价值。但为初学计，作者虽诒浅陋之讥，读者或有亲切之感，所以未遽弃掷。其中仍有一部分，似乎颇涉专门者，则因旧籍性质如是，不知其性质，无从说起读法也。研究历史之事，不限于读书；读书不限于读中国书；读中国书，亦不限于旧日之史籍；所以此稿所述，不过治史学者一小部分人所有事而已。然治学固贵专精；规模亦须恢廓。目能见六合之大，再回过来治一部分的事情，则其所从事者不至于无意义；而其所取之途径，亦不致误其方向，如俗所谓钻牛角尖者。然则此稿所言，虽仅一部分人所有事，而凡治史学者，似亦不妨一览，以恢廓其眼界了。此亦所言虽极浅近，而未遽弃掷之微意也。一九五四年六月，吕思勉自记。

史学之用安在

史学究竟有用没有用？这个问题提出来，听者将哑然失笑。既然一种学问，成立了几千年，至今还有人研究，哪得会无用？问题就在这里了。既然说有用，其用安在？科举时代的八股文，明明毫无用处；然在昔日，锢蔽之士，亦有以为有用的。（他们说：八股文亦有能发挥义理的。这诚然，然义理并不要八股文才能加以发挥，创造八股文体，总是无谓的。这并不但八股；科举所试文字，论、策外实皆无用，而论、策则有名无实，学作应举文字的人，精力遂全然浪费，而科举亦不足以抡才了。然人才亦时出于其中，右科举者恒以是为解。正之者曰：若以探筹取士，人才亦必有出于其中的；此乃人才之得科举，而非科举之得人才，其说最通。所以一种无用之物，若以他力强行维持，亦必有能加以利用者，然决不能因此遂以其物为有用）可见一种事物，不能因有人承认其有用，而即以为有用；其所谓有用之处，要说出来在事理上确有可通。然则历史之用安在呢？

提出这个问题来，最易得，而且为多数人所赞同的，怕就是说历史是前车之鉴。何谓前车之鉴？那就是说：古人的行事，如何而得，则我可取以为法；如何而失，则我当引以为戒。这话乍听极有理，而稍深思即知其非。天下岂有相同之事？不同之事，而执相同之法以应之，岂非执成方以治变化万端之病？夫安得而不误！他且勿论，当近代西方国家东侵时，我们所以应付之者，何尝不取鉴于前代驭夷之策（其中诚然有许多纯任感情、毫无理智的举动和议论，然就大体观之，究以经过考虑者为多。其结果怎样呢？又如法制等，历朝亦皆取鉴前代，有所损益。当其损益之时，亦自以为存其利而去其弊，其结果又怎样呢？此无他，受措施之社会已变，而措施者初未之知而已。此由人之眼光，只会向后看，而不会向前看。鉴于前代之弊，出于何处，而立法以防之；而不知其病根实别有在，或则前代之弊，在今代已可无虞，而弊将出于他途。此研究问题，所以当用辩证法也。譬如前代赋役之法不能精详，实由记账之法不能完善。明初鉴于前代，而立黄册与鱼鳞册，其记账之法，可谓细密了；然记账之事，则皆委之地主、富农之流，此辈皆与官吏通同作弊之人，法安得而不坏？此为历代定法总深鉴于前代，而其结果依然不能无弊一个最深切明显之例。其他若深求之，殆无不如此。此理，方正学的《深虑论》，有些见到，但仅作一鸟瞰，粗引其端，未及详细发挥而已），所以治史学，单记得许多事实，是无用的。早在希罗多德（Herodotus），就说治史之任务有二：（一）在整理记录，寻出真确的事实；（二）当解释记录，寻出那些事实间的理法。据李大钊在上海大学所讲演的《研究历史的任务》。希罗多德（Herodotus），希腊最早之史学家，生于公元前四八四年，即入春秋后之二百三十五年。而在中国，亦以为道家之学，出于史官，“历记成败、存亡、祸福”，所以能“秉要执本”了。《汉书·艺文志》。然则史学之所求，实为理而非事。“事不违理”，借用佛家语。这本无足为奇，然而问题又来了。

学问决没有离开实际的，离开实际的，只是“戏论”。（亦借用佛家语。佛家譬诸“龟毛、兔角”，谓想象中有其物，而实际则无之也）譬如马克思的学说，观鉴社会的变迁，因以发明其发展之由，推测其前进的方向，而决定因应及促进之法，这自然是最有用的了。然则这种学问，究竟是从读史得到的呢，还是从身所接触的事物得到的呢？这个问题提出，我们知道：马克思虽已长往，果能起诸九泉而问之，其答语，必是说：看了被压迫阶级的苦痛，深知其与社会组织相关，然后求之于史，而知其变迁、发展之由；必非于当代之事茫无所知，但闭户读书，铢积寸累，而得一贯串全史可以用诸当代的新发明。

中国有史学吗?

说到此,就觉得旧有史学的无用。把史部的书翻开来,自然全部都是记载。为之羽翼的,则从性质上言之,大致可分为三种:(一)注释:因前人书中之名物、训诂,后人不易明了而为之说明;(自隋以前,史学并有专门传授:唐初犹然,即由于此。《隋书·经籍志》说:正史"惟《史记》《汉书》,师法相传并有解释。《三国志》及范晔《后汉》虽有音注,既近世之作,并读之可知",可见其注释专为文义。此为注释之正宗;若裴松之之注《三国志》,广搜佚闻,则实属补充一类矣。名物、训诂,时代相近之作,虽大体易知;然一时代特殊之语,亦有相隔稍远,即不易了解者,官文书及方俗语皆有之,实亦需要解释也)(二)考证:前人书有误处,为之纠正;(三)补充:任何一部书,不能将应有的材料搜集无遗,于其所未备的,为之补足。如清人所补各史表、志即是。这种著作,往往费掉很大的精力,其成绩亦诚可钦佩,但亦只是希罗多德所谓寻出真确的事实而已;寻出其间理法之处实甚少;更不必说如马克思般,能发明社会发展的公例了。然则饱读此等书,亦不过多知道些已往的事实而已,于现在究有何用?无怪近来论者说中国史料虽多,却并不能算有史学了。这话似是,其实亦不尽然。一切书籍,从其在心理上的根据说来,亦可分为三种:即(一)根于理智的,是为学术;(二)根于情感的,是为文辞;(三)根于记忆的,是为记载。中国书籍,旧分经、史、子、集四部。经、子虽分为两部,乃由后世特尊儒学而然;其实本系同类之物,此在今日,为众所共喻,无待于言。经、子自然是属于理智的。史部之书,与属于记忆者相当,亦无待言。集部之书,多数人都以为属于文辞,其起源或系如此;但至后来,事实上即大不然。我国学术,秦以前与汉以后(此以大致言之,勿泥),

有一个大变迁，即古为“专门”，后世为通学。（此四字本多用于经学，今用为泛指一般学术之辞。即：“专门”二字，本指治经而墨守一家之说者，通学则兼采诸家；今所用：专门指专守经、子中一家之说，通学则指兼采诸家也）在古代，研究学问的人少，学问传布的机会亦少，有研究的人，大都只和一种学说接触，所以不期而成为专门；直到东周的末年，始有所谓杂家者出现。（此就学术流别言，非指今诸子书。若就今诸子书而论，则因（一）古书编纂错乱；（二）有许多人，又特别为著书之人所喜附会，殆无不可成为杂家者。如《晏子春秋》，兼有儒、墨之说，即因儒、墨二家，并欲依托晏子；管子名高，更为诸家所欲依托，则其书中，儒、道、法、兵、纵横家之言，无所不有。矣。其一篇中诸说杂糅者，则编纂之错乱为之：盖古简牍难得，有所闻皆著之一编，传录者亦不加分别，有以致之也）至后世则不然了，除西汉经生锢蔽的，还或墨守一先生之说外；其大多数，无不成为通学，即无不成为杂家。一人的著述中，各种学说都有，实跨据经、子两部；（此为学术上一大进步，前人泥于尊古之见，以为今不如古，误矣。后世分别子、集，亦自谓以其学专门与否为标准，然其所谓专门者，则其书专论一种事物耳，非古所谓专门也）而同时，这种人又可系热心搜辑旧闻的人，遇有机会，即行记载。又集部的编纂，以人为主，其人自己的行事，亦往往收入其中。（如《诸葛忠武集》等即此类，实无其人执笔自作之文字也。后世之名臣奏议等，尚多如此。文人之集，固多但载其作品；然注家亦多搜考行事，务求详实，与其自己的作品，相辅而行）如此，则集部之书，又与史部无异。所以前人的文集，譬以今事，实如综合性杂志然，其内容可以无所不有。把书籍分为经、史、子、集四部，只是藏庋上的方便，并非学术上的分类。章实斋的《校雠通义》，全部不过发挥此一语而已。（要作学术上的分类，除编类书莫由）所以我们要治史，所读的书，并不能限于史部。在后世不能不兼考集部，正和治古史不能不兼考经、子相同。向来治史的人，于集部，只取其与史部性质相同，即属于记载的一部分；而不取其对于社会、政治……发表见解，与经、子相同的一部分。那自然翻阅史部之书，只见其罗列事实，而不觉得其有何发明，使人疑中国只有史料，并无史学了。

所以如此，亦有其由。前人著述，或其议论为他人所记录，涉及历史的，大致可分为三种。第一种所谓别有会心。即其人之言论，虽涉及古事；然不过因此触发，悟出一种道理，与古事的真相，并不相合。此等言论，虽亦极有价值，然另是一种道理，初不能用以解释或评论史事。（如苏子瞻论荀卿，谓李斯之焚书，原于卿之放言高论，此特鉴于当时党争之愈演愈烈，有所感而云然；事实之真相，并非如此。后来姚姬传作《李斯论》，又说斯之焚书，特以逢迎始皇，使其所遇非始皇，斯之术将不出于此，亦特鉴于当时风气之诡随，立朝者多无直节，“一以委曲变化从世好”而云然；史事之真相，亦并非如此也。此即两先生亦自知之，其意原不在论古，特借以寄慨、托讽而已。若据此以论荀卿、李斯，便成笨伯了。第二种则综合史事，而发明出一种道理来。有专就一类事实，加以阐发的；亦有综合多种事实，观其会通的；又有综合某一时代、某一地域的各种事实，以说明该时代、该地域的情形的。其内容千差万别，要必根据事实，有所发明，而后足以语于此。空言阔论无当也）这正和希罗多德所谓寻出事实间之理法者相当，在史学中实为难能可贵。然第三种专从事实上着眼。即前所云注释、考证、补充三类，力求事实之明了、正确、完备，与希罗多德所谓寻出真确之事实相当者，亦未可轻。因第二种之发明，必以此为根据，此实为史学之基础也。此即所谓章句之学。“章句之学”或“章句之士”四字，习惯用为轻视之辞；然欲循正当之途辙以治学问者，章句之学，又卒不能废，实由于此。（“章句”二字，最初系指古书中之符号；其后古书日渐难明，加以注释，亦仍称为章句；注释之范围日广，将考证、补充等一概包括在内，章句之称，仍历时未改。说出拙撰之《章句论》,曾由商务印书馆印行,后又收入其《国学小丛书》中。今且勿论此等详细的考据。"章句之学"四字,看作正式治学者与随意泛滥者不同的一种较谨严的方法;"章句之士",则为用此方法以治学的人,就够了。此等人,大抵只会做解释、考证、补充一类的工作,而不能有所发明,所以被人轻视。然非此不能得正确的事实,所以其事卒不能废。异于章句之士,能寻出事实间的理法者,为世所谓"通才",其人亦称为"通人"。天下章句之士多而通人少;故能为章实斋所谓"比次之业"者多,而能著作者少。近数十年来,专题论文,佳篇不少;而中国通史,实无一佳作,并稍可满意之作而亦无之,亦由于此。章句之学和通才,实应分业,而难兼擅:因大涵者不能细入,深入者不易显出,不徒性不相同,甚至事或相克也。刘子玄叹息于才、学、识之不易兼长,实未悟分业之理。然人宜善用所长,亦宜勤攻己短。性近通才者,于学不可太疏;性善章句者,于识亦不可太乏也)中国人的史学,实在第二、第三两种都有的。向来书籍的分类,只把性质属于第三种之书,编入史部;其属于第二种的,则古代在经、子二部,后世在集部中。浅人拘于名义,以为中国史学,限于史部之书,就谓其只有史料而无史学了,这实在是冤枉的。

再为中国史学诉冤

说到此,还该有一句话,为中国的旧史诉冤。那即是近来的议论,往往说旧时史家颠倒是非。旧时史家颠倒是非者诚有之,如魏收之被称为秽史是。然其所谓颠倒者,止于如此,不过偏端,并非全体。若将全体的是非,悉行淆乱,则必无人能做此事。而据近来的议论:则几谓旧史全部之是非无一可信;所载事实,无一非歪曲、伪造。问其何所见而云然?譬如说,历代的史籍,对于政府,悉视为正统,对于反抗政府的人,则悉视为叛逆;于政府之暴虐、激变,及其行军之骚扰、军队之怯懦、战争之失利,多所隐讳,而于反抗政府之人,则一一切反是便是。(此系举其一端;其他,如汉族与异族的冲突,则归曲于异族,而不着汉族压迫之迹,如近人所谓大汉族主义等皆是)须知旧时之作史者,并非各方面的材料都很完备,而据以去取;只是据其所得的材料,加以编辑,以诒后世而已。当其编辑之时,自古史家有一大体同守的公例,即不将自己的意思,和所据的史料相杂。此即《谷梁》所谓"信以传信,疑以传疑";(见桓公五年。这句话的意思,就是说:相传的说法,无论自己以为可信,抑以为可疑,都照原来的样子传下去。人人谨守此法,则无论时代远近,读书的人,都得到和原始材料接触的机会;而后人的议论,只须发表自己的意见,而不必再行叙述,则吏籍的分量,不致过多,亦可节省读者的精力也)亦即后世史家所谓"作文惟恐其不出于己,作史惟恐其不出于人"。可见其例起源甚古,沿袭甚久。其极端者,乃至于所据史料,不过照样誊写一过;于不合自己口气之处,亦不加改动,如《史通》所讥《汉书·陈胜传》仍《史记·陈涉世家》"至今血食"之文。而不知直录原文,实为古人著书之通例。(照例愈古则愈严。不但直录原文,不加改窜;即两种原文,亦不使其互相搀杂。如《史记·夏本纪》绝不及羿、浞之事,而《吴世家》详之;以《夏本纪》所据者,乃《帝系》《世本》一类之书;《吴世家》所据者,则《国语》之类,不以之相订补也。全部《史记》复锺、矛盾之处,触目皆是,初学者随意披览,即可见得,史公岂有不自知之理?所以如是者,古人著书的体例,固如是也;此例守之愈严,愈使古书之真相,有传于后)古人所缺者,乃在于原文之下,未曾注明其来历,然此至多不过行文条例不如后人之密而已。亦间有注明者,如《汉书·司马迁扬雄传》,都著其自叙云尔是也。则其余不著者,或在当时人人知之,不待加注,亦未可知。且如引书必著卷第,亦至后世而始严;古人则多但著书名而已。亦以时愈晚,书愈多,卷帙愈巨，翻检为难；在古代则并不尔也。出于他人之说，有两说异同者，古人未尝不并存。其远者，如《史记·五帝本纪》，既说"神农氏世衰，诸侯相侵伐，暴虐百姓，而神农氏弗能征"，又说"炎帝欲侵陵诸侯"；（神农古多谓即炎帝，《史记》亦不以为两人）其近者，则如《旧唐书》的《高宗王皇后传》，一篇之中，说王皇后、萧淑妃死法，即显相抵牾。所记之事，苟有一种材料，怀疑其不足信者，亦未尝不兼着其说。如《金史·后妃传》，多载海陵淫秽之事，盖据金世实录；而在《贾益谦传》，却明著"大定间，禁近能暴海陵蛰恶者，辄得美仕，故当日史官修实录，多所附会"。然则歪曲、伪造者，乃当日修实录之史官，而非修《金史》之人。历代政府一方面对于人民，平时的暴虐，临事的激变，及人民起义之后政府行军的骚扰，军队的怯懦，战事的失利，多所隐讳；而于反抗政府的一方面，则将其含冤负屈以及许多优点一笔抹杀，作此等歪曲伪造者，亦自有其人。若谓修史者，既明知所据材料之不足信，何故不加以说明，则此为全部皆然之事，人人知之，何待于言？亦何可胜言？（从前读史的人，有治学常识者，其于史文，本只当他记事之文看，并只当他一方面所说的话看，无人以其言为是非之准，并无人信其所记之事皆真实也）其有之，则学究之流而已。修史者不改原文，但加编辑，不徒不能尸诒误后人之咎；反可使后人知史料之不足信，不啻揭发其覆，使读者"闻一知二"了。（如《金史》既有《贾益谦传》之文，则《后妃传》所载者，亦可云非以著海陵之淫乱，特以著金世实录的诬罔；然晦陵亦非不淫乱，暴其恶者亦不可云尽诬，亦未便一笔抹杀，故又存其文于《后妃传》也）若说人民方面的材料，与政府方面的材料相反者，虽云缺乏，亦非一无所有，作史者何不据以参考，兼著其说？则不知史以正史为主，历代的正史，无论其为官纂、为私修，实皆带有官的性质。（其关系最大者，为所用仍系官方的材料，及著述不甚自由两端）此乃被压迫阶级不能自有政权，而政权为压迫阶级所攘窃之故，非复著述上的问题了。说到此，则不能不进而略论中国历史的历史。

史权为统治阶级所篡

历史材料的来源，本有官私两方面。历史材料极其繁杂。（自理论上言：之，当分为记载、非记载两种。属于非记载的，又分为：（一）人，谓人类遗体；（二）物，包括：（甲）实物，（乙）模型、图画；（三）法俗：凡有意制定而有强行性质者为法，成于无意而为众所率循者为俗。记载包括口碑，又分为：（一）有意记录，以遗后人的；（二）非欲遗后，但自记以备查检的；（三）并非从事记载，但后人读之，可知当时情状的。（一）指作史言；（二）如日记、账簿等，即官府的档案，亦可云属于此类；（三）则史部以外的书籍悉属焉。此所云者，仅（一）项中之大别而已）私家的材料，即所谓“十口相传为古”，乃由群中之人递相传述的故事。此其起源，自较官家的记载，出于史官者为早。但到后来，史料的中心，却渐移于史官所（一）记录、（二）编纂了。此其故有二：（一）只有国家，能经常设立史官，以从事于记录；而一切可充记录的材料，亦多集于政府（如卫宏《汉仪注》说：汉法，天下计书，先上大史，副上丞相），所以其材料较多而较完全。寻常人民：（甲）和国家大事，本无接触；即有所知，亦属甚少；（乙）常人对于不切己之事，多不关心，未必肯从事于记录；（丙）又或有此热情而无此机会；（如著作之暇日等）（丁）有所成就而不克流传。（如为物力或禁令所限）私史的分量，就远少于官书；其所涉及之方面亦远少；从时间上论，亦觉其时断时续了。（此所谓私史，以其材料之来源，与官方不同者为限。若编纂虽出私人，材料仍取诸官家，即不可谓之私史了。以此为衡，则私史实少。此亦不可为古人咎，实为环境所限。凡事不能孤立看。以史材论：在某一时代，能有何种性质的材料出现？其分量有若干？能保存而传诸后来的，又有若干？以著述论：某一时代，众所视为重要者，有何等问题？对于此等问题，能从事研究的有若干人？其所成就如何？能传之后来者又有几何？均为环境所限。不论环境，徒对古人痛骂一番；或则盲目崇拜，皆非也）（二）史官所记，几于全部关涉政治。只记政治上的事情，而不及社会，在今日众所共知为史学上的缺点，但此乃积久使然；当初起时，其弊并不甚著。此由后世的社会太大了，包括疆域广大、人民众多、各地方情形不同等。政府并不能任意操纵，所谓统治，不过消极的用文法控制，使其不至绝尘而驰而已。（此为治中国史者最要而宜知之义，至少自汉以后即如此。毛泽东同志在《中国革命和中国共产党》中说："如果说，秦以前的一个时代是诸侯割据称雄的封建国家，那么，自秦始皇统一中国以后，就建立了专制主义的中央集权的封建国家；同时，在某种程度上仍旧保留着封建割据的状态。"这几句话，对于向来所谓封建、一统之世同异之点，分析得极为清楚。统治阶级的利害，与被统治者恒相反。处于统治地位的，在诸侯割据之世，为有世封及世官的贵族；在中央集权之世，则代之以官僚。君主固与官僚属于同一阶级，然行世袭之制，则入其中而不得去；与官吏之富贵既得，即可离职而以祸遗后人者不同。故君主虽借官僚以行剥削；又必控制其剥削，限于一定的程度，使不致激成人民之反抗。凡英明的君主，必知此义；一朝开创之初，政治必较清明者以此。然中国疆域太大，各地方的情形太复杂，以一中央政府而欲控制各地方及各事件，其势实不可能；而每办一事，官吏皆可借以虐民；干脆不办，却无可措手。所以集权的封建之世，中央政府即称贤明，亦不过能消极地为民除害至于某一程度，而能积极为民兴利之事却甚少。旧时的政治家有一句格言说："治天下不如安天下，安天下不如与天下安。"治天下是兴利；安天下是除害；与天下安，则并除害之事亦不办了。因为要除害，还是要有些作为，官吏还可借以虐民的。此种现象的原理，实根于阶级对立而来，所以非至掌握政权的阶级改变，不能改变。但特殊的事件，可以放弃；常务则不能不行，官吏又借以虐民，则如之何？则其所以控制之者为文法。文法之治，仅求表面上与法令的条文不背；而实际是否如此，则非所问。此即所谓官僚主义，为论者所痛恶，不自今始，然仍有其相当的作用。如计簿：下级政府不能不呈报上级，地方政府不能不呈报中央，明知所报全系虚账；然既须呈报，则其侵吞总有一个限制。又如杀人：在清代，地方政府已无此权，太平天国起义后，各省督抚，乃多援军兴之例以杀人，此实为违法；然既须援军兴之例乃能杀人，则其杀人之权，亦究有一个限度，皆是也。中央集权的封建国家，号称清明之世，所能维持者，则此最小限度而已）所以但记些政治上的事件，并不能知道社会上的情形。（因为政治上所办的事情，实在太少了。且如历法，向来总以为人民不能自为，非仰赖政府不可的，其实不然。唐文宗时，西川曾请禁官历颁行以前民间先自印卖的历书；而据《新五代史·司天考》，则当时民间所用的，实别有一种历法，时人称为小历，并非政府所用之法。直至宋时，还系如此。南宋末年，西南偏僻之区，官历失颁，梧州等地大、小尽互异，民间就无所取正了，事见《困学纪闻》。即至近代，亦未能免，官用之历法久变，民间印行历本，还有据明人所造《万年历》的，以致大、小尽亦有差池。民间所用历法，或不如官法之确，然日用并不仰赖政府，则于此可见。且政府革新历法时，所用之人才，亦皆出于民间；若钦天监等官署所养成的人才，则仅能按成法做技术工作，不能创法与议法也。举此一事，其余可以类推）但在古代小国寡民之世则不然，此时政治上所办者，尚系社会的事情；而社会上最重要的事情，亦即操在政府手里。（所以“政治”二字，随时代之古近，范围广狭，各有不同。大致时代愈古，所包愈广）所以但记政治上的事件，即可见得社会上的情形。人类的做事，是有其惰性的，非为局势所迫，一切只会照着老样子做去。况且社会的变迁，一时是看不出来的。又且历代政府，于全局之控制虽疏，究为最高权力所在，其所措施，至少在表面上为有效。所以习惯相沿，史官所记，就都偏于政治方面了。(此所谓政治，其范围业已甚狭了)私家所知政治上的事件，固不能如史官之多；有些方面，亦不能如史官之确，(如人、地名，年、月、日，官、爵、差遣名目等)这亦使历代的史料，逐渐转移到以史官所记为重心。

读史必求原始的材料。真正原始的材料，现在实不易得；大体上，众共据为原始材料的，则历代所谓正史而已。(此系为物力所限。《南/北史》行，而《魏》、《齐》等史即有缺佚；《新五代史》行，而《旧五代史》之原本遂不可得：足见正史修成后，尚不易完全保存，更无论所据的原料了。历代政府，所以恒视修前朝之史为重要之事；而每逢开馆修史，亦必有热心赞助之人，即由于此。前人修史，用功精密者，多先作长编。如其书修成之后，长编仍获保存，实可省后来校勘者许多精力，且可保存修书者弃而未取的材料。然长编恒不获保存，亦由为物力所限也)历代所谓正史，大体上自南北朝以前为私撰，唐以后则为官修。(可参看《史通·古今正史篇》。自唐以后，纯出私修者，一欧阳修之《新五代史》而已，然其材料并不丰富也)然即在南北朝以前：(一)所有者亦必系官家的材料；(如司马迁虽为史官，其作《史记》，实系私人事业；然其所以能作《史记》，则实因其身为史官，故能得许多材料，如所谓"紬史记金匮、石室之书"是也)(二)或则受政府的委托，由政府予以助力；(如沈约之《宋书》，萧子显之《齐书》，姚思廉之《梁/陈书》，魏收之《魏书》，均系如此)此等虽或奉敕所撰；或得政府供给材料，补助物力；然其人皆本有志于此，纂辑亦以一人为主，故仍不失其私撰的性质。(三)其或不然，则将受到政府的干涉，言论实并不自由。(如班固，即以有人告其私改国史下狱。所以自政府设立史官，从事记录、编纂以来，作史之权，即渐为统治阶级所窃。记录之权的被窃，观前言史料渐以史官所记为重心可知。编纂之权的被窃，则观唐以后正史非借官修之力不能成可知。因非有政府之权力、物力，不能征集材料，支持馆局也。在清世，万季野可谓挺挺高节，然清开史局，亦卒以布衣参史事，即由知非此《明史》必不能成，不得不在署衔、不受俸的条件下，委曲求全也。黄梨洲送季野诗云："不放河汾声价倒，太平有策莫轻题"，其不肯屈节之心，昭然可见；而犹有议其作《明夷待访录》为有待于新朝者，真可谓形同瞽鼓矣。然亦卒遣其子百家北上备史馆询访，其心，犹之季野之心也。向使作史之权，不为统治阶级所窃，史家何必如此委曲；而其所成就，亦岂止如此哉？然此为政权被攘窃后必至之势，革命者所以必争政权也）于是有（一）积极的伪造史实；（如汉末为图谶盛行之世，后汉先武即为造谶最甚之人，而又以此诬刘歆、公孙述等；伪造先世事迹者，莫甚于拓跋魏。此时崇尚门阀，伪造世系者尤多，如萧齐之自托于萧何，前人久发其覆矣）（二）消极的消灭史实之举；（魏大武以史案诛崔浩，其实非以作史，而由于浩欲覆魏，袁简斋在《随园随笔》中始言之；清礼亲王昭梿《啸亭续录》又及其事，然皆语焉不详；予始详发其覆，然浩虽非以史事诛；而此案之本身，即为被消灭之一大史实，使其真相湮晦，逾于千载焉。此外魏世史宾被隐没者尚多。清世实录，近世研究者证明其常在修改之中，故前后诸本不同；非徒蒋、王两《东华录》之不同，授人以可疑之隙也。此盖由清世家法，人主日读实录而然，亦见《啸亭续录》，则其消灭史实更甚矣。清初尝自号其国曰金，后以恐挑汉人恶感，讳之。然沈阳大东门额坏，旧额露出，赫然署大金天聪几年。一九二〇年，予在沈阳，尚亲见之。当时曾致书教育厅长谢君演苍，属其取下藏诸图书馆。其时之奉天，反动气氛颇甚，有力者多不欲暴清之隐，谢君亦未能行也）（三）甚且如清代，欲乘修史之便而禁书。（清康熙末年，即借修明史为名，诏民间进呈野史。其时虽有所得，不过官吏之完成任务；民间所藏，凡涉及万历末年边事者，即均行删去矣，见戴南山《与余生书》。乾隆时，乃径行搜索。三十九年上谕云："明季野史甚多。其间毁誉任意，传闻异辞，必有抵触本朝之语。正当有此一番查办,尽行销毁,杜遏邪言,以正人心而厚风俗,断不宜置之不办。”其欲消灭汉人的记载,抑明目张胆,直认不讳矣)私家所作之史,其外形,有时诚不如史官之详实;然其内容,则往往为史官所记所无有。然(一)敢笔之于书者已少;(二)即能笔之书,抑或不敢流传;(三)其流传于外者,则已多所改削;(予幼时曾见一抄本《江阴城守记》,述明末典史阎应元抗清之事。谚所谓清三王、九将被杀之说,即在其中;此外尚有江阴人之歌谣等。后来所见抄、刻本,无一得同)(四)况且还要遭禁和受祸!自然私家之史,其分量要大减了。私家作史,不求详实,甚或借此淆乱是非者,诚亦有之。然此正由其发达未能畅遂,不受人重视之故。倘使向来私家作史,一无阻力,则作者必多;作者多,即必受人重视,而引用者多;引用者多,则从事于考证者亦多,不求详实及淆乱是非之弊,自易发现:妄作者的目的,不徒不得达,反将因此受到讥弹。自然私史之作者,不徒加多,亦且程度要提高了。(借使考证之风盛行,李繁之《邺侯家传》等,必不敢出而问世)史官所记,我亦认为很重要的一部分。但以天下之大,各方面情形之复杂,断非少数因职业而从事于此的人所能尽,则可以断言。然则私史的遭阻阏,官史之获偏行,在史学上,确是一个大损失了。此皆由政权为压迫阶级所攘窃之故。所以革命必争政权,确是天经地义。

即以藏庋论,作史之权,为压迫阶级所攘窃,亦是史学上一个大损失。《史记·六国表》说:“秦既得意,烧天下诗书;诸侯史记尤甚,为其有所刺讥也。诗书所以复见者,多藏人家,而史记独藏周室,以故灭,惜哉!惜哉!”这一段文字中,“诗书”犹今言书籍;“史记”犹今言历史;(今之《史记》,《汉志》名《太史公书》。“史记”乃一类书籍之总名,此书首出,遂冒其称耳)“人家”之“人”,疑唐人避讳改字,其原文当作“民”;“周室”二字,包诸侯之国言,乃古人言语以偏概全之例(因古人言语乏总括之辞),断非陵夷衰微的东、西周,还能遍藏各国的史籍,更无待言。(当时大国,亦有能藏外国之史者。《周官》小史，"掌邦国之志"，盖指内诸侯；外史，"掌四方之志"，则指外诸侯，此其国皆现存。又云："掌三皇、五帝之书"，则指前代诸国之史。此皆史官所记。诵训氏，"掌道方志，以诏观事"，《注》云："说四方所识久远之事"；训方氏，"诵四方之传道"，《注》云："世世所传说往古之事也"，则未笔诸书者，其间当有民间之传说也。《周官》所说制度，与《管子》多同，盖齐地之学。齐为大国，又极殷富，故学术亦甚兴盛。稷下学士七十人，可见其养士之规模。其能多藏列国之史籍，亦固其所，若东、西周则断不能有此物力也。纬书谓孔子与左丘明如周，得百二十国之宝书，望而知为造作之说）凡藏于官家，秘而不出之物，最易一遭破坏而即尽。不但史籍，一切书籍，亦系如此。太史公作《史记》，欲"藏之名山，传之其人"，论者或讥其不和民众接近。殊不知他下文还有"通邑大都"四字，他藏庋要在名山，传播原是面向着通邑大都的。要学说的流行，必面向通邑大都而始广。然其地为变动剧烈之地，书籍及能通晓书籍之人，易于流散及播越；山地较为安静，古籍、古物保存的机会较多，所以太史公要分途并进。书有五厄之说，牛弘已慨乎言之；（见《隋书·经籍志》）然至后世，此弊仍不能免，即由攘窃者之自私，将其搜求所得，悉藏之于宫禁之故。倘使购求书籍的物力，不为压迫阶级所专有，而别有文化机关，以司其事；搜求所得，亦不如向来之专藏于官禁，而分藏于风波稳静之地：书籍之亡佚，决不至如此其甚，亦可断言。（清代《四库》书。分藏数处，毕竟灭亡较难，亦其一证）此话从来少人提及；然一经说明，却可令人共信。一切书籍如此；史料之未经流布者，自然更甚了。所以作史之权，为压迫阶级所攘窃，确是史学上一大损失。

虽然如此，参与作史和修史的人，毕竟是和学术有些关系的，总有些保存事实真相，以诒后世的公心。试举和我很切近的一件事情为例。我清初的祖宗吕宫，乃是明朝一个变书的士子。他入清朝便考中了状元，官做到大学士。其时年事尚轻，正可一帆风顺,大做其清朝的伪官,却忽然告病回家了。而其时实在并没有什么病。这是何缘故呢?我们族中相传有一句话,说是由于当时的皇太后要和他通奸,他知道缪毒是做不得的,将来必遭奇祸,所以赶快托病回乡了。虽有此说,也不过将信将疑的传述着,没一个人敢据为信史的。因无人敢笔之于书,但凭传说,故久而模糊也。然一读清朝的《国史列传》(中华书局所印行之《清史列传》。却得到一个证据了),传中明载着:当他告病而未获允许时,王士祯曾参他一本,说他病得太厉害了,“人道俱绝”。试问太监岂不是官?若说无关紧要,则历代宦官握有宰相实权,甚或超过宰相者甚多,“人道”的绝不绝,和做官有什么关系?这便使我们族中的传说,得到一个坚强的证据了。这便是当时作史,后来修史的人,苦心留给我们的真实史料。因他只是据官书材料叙述,所以连最善于伪造和消灭史实的清朝,也给他瞒过了。这便是从前的史家最堪矜愍和使我们感谢的苦心。所以凡事总合详求,不可轻易一笔抹杀(清修明史时,顾亭林与人书云:“此番纂述,止可以邸报为本,粗具草稿,以待后人,如刘煦之《旧唐书》。”盖冀官书原文保存者多,则真实之史料保存者亦多,此亦前人之苦心也)。

读旧史宜注意之点

中国史家,既以作史惟恐其不出于人为宗旨,所以其所最尊重的,为其所根据的材料的原文;不但带有原始材料性质的正史如此,即根据正史等书而编纂的史籍,亦系如此。譬如编年史,在前一卷中,还称旧朝的君主为帝,于新朝的君主,则但称其名;到后一卷中,就可改称新朝的君主为帝,而于旧朝的君主,则改称为某主子。此其最大的理由,固为所谓“穷于辞”;然在前一卷中,所用的还多系前朝的史料,在后一卷以后,则所用的多系后朝的史料,必如此，原文的多数，乃易因仍，亦不失为一种理由。这似乎滑稽，然细思之，称号原无关褒贬，亦无甚可笑也。（近人好将前代帝王的谥号撤去，改称其姓名，如称汉武帝为刘彻是。此实甚无谓。无论谥法或庙号，均不合有尊重或褒美之意；而汉武帝是一个皇帝，则不可以不知。称之为汉武帝，则就其名称，已使人知其为某一朝的一个皇帝矣。若其名为彻，则即不知之，亦无甚妨碍，正不必徒劳人之记忆也）旧史作者，多须改入自己的口气，因此，虽极尊重原文，终不能无改动；但其改动亦有一定的体例，读书多者，自能知之。

昔人作史的体例如此，所以旧时史籍，多不能作编纂的人的话看，而只能做其所根据的原文的作者的话看，而史籍的性质，是随时代而不同的，于此，就重烦读者的注意了。

怎样说史籍的性质，随时代而不同呢？原来孤见最难传播。所以一个时代，史事传之后来的，必系其时多数人所能接受的一种说法，而其说多非真相。然则事实的真相，有没有知道的人呢？那自然是有的。然在口说流行的时代，对人无从谈起，即或谈起，亦无人为之传述；在使用文字的时代，未必皆笔之于书，即或笔之于书，其书亦少人阅读。经过一个时期，此等较近真相的说法，就随其人之衰谢而烟消云散；而其流传下来的，只是西洋史学家所谓“众所同意的故事”了。所以历史的内容，实和其时的社会程度，很有关系，此点最宜注意（或谓其时社会的程度既然甚低，何以其时的人机械变诈，曾与后世无异？殊不知为机械变诈之事者乃个人，传历史则群众之力：个人之突出者，各时代皆有之；社会之进化，则自有其一定之程序也）。

从大体上分划，过去的历史，可以分做三个时代，即：

（一）神话时代。这时候，人们还未知道人与物的区别，其文明程度，自然是很低的。然而其时代却是很早的。遂古的史料，大都隐藏于其中。这种材料，在中国人所认为正式的史籍中，似乎不多。因为众所共认为最早的正式的史籍为《史记》，当其编撰之时，社会的文明程度已颇高，故于此等说法，多不之取。《五帝本纪》说："百家之言黄帝者，其文不雅驯"，而所取者专在《大戴礼记》《尚书》一类书，即其明证。然最早的史事，实无不隐藏于神话中；不过经过程度较高的人的传述，逐渐把它人事化，读者不觉其诡异，就共认为雅驯罢了。如能就此等人事化的材料，加以分析，使之还原，还是可以发现其神话的素质的。如《诗经·商颂》说"禹敷下土方"，《书经·禹贡》亦说"禹敷土"，读来绝不见有何神怪之迹：然若将《山海经·海内经》"鲧窃帝之息壤，以湮洪水"，作为敷土的注脚，即可见其中原含有神秘的成分，不过传《诗》《书》的人，不复注重于此，仅作为一句成语传述，而不复深求其中的意义罢了。此等分析的工作，近来所谓疑古派，曾做了一些，虽其说不尽可信，亦于史学有相当的益处。但神话真的有价值；伪造的则转足淆乱史实，用之不可不极谨慎而已（将中国神话保存得最多的为《山海经》。此书非《汉志》所著录的《山海经》，《汉志》所著录的《山海经》，乃讲建没之书，即古所谓"度地居民"之法，读《汉志》原文可见；今书盖汉以前方士之记录，荟萃成编者，二书偶然同名耳。次则《楚辞》，其中《离骚》《天问》等篇，亦多含古代神话。纬书似系神话渊薮，然出汉人造作，多失原形，用之须极谨慎。道家书中，亦保存一部分神话，则又承纬书之流，其可信的程度更低了）。

（二）传奇时代。这时代流传下来的史迹，都系人事而非神事，似乎其可信的程度增高了。然其所传的，离奇怪诞实甚，而真相反极少，所以运用起来，要打的折扣还很大。譬如西周，确实的情状，我们虽不之知；然其文明程度，决不至十分低下，则无疑义。而自幽王灭亡以后，百余年间，其地为戎、狄所据（幽王被杀，事在公元前七七一年。其后秦文公收岐以西之地，岐以东仍献之周，事在公元前七五〇年，然周实不能有；至秦穆公乃东境至河，则已在公元前七世纪中叶了),把其文明摧毁殆尽。直至战国时,东方诸侯还说秦人杂戎、狄之俗,摈之使不得与于会盟之列。而秦地所以土旷人稀,使秦人能招三晋之人任耕,而自以其民任战者,亦由于此。然则西周的灭亡,是何等大事;然其真相,我们乃绝无所知,所知者则一褒姒的物语而已。此与蒙古自遁入漠北后,至于达延汗之再兴,只传得一个洪郭斡拜济的物语何异?见《蒙古源流考》。蒙古自遁入漠北以后,至达延汗再兴以前,其自己所传的历史,实远不如《明史》所著者之翔实也。回纥自漠北走西域,《新唐书》所载,事迹颇为明白;而回纥人自己,却仅传唐人凿破其福山,以致风水被破坏,自此灾异迭起之说,亦同此例。(见《元史·亦都护传》)以此推之,《左氏》所载夏姬的事迹,亦宁非此类?不过其粉饰的程度较高而已。此等性质的传说,至汉初实尚不乏,断不容轻信为事实。(试举俗所谓鸿门宴之事为例。按当时反动之思想正盛,其视列国并立,转为常局,一统转为变局,所欲取法者,则东周之世,天子仅拥虚名,实权皆在霸主之局。不过战国时七国之君,皆已易公侯之称而为王,所以当时之人,所拟临制诸王之名为帝。齐湣王与秦昭王并称东西帝;秦围赵之邯郸,魏又使辛垣衍间入围城,劝赵尊秦为帝是也。戏下之会,以空名奉义帝;而项羽以霸王之称为诸王之长,即系实现战国以来此种理想。在当时,安有一个人想据有天下,再做秦皇帝之理?其后汉虽灭楚称皇帝,然其下仍有诸王,则与秦始皇的尽废封建,仍异其局。在当时,人人之思想,皆系如此;蒯彻劝韩信中立于楚、汉之间,韩信不听,《史记》说由韩信自信功高,汉终不夺我齐。韩信再老实些,也不会相信汉高祖是个知恩报恩、不肯背信弃义的人;不过自当时想来,皇帝任意诛灭诸王,实不能有此事耳,此乃自古相传之国际法也。汉高祖尽灭异姓诸王,乃系半靠阴谋,半靠实力,并非法律上的权利。而灭异姓诸王后,亦不能不改封同姓,仍不能一人据之,恢复泰始皇之旧局面也。汉帝对诸王权力之增大,乃由灭异姓、封同姓,中央与列国间,有宗法上统属的关系,亦非自古相传天子之国对诸侯之国的权利。然则,当秦朝甫灭之时,安有一人敢萌据有天下、继承秦皇帝之地位之想?范增说:与项王争天下者必沛公,岂是事实?且军门警卫,何等森严,安有樊哙能撞倒卫士,直达筵前,指责项王之理?古人筵宴,中间诚有离席休息之时,且或历时颇久,然亦必有一个限度;乃汉高祖可招张良、樊哙等同出,与哙等脱身回向本军,张良度其已至,然后入谢,筵宴间的特客,离席至于如此之久而无人查问;带有敌意的宾客,与数人间行出军,亦无人盘诘,项羽的军纪,有如此之废弛者?张良献玉斗于范增,范增受而碎之,骂项王"竖子不足与谋",且当场言"夺项王天下者,必沛公也,吾属今为之虏矣"。增年已七十,素好奇计,有如此之鲁莽者乎?种种事迹,无一在情理之中。然则汉高祖与项羽此一会见,真相殆全然不传;今所传者,亦一则想象编造的故事也。此等传说,在秦、汉间实未易枚举。且如指鹿为马之说,又岂可以欺孩稚邪?)

(三)为传说时代。此期的史实,其最初的来源,仍为人口中的传说,但其所说很接近事实,绝非如传奇时代的离奇怪诞了;然仔细思之,其中所含的文学成分仍不少。譬如《史记》的《魏其武安侯列传》,详述魏其的外高亢而内实势利,喜趋附;武安的器小易盈,骄纵龌龊;以及灌夫的粗鲁任气,以一朝之愤而忘其身,可谓穷形尽相。这断不能凭空杜撰,自然其中多含史实。然观其篇末说武安侯死时,竟有冤鬼来索命,即可知篇中所言,亦仍不可尽信了。此类材料,在唐、宋史中,实尚不免,试观《旧唐书》《旧五代史》及《宋史》,多载时人评论之辞可知。至《元史》以后,则渐少了。

口传较之书面,易于变动,所以史事出于传述的,无意之中,自能将无味的材料删减,有趣的材料增加。这正如《三国演义》,其原始,实系说书先生的底本,不过抄撮历史事实,以备参考,其内容,实和正式的史籍,无甚同异;然到后来,逐渐将说时所附会增益的话,亦行写入,与旧来抄撮的材料,混杂一处,久之遂稍离其真,又久之则面目全非了。试观其愈说得多的部分，离真愈远；而说得少或不甚说及的部分，则仍和正式史籍无甚异同可知。史籍来源出于传说的，其性质实亦如此，不过程度不同罢了。天下有文学好尚的人多，有史学好尚的人少。史学要推求事实的真相；文学则必求复杂的事情简单化，晦暗的事情明朗化。从前军阀纷争的时候，彼此之间，日日钩心斗角，使政治日益紊乱，社会大受影响，这自然是人民所深切关心的。然而多数人，都喜读其时所谓小报，其中内幕新闻之类最受欢迎；而于大报，则能认真阅读者较少。此无他，大报多记事实的外形，其所以然之故，须据事实推求；小报则说得头头是道，如指诸掌，不徒使人相说以解，并可做茶余酒后的谈助而已，然其所言乃无一得实。此其故何哉？人之做事，无不受环境的制约。利用环境，虽可驯服环境，然必能利用，乃能驯服之，即其受环境的制约。所以对于某一个人的行为，苟能熟知其环境者，自易明了其所以然，正不必从幕后窥测，然要熟悉各方面的情势甚难。若将某一个人的行为，归之于其人的性格，或则云由于某一策士的阴谋，或又云由于某一事件的挑动，则其说甚易了解。如此，复杂的事情就简单化，晦暗的事情就明朗化，合乎多数人的脾胃了。这种情况，距今不过数年，总还是我们所亲历，至少是得诸"所闻"的。其来源靠得住么？然而历史事实的来源，如此者亦不乏。

任何人都有一种感觉，读古代的历史，了解及记忆均较易；时代愈后则愈难，因此薄今而爱古。其实适得其反。这正和人们喜欢读小报而不喜欢读大报相同。历史的材料有两种：一种自始即为记录，偏于叙述事情的外形，官文书为最，私家所作碑、铭、传、状等次之：一种则原始出于口传，经过若干岁月，始著竹帛，野史、小说等之来源，大率如此。官文书所说的，固然是官话；碑、铭、传、状等，亦多谀辞。然其夸张、掩饰，自有一定的限度，能伪事之内容，不能伪事之外形，（如为贪官污吏作传者，可云其未曾贪污，不能云其未曾作官吏;可讳饰其激成民变之事,不能云民未曾变也)而且极容易看得出来。将这一部分剥去,所剩下来的,就是事实了。用此等材料所作的历史,将仅剩一连串事实的外形;于内容则全未涉及,而要由读者去推测,最使人感觉苦闷。且读者之推测,乃系后世人的猜想,似不能如并时之人观察所得者的精确。然其结果多正相反。这实由后人的推测,在其事实完全暴露之后,易于原始要终,加以推论;并时的观察家,则无此便利(史事有一般情形,有特殊事件。一般情形,后人所知者,总不能如当时人之多且确。如今之北京、上海,是何情形?将来史家虽竭力考索,总不能如今日身居北京、上海之人是也。特殊事件,则正相反。身处其时者,往往于其真相全属茫然,有所推测,亦多误谬;而将来之人,则洞若观火。实因事实的全部,悉行暴露;则其中一枝一节之真相,自然明了,不待推求,且甚确实也),枝节悉行明了,全体亦无遁形矣。而其物亦本系今内幕新闻之流也。非必著述者有意欺人,其所闻者固如是也。读史者于此义,亦必不可以不知(《啸亭续录》"国史馆"条云:"国初沿明制,惟修列圣实录,附载诸臣勋绩、履历、官阶。康熙中,仁庙钦定《功臣传》一百六十余人,名曰《三朝功臣传》,藏于内府。雍正中,修《八旗通志》,诸王公大臣传始备,然惟载丰、沛世家;其他中州士族,勋业懋著者,仍缺如也。所取皆凭家乘;秉笔词臣,又复视其好恶,任意褒贬,皆剽窃碑版中语。纯庙知其弊,乾隆庚辰,特命开国史馆于东华门内,简儒臣之通掌故者司之,将旧传尽行删薙,惟遵照实录、档册所载,详录其人生平功罪,案而不断,以待千古公论,真修史之良法也。后又重修《王公功绩表传》《恩封王公表传》《蒙古、回部王公表传》等书,一遵是例焉。"案列传以碑版、家乘为据,旧有是法,初非修史者敢任其好恶;然清高宗犹以是为未足,而只许依据实录、档册,盖不许天下之人有是非,而欲其一遵当朝之是非,其无道可谓甚矣。然详录其事,案而不断,以待后人论定,则比次之法,固应如是,不能以其出于清高宗之私意而非之。近代修史、立言务求有据，记事侧重外形，固为众所共趋之鹄，亦非清高宗一人之私意所能为也）。

说到此，则并可略论今后作史的方法。现在史学界所最需要的，实为用一种新眼光所作的史钞。史钞之钞，非今所谓照本抄誊之钞。今所谓照本抄卷之钞，昔人称为写、录等，不称为钞。昔人所谓钞，乃撮其精要，而刊落其余之谓。史钞之作，晋、南北朝时最多，读《隋书·经籍志》可见；唐以后就渐少了，这亦可说为史学衰替之一端。史学上的需要，随时代而不同；而每逢学术上的趋向翻然大变之时，则其变动尤剧。今日读昔人所作的历史，总觉得不能满意者以此。编撰新历史，以供今人的阅读，人人能言之。然其所作之书，多偏于议论，并未将事实叙明。此在熟于史事的人，观其议论则可；若未熟史事的人，欲因此通知史事，则势有所不能。此实可称为史论，而不可称为史抄；而其所发的议论，空洞无实，或于史事全未了解，但将理论硬套者，更无论矣。

史抄合作，必将前人所作的历史，（一）仍为今人所需要者因仍之；（二）其不需要者略去；（三）为今人所需要，而前人未经注意者，则强调之使其突出，乃足以当之而无愧。至其文字的体裁，则最好能因仍原文，不加点窜；而自己的意见则别著之，使读者仍能与我们所根据的原材料相接触。如此，分量易多，怕只宜于专门研究的人，而不适于普通的读者。供普通读者阅览之作，怕不能不入自己的口气重作。但根据某书某篇，最好一一注明，使人易于查核；而其改易原文，亦最好有一定的体例，使读者即不查核，亦易分别。此亦为编撰最要之义，不可不注意及之。

至于搜集材料，则目前最紧要之事，实为作史料汇编。除史部固有之书外，更宜将经、子、集三部中有关史事的材料，大举搜集，分为两部分：（一）属于记事的，即前所云足以证明、补充、订正史事的，与史部的记载，相辅而行；（二）为昔人有关史事的见解，此不必论史之作，凡涉及社会、政治，而其中包蕴史事者，皆当采取。

因为此等作品，一方面表现昔人对于社会、政治的见解；一方面亦即表现其对于史学的见解。史学的有用，正在于此。使治史学者能多与此等材料接触，自然胸次恢廓，眼光远大，虽性近章句之士，亦不至流于拘泥、琐碎了。这于史学的进步，实在是大有关系的（更推广言之，则编纂大类书，实为今后的急务。学术本须分类，况自专门变为通学，一人的著作中，可以无所不有，则每治一门学问者，势非读遍天下之书不可，夫岂事所可能？故必合群力，举一切书籍，按学术分门，编成大类书，以供治学者之取材而后可。此其分门固极难确当；所辑得者，亦仅限于普通人所能见得，非有特别之眼光不能搜得者，所遗必多；然苟能尽普通人之力，忠实为之，已足为治学者省无限精力矣。编辑大类书，需要很大的物力，势非政府不能为。历代之政府，亦多行之者。最早者如魏世之《皇览》；最近者如明代之《永乐大典》、清代之《图书集成》是也。然政府所办之事，恒不免官僚主义，故如《大典》、《集成》，均不见佳。今日的情势，已与往时不同，甚望文化高潮来临之日，政府能以此为当务之急也。史学所涉甚广，好的史料汇编，有时亦可供治他学者之用）。

附录一　古书名著选读拟目

向来古书名著选读等，系专读一两部书。现拟试改一法：于多种书籍中，选读若干篇，俾学生知识较广；如欲深研，亦可多识门径。选读之书，随所想到，举例如下：

《礼记·王制注疏》（《注》与《疏》须全读）

孙星衍《尚书今古文注疏》（择读一篇，以见清儒疏释之法）

陈立《白虎通义疏证》（择读一篇，以见古典制）

陈寿祺《五经异义疏证》（择读一篇，以知今古文异义所在）

《管子》（择有关典制者，与《轻重》各读一两篇）、《老》《庄》《荀》《墨》（《间诂》）、《韩》《商》《孙》。

《吕氏春秋》(择读一两篇,以见古人政论)、《淮南》。

《史记》(选读与经学有关者。《本纪》与《汉书》对读。《世家》,此合《春秋》与《系世》而成。《高祖列传》随体例选读若干篇)

《汉书》(除与《史记》对读者外,再读《志》一两篇)

《后汉书》(与《三国志》择同一人之传,读一两篇,以见史例简严、恢廓之异)

《晋书》(择读一两篇,以见史家多采杂说之例)

《宋》《齐》《梁》《陈》《魏》《齐》《周书》(与《南/北史》对读一两篇,一以见《南/北史》删削之例及其弊,二以见《南/北史》以私史增补官书处)

新、旧《唐书》的《昭宗纪》(对读,以见宋后立例修史者与前此但整齐官书者之异例。《四裔传》中选一两篇对读,以见新书之增事及其妄改文字)

《宋/明史》(择读一两篇,以见晚近凭官书传状修史之例)

《通鉴》(择读一两卷,必须连胡《注》《考异》读)

《纲目》(随《通鉴》读,以见二书体例之异)

《通考》(择读一两门)

《通志》(就《二十略》中择读一二)

《经世文编》(择读一两卷,此章实斋重文征之意,俾知奏议文集之重要)

《宋儒学案》《明儒学案》(择读一二)

《四库书目提要》(读数卷,以启目录学之门径)

《日知录》《廿二史札记》(读数卷,以见读书之贯穿事实及钩考有关致用之问题。《十七史商榷》中亦可选数条)

《十七史商榷》《廿二史考异》(钩考一事者,随选读之史翻阅)

《癸巳类稿》(此书为经生中最有思想者,又多治杂书,可选读一二)

以上系随意举例。教授时除指示阅读方法外,即与学生于阅后讨论,或竟破除寻常上课形式亦可。学生人数不能多。

此项科目于历史系自最有益。他科大体以社会科学为限。欲取材于中国旧籍者亦次之。国文系学生修习者,可以植根底于经、子、史之中,不致但就文论文。又有志学文者,亦可专辟一部分时间,就文学方面讲授或讨论。

附录二

关于正史(上)

[名称之由来]《史通》有《六家》《二体》篇,《隋志》只认其一,今沿用之,此体称纪、传、表、志体,简称纪传体。

正史之名,系在所载的史事较重要、较完全、较正确之观念下成立。

何种史事为较重要的?就旧日之观念言之,可以马端临《文献通考·自序》之言为其代表,即(一)理乱兴衰;(二)典章经制。

正史皆借政府之力而成。即纂述出于私人,材料亦必得自政府。自南北朝以前,皆由(一)私人,(二)政府委任私人撰述,故其性质为独修;唐以后皆由政府设局,合多人之力编纂,故其性质为众修。二者各有所长,但至后世,因材料日多,独修已成为不可能。

正史最重要之性质为保存材料。编纂者之才、学、识,固有高下之不同,然大体皆知注意于此。

因此,正史本不能看作一人之著述,即独撰者亦然。

古人之著作,原可两说并存,史家尤然,如《旧唐书·高宗王皇后传》为其最显著之例,故后人讥古人矛盾,古人不应负责处甚多。

凡正史皆非极精审之作,甚至系不精审之作,仅就某一时期所能得之材料,加以编纂而已。此中又分两问题:(一)材料不全,此撰述者不能负责;(二)编纂草率,此则撰述者应负其责,而其中最重要之关键为未作长编。

正史并非最原始的史料；但作正史时所据材料，十九不存，故正史在大体上即为原始的史料。

在正史材料的预备中，国家所设立的史官，作用极大，欲知其略，可看《史通·古今正史篇》及拙撰《史通评》中此篇之评。

中国史学家之见解，大体可分三期，皆因事势而变：（一）初期：注重搜辑史料，加以编纂。此期所欲讨论者，为去取编纂之法，刘子玄之《史通》，为其代表。（二）感觉前人所搜史料范围太狭，力求推广。看郑樵《通志·总序》，可知此等见解。（三）第二期之见解仍在，但书籍日多，感觉其不胜读，乃分（甲）比次史材与（乙）著述为两事。前者所以供作史者之取材；后者则以供阅读。前者愈多愈好，故并要有增加材料的办法（亦可谓之保存）而撰述既成，所据材料仍须保存勿失，以便他人可以校勘或重作。章实斋之《文史通义》，涉史学者，几于全部发挥此思想。

正史所根据之材料，自《汉书》以下，大致相同，即皆以史官所记为本，此显而易见，不待论。惟《史记》所据，较为难明，以鄙意观之，重要者有四：（一）左史，《春秋》类，记事；（二）右史，《尚书》类，记言，其流为“语”，如《国语》《论语》，此类书由记言扩及记行，为列传所本；（三）《系世》，合此及左史，大致为本纪、世家所本；（四）典志，八书所本，表原于古代的谱，乃一种著述的体例，内容无定。

凡正史，愈后愈近于客观，因所据者：（一）愈多书面而非口说，难于走样；（二）愈多官书，注重事之外形，而不以意测度其内容；即私家著述，亦因史学程度之增高，大体上后代较前代为翔实，但欧、宋改作文字有失真处为例外。

以为正史文字古奥难解，此乃误解。反之，正史均甚接近其时之口语。晋、南北朝、隋、唐之史，虽所载文字颇多靡丽，叙事处亦不然。欧、宋为例外，然宋之文为涩体，欧亦不然。读正史所应谨慎者，特在其中多时代语、方俗语、官书语，或难解，或易误解也。

正史非初治史学者急读之书，因其以人为系统，将事实拆散。初学最要者，读《通鉴》及在《文献通考》中择读切于政治经济者十余门，此最为基本，《通鉴》须连《考异》与胡注读。昔人论史之书如《日知录》《廿二史考异》《廿二史札记》《十七史商榷》等，可泛滥，略见昔人治史之法。

关于正史(下)

表——表之为用甚广，后世国史亦均用之，约举如下：

表
- 表世系者——如《史记 · 三代世表》。
- 表国者——如《史记 · 六国表》《唐书 · 方镇表》《辽史 · 属国表》。
- 表事者——如《辽史 · 游幸表》《金史 · 交聘表》。
- 表地者——如《五代史 · 职方表》。
- 表人者——如《辽史》《王子表》《公主表》《元史 · 后妃表》。
- 表官者——如《汉书 · 百官公卿表》。

书所以记载典章制度，《史记》中凡八篇，《汉书》以下概称志，志之重要者：

志
- 河渠(沟恤)
- 地理(郡国、州郡、地形、郡县)
- 平准(食货)
- 刑法(刑、刑)
- 艺文(经籍)
- 百官(职官)(《魏书》官氏)
- 选举
- 兵(《辽史》营卫、兵卫)

以上各志河渠地理，洽历史地理者必读，其余则普通治史者，皆不可不读也。

世家以记有土之君，但其德行功业甚高，本身虽非诸侯，而子孙受爵荣誉，可比一国之君者，亦列世家，《史记·孔子世家》是也。除《史记》外，后世用之者甚少，《晋书》之载记，亦可称世家之变例。

列传载帝王君主以外之人，可分两种：

（一）依时代之先后，顺次编排，不另立名目者，是为类传。此例亦起于《史记》，如《刺客列传》《货殖列传》是也。后世沿用其例者甚多，普通如《儒林传》《文苑传》等是，特殊者如《五代史》之《伶官传》《元史》之《释老传》等是。类传与普通之传不同者，以其不与时代先后编排也。但普通之传，虽不立名目，亦有具类似之性质者，如开国时群雄之传，必排在最前，叛臣逆臣必排在最后是也。此外以同类相从者尚多，但仍以时间先后为标准耳。

传中最特别者，为外国传。普通之传，皆以传人，外国传，则以传国。《晋书》另载记，亦可称外传之变例也。正史者列于学官之史也，立于学官，本汉人语。汉时“官”与“宫”通立于学宫之意，即当时学校中所刊之课本也。后世学校仅存其名，然在法律上，课程有常所习之书，亦有规定应科举者亦然。经之立于学官者，谓之正经，史之立于学官者，谓之正史，正史之名，由是而起也。

立于学官之史，原不必拘定体裁，但在事实上所立，皆为《史》《汉》等一种体裁之史。正史固立于学官之名，非体裁之名也。以体裁名之者，或谓之表志纪传体；世家少，故略去。但正史二字沿用已久，表志纪传之名，又轻累重，故用者甚少。立于学官之史，何故专取此一种体裁乎？厥故有二：

一向来史家纪事，注重理乱兴衰、典章经制两种现象。（马端临《文献通考·自序》说，此非马氏之私言，足以代表一般人之意见）我国历史记载者，除正史外，尚有编年、纪事本末、政书三者，但各有所偏，即编年史以时为系统，纪事本末以事为系统，专记理乱兴衰，政书专记典章经制是也。惟表志纪传之史，两者兼赅。立于学官之书,必求完备,不容偏于一方面,此专取此种体裁之故一也。

二读史当然以最初之本为佳,与其读第二、第三次所编订者,毋宁读第一次原本。盖第二、第三次所编之史,必以第一次之原本为根据,故原本实为原料,原则上原料恒不误也。吾国习惯后一朝必修前一朝史,所修皆为表志纪传体,故原料之史,恒属此体,此亦其得立于学官之一因也。

读旧史入手的方法

我这一次的讲演,初意拟以实用为主,卑之无甚高论的;然一讲起来,仍有许多涉及专门的话。这实缘不读旧史则已,既欲读旧史,则其性质如此。天下事不讲明其性质,是无从想出应付的方法来的,所以不得不如此。"行远自迩,登高自卑",讲到入手的方法,我们就不能不从最浅近、最简易的地方着眼了[大抵指示初学门径之书,愈浅近、愈简易愈好,惟不可流于陋耳。陋非少之谓,则不陋非多之谓。世惟不学之人,喜撑门面,乃胪列书名,以多为贵,然终不能掩其陋也。当一九二三、一九二四年时,胡适之在北京,曾拟一《最低限度的国学书目》,胪列书名多种,然多非初学所可阅读;甚至有虽学者亦未必阅读,仅备检查者。一望而知为自己未曾读过书,硬撑门面之作。梁任公评之云:"《四史》、《三通》等,中国的大学问都在此中,这书目一部没有;却有《九命奇冤》。老实说,《九命奇冤》,我就是没有读过的。我固然深知我学问的浅陋,然说我连最低限度都没有,我却不服。"(因原载此评的杂志已毁,无原文可以查检,语句不尽相符,然大致必不误)真可发一噱。任公亦自拟一通,就好得多]。

旧时史部之书,已觉其浩如烟海;而如前文所述,欲治史者,所读的书,还不能限于史部;而且并没有一个界限,竟把经、子、集三部的书都拉来了。这更使人何从下手呢？且慢，听我道来。

欲治史者，所读的书，因不能限于史部，然仍宜从史部为始；而且在史部之中，要拣出极少数、极紧要的书来。

此事从何着手？

旧史偏重政治，人人所知；偏重政治为治史之大弊，亦人人所知。然(一)政治不可偏重，非谓政治可以不重；(二)而政治以外的事项，亦可从政治记载之中见得(如旧史的《食货志》，虽偏重财政，然于社会经济情形，亦多涉及。又如《百官志》，似乎专谈政治，然某一朝的政府，对于某种经济、文化事业，曾设官加以管理，某一朝却放弃了，亦可于其中见得。举此两端为例，其余可以类推)，此二义亦不可不知。所以旧时史家视为最重要的部分，仍为今日读史极重要的部分，而宜先读。

旧时史家视为最重要的部分，是哪一部分呢？这个问题，我们可以读马贵与先生的《文献通考·总序》而得到解答。他把史事分为两大类：一曰理乱兴衰，一曰典章经制。前者是政治上随时发生的事情，今日无从预知明日的；后者则预定一种办法，以控制未来，非有意加以改变，不会改变。此就形式言，其实际有效与否，另是一回事。故前者可称为动的史实，后者可称为静的史实。历史上一切现象，都可包括在这两个条件之中了。

正史之所以被认为正史，即因其有纪、传以载前一类的史实；有志以载后一类的史实。然纪、传以人为主，把事实尺寸割裂了，不便观览；(这一点，是不能为太史公咎的。因为后世的历史，纪、传所纪之事，多系同一来源，而将其分隶各篇，所以有割裂之弊。若《史记》则各篇之来源各别，如前说，古人本不使其互相羼杂，亦不以之互相订补也)所以又有编年体，与之并行。编年体最便于通览一时代的大势(任何一件事情，都和其四周的情势有关系，不考其四周的情势，则其事为无意义。然欲将四周情势叙述完备甚难；

过求完备，又恐失之过繁。而时间为天然的条理，将各事按其发生之先后排列，则每一事之四周情势，及其前因、后果，均可一目了然，此编年史之所以似繁杂而实简易也。现在学生读史的，往往昧于一时代的大势，甚至有朝代先后亦弄不清楚的。这固由于其人的荒唐，然亦由所读的历史，全系纪事本末体，各事皆分开叙述之故。倘使读过一种编年史，就不至于此了。此供学习用的历史，所以贵诸体并行也。编年史在统一的时代要，在列国并立或统一后又暂行分裂的时代为尤要；欧洲历史分裂时长，又较中国为要。现在世界大通，中外史事互有关系，则追溯从前，亦宜知其相互间之关系；即无直接关系，亦宜将其彼此间的情势，互相对照。然则合古今、中外，而用编年体作一简要的新史抄，实于史学大有裨益也。编年史有两种体裁；一如《通鉴》，逐事平叙，与单看《左传》同。一如《纲目》，用简单之语提纲，其笔法如《春秋》经，事情简单的，其下即无复文字；繁复的，则于下文详叙，低一格或双行书之，谓之目。纲、目合观，恰如将《春秋》与《左传》合编一简。编年史年代长者，一事在于何时，不易检索。因此，温公作《通鉴》，曾自撰《目录》。然《目录》实不完全，且别为一编，检索仍觉不便。若《纲目》，则阅览时可兼看其目；检索时可但看其纲，而所检索者即系本书，尤较另编目录为便利。朱子创此体以救《通鉴》之失，实为后胜于前，不能以其编纂不如《通鉴》之完善而并訾之也。读《通鉴》时，宜随意取一两年之《纲目》，与之并读，以见其体裁之异同。且最适于作长编。作史必先搜集材料，材料既多，势必互有异同，互相重复，故必依一定之条理，将其编排，则同一之材料，自然汇合到一处；重复者可去，异同者亦不待考校而是非自见；其或仍不能判，即可两说并存矣。条理如何，初无一定，要必依其事之性质，实即其事所自具也。时间为最普遍的条理。无他种条理可用时，时间的条理必仍存。即按他种条理分类，每一类之中，时间之先后，仍不可不顾也)，在历史年代不长时，得此已觉甚便；一长就不然了，一事的始末，往往绵亘数十百年，其伏流且可在数百千年以上，阅至后文，前文已经模糊了，要查检则极难。所以又必有纪事本末体，以救其弊。(必时间长乃觉有此需要，此纪事本末一体，所以必至袁枢因《通鉴》而始出现也。有此三者，谓纪传、编年、纪事本末三体也。纪传体以人为主，固不免将事实割裂；然人亦自为史事一重要之因素，非谓其能创造时势，乃谓其能因应时势，代表时势之需要耳。故钧求理乱兴衰一类的事实者，非有编年、纪事本末两体以补经传体之缺不可，而纪传体又卒不能废也)理乱兴衰一类的事实，可谓很有条理系统，编纂者都能使之就范了。然典章经制，亦宜通览历代；而正史断代为书，亦将其尺寸割裂。于是又有政书以弥其憾。有此四者，而旧日史家所重视的政治事项，都能俯就编纂者的范围了。

读书宜先博览而后专精。世界上一切现象，无不互相关联。万能博士，在今日固然无人能做，然治学者，(一)于普通知识，必宜完具:(二)与本人专治的学问关系密切的科目，又宜知之较深；(三)至于本科之中各方面的情形，自更不必说了。所以要治史学者，当其入手之初，必将昔人认为最重要之书，先作一鸟瞰。(一切事无不互相关联，所以专治一事者，于他事亦不可茫无所知。近来有伪造唐初钞票以欺人者，人亦竟有受其欺者，即由近人之治学门径太窄之故。若于唐代社会经济、货币、官制、印刷术等方面的知识稍形广阔，即知无论从哪一方面立论，唐初决不能有钞票也)然以中国史籍之多，即将最重要的部分作一鸟瞰，已经不容易了。于此，我们就要一个"门径之门径，阶梯之阶梯"。张之洞《輶轩语》中语。《輶轩语》者，张之洞任四川学政时，教士子以治学门径之作也。

于此，我以为学者应最先阅览的，有两部书:(一)《通鉴》。此书凡二百九十四卷，日读一卷，不及一年可毕。读时必须连《注》及《考异》读。《注》中关系官制、地理之处，更应留心细读。这两门，是胡身之用功最深处，可见得古人治学之细密。凡治史，固不必都讲考据，然考据之门径，是不能不知道的；于注释亦应留意；否则所据的全系靠不住的材料，甚至连字句都解释错了，往往闹成笑柄。[如胡适之，昔年疑井田制度时，称之为豆腐干式，将昔人设法之谈（设法，谓假设平正之例），认为实事，已可笑矣，犹可说也。后乃误古书之方几里者为几方里。不但振振有辞，且于纸角附以算式。逮为胡汉民指出，乃曰：我连《孟子》都忘了。其实此乃根本没有懂，无所谓忘也。旋又据今日之经纬度而疑《汉书·西域传》所载各国道里为不实，作为古书数字不确之证。不知《汉书》所裁者，乃人行道里；经纬度两点间之直线距离，则昔人谓之天空鸟迹；截然两事，明见《尚书·禹贡》疏。不读《禹贡》疏，甚而至于不读《孟子》，本皆无足为奇；然欲以史学家自居而高谈疑古则缪矣。其说皆见昔年之《建设杂志》]（二）次为《文献通考》。（论创作的精神，自以《通典》为优；然《通考》所分门类，较《通典》更密，不可谓非后起者胜。且马君所附考证，议论亦不乏，非徒能排比也。章实斋讥为策括之流，盖于此书实未细读，后人附和之，非知言也。《通志》二十略中，《六书》《七音》《校雠》《图谱》《金石》《昆虫》《草木》等，为旧时史志及《通典》《通考》所无，然非初学所急。故但就《通考》中裁取若干门类）可择读以下诸门：《田赋考》七卷，《钱币考》二卷，《户口考》二卷，《职役考》二卷，《征榷考》六卷，《市籴考》六卷，《土贡考》一卷，《国用考》五卷，《选举考》十二卷，《学校考》七卷，《职官考》十一卷，《兵考》十三卷，《刑考》十二卷，《封建考》十八卷；共一百零四卷，日读一卷，三个半月可毕。（三）此外，章实斋在其所著《文史通义》中，竭力强调别编文征，以补后世有关系的文字太多，正史不能备载之缺。此即予所言治史宜兼考集部中不属于记载部分之理。凡纂辑历代文字者，如《全上古三代秦汉三国六朝文》等，固均有此作用。然其时代最近，读之易于了解，且易感觉兴味者，要莫如贺耦庚的《经世文编》（此书题贺耦庚之名，实则魏默深先生所辑。续编有数种，内容之丰富，皆不逮之），可随意泛览数卷，以见其体例。前人读史，能专就一事，贯串今古，并博引史部以外的书籍，以相证明（此可见其取材之广），而深求其利弊的，莫如顾亭林的《日知录》（亭林此书，就所搜集之材料观之，似尚不如今人所作专题论文之广，然昔人之为此，意不在于考据，故于材料，必有关论旨者然后取之，余则在所吐弃，非未曾见也。严格论之，必如此，乃可称为著述；徒能翻检抄录，终不离乎比次之业耳），可先读其第八至第十三卷。其包孕史事、意在彻底改革，最富于经世致用的精神的，莫如黄梨洲的《明夷待访录》，卷帙无多，可以全读。清代考据家之书，钱辛楣的《廿二史考异》，最善校正一事的错误；王西庄的《十七史商榷》，长于钩稽一事的始末；赵瓯北的《廿二史札记》，专搜集一类的事实，将其排比贯串，以见其非孤立的现象而发生意义；均宜随意泛览，以知其治学的方法。此等并不费时间。然则我所举第一步应读之书，苟能日读一卷，不使间断，为时不过一年余耳。必有人讥议我所举的不周不备。既读《通鉴》，如何不读《续通鉴》《明通鉴》或《明纪》呢？既读《通考》，如何不读《续通考》《清通考》《续清通考》呢？难道所知者只要限于五代、宋以前么？殊不知我所言者，乃为使初学者窥见旧时史籍体例起见，非谓以此使其通知史实。若要通知史实，则所求各有不同，人人宜自为之，他人岂能越俎代庖，一一列举？老实说，所谓门径，是只有第一步可说；第二步以下，就应该一面工作，一面讲方法的。方法决不能望空讲，更不能把全部的方法一概讲尽了，然后从事于工作。譬如近人教人读史时，每使之先读《史通》《文史通义》。此两书诚为名著，然其内容，均系评论前人作史的得失；于旧史全未寓目，读之知其作何语？讲亦何从讲起？所以我所举初学应读之书，就不之及了（史部书目分类，历代各有不同，然大致亦相类。今试举最后的清代《四库书目》为例，则我所指为史部重心的，实为正史、编年、纪事本末、政书四类。居今日而治史学，重要者固不尽于此；然此四者，仍不失其最重要的性质，说已具前。四类书中，我所举者，仅及编年、政书两类。因正史事实割裂，初学不易读；纪事本末，则读《通鉴》时可以翻阅其目录，知一时代之中共有几件大事，而欲查检前文时，亦可于此中求之，则不待读而已可通知其体例矣。此四类之外，曰别史，系体裁与正史相同，而未列为正史者；曰杂史，则体例与正史相异，而所纪事实，与之相类者；曰诏令奏议，则文征之一部分耳；曰传记，专考一人之行事，正史中之列传，尚且从缓，此自暂可搁置；曰载记，系记偏方诸国之事者，少数民族之历史，或包含于其中，于研究此问题者，甚为重要，初学亦难遽及；曰时令，此本不应入史部，讲经济史者，于治农家之书时，可供参考耳；曰职官，既从《通考》中知其大略，一时自不必求详；曰目录，治学术史时宜求之，此时亦可不及；曰史评，最要者为《史通》《文史通义》两书，此时之不能读，正文中已言之矣。惟地理一门，知其大概，亦颇切用。昔人于此，均先读《读史方舆纪要》。此书之观点，太偏于军事，然在今日，尚无他书可以代之。学者若能取其《总论历代州域形势》九卷，与一种州郡名较完全的读史地图对照；于各省，则取其论封域及山川险要者，及各府下之总论，粗读一过，费时亦不过月余耳。史部之书，初学第一步当读者，略尽于此。虽简易，似不失之陋。亦从工作中求门径，非空讲方法也。经、子之学，于治古史者关系最大，别见下节。子部中之医家、天文、算法、术数、艺术等，治专门史者乃能读之。较普通者，为关涉农、工二业之农家、谱录两类，亦非初学所及也）。

凡读书，决无能一字一句，无不懂得的。不但初学如此，即老师宿儒，亦系如此。吾乡有一句俗话说："若要盘驳，性命交托。"若读书必要一字一句都能解说，然后读下去，则终身将无读完一部书之日，更不必说第二部了。其实，有许多问题，在现时情形之下，是无法求解的；有些是非专门研究，不能得解；即能专门研究，得解与否，仍未可知的；有些虽可求解，然非读下去，或读到他书，不能得解，但就本文钻研，是无益的；并有些，在我是可不求甚解的。不分轻重缓急，停滞一处，阻塞不前，最为无谓。所以前人教初学读书，譬诸略地，务求其速，而戒攻坚。但定为应读的，略读则可，越过则不可；因为越过是不读，非略读耳。

治古史的特殊方法

上节所说，乃系指普通欲读中国旧史者而言；如性喜研究古史的，则更须有一种特殊的预备工作。

此所谓古史，古、近之分，大略以周、秦为界。史事必凭记载，有无正式的记载，实为历史上一道鸿沟。我国在秦及汉初所传的史实，固多根据传说，全不可信。然史实的来源，虽系传说，而作史者所根据的材料，则多系记载；且其记载多系为记载而记载，而非凭借别种著述流传下来。当此时期，我们就算它有正式的记载了。[史公所记汉兴时事，《汉书·司马迁传赞》谓其出于《楚汉春秋》，此非指陆贾所著；"春秋"二字，为古史籍之通称，盖凡记楚、汉间事者皆属焉。其书既可总括称为春秋，必系为记事而作；非发表主观见解，引史事为佐证，甚或出于虚构者矣。秦、汉间史迹，仍有带此等性质者。如《史记·李斯列传》载斯在狱中上二世书，论督责之术以求免，盖儒家诋毁法家者所为。《娄敬传》载敬说汉高祖移都关中，其辞全为儒家之义（见《吕览·恃君览》），盖亦儒家所附会也。然此等渐少，故论史籍原料者，有书籍为据，与有史籍为据，仍系两事也]这种转变,大体以周、秦为界。所以治周以前的历史,即所谓先秦史者,是有一种特殊的方法的,但知道普通读史方法还嫌不够。

读古史的方法如何?即治经、子的方法而已。因为古史的材料,都存于经、子之中。所以治古史的,对于治经、子的方法,是不必如治经、子之学者之深通,亦宜通知至足以治古史的程度。史事前后相因,后世之事,无不导源于古。所以治古史之法,但欲读普通史者,亦不可全不知道;不过较专治古史者,又可浅近一些而已。因其方法特殊,所以别为一节论之。读者可视其对于古史兴味的深浅,以定其对于本节所说用功的深浅。

把书籍分为经、史、子、集四部,乃系后世之事;在古代则无集而只有子,说已见前。现存最古的书目,实为汉时刘向、刘歆父子所定的《七略》。《汉书·艺文志》,即本此而成。此为汉时王室藏书的目录。其所藏庋颇富,故据之以论古代学术的流别,最为完全。(近人讲古代学术流别,多喜引《庄子·天下》《荀子·非十二子》《淮南子·要略》,及《史记·自序》载其父谈论六家要旨之辞,此等诚皆极宝贵之材料,然皆不如《汉志》之完全)因其时代较早,学术尚守专门;所以书籍的分类,和学术的分类,大致相合,深为后人所景仰。其实此乃时代为之,不关编次者之本领也。《七略》中的《辑略》,仅总论编辑之意,其中并无书目。《六艺略》即群经,因汉人特尊儒家,乃别之于诸子之外,其实儒家亦诸子之一,说已见前。《兵书》《数术》《方技》,各为专家;因校雠者异其人,所以书亦各为一略,以学术流别论,自当列为诸子之一。《诗赋略》专收文辞、记事之书,并不别为一类。今之《史记》,《汉志》称为《太史公书》,特附《春秋》之末而已。然则就心理根据言之,其时根于记忆的记载,尚未与根于理智的学术分张,而特与根于情感的文辞对立也。《诗赋略》中的书,后世亦多入子部。然则欲治古史者,其材料，信乎都在经、子之中了。

经、子，我们本平等相看，然自汉以后，儒家之学盛行，(一)其书之传者独多；(二)而其训释亦较完备。借径于治经以治子较易，而独立以治子，则殆不可能。所以要治古史的，于经学，必不可不先知门径。

治经的门径如何？第一先须细读经的本文。凡书经熟读，则易于了解，而治之不觉费力，且随处可以触发。从前读旧书的人，小时都熟诵经文，所以长大了要治经较易。现在的学子，这一层功夫都没有了，再要补做，既势不可能，而亦事可不必。因为一一熟诵，本来亦属浪费也。但古经、子究较后世之书为难解，读时用力稍多，则势不能免。所以对于古史有兴味的人，最好能于群经中先择一种浅近的注解(此只求其于本文不太捍格，可以读下去而已。既非据为典要，故任何注释皆可取，总以简明易看为主)，阅读一过。觉得其有用而难解之处，则多读若干遍，至读来有些习熟，不觉费力为止。群经本文无多，昔人言读注疏虽不甚费力，亦一年可毕(谭仲修语)，况于择取浅近的注？为时不逾一载，可以断言。第二须略知训诂。读古书须通古代的言语，人人所知。训诂本身，亦为一种学问，治古史者，自不必如治小学者之专精；只须通知门径，遇不应望文生义之处，能够知道，能够查检而已。其第一部应读之书，仍为《说文解字》。(无论钟鼎、甲骨文字，考释者均仍以篆书为本。不知篆书，不徒自己不能解释；即于他人之解释，亦将不能了解也)此书看似枯燥，但其中的死字可以看过便弃；"熟"字只有固定意义的，亦不必究心；(如"鲤"字是。"虎"字同为动物名；然有虎虎有生气等语，其含义便较广)只其有引申、假借的，须注意以求通知其条例。(字之妙用，全在引申、假借。若每字只有一义，则单字必不够用。若有一义即造一字，则单字将繁极不堪，不可复识矣。且文字所以代表语言，语言以音为主，音同义异，而各别造字，而义之同异，各人所见不同，益将纷然淆乱矣。一种言语内容的丰富，固恃复音之辞之增多，亦恃为复音之辞之基本之单字含义之丰富。单字含义之丰富，则一由引申，一资假借。引申者，同一语言，而含多义，自不必别造一字；假借者，本系两语，而其音相同，于其不虞混淆者，亦即合用而不别造，皆所以限制单字之数者也）如此，则全书字数虽有九千余，其所当注意者，实不过数百而已。全书十四篇，加《序》一篇，以段茂堂的《注》和王箓友的《句读》，同时并读，（《说文》一书，久不可读，清儒始创通条例，其首出者实为段茂堂，故段《注》虽专辄、错误处多，必不可以不读。王箓友于《说文》，亦功力甚深，《句读》系为初学而作，简浅而平正，且可附带知古书句读之法，故亦宜一读）假令半个月读一篇，为时亦不过七个半月而已。又凡字都无十分固定的意义，随着应用而都小有变化。此不能于训诂之书求之，非读书时涵泳上下文不能得。此法至清代高邮王氏父子而始精，且几乎可说，到他们而后创通。所以王伯申的《经传释词》，必须一读。不求记忆，而但求通知其条例，阅览甚易。全书十卷，日读一卷，可谓绝不费力。

经的本文既经熟习，训诂亦有相当门径；要研究古史的，自可进而阅读各种注、疏。疏谓注之注，非专指汇刻之《十三经注疏》言。但在阅读注、疏以前，尚宜有一简单的预备。因为解经大别有汉、宋二流，讲义理别是一事，治史则旨在求真，汉人之说，自较宋人为胜；（汉儒理解之力，远逊于宋儒。但宋儒喜据理推论，而不知社会之变迁，多以后世情形论古事，每陷于错误；汉儒去古近，所知古事较多，其言有时虽极可笑，究于古事为近真）而汉学中又有今、古文两派，对于经文的解释，甚至所传经文的本身，都时有异同，亦必须通知其门径也。学者于此，当先读陈恭甫的《五经异义疏证》。此书乃许慎列举今古文异义，加以评骘，而郑玄又对许氏加以驳正者，今古文异义重要的，略具于此。（今古文说，初非每事俱异。朱希祖曾在《北京大学月刊》撰文，欲依“立敌共许”之法，取经文为今古文家所共认者，立为标准，然后据以评定其异义。不知异义之存，皆用此法不能评定者也。不然，从来治经者，岂皆愚騃，有此明白简易之法而不之取邪？况就今学立场论，经文并不重于经说，因经学所重在义，义多存于口说中；且经文亦经师所传，经师所传之经文可信，其所传之经说亦可信，所传之经说不可信，则所传之经文亦不可信。朱氏偏重经文，即非立敌共许之法也）次则《白虎通义》，为今文经说的荟萃。此书有陈卓人《疏证》，浏览一过，则于经学中重要的问题，都能知道一个大概，然后进而求详，自然不觉费力，且可避免一曲之见。（廖季平的《今古文考》现在不易得。此书论今古文之异，原于一为齐学，一为鲁学，实为经学上一大发明。又前此分别今古文者，多指某书为今文，某书为古文；其细密者，亦不过指某篇为今文，某篇为古文。至廖氏，始知古书编次错乱，不但一书之中，今古杂糅；即一篇之中，亦往往如此。分别今古文者，宜就其内容互相钩考，方法可谓最密。廖氏中年以后，学说渐涉荒怪，然不能以此累其少作。此书如能得之，可以一览，卷帙甚少，不费时也）经、子所重，都在社会、政治方面，此于治经、子者固为重要；于治史者实更为重要也。《异义》三卷，《通义》十二卷，日读一卷，不过半个月；合诸前文所举，历时亦仅两年耳。

经学既有门径，同一方法，自可推以治子。治子第一步工夫，亦在细读子之本文。古子书重要的有，《老子》二卷，《庄子》十卷，（《列子》系晋张湛伪造，中亦间存古说，初学可暂缓。《荀子》二十卷，《墨子》十五卷，名家之学，道原于墨，见其书中之《经》上、下、《经说》上、下及（《大取》《小取》六篇。至惠施、公孙龙等而恢廓，见《庄子·天下》篇。名家之书，今有《公孙龙子》。其书《汉志》不著录，必非古本；但辞义古奥，不似伪造，盖古人辑佚之作，初学可从缓），《管子》二十四卷，《韩非子》二十卷，《商君书》五卷，《孙子》一卷(《吴子》一卷,《司马法》一卷,亦出辑佚,无甚精义,可从缓。《六韬》,论者以其题齐太公撰而指为伪。然古书用作标题之人,本不谓书系其人手著,特谓其学原出此人耳。此说并亦不足信,然与书之真伪无关,因此乃古人所谓“名其学”,当时学术界有此风气也。《六韬》决非伪书,然多兵家专门之言,初学亦可暂缓),《吕氏春秋》二十六卷,《淮南子》二十一卷(此书虽出汉世,多述古说,与先秦诸子无异),其《周书》十卷,此书世多称为《逸周书》。逸乃儒家所用之名词,诗、书等不为儒家之经所取者,则谓之逸。不站在儒家之立场上,实无所谓逸也。(此书与儒家所传之《尚书》,体裁确甚相似,然述武王灭殷之事,即大不相同,可见古所谓书,亦春秋、战国时人作,其原出于古记言之史,然决非当时史官原作也)《战国策》三十三卷,旧入史部,然《周书》实兵家言,《战国策》实纵横家言,《鬼谷子》伪书,且无价值。并诸子之一;《山海经》十八卷,旧亦入史部;《楚辞》十七卷,则入集部,二书中藏古神话最多,且最真,说已见前,并宜阅读。诸书合计二百二十二卷,日读一卷,费时亦不及两年也。注释可择浅近易晓者读之,亦与读经同。

读古史必求之经、子,可试举一事为例。秦始皇之灭六国,实变诸侯割据的封建国家为中央集权的封建国家,其事在公元前二二一年,距今(一九五四年)不过两千一百七十五年耳。自此以前,追溯可知的历史,其年代必尚不止此。中国以中央集权成立之早,闻于世界,然其与诸侯割据之比尚如此,足见其事非容易。此自为历史上一大转变,然其事迹,求诸古代的记载,可见者甚少;而求诸古人学说之中,则反有可见其概略者。经书中言封建之制:今文为公、侯皆方百里,伯七十里,子、男五十里,不能五十里者,不达于天子,附于诸侯,日附庸。(《礼记·王制》、《孟子·万章下》篇)古文则公方五百里,侯四百里,伯三百里,子二百里,男百里。

《周官·大司徒》。诸子之说,大致皆同。(诸子书《管子》多同古文,因其与《周官》同为齐学也。余皆同今文。观诸子书不与今同,即与古同,即可知其非无本之说也)古书所言制度,非古代的事实,而为学者所虚拟的方案,理极易明,无待辞费。然思想亦必有事实为背景;而向前看,非向后看之理,昔人不甚了解,故其思想,又必较时代为落后。然则今文家的学说,盖出春秋时,而其所欲仿行者,为西周初年的制度;古文家的学说,盖出战国时,而其所欲仿行者,为东周初年,亦即春秋时的制度。何以言之?按《谷梁》说:"古者天子封诸侯,其地足以容其民,其民足以满城而自守也。"(襄公二十九年)此为立国自有其一定的大小,不容强事扩张,亦不容强加限制的原因。《左氏》说夏少康"有田一成"(哀公元年),此语当有所本。《易·讼卦》:"其邑人三百户。"《疏》云:"此小国下大夫之制。"《周礼·小司徒》:"方十里为成,九百夫之地,沟渠、城郭、道路,三分去一,余六百夫,又以不易、一易、再易,定受田三百家。"《吕览》谓"海上有十里之诸侯"(《慎势篇》),《论语》谓管仲"夺伯氏骈邑三百"(《宪问篇》),正指此。然则夏代的名国,在东周时,仅为小国下大夫之封了,可以见其扩张之迹。方百里之地,划为一政治区域,在中国行之最久。此其形势,盖确定于春秋时。方七十里、五十里及不能五十里之国,在西周时,盖尚当获厕于会盟、征伐之列,然至东周之世,即浸失其独立的资格,而沦为人之私属;(如《左氏》襄公二十七年弭兵之会,齐人请邾,宋人请滕,以为私属,二国遂不与盟)而其时的大国,却扩充至五百里左右;(《礼记·明堂位》说:"成王封周公于曲阜,地方七百里";《史记·汉兴以来诸侯年表》说:周封伯禽、康叔于鲁、卫,地各四百里;太公于齐,兼五侯地。皆后来开拓的结果,说者误以为初封时事)据此形势而拟封建方案者,就起于百里而终于五百里了。然大于百里之国,初非将百里的区域撤销,而改组为二百里、三百里、四百里、五百里的区域；乃系以一较大的区域，而包含若干个方百里的区域于其中。观楚灭陈、蔡，以之为县；（《左氏》昭公十二年）晋亦分祁氏之田为七县，羊舌氏之田为三县；（《左氏》昭公二年）商君治秦，亦并小都、乡、邑聚以为县；（《史记·商君列传》）而秦、汉时之县，仍大率方百里可知（《汉书·百官公卿表》）此一基层的官治单位，迄今未有根本的改变，所以说行之最久。而五百里左右的政治区域，则为郡制成立的根源。此为郡县制度发生于割据时代的事实，亦即中央集权的封建制度，孕育于诸侯割据的封建制度之中。至于方千里之国（《左氏》襄公三十五年，子产说其时的大国，"地方数圻"，圻、畿一字，则又大于方千里。盖以其幅员言之如此；其菁华之地，则不过方千里而已，犹后世内地与边郡之别也），则今、古文家同谓之王，在周以前，从无封国能如此之大，亦从无以此等大国而受封于人的，所以拟封建方案者，并不之及了。（楚、汉之际及汉初封国，有大于此者，然只昙花一现而已）古人立说，主客观不分，将自己所拟的方案，和古代的事实，混为一谈，遂使人读之而滋疑；然苟能善为推求，事实自可因之而见。且如今文家说巡守之制：岁二月东巡守，至于岱宗；五月南巡守，至于南岳；八月西巡守，至于西岳；十有一月北巡守，至于北岳。这无论其都城在何处，巡完一方后回到都城再出，抑或自东径往南，自南径往西，自西径往北，以古代的交通论，都无此可能，其说似极不可信。然《孟子·梁惠王下》篇载晏子说巡守之制云："春省耕而补不足，秋省敛而助不给"，则后世知县之劝农耳，何来不及之有？古人所拟方案，皆本于此等小规模的制度而扩大之，而其方案遂实不可行；使其纯出虚构，倒不至于如此不合情理了。足见其中自有事实，可以推求也。举此一事为例，其余可以类推（今古文异说，今文所代表的，恒为早一期的思想，其中即隐藏着早一期的事实；古文则反是。如言兵制，古文的兵数，即多于今文）。

职是故，刘子玄所谓“轻事重言”之说，不得不常目在之，而利用经、子中材料的，不得不打一极大折扣。因为随意演说的，往往将其事扩大至无数倍也。（如禹之治水，如今《尚书·禹贡》等所说，在当时决无比可能。此在今日，已无待辞费。《书经·皋陶谟》（今本分为《益稷》），载禹自述之辞曰：“予决九川距四海，浚畎、浍距川。”九者，多数。川者，天然之河流。四海之海，乃“晦”字之义，四境之外，情形暗昧不明之地，则谓之海；非今洋海之海也。畎、浍者，人力所成之沟渠。然则禹之治水，不过将境内的沟渠，引导到天然的河流中；而将天然的河流，排出境外而已。《孟子·告子下》篇：白圭自夸其治水“愈于禹”；孟子讥之，谓禹之治水，“以四海为壑，今吾子以邻国为壑”，而不知禹之所谓四海，正其时之邻国也。白圭盖尚知禹治水之真相。《论语·泰伯》篇：孔子之称禹，亦不过曰“尽力乎沟洫”而已。此等皆古事真相，因单辞片语而仅存者，一经随意推演，即全失其原形矣）又因主客观不分，所以其所谓“寓言”者，明系编造之事，而可以用真人名；（如《庄子·盗跖》篇载孔子说盗跖之事）又可将自己的话，装入他人口中。如本书所引娄敬说汉高祖之事即是。所重之言如此；而其所轻之事，则任其真相湮没。（凡单辞片语未经扩大者，其说皆可信，然其详则不传）因此，读古书的，于近人所谓“层累地造成”之外，又须兼“逐渐地剥落”一义言之，方为完备。而编次错乱一端，尚不在内。其方法，就不得不极其谨严了。但古人的思想，所走的系两极端。一方面，自己立说的，极其随便；一方面，传他人之说的，又极谨严。此即前所云传信传疑，及所据的材料、来源不同，不使其互相羼杂，亦不以之互相订补之例。书之时代愈早者，其守此例愈严。太史公的《史记》，所以胜于谯周的《古史考》、皇甫谧的《帝王世纪》者以此，此义亦决不可以不知。

以上的工夫既已做过，即可试读《史记》的一部分，以自验其能否了解、运用。中国所谓正史，必须以读古史的方法治之者，实惟此一部也。说到此，则又须略论史籍的起源。按古无史部之书，非谓其无历史的材料；相反，历史的材料正多，特其时的人，尚未知尊重客观的事实，莫能编纂之以行世耳。史料的来源，可分为史官记录、民间传说二者；民间传说，流传的机会较少；传世者实以史官所记录为多，说已见前。此等情形，乃系逐渐造成，在古代则又有异。古所谓史官，最重要者为左、右史。“左史记事，右史记言，言为《尚书》，事为《春秋》”（《礼记·玉藻》说：“动则左史书之，言则右史书之。”郑《注》说：“其书，《春秋》《尚书》其存者。”《汉书·艺文志》说：“右史记事，左史记言”，左右二字怕互讹。《礼记·祭统》说：“史由君右，执策命之”，亦右史记言之证也），这说法，大约是不错的。《春秋》的体例，盖原于邃古，其时文字之用尚少，而事情亦极简单，因之记事的笔法，亦随之而简单；尔后相沿未改，其为物无甚兴味，所以传述者不多。而《尚书》一体，因记言扩及记行，遂成为后来的所谓“语”，与古代社会口说流行的风习相结合，其体遂日以扩大。（语之本体，当系记人君的言语，如今讲演之类。其后扩而充之，则及于一切嘉言；而嘉言之反面为莠言，亦可存之以昭炯戒。记录言语的，本可略述其起因及结果，以备本事；扩而充之，则及于一切懿行；而其反面即为恶行。如此，其体遂日以恢廓了。《国语》乃语之分国编纂者，《论语》则孔子之语之分类编纂者也。《史记》的列传，在他篇中提及，多称为“语”，如《秦本纪》述商鞅说孝公变法曰“其事在《商君语》中”是也。《礼记·乐记》述武王灭殷之事，亦谓之“牧野之语”）此外记贵族的世系的，则有《系》《世》，出于《周官》的小史及瞽矇。又凡一切故事，官家具有记录的，总称为“图法”，即后世的典志。（《吕览·先识览》：“夏之亡也，太史终古抱其图法以奔商；商之亡也，太史向挚抱其图法以奔周。”）自战国以前，历史的材料，大致如此。秦始皇的烧书，尸古书亡灭的总咎，实则其所烧者，不过官家所藏；若私家所藏，即所谓“诗书百家语”者，烧之必不能尽。然在战国以前，除《世本》一书外，殆未有能编辑史官所记以行世者，故经始皇一烧而即尽，说已见前所引《史记·六国表》。《世本》一书，盖私人所编辑，已在民间所藏“诗书百家语”之列，故为秦火所不及。然则以《世本》为最早的历史，为《史记》之前驱者，其说殆不诬也。（洪饴孙撰《史表》，即以《世本》列于《史记》之前，居正史之首）《世本》的体裁，见于诸书征引者，有本纪，有世家，有传，其名皆为《史记》所沿；有谱，则《史记》谓之表；有居篇、作篇，则记典章经制一类的事实，为《史记》所谓书，而《汉书》已下改名为志者。《世本》原书已不可见，就《史记》而推其源，则本纪及世家，出于古左史及小史；表源于谱；传者，语之异名，排列多人，故称列传(《列女传》者，列女人之传也。女、传二字相属，列、女二字不相属。后人以列女为一名词，实误），此盖源于右史；书则图法之类也。今人每喜凿言古之某书；出于更古之某书：某人之学说源于较早的某人，或受其并时某人的影响。其实书阙有间，此事甚难质言。（如《孟子·万章上》篇说尧、舜禅让，与《史记·五帝本纪》同，谓之同用孔门《书》说则可；近人凿言史公用《孟子》，即无据）然某书出于某书不可知，而其本源为古代某一类之书则可知；某说出于某人不可知，而其所据为某一派之说则可知。（如晚出之《古文尚书伪孔传》，断言其为王肃所造，并无确据，然其为肃一派之学说则无疑）明于此义，则于现存之书，可以考见其本源，读之更易明了；并可推考较现存之书更早一时期的学术状况了。

自疑古之说既起，人多以为古书之久经行世者，必多窜乱、伪造，其新发现者必真；书籍或不可信，实物则无可疑。因此，特重古物及新发现的古书。其言似极有理，然疑古亦有条理，不能执空廓之论硬套；而古物及新发现的书籍，亦尽多伪品，有所偏主而轻信之，有反上其当者。如汲冢所发现之古书，当时虽实有其物，然不久即悉行亡佚，无一传诸后世。所谓《竹书纪年》，出于明人者固伪；即后人所辑之古本，亦未尝不伪。又如近代所谓甲骨文，其中伪物亦极多。此等材料，取用不可不极谨慎。至于古物，新发现者自不易欺人；其久经流传者，真伪亦极难辨。章太炎曾谓：必（一）发现、流传、收藏，确实有据；（二）又其物巨大，牟利者不肯为，好事者不耐心为之者，乃为可信，自属稳健之说。予又益以发现、流传、收藏，在古物不值钱之时、之地，较之在值钱之时、之地者，可信的程度较高。持此鉴别，亦庶几寡过也。